Jos Spillmann

Die englischen Märtyrer unter Heinrich VIII

Jos Spillmann

Die englischen Märtyrer unter Heinrich VIII

ISBN/EAN: 9783743319134

Hergestellt in Europa, USA, Kanada, Australien, Japan

Cover: Foto ©ninafisch / pixelio.de

Manufactured and distributed by brebook publishing software (www.brebook.com)

Jos Spillmann

Die englischen Märtyrer unter Heinrich VIII

Vorwort.

Veranlassung zu dieser Schrift war das päpstliche Decret vom 29. December des letzten Jahres, das 54 Blutzeugen, welche zur Zeit der Katholikenverfolgung in England für den heiligen Glauben in den Tod gingen, die den Seligen gebührende Verehrung bestätigt. Ein solches Ereigniß ist immer eine Freude für die ganze katholische Welt, und so nahmen auch die Katholiken deutscher Zunge regen Antheil an dem Glücke ihrer gemeinsamen Mutter, an dem Jubel ihrer Brüder in England.

Die vorliegenden Blätter beschäftigen sich zunächst mit den Blutzeugen, welche unter Heinrich VIII. den Tod erlitten; ein folgendes Heft wird die Martyrer schildern, welche unter Heinrichs ebenbürtiger Tochter Blut und Leben für den heiligen Glauben hingaben. Ein gedrängtes Bild des Kampfes wollen wir zu entwerfen versuchen, den diese hochherzige Schaar für die katholische Einheit gegenüber dem Trotze eines durch seine Wollust und Grausamkeit berüchtigten Tyrannen muthig aufnahm. Im geschichtlichen Rahmen dieses Kampfes zwischen der katholischen Einheit und einer sklavischen Staatskirche wird der Opfertod der einzelnen Blutzeugen um so besser gewürdigt werden können. Ohnehin reichen bei der Mehrzahl dieser Martyrer für vollständige Lebensbilder die Quellen leider nicht aus.

Das Martyrium der seligen Carthäuser ist uns von einem ihrer Mitbrüder, Moritz Chancey, der als Augenzeuge berichtet, in vollkommen glaubwürdiger Weise aufgezeichnet; ihm durften wir deshalb in dem betreffenden Abschnitte getrost folgen. — Der selige Fisher fand erst 1655 in Dr. Bailey (Hall) einen eigenen Lebensbeschreiber. Ein ausführliches, auf reiches Quellenmaterial gegründetes Lebensbild verdanken wir Dr. Lewis, einem billig denkenden Protestanten, der die Uneigennützigkeit, Begeisterung für die Wissenschaft, werkthätige Liebe zu den Armen und vor allem die

Charakterfestigkeit, mit welcher der Selige für die Lehren der Kirche in den Tod ging, gerne anerkennt, obschon das Buch manches schiefe und falsche Urtheil enthält. — Das Leben des seligen Thomas More wurde frühzeitig von dessen Schwiegersohn Roper und Großenkel Cresacre More, als das Andenken des wahrhaft großen Mannes im Schoße der Familie noch frisch war, aufgezeichnet. Werthvoll ist auch das lateinische Lebensbild, das Stapleton 1589 veröffentlichte. — Für die Unterdrückung der Klöster und die damit zusammenhängenden Opfer enthält ein Band der Camden Society schätzenswerthes Material. — Ueber die Martyrer aus dem Franziskanerorden veröffentlichte Thomas Bourchier, ein englischer Franziskaner, 1586 ein Büchlein, dem die späteren Ordensschriftsteller folgten. Den Tod der seligen Gräfin Salisbury beschreibt uns ihr Sohn, Cardinal Pole. Das Schicksal der übrigen Martyrer erzählen uns von katholischer Seite Sanders, von protestantischer Seite eine Reihe gleichzeitiger Chronisten, namentlich Stow. Sehr wichtig sind natürlich die State Papers und die State Trials. Ein kurzer Aufenthalt in London machte es mir möglich, nicht nur die einschlägige Literatur, wenigstens der Hauptsache nach, zu Rathe zu ziehen, sondern auch manches interessante Document im Handschriftenschatze der Cotton-Bibliothek und im Public Record-Office einzusehen. Zu ganz besonderem Danke bin ich dem hochwürdigen P. Joseph Stevenson S. J. verpflichtet, der mir bei meiner Arbeit auf das freundlichste mit Rath und That zur Hand ging.

Möge das Beispiel des Muthes und der Standhaftigkeit, das uns in dem Opfertode dieser glorreichen Martyrerschaar entgegenleuchtet, auch in unseren Herzen die Werthschätzung des heiligen Glaubens neu beleben und das Band der katholischen Einheit unauflöslicher knüpfen!

Inhaltsverzeichniß.

Decretum confirmationis cultus beatorum martyrum Joannis Card. Fisher, Thomae More et sociorum. S. 1.

1. Das päpstliche Decret vom 29. December 1886. S. 5.

Das Decret betreffs der Seligen 5; betreffs der Ehrwürdigen 9. Heinrich VIII. und der hl. Thomas von Canterbury 10. Das Fest im Englischen Colleg zu Rom 12.

2. Die Suprematsacte. (1531—1535.) S. 13.

Veranlassung des Bruches mit Rom 13. Thomas Cromwell 14. Die Convocation von 1531 15. Heinrich VIII. fordert zum ersten Male den Titel „Oberstes Haupt der Kirche von England" 16. Rede des seligen Fisher für den Primat 16. Bedingte Anerkennung der königlichen Suprematie 18. Versuch, den sel. Fisher zu vergiften 19. Mahnung des Papstes 20. Abschaffung der Annaten 20. Rücktritt More's 21. Protest des Erzbischofs Warham 21. Anna Boleyn Königin 22. Umsturz der kirchlichen Gerichtsbarkeit 22. Die Successionsacte und der Treueid 23. Vollendung des Bruches mit Rom; königliche Proclamation 24. Die Suprematsacte 25. Das Statut, welches die Nichtanerkennung derselben als Hochverrath erklärt 26.

3. Der Proceß der Nonne von Kent. (1534.) S. 27.

Elisabeth Barton 27. Kirchliche Untersuchung 28. Politische „Offenbarungen" der Nonne 28. Versuch, die Anhänger des Papstes in ihren Proceß zu verwickeln 29. Ihr Widerruf 29. Die „Mitschuldigen" 29. Entschuldigung des seligen More 30. Antwort des seligen Fisher 31. Verurtheilung und Hinrichtung der Nonne und der „Mitschuldigen" 32.

4. Fisher's und More's Verhör und Einkerkerung. (1534.) S. 34.

Die Commission für Abnahme des Successionseides 34. Stimmung im Frühjahre 1534 34. Fisher und More sollen den Eid schwören 35. Früheres Verhältniß zwischen Heinrich VIII. und Fisher 35. Jugend des seligen Thomas More 36. Seine Studien 37. Seine erste Thätigkeit im Parlamente 38. Chelsea. More und Erasmus 39. Die Utopia 39. More bei Heinrich VIII. in Gunst 41. More Kanzler. Rede bei der Einführung in sein Kanzleramt 42. Charakterzüge. More's Stellung beim Scheidungsprocesse 43. Austritt aus dem Staatsdienste 44. Literarische Thätigkeit 45. Vorbereitung auf den Kampf 46. Abschied 47. Vor den Commissären 48. More und Fisher unerschütterlich 49. Der Entscheid des Königs 50.

5. Im Tower. (1534—1535.) S. 51.

More im Tower 51. Brief an seine Tochter 52. Kampf mit Tochter und Gattin 53. Heroische Gesinnung 54. Fishers Leiden 55. Sein Brief an Cromwell 55. Sein Kerker 57.

6. Die Erstlingsopfer. (1535.) S. 59.

Der Clerus in England 59. Treue der reformirten Franziskaner 60. Treue der Carthäuser 61. Die Londoner Carthause und ihr Prior 61. Erste Einkerkerung des seligen Houghton 62. Seelenkampf und Entschluß 63. Vorbereitung auf den Martertod 64. Königlicher Erlaß 66. Einkerkerung der drei Prioren und des seligen Reynolds 66. Verhör 67. Gerichtsverhandlung 68. Der selige Haile 69. Verurtheilung 70. Rede des seligen Houghton auf dem Schafotte 71. Martertod der ersten fünf Blutzeugen 72. Der Versucher Bedyll 72. Drei neue Martyrer 74. Schicksal der Carthäuser; Traffords Unterwerfung 74. Die Opfer des Kerkers 77. Noch drei Hinrichtungen 78.

7. Cardinal Fisher's glorreiches Ende. († 22. Juni 1535.) S. 80.

Verhöre 80. Ein unwürdiger Fallstrick 82. Der Staatsanwalt Riche 84. Der selige Fisher wird Cardinal 84. Die Gerichtsverhandlung 85. Seine Vertheidigung 86. Das Urtheil 87. Seine letzten Stunden 88. Sein Martertod 89. Rückblick auf sein Leben 90. Eindruck der Hinrichtung in Rom 91. Breve Pauls III. an König Ferdinand 92. Die Absetzungsbulle 94.

8. More vor Gericht und auf dem Blutgerüste. († 6. Juli 1535.) S. 95.

More's Stellung zur Suprematsacte 95. Versuch des Staatsanwalts Riche 96. Letztes Verhör 97. Vor Gericht 98. More's Vertheidigung 99. Der Staatsanwalt Riche gebrandmarkt 102. Das Verdict; More's Rede nach demselben 103. Das Urtheil 104. More's Worte nach demselben 105. More und seine Kinder 106. Letzte Tage 108. Letzte Stunden 109. Gang zum Schafott 110. Martertod 111. Begräbniß 112. Urtheil der Mitwelt 113.

9. Der Klostersturm. (1536—1539.) S. 114.

Die Klosteraufhebung unter Wolsey 114. Die Klostervisitation von 1535 115. Aufhebung der kleineren Klöster 117. Thomas Macarell 118. The Pilgrimage of Grace 119. Absicht der „Pilger" 120. Verhandlungen, Wortbruch des Königs 121. Hinrichtungen 122. Der Abt von Woburn 123. Die Abteien Furneß und Whalley 124. Die Visitation von 1537 125. Layton an Cromwell 125. Die Klosterbill 128.

Unterdrückung der Klöster 129. Der Abt von Reading 130. Glastonbury 131. Berichte der Commissäre 132. Besitzungen des Klosters 133. Hinrichtung des Abtes und seiner Gefährten 134. Der Abt von Colchester 136.

10. Die Blutzeugen aus dem Franziskanerorden. (1537—1539.) S. 137.

Der ehrwürdige Antonius Brookby 138. Der ehrwürdige Thomas Cort 139. Der ehrwürdige Thomas Belchiam 139. Der selige Johannes Forest 140. Seine Einkerkerung 142. Verhör 143. Zum Feuertode verurtheilt 144. Das Heiligenbild von Wales 144. Bei langsamem Feuer gebraten 146. Der selige Stone 147.

11. Die letzte Plantagenet. († 27. Mai 1541.) S. 148.

Abstammung 148. Reginald Pole 149. Heinrichs VIII. Zorn gegen Reginald 150. Seine Rache an der Familie Pole 151. Verhör der Seligen 152. Schmachvolles Gerichtsverfahren 153. Verurtheilung und Hinrichtung 154. Cardinal Pole's Gesinnung 155.

12. Die letzten Martyrer unter Heinrich VIII. (1539—1544.) S. 157.

Die beiden Johanniterritter 157. Griffith Clark 159. Abel, Powell und Fetherstone 159. Ihre Hinrichtung 161. Bericht Marilliacs 162. David Gunston 163. Die Opfer vom 4. August 1540 163. Die letzten Blutzeugen 166. Heinrichs VIII. Ende 167. Schluß 168.

Alphabetisches Namenverzeichniß 169.

DECRETUM

Westmonasterien.

confirmationis cultus

beatorum martyrum

IOANNIS CARD. FISHER, THOMAE MORE

et sociorum

in odium fidei ab anno 1535 ad 1583 in Anglia interemptorum.

Anglia Sanctorum insula ac Deiparae Virginis dos olim appellata, quemadmodum a primis usque Ecclesiae saeculis plurimorum Martyrum Passionibus illustrata fuerat, ita etiam cum diro schismate a Romanae Sedis obedientia et communione saeculo XVI. avulsa est, eorum testimonio non caruit, qui *pro huius Sedis dignitate et orthodoxae Fidei veritate vitas suas cum sanguine ponere non dubitarunt* (Gregorius XIII. Constit. *Quoniam divinae bonitati.* Kalendis Maii 1579). Huic praeclarissimae catervae nihil penitus deest quod eam tum compleat, tum ornet: non purpurae romanae maiestas, non venerabilis Episcoporum honor, non Cleri utriusque fortitudo, non sexus infirmioris inexpugnabilis firmitas. Hos inter eminet *Ioannes Fisher* Episcopus Roffensis, et S. R. E. Cardinalis, quem in suis Litteris Paulus III. appellat *sanctitate conspicuum, doctrina celebrem, aetate venerabilem, illius regni ac totius ubique Cleri decus et ornamentum.* A quo seiungi nequit vir saecularis *Thomas More* Angliae Cancellarius, quem idem Pontifex meritis extollit laudibus, utpote *doctrina litterarum sacrarum excellentem, et veritatem adserere ausum.* Idcirco praeclarissimi quique rerum ecclesiasticarum scriptores unanimi censent calculo eos omnes pro tuenda, restituenda, et conservanda Catholica Fide sanguinem fudisse. Quin etiam Gregorius XIII. plura in eorum honorem indulsit, quae ad publicum ecclesiasticumque cultum pertinent: atque illud praecipuum, ut potestatem fecerit horum lipsana in consecrandis altaribus adhibendi, quando illa veterum Sanctorum Martyrum non suppeterent. Praeterea postquam in Templo S. Stephani ad Coelium montem Christi Martyrum Passiones per Nicolaum Circinianum udo tectorio pingi fecisset, permisit etiam, ut in Templo Sanctissimae Trinitatis Anglorum de Urbe, ab eodem auctore, eademque ratione Anglicanae Ecclesiae Martyres antiqui recentiorisque aevi pariter exhiberentur, quos inter illi etiam qui ab anno 1535 ad 1583 sub Henrico Rege et Elisabetha pro Catholica Fide ac Romani Pontificis Primatu mortem obierant. Quae martyriorum repraesentationes eo in Templo depictae, videntibus ac probantibus Romanis Pontificibus Gregorii Successoribus, ad duo saecula permanserunt, donec nefariorum hominum iniuria sub finem elapsi saeculi perierunt. Mansere tamen illarum ectypa, quae anno 1584 Romae cum privilegio eiusdem Gregorii XIII. aere cusa fuerant, hoc apposito titulo: *Sanctorum Martyrum, qui pro Christo, Catholicaeque Fidei veritate adserenda antiquo recentiorique persecutionum tempore mortem in Anglia subierunt, Passiones.* Ex quo monumento, sive ob subiectum elogium, sive ob alia indubia indicia plures eiusmodi Martyres suo nomine comperti sunt, nempe quinquaginta quatuor. Sunt autem:

Passi sub Henrico Rege: *Ioannes Fisher,* Episcopus Roffensis, S. R. E. Cardinalis; *Thomas More,* Angliae Cancellarius; *Margarita Pole,* Comitissa Salisburiensis, Cardinalis Poli Mater; *Ricardus Reynolds,* Ordinis S. Birgittae; *Ioannes Haile,* Sacerdos. Octodecim Carthusiani, nimirum: *Ioannes Houghton, Augustinus Webster, Robertus Laurence, Gulielmus Exmew, Humphredus Middlemore, Sebastianus Newdigate, Ioannes Rochester, Iacobus Walworth, Gulielmus Greenwood, Ioannes Davy, Robertus Salt, Gualterus Pierson, Thomas Green, Thomas Scryven, Thomas Redyng, Thomas Johnson, Ricardus*

Bere et *Gulielmus Horne; Joannes Forest*, Sacerdos Ordinis S. Francisci; *Ioannes Stone*, Ordinis S. Augustini; quatuor Sacerdotes Saeculares: *Thomas Abel, Eduardus Powel, Ricardus Fetherstone, Ioannes Larke*, et *Germanus Gardiner*, laicus.

Sub Elisabetha vero Sacerdotes: *Cuthbertus Mayne, Ioannes Nelson, Everardus Hanse, Rodulphus Sherwin, Ioannes Payne, Thomas Ford, Ioannes Shert, Robertus Johnson, Gulielmus Fylby, Lucas Kirby, Laurentius Richardson, Gulielmus Lacy, Ricardus Kirkman, Iacobus Hudson* seu *Thompson, Gulielmus Hart, Ricardus Thirkeld, Thomas Woodhouse* et *Plumtree*. Item tres Sacerdotes e Societate Iesu: *Edmundus Campion, Alexander Briant* et *Thomas Cottam*. Denique *Ioannes Storey*, Iuris utriusque Doctor, *Ioannes Felton* et *Thomas Sherwood*, laici.

Horum tamen Martyrum causa ad haec usque tempora nunquam agitari coeperat. Olim quidem, anno 1860, cl. me. Cardinalis Nicolaus Wiseman, Archiepiscopus Westmonasteriensis, aliique Angliae Episcopi sa. me. Pio IX. Pontifici Maximo preces obtulerant, ut per totam Angliam Festum institueretur in honorem omnium Sanctorum Martyrum, nempe illorum etiam, *qui licet nondum vindicati, recentioribus temporibus pro Catholica Religione tuenda, et praesertim pro auctoritate Sedis Apostolicae adserenda, per nefariorum hominum manus occubuerunt, et ad sanguinem usque restiterunt*. Verumtamen cum, iuxta vigentem Sacrorum Rituum Congregationis praxim, Festum nonnisi de illis Dei Famulis institui possit, quibus ecclesiasticus cultus a Sede Apostolica iam delatus, et rite recognitus fuerit, preces illae nullum effectum sortitae sunt. Quapropter postremis hisce annis novae preces per E^{mum} ac R^{mum} D^{num} Cardinalem Henricum Manning, hodiernum Archiepiscopum Westmonasteriensem, et alios Angliae Episcopos ad Sanctissimum Dominum Nostrum Leonem XIII. Pontificem Maximum delatae sunt, una cum Ordinario Processu in Anglia confecto, aliisque authenticis documentis, in quibus tum probationes Martyrii pro iis qui ab anno 1535 ad 1683 passi sunt, tum etiam praedicta indulta Romanorum Pontificum pro prioribus illis nuper memoratis continentur.

Placuit Sanctissimo Domino Nostro totius negocii cognitionem Peculiari Coetui aliquot S. R. E. Cardinalium et Officialium Sacrorum Rituum Congregationis committere, praevia Exegesi per

R. P. D. Augustinum Caprara S. Fidei Promotorem conficienda. Qua in Particulari Congregatione die 4. Decembris labentis anni ad Vaticanum coadunata, infrascriptus Cardinalis Dominicus Bartolini eidem Sacrae Congregationi Praefectus, et Causae Relator, sequens proposuit Dubium: „*An, propter peculiaria Romanorum Pontificum indulta, relate ad antiquiores Angliae Martyres, qui ab anno 1535 ad 1583 pro Fide catholica et pro Romani Pontificis in Ecclesia Primatu mortem obierunt, et quorum Passiones, auctoritate Gregorii XIII. Pont. Max., in Templo SS^{mae} Trinitatis Anglorum de Urbe olim depictae, et Romae anno 1584, cum privilegio eiusdem Pontificis, aere cusae sunt, constet de indulto publico ecclesiastico cultu, sive de casu excepto a Decretis sa. me. Urbani Papae VIII., in casu et ad effectum, de quo agitur?*" E^{mi} porro ac R^{mi} Patres et Praelati Officiales, audito scripto et voce praefato S. Fidei Promotore, reque mature discussa quoad recensitos quinquaginta quatuor Martyres, respondendum censuerunt: „*Affirmative, seu Constare de casu excepto.*"

Super quibus omnibus facta Sanctissimo Domino Nostro Leoni Papae XIII. per me subscriptum Secretarium fideli relatione, idem Sanctissimus Dominus Noster sententiam Sacrae Congregationis Particularis approbare dignatus est. Die 9. Decembris 1886.

Praesens autem Decretum expeditum fuit hac die 29. Decembris, sacra Thomae Episcopo Cantuariensi Martyri, cuius fidem et constantiam hi Beati Martyres tam strenue imitati sunt.

D. Card. Bartolinius S. R. C. praefectus.

L. † S.

Laurentius Salvati S. R. C. Secretarius.

1. Das päpstliche Decret vom 29. December 1886.

Viele Jahre ersehnte das katholische England die Seligsprechung der Glaubenshelden, welche für die Einheit der Kirche und den Primat des hl. Petrus und seiner Nachfolger, der römischen Päpste, von den Zeiten Heinrichs VIII. bis in die letzten Jahre Karls II. den Tod durch Henkershand erduldeten. Bereits zweifelte man, ob jemals der ersehnte Urtheilsspruch erfolgen und den Blutzeugen des Primates die Ehre der Altäre zuerkennen werde; denn äußerst schwer hält es nach so langer Zeit, das für die strengen Forderungen des kirchlichen Gerichtsverfahrens genügende Beweismaterial aufzufinden, und seit dem Tode der ersten jener Schaar waren bereits 350, seit der Hinrichtung des letzten 200 volle Jahre verflossen. Dennoch entschlossen sich die englischen Bischöfe, an ihrer Spitze Se. Eminenz Cardinal Manning, nachdem verschiedene Versuche, in Rom die Erlaubniß eines summarischen Verfahrens zu erhalten, erfolglos geblieben waren, im Jahre 1874 zum Beginne des regelrechten Seligsprechungsprocesses. Eine Liste von 353 Blutzeugen wurde aufgestellt und für jeden einzelnen die beglaubigten Documente gesammelt und schließlich nach Rom eingesandt. Zwölf Jahre waren seither verflossen — eine lange Frist für unsere raschlebige Zeit, eine kurze für das „ewige Rom". Schon glaubte man wiederum die Hoffnung des katholischen Englands getäuscht zu sehen, als auf einmal das vorstehende päpstliche Decret erschien, welches die frohe Mittheilung brachte, daß der Apostolische Stuhl 54 der edeln Blutzeugen, für welche die Erlaubniß öffentlicher kirchlicher Verehrung vor den Bestimmungen Urbans VIII. nachgewiesen war, den Titel „Selige" und die öffentliche kirchliche Verehrung bestätige. Das Actenstück lautet in genauer Uebersetzung:

> „Decret (für Westminster) zur Bestätigung der kirchlichen Verehrung der seligen Martyrer Johannes Cardinal Fisher, Thomas More und ihrer Gefährten, welche aus Haß gegen den Glauben vom Jahre 1535 bis 1583 in England getödtet wurden.
>
> „England, einst die Insel der Heiligen und die Morgengabe der jungfräulichen Gottesgebärerin genannt, ist bereits von den ältesten

Zeiten der Kirche an durch die Leiden sehr vieler Blutzeugen verherrlicht. Auch im 16. Jahrhundert hat dasselbe, als es durch ein trauriges Schisma vom Gehorsam und von der Verbindung mit dem Römischen Stuhle losgerissen wurde, des Zeugnisses jener nicht entbehrt, welche ‚für dieses Stuhles Oberhoheit und für die Wahrheit des rechtmäßigen Glaubens Blut und Leben hinzuopfern nicht zauderten' (Gregor XIII. in seiner Constitution Quoniam divinae bonitati vom 1. Mai 1579). Dieser glorreichen Schaar fehlt kein Rang und keine Zierde: nicht die Erhabenheit des römischen Purpurs, nicht die weihevolle Würde von Bischöfen, nicht die Kraft des Welt= und Ordensclerus, nicht die unbesiegbare Stärke des schwachen Geschlechts. Unter diesen Glaubenshelden ragt hervor Johannes Fisher, Bischof von Rochester und Cardinal der heiligen römischen Kirche, den Paul III. in seinen Briefen ‚einen durch Heiligkeit hervorleuchtenden, durch Gelehrsamkeit berühmten, durch sein Alter ehrwürdigen Mann und sowohl des Clerus jenes Reiches als der ganzen Kirche Schmuck und Zierde' nennt. Von ihm kann ein Laie nicht getrennt werden, Thomas More, der Kanzler von England, den derselbe Papst mit gebührenden Lobeserhebungen feiert und ihn ‚einen an Kenntniß der heiligen Wissenschaften ausgezeichneten Mann und einen muthigen Bekenner der Wahrheit' heißt. Deshalb sind die vorzüglichsten Kirchenschriftsteller einmüthig der Meinung, jene alle hätten zum Schutze, zur Wiedereinführung und Vertheidigung des katholischen Glaubens ihr Blut vergossen. Noch mehr — Gregor XIII. hat zu ihrer Ehre verschiedene Erlaubnisse gegeben, welche eine öffentliche und kirchliche Verehrung einschließen; so hat er namentlich die Erlaubniß ertheilt, ihre Reliquien in die geweihten Altarsteine einzuschließen, wenn Reliquien der alten Martyrer nicht zur Hand wären. Außerdem erlaubte er, daß Nicolaus Circiniani, nachdem derselbe in der Kirche des hl. Stephanus am Mons Cölius in seinem Auftrage die Leiden der Martyrer Christi in Fresken gemalt hatte, auch in der Dreifaltigkeitskirche der Engländer hier in der Stadt in gleicher Weise die Martyrer der englischen Kirche aus der ältern und neuern Zeit darstelle. Darunter befanden sich nun auch diejenigen, welche vom Jahre 1535 bis 1583 unter König Heinrich und Elisabeth für den katholischen Glauben und den Primat des römischen Papstes in den Tod gingen. Diese Darstellungen der Marterscenen blieben in der genannten Kirche unter den Augen und mit der Beistimmung der römischen Päpste, welche Gregor nachfolgten, bei zwei Jahrhunderte bestehen, bis sie am Ende des verflossenen Jahrhunderts von frevelhafter Hand zerstört wurden. Abbildungen derselben, welche im Jahre 1584 zu Rom mit der Erlaubniß desselben Gregors XIII. in Kupfer gestochen worden waren, blieben dennoch erhalten und zwar unter der Aufschrift: ‚Die Leiden heiliger Martyrer, welche für Christus und die Vertheidigung der katholischen Wahrheit in den Verfolgungen älterer und neuerer Zeiten in England den Tod erduldeten'. Mittelst dieses Documents konnten theils aus den beigefügten lobenden Erläuterungen, theils aus anderen unzweifelhaften Zeichen die Namen mehrerer dieser Martyrer festgestellt werden und zwar 54 an Zahl. Es sind dies:

„Unter König Heinrich die Blutzeugen: **Johannes Fisher**, Bischof von Rochester und der heiligen römischen Kirche Cardinal; **Thomas More**, Kanzler von England; **Margaretha Pole**, Gräfin Salisbury, Mutter des Cardinals Pole; **Richard Reynolds** aus dem Orden der hl. Birgitta; **Johannes Haile**, Priester; 18 Carthäuser, nämlich: **Johannes Houghton, Augustin Webster, Robert Laurence, Wilhelm Exmew, Humfried Middlemore, Sebastian Newdigate, Johannes Rochester, Jakob Walworth, Wilhelm Greenwood, Johannes Davy, Robert Salt, Walter Pierson, Thomas Green, Thomas Scryven, Thomas Redyng, Thomas Johnson, Richard Bere** und **Wilhelm Horne**; **Johannes Forest**, Priester aus dem Orden des hl. Franziskus; **Johannes Stone** aus dem Orden des hl. Augustinus; vier Weltpriester: **Thomas Abel, Eduard Powel, Richard Fetherstone, Johannes Larke** und **German Gardiner**, ein Laie.

„Unter Elisabeth litten die Priester: **Cuthbert Mayne, Johannes Nelson, Eberhard Hanse, Rudolf Sherwin, Johannes Payne, Thomas Ford, Johannes Shert, Robert Johnson, Wilhelm Fylby, Lucas Kirby, Lorenz Richardson, Wilhelm Lacy, Richard Kirkman, Jakob Hudson** oder **Thompson, Wilhelm Hart, Richard Thirkeld, Thomas Woodhouse** und **Plumtree**. Ferner drei Priester aus der Gesellschaft Jesu: **Edmund Campion, Alexander Briant** und **Thomas Cottam**. Endlich **Johannes Storey**, Doctor der beiden Rechte; **Johannes Felton** und **Thomas Sherwood**, Laien.

„Der Seligsprechungsproceß dieser Martyrer wurde jedoch bis auf unsere Zeit niemals angestrengt. Freilich haben einst Cardinal Nicolaus Wiseman, Erzbischof von Westminster, hochseligen Andenkens, und andere englische Bischöfe im Jahre 1860 dem Papste Pius IX., heiligen Gedenkens, die Bitte vorgetragen, es möge in ganz England ein Fest zu Ehren aller heiligen Martyrer eingeführt werden, auch jener Blutzeugen, „welche, zwar noch nicht selig gesprochen, in neuerer Zeit zur Vertheidigung der katholischen Religion und namentlich im Kampfe für die Oberhoheit des Apostolischen Stuhles durch die Hand ruchloser Menschen den Tod erlitten und bis aufs Blut Widerstand geleistet hatten". Allein da nach der geltenden Praxis der Congregation der heiligen Riten nur für diejenigen Diener Gottes ein Fest eingeführt werden kann, deren kirchliche Verehrung vom Apostolischen Stuhle schon zuerkannt und rechtmäßig bestätigt wurde, so konnten jene Bitten keinen Erfolg haben. Daher hat in diesen letzten Jahren Se. Eminenz der hochwürdigste Herr Cardinal Heinrich Manning, der jetzige Erzbischof von Westminster, im Vereine mit den anderen englischen Bischöfen Sr. Heiligkeit, dem Papste Leo XIII. eine neue Bittschrift zugleich mit den in England abgeschlossenen Proceßacten und anderen authentischen Documenten eingereicht. In denselben ist sowohl der Beweis für das Martyrium derjenigen enthalten, welche vom Jahre 1535 bis 1683 gelitten haben, als auch die oben bemerkten Erlaubnisse, die sich auf jene ersteren schon genannten Martyrer beziehen.

„Unser Heiliger Vater beschloß, die Kenntnißnahme der ganzen Angelegenheit einem besondern, aus einigen Cardinälen und Angestellten der Ritus=Congregation gebildeten Ausschusse zu überweisen, und darüber vor allem vom hochwürdigen Herrn Augustin Caprara, dem Promotor des Glaubens, eine eingehende Denkschrift ausarbeiten zu lassen. In dieser besondern Congregation, welche sich am 4. December des laufenden Jahres im Vatican versammelte, legte der endesunterzeichnete Cardinal Dominicus Bartolini, der Vorsitzende der genannten Congregation und Berichterstatter für diese Angelegenheit, die folgende Frage vor: ‚Ist es wegen der besonderen Erlaubnisse, welche römische Päpste hinsichtlich der älteren Martyrer Englands gewährten, die vom Jahre 1535 bis 1583 für den katholischen Glauben und für den kirchlichen Primat des römischen Papstes den Tod erlitten und deren Leiden mit Gutheißung des Papstes Gregor XIII. vormals in der Dreifaltigkeits=kirche der Engländer in dieser Stadt gemalt und im Jahre 1584 mit Billigung desselben Papstes in Kupfer gestochen wurden, als sicher erwiesen, daß ihnen hierdurch die öffentliche kirchliche Verehrung zuerkannt ward; mit anderen Worten: liegt der in den Beschlüssen Urbans VIII., heiligen Andenkens, vorgesehene Ausnahmefall in dieser Angelegenheit und hinsichtlich des Zweckes, um den es sich handelt, vor?' Auf diese Fragen haben Ihre Eminenzen und die hochwürdigen Väter und angestellten Prälaten, nachdem sie die Denkschrift und den Vortrag des genannten Promotors des Glaubens gelesen und angehört und die Angelegenheit reiflich erwogen hatten, mit Rücksicht auf die angeführten 54 Martyrer die Antwort gegeben: ‚Ja, der Ausnahmefall ist erwiesen.'

„Ueber dieses alles habe ich endesunterzeichneter Secretär unserm Heiligen Vater Papst Leo XIII. getreulich Bericht erstattet, und derselbe Heilige Vater geruhte das Urtheil der besondern Congregation zu bestätigen. Am 9. December 1886.

„Das gegenwärtige Decret aber wurde heute erlassen, am 29. December 1886, am Feste des Martyrers Thomas, des Bischofs von Canterbury, dessen Glauben und Starkmuth diese seligen Martyrer so glorreich nachgeahmt haben.

Dominicus Cardinal Bartolini,
Präfect der heiligen Congregation der Riten.

(Ort des Sigills.)   Laurentius Salvati,
Secretär der heiligen Congregation der Riten."

Am gleichen Tage, an welchem Se. Heiligkeit das soeben mitgetheilte Decret bestätigte, welches den 54 seligen Martyrern die öffentliche Verehrung endgiltig zuspricht, unterzeichnete Leo XIII. ein zweites Actenstück derselben Ritencongregation, das den Seligsprechungsproceß für 261 andere Blutzeugen eröffnet, die in England um des Glaubens willen in den Tod gingen[1]. Aus dieser großen Zahl führen wir hier die Namen derjenigen ehrwürdigen Diener Gottes an, welche von 1535 bis 1583, also gleichzeitig mit den Seligen, deren glorreichen Kampf wir zu erzählen haben, die Martyrerpalme erlangten. Auch ihres Opfertodes soll, soweit die Quellen uns davon berichten, in diesen Blättern gedacht werden.

Unter Heinrich VIII. nennt das Decret die folgenden ehrwürdigen Diener Gottes: Anton Brookby, Thomas Belchiam, Thomas Cort und N. Waire aus dem Orden des hl. Franziskus; Griffith Clark, Weltpriester; Hadrian Fortescue und Thomas Dingley, Johanniter-Ritter; Johannes Travers, Priester aus dem Eremiten-Orden des hl. Augustin; Johannes Beche, Abt von Colchester; Hugo Farringdon, Abt von Reading; Richard Whiting, Abt von Glastonbury; Roger James und Johannes Thorn, Mönche von Glastonbury; Wilhelm Onion und Johannes Rugg, aus dem Orden des hl. Benedikt; Edmund Brindholm, Weltpriester; Clemens Philipot, Laie; David Gunston, Malteser-Ritter; Johannes Ireland, Priester; Thomas Ashby, Laie.

Zu den seligen Martyrern, welche unter Elisabeth bis zum Jahre 1583 gelitten haben, kommen noch die zwei ehrwürdigen Diener Gottes Johannes Slade und Johannes Bodey, beide Laien.

---

[1] Die Proceßacten beschäftigten sich mit 359 Blutzeugen. Die Namen von 352 wurden mit dem betreffenden Actenmaterial von dem zuständigen kirchlichen Gerichtshofe von Westminster eingesandt; dazu setzte der Promotor des Glaubens aus den Unterschriften der Bilder Circiniani's noch 7 Martyrer. Von der gesammten Zahl sind jetzt 54 als Selige und 261 als Ehrwürdige erklärt; der Proceß der 44 übrigen ist „verschoben, bis vollgiltigere Beweise beigebracht sind". Von den Seligen litten 30 unter Heinrich VIII., 24 unter Elisabeth; von den Ehrwürdigen 20 unter Heinrich VIII., 241 unter den späteren Regierungen. Unter die verschiedenen Stände vertheilen sich die Seligen und Ehrwürdigen wie folgt: Selige: 1 Cardinal, 23 Weltpriester, 18 Carthäuser, 1 Brigittiner, 1 Augustiner, 1 Franziskaner, 3 Jesuiten, 6 Laien. Ehrwürdige: 1 Erzbischof, 131 Weltpriester, 13 Benediktiner, 13 Franziskaner, 1 Augustiner, 27 Jesuiten, 3 Mitglieder von Ritterorden, 72 Laien. Von den 44, deren Seligsprechungsproceß einsweilen verschoben ist, sind 18 Weltpriester, 9 Jesuiten, 6 Benediktiner und 11 Laien.

So sind also 54 selige Blutzeugen auf die Altäre erhoben und für 261 andere ist der Seligsprechungsproceß eingeleitet. Sie alle sind ohne Ausnahme „Martyrer für den Primat" im hervorragenden Sinne des Wortes! Denn sie alle starben für den Glauben an die dauernde Verheißung Christi, welche er in feierlicher Weise dem Simon machte: „Selig bist du, Simon, des Jonas Sohn, weil Fleisch und Blut dir solches nicht offenbarte, sondern mein Vater, der im Himmel ist. Und ich sage dir, daß du bist Petrus (der Fels), und auf diesen Felsen werde ich meine Kirche bauen, und die Pforten der Hölle werden sie nicht überwältigen. Und dir werde ich die Schlüssel des Himmelreiches geben, und was immer du auf Erden binden wirst, das soll auch im Himmel gebunden sein, und was du auf Erden lösen wirst, das soll auch im Himmel gelöset sein."[1] Für dieses Versprechen des Gottmenschen, das Bestand haben muß, solange seine Kirche bestehen soll, welche ja auf dieses Versprechen gegründet ist, sind alle diese seligen Martyrer, so viele Mitglieder des Weltclerus, darunter ein Cardinal und ein Erzbischof, so viele Mitglieder der Ordensgeistlichkeit und des Laienstandes, darunter der Kanzler von England und die letzte Blüte des alten englischen Königsbaumes der Plantagenet, in den Tod gegangen. Gott allein sei die Ehre, der ihnen wie die Kraft zum Siege, so des Sieges Krone verlieh!

Bedeutungsvoll hebt das päpstliche Decret hervor, daß die Kirche am Feste des heiligen Martyrers Thomas von Canterbury, „dessen Glauben und Starkmuth sie so glorreich nachgeahmt haben", diesen seligen Blutzeugen die öffentliche kirchliche Verehrung bestätigte. Es konnte wirklich kein passenderer Tag dafür gewählt werden, nicht nur weil sie für dieselbe heilige Sache in den Tod gingen, wie der große Martyrer von Canterbury, sondern auch weil derselbe König, der gegen die erste Hälfte ihrer Schaar wüthete, auch gegen ihn, oder wenigstens gegen seine ehrwürdigen Reliquien und sein heiliges Andenken, gewüthet hat.

Unter den Frevelthaten nämlich, welche die Regierung Heinrichs VIII. von England seit seinem unseligen Bruche mit der katholischen Kirche kennzeichnen, nimmt sein sacrilegisches Gericht über den hl. Thomas von Canterbury nicht die letzte Stelle ein. Es ist begreiflich, daß dieser glorreiche Blutzeuge ihm ein Dorn im Auge war. Was thaten die Männer, die er aufs Blutgerüst schickte, ein Fisher, ein More, jene heldenmüthige Schaar der Carthäuser und alle übrigen Priester und Laien, die ihn nicht als das oberste Haupt der Kirche Englands an-

---

[1] Matth. 16, 17—19.

erkennen wollten — was thaten sie anders, als viertehalb Jahrhunderte vor ihnen Thomas Becket, der unerschütterliche Erzbischof von Canterbury, seinem Vorfahren Heinrich II. gegenüber gethan hatte? Wenn also jener von der Kirche mit Recht als heiliger Blutzeuge verehrt wurde, so konnte auch seinen Opfern die Palme des Martyriums nicht vorenthalten werden: sie starben für dieselbe Sache und mit demselben Heldenmuth. Das sah Heinrich VIII. ein, und mit dämonischer Consequenz entschloß er sich, den Heiligen, vor dessen Schrein so viele seiner Ahnen gebetet hatten, dem Henker zu überantworten.

Im April 1538 ließ der König durch den obersten Staatsanwalt „den Thomas Becket, der einige Zeit Erzbischof von Canterbury war", feierlich vor sein Gericht vorladen. Er gönnte dem Heiligen die gesetzliche Frist von 30 Tagen. Da er nicht erschien, wurde in contumaciam gegen ihn verhandelt, wobei ihm der König „aus besonderer Gnade" einen Vertheidiger gab. Am 11. Juni wurde diese gotteslästerliche Komödie im Gerichtshof zu Westminster aufgeführt. Nachdem Anklage und Vertheidigung gehört waren, ließ der König das Urtheil fällen, daß „Thomas Becket, eine Zeit lang Erzbischof von Canterbury, des Aufruhrs, der Halsstarrigkeit und des Hochverraths überwiesen sei; daß seine Gebeine öffentlich verbrannt werden müßten, damit die Lebenden an der Strafe des Todten ein abschreckendes Beispiel hätten; daß die Weihgeschenke an seinem Schreine, gewissermaßen das persönliche Eigenthum des Todten, der Krone verfallen seien"[1]. Eine eigene Commission begab sich im August nach Canterbury und vollstreckte das schmähliche Urtheil; zwei schwere Kisten voll Gold, Silber und Edelgestein schleppte dieselbe in die königliche Schatzkammer. Am 16. November erschien eine Proclamation, welche den englischen Unterthanen verkündete, es sei jetzt klar und erwiesen, daß Thomas Becket, der später vom Bischof von Rom als ein Vorkämpfer seiner angemaßten Oberhoheit heilig gesprochen wurde, als ein Hochverräther gestorben sei. Seine Königliche Majestät halte es daher für angemessen, die lieben Unterthanen zu belehren, daß derselbe ein Elender und kein Heiliger sei, und er verbiete daher strengstens, diesen Becket einen Heiligen zu nennen oder als Heiligen zu verehren. Ferner befehle er, daß dessen Bilder vernichtet, sein Festtag abgeschafft, sein Name aus allen Büchern ausgemerzt werde — alles unter Strafe des höchsten Mißfallens Seiner Majestät und der Einkerkerung, solange es dem Könige gefalle. Fast 350 Jahre sind seit dem Erlasse dieser

---

[1] Siehe die Citation und das Urtheil in Wilkins, Concilia Magnae Britanniae et Hiberniae III, 885.

königlichen Proclamation verflossen. Heinrich VIII. ist schon lange gerichtet, nicht nur von Gott, sondern auch von der Geschichte. In seinem Reiche blüht nach 300jähriger Verfolgung, nachdem Hunderte von Priestern, und Laien, deren Namen heute nur mehr der geringern Zahl nach bekannt sind, den Tod jenes Blutzeugen starben, dessen Andenken er freventlich brandmarken wollte, wie er dessen Gebeine entweihte, die niedergetretene katholische Kirche herrlich wieder auf. Wir dürfen es deshalb als einen besondern Rathschluß der göttlichen Gerechtigkeit betrachten, daß der Papst den Siegeskranz, den die Kirche diesen 54 Glaubenshelden wand, gerade am Feste des hl. Thomas von Canterbury auf den Altar dieses glorreichen Blutzeugen niederlegte.

Im Englischen Colleg zu Rom wurde an dem genannten Festtage das Decret öffentlich verkündet. Der hochwürdige Rector des Collegs, Heinrich O'Callaghan, Hausprälat Sr. Heiligkeit, sang ein feierliches Hochamt. Nach dem Evangelium verlas der hochw. Vicerector Dr. Giles das lang ersehnte Actenstück. Dann wurden zu beiden Seiten des Altarbildes, welches den Martertod des hl. Thomas von Canterbury darstellt, die Bilder des seligen Johannes Fisher und des seligen Thomas More, von Kränzen und Blumen umwunden, zu öffentlicher Verehrung ausgestellt. Die Theilnahme an dem schönen Feste war natürlich groß. Unter den Gästen, welche dasselbe durch ihre Gegenwart verherrlichten, befanden sich Ihre Eminenz Cardinal Howard, der Protector des Collegs, der Erzbischof von St. Andrews und Edinburgh und die Bischöfe von Richmond und St. Paul aus Nordamerika, die Rectoren und Vorsteher der kirchlichen Studienanstalten Roms für die verschiedenen Nationen. Denn die Freude des einen Gliedes der weltumspannenden Kirche Christi ist stets die Freude aller Glieder, und der Jubel, der das katholische England bei der Nachricht erfüllte, daß von seinen Kindern 54 neue himmlische Fürsprecher auf die Altäre erhoben seien, fand seinen Widerhall in allen Ländern der katholischen Christenheit. Die Katholiken Deutschlands, noch immer in den Tagen des Kampfes für die volle Anerkennung der kirchlichen Freiheit und Rechte, sind wahrlich nicht die letzten, welche mit Bewunderung und Vertrauen zu dieser neuen Schaar siegekrönter Glaubenshelden aufblicken, deren Kampf und Krone diese Blätter geweiht sind.

Zunächst werden wir unsere Aufmerksamkeit dem Gesetze zuwenden müssen, welches England von der katholischen Einheit losriß und den König zum englischen „Papste" machte. Denn im Kampf gegen dieses Gesetz, für die katholische Einheit und den Primat des Papstes ist das Blut unserer seligen Martyrer geflossen.

2. Die Suprematsacte.
(1531—1535.)

Wie allgemein bekannt ist, nahm in England die sogen. „Reformation" ihren Anfang in dem ehebrecherischen Wunsche Heinrichs VIII., sich von seiner treuen und heiligmäßigen Gattin Katharina von Aragonien zu trennen, mit welcher er 17 Jahre lang, bis zum Jahre 1525, in glücklicher Ehe gelebt hatte, und sich mit Anna Boleyn zu verbinden. Man hat fast allgemein Cardinal Wolsey beschuldigt, er sei es gewesen, der bem Könige zuerst den unseligen Gedanken an die Möglichkeit einer Scheidung von Katharina eingegeben habe. Dann wurde dieselbe Anklage gegen des Königs Beichtvater Longland, Bischof von Lincoln, endlich gegen den Bischof von Tarbes erhoben, der im Jahre 1527 als Gesandter Franz' I. nach England kam. Dem gegenüber ist es das Verdienst P. Stevensons, wohl eines der besten jetzt lebenden Kenners der Geschichte Heinrichs VIII., überzeugend nachgewiesen zu haben, daß keiner dieser kirchlichen Würdenträger dem Könige den Rath gab, die Ehescheidung zu beantragen, sondern daß niemand anders ihm diesen Plan nahelegte, als die Versucherin selbst — Anna Boleyn[1].

Bis zum Jahre 1531 war es jedoch Heinrich VIII. nicht eingefallen, dem Stellvertreter Christi auf Erden Treue und Gehorsam zu verweigern und sich selbst zum obersten Herrn und Haupte der katholischen Kirche in England aufzuwerfen. Der Proceß der Ehescheidung selbst, den er eifrigst in Rom betrieb, und seine dringenden Bitten um Lösung des sacramentalen Bandes, das ihn an Katharina fesselte, sind schlagende Beweise, daß er die geistliche Oberhoheit des Papstes noch voll anerkannte. Erst als es dem Könige klar wurde, daß kein Bitten und kein Drängen Clemens VII. bestimmen konnten, das rechtmäßig geknüpfte Band frevelhaft zu lösen, siegte seine dämonische Leidenschaft zu Anna Boleyn über Glauben und Treue, und er beschloß, durch Trotz zu er-

---
[1] Vgl. P. Stevensons S. J. vorzügliche Artikel, welche er unter dem Titel „King Henry the Eight" in The Month veröffentlichte. Jahrgang 1882 ff. Namentlich vol. XLVI, p. 30 sq.

zwingen, was ihm die Gerechtigkeit versagen mußte. Beispiel und Aufmunterung waren ihm die Fürsten Deutschlands, welche unter Führung des Mönchs von Wittenberg die Bahn der religiösen Empörung beschritten und das „Joch des Papstthums" abgeworfen hatten. Konnte er nicht dasselbe thun und den Spruch Cujus regio ejus et religio ins Englische übersetzen? Wenn er sich zum Haupte der Kirche erklären ließ, was kümmerte ihn ferner die Weigerung des Papstes? Er selbst konnte dann Katharina verstoßen und seine Maitresse auf den Thron erheben. Dabei scheint er sein Gewissen mit dem Vorsatze beschwichtigt zu haben, fest an der katholischen Lehre zu halten. Keines der heiligen Sacramente, welche von den deutschen Reformatoren geläugnet wurden, wollte er seinem Volke rauben lassen. Nur der Primat Petri und seiner Nachfolger sollte fallen. Es war also der Gedanke einer von Rom getrennten Nationalkirche, der ihm, von Cromwell nahegelegt, immer klarer wurde.

Freilich hatte Heinrich schon im Sommer 1530 eine drohende Sprache gegen den Papst angenommen: das Königreich sei durch das Unheil einer zweifelhaften Erbfolge bedroht, ließ er nach Rom melden, und es werde schließlich nichts mehr übrig bleiben, als ohne das päpstliche Urtheil eigenmächtig vorzugehen[1]. Er wollte aber die Curie nur schrecken und zur Nachgiebigkeit bewegen. Erst mit dem Eintritte Cromwells in den geheimen Rath wird Heinrichs VIII. Stellung zur katholischen Einheit entschieden revolutionär. Cromwell war sein böser Genius und leitete ihn Schritt für Schritt auf die Bahn des Verderbens.

Thomas Cromwell, der Sohn eines Schmieds, nach anderen eines Walkers, hatte als Reiter in Italien gedient. Dann war er unter die Advokaten gegangen und hatte Cardinal Wolsey bei der Aufhebung einiger Klöster geholfen, wobei er seinen eigenen Vortheil wohl zu wahren verstand. Bei Wolsey's Sturz vertheidigte er seinen frühern Herrn, wie es scheint, im Auftrage des Königs, erfolgreich vor dem Hause der Gemeinen und trat dann in königliche Dienste. Schärfe des Verstandes und eiserne Willenskraft kann man Cromwell nicht absprechen; aber alle Mittel waren ihm gut zu seinem Zwecke. Er war ein gelehriger Schüler Machiavelli's. Tugend und Laster seien für den Staatsmann leere Worte, äußerte er sich. Die Kunst des klugen Höflings bestehe darin, die Leidenschaften des Fürsten zu erkennen und zu befriedigen und dadurch

---

[1] Lingard VI, 173 (Londoner Ausgabe von 1844).

die Herrschaft über den Fürsten zu gewinnen. Nach diesen Grundsätzen handelte er. Er gab dem König zuerst den unseligen Rath, sich selbst zum Oberhaupte der Kirche zu erklären, und wußte es dann dahin zu bringen, daß er als Generalvikar[1] im Namen des Königs die angemaßte kirchliche Suprematie ausübte und als solcher vor dem Erzbischof-Primas von England den Vorrang erhielt. Ebenso schwang er sich zu den höchsten Staatsämtern empor, wurde Geheimsecretär, Kanzler der Schatzkammer, Lord und Earl von Essex, Lordkanzler und raffte sich bei der Unterdrückung der Klöster, die sein Werk war, ein ungeheures Vermögen zusammen. Als er auf dem Wege von List und Lüge, Gewissenlosigkeit und Gewalt die Höhe der Macht erstiegen hatte, stürzte er beim ersten Versuche, seinem Herrn nicht ganz nach Lust und Laune handeln zu wollen, in die von ihm selbst gegrabene Grube[2].

Dieser eben so schlaue als gewissenlose Mensch gewann 1530 das Vertrauen Heinrichs und bestimmte ihn, das „römische Joch" muthig abzuwerfen. Man mußte sich zuerst des Clerus im Reiche versichern, und gegen diesen wurde deshalb der erste Schlag geführt. Unter den Anklagen, welche gegen Cardinal Wolsey erhoben worden waren, befand sich auch die Behauptung, er habe das Statut Praemunire[3] übertreten, indem er ohne königliche Erlaubniß geistliche Gerichtsbarkeit in England ausgeübt habe. Während seiner ganzen Amtsdauer, 15 Jahre lang, hatte den Cardinal niemand dieses Vergehens geziehen; jetzt

---

[1] Die Bestallung als Generalvikar in Cotton. MS. Cleopatra F. II. Fol. 181.
[2] Vgl. History of the Life and Death of Lord Cromwell &c. by M. Drayton.
[3] Das Statut „Praemunire", das in den späteren Katholikenverfolgungen in England eine große Rolle spielt, wurde im Januar 1393 unter der schwachen Regierung Richards II. zur Zeit des traurigen abendländischen Schisma's erlassen. Es lag nahe, daß damals, da Papst und Gegenpapst sich bemühten, die kirchlichen Stellen mit ihren Anhängern zu besetzen, die weltliche Macht gegen die doppelte Besetzung der Stellen, welche eine heillose Verwirrung anrichtete, scharfe, aber für andere Verhältnisse ungerechte Maßregeln ergriff. So kamen damals eine Reihe von Verfügungen im Parlamente zu Stande, welche der Krone das Recht der Besetzung der Bisthümer wahren wollten. Das schärfste derselben ist das Statut „Praemunire," welches verordnete, „wenn jemand zu Rom oder sonstwo die Ertheilung oder Uebertragung von Pfründen, die Verhängung von Excommunicationen, den Erlaß von Bullen, Breven u. s. w. gegen die Krone bewirke, solche ins Land bringe, empfange, verkünde oder ausführe: so sollen alle Personen, die solches thun, ihre Helfershelfer, Vertheidiger und Rathgeber vogelfrei sein und ihre Güter, Schlösser, Länder dem Könige verfallen, sie selbst aber, wo immer man sie finde, verhaftet werden." Das Statut scheint zwar im Parlamente beanstandet worden zu sein; dennoch aber handelte man gegebenen Falls nach demselben. Vgl. Lingard IV, 227 sq.

aber, nach seinem Sturze, wurde die gesammte Geistlichkeit als Mitschuldige, da sie sich ohne königliche Erlaubniß der Gerichtsbarkeit des Cardinals unterworfen habe, vor Gericht gefordert. In Eile versammelten sich die hohen geistlichen Würdenträger in den sog. Convocationen. Am 7. Februar 1531 bot die Convocation der Kirchenprovinz Canterbury dem Könige die Summe von 100 000 Pfd. St. (2 Millionen Mark), wenn er die Anklage fallen lasse. Da aber zeigte sich der eigentliche Zweck der Anklage: Heinrich VIII. weigerte sich, diese Summe anzunehmen, wenn die Geistlichkeit in ihrem schriftlichen Gnadengesuche ihn nicht „als Schutzherrn und einziges oberstes Haupt der Kirche und des Clerus von England[1] anerkenne". Ferner forderte der König die Aufnahme des Satzes, es sei dem Clerus nur unter seinem Schutze möglich, der Seelsorge obzuliegen, welche seiner Majestät übertragen sei[2]. Es ist klar, daß die Convocation, ohne den katholischen Glauben zu verläugnen, diese Sätze nicht unterschreiben durfte. Drei Tage lang beriethen die Bischöfe unter dem Vorsitze des greisen Erzbischofs Warham im Capitelhause zu Westminster, wie sie dem Könige zu Willen sein könnten, ohne ihr Seelenheil aufs Spiel zu setzen. Der einzige Bischof, der mit Entschiedenheit auftrat, war der selige Johannes Fisher von Rochester. Dieser durch seine Gelehrsamkeit und Heiligkeit ausgezeichnete Mann galt überhaupt als der Vorkämpfer der Kirche in England. Schon früher, im Jahre 1529, als der König, um Geld für den Scheidungsproceß zur Erkaufung günstiger Antworten von den Universitäten zu erhalten, die kleineren Klöster aufheben wollte, hatte sich Fisher dem Könige gegenüber in die Bresche gestellt. Jetzt, bei diesem weit wichtigern Anlasse, richtete er die folgende Ansprache, die uns Dr. Hall in seinem Leben Fishers überliefert, an seine Mitbrüder:

„Es ist wahr, wir sind in des Königs Gewalt und bedürfen seiner Gunst; aber das ist kein Grund für uns, etwas zu thun, was uns in den Augen der ganzen christlichen Welt lächerlich und verächtlich macht. Was wird es uns nützen, unsere Häuser, Klöster, Stifte zu behalten, unsere Güter zu retten und dafür unser Gewissen zu opfern? Laßt uns also erwägen, was wir thun und was wir zugeben dürfen, und die Gefahren, die sich daraus ergeben; laßt uns zusehen, ob das Zugeständniß,

---

[1] „Ecclesiae et cleri Anglicani, cujus protector et supremum caput is (rex) solus est." Wilkins, Concilia Magnae Britanniae et Hiberniae III, 725.
[2] „Inservire curae animarum majestati ejus commissae." Wilkins, Conc. III, 725.

das der König von uns verlangt, in unserer Macht liegt, und ob der König dasselbe überhaupt annehmen kann; laßt uns mit Ueberlegung zu Werke gehen, und nicht wie Leute, die ihren guten Namen und Verstand wie andere zeitliche Güter aufs Spiel setzen. Beachtet also, was der Supremat, den wir jetzt dem Könige übertragen sollen, in der Kirche bedeutet. Der Supremat besteht in der Ausübung der geistlichen Regierungsgewalt über die Kirche, und diese Regierungsgewalt begreift der Lehre zufolge, welche ich aus dem Evangelium schöpfte und welche mir in meiner ganzen theologischen Laufbahn zu Theil wurde, vorzüglich zwei Punkte: Erstens die Gewalt, die Sünder zu binden und zu lösen; denn unser Herr sagte zu Petrus, als er ihn zum Haupte der Kirche machte: ‚Dir werde ich die Schlüssel des Himmelreiches übergeben.‘ Gut, Mylords, können wir nun zum Könige sagen: tibi, dir werde ich die Schlüssel des Himmelreiches übergeben? Wenn ihr mit ‚Ja‘ antwortet — wo sind eure Beweise? Wenn ihr ‚Nein‘ sagt, so habt ihr selbst schon die Antwort gegeben, daß ihr diese Schlüssel nicht in seine Hand legen dürft. — Zweitens besteht die Suprematsgewalt in der Kirche im Hirtenamte über die Schafe und Lämmer Christi; denn als unser Herr Petrus zu seinem obersten Hirten machte, gab er ihm die unbeschränkte Gerichtsbarkeit. ‚Weide meine Lämmer‘, sagte er, und nicht nur sie, sondern auch die Hirten meiner Lämmer: ‚Weide meine Schafe‘. Nun, Mylords, kann einer von uns dem Könige sagen: Pasce oves?"

Der selige Fisher führte die katholische Lehre vom Primat den versammelten Amtsbrüdern noch weiter aus und bestätigte sie durch das Zeugniß der Concilien, die Uebereinstimmung der ganzen christlichen Welt, das Verhalten aller christlichen Fürsten, und schloß seine Anrede mit den Worten: „Wenn dieses Verlangen zugegeben werden sollte, dann ist es um alle Einheit in der christlichen Kirche geschehen. Wie der große heilige Martyrer Cyprian mit Recht sagt, beruht die ganze Einheit auf dem Apostolischen Stuhle, auf dem Ansehen der Nachfolger Petri. Alle Häresien, Secten, Schismen haben darin ihren Ursprung, daß ihre Urheber dem obersten Bischof den Gehorsam versagen. Wenn wir aber die Gemeinschaft mit der Kirche abbrechen, so müssen wir eines von diesen zweien zugeben: entweder die Kirche ist die Kirche Gottes, oder sie ist eine Afterkirche. Wenn ihr, Mylords, erwiedert, sie sei die Kirche Gottes und Christus werde in ihr recht gepredigt und seine Sacramente rechtmäßig gespendet — wie können wir uns dann selbst aus ihren Mauern verbannen und sie von uns stoßen? Wenn ihr aber erwiedert, sie sei nicht die Kirche Gottes, sondern im Irrthum, dann folgt, daß wir, die Bewohner dieser Insel, bis zur Stunde den wahren Glauben Christi nicht empfingen; denn wir haben kein anderes Evangelium, keine andere Lehre, keine anderen Sacramente empfangen als von ihr, und so wären wir diese ganze Zeit betrogen worden! Und wenn wir den gemeinsamen Vater der Christenheit und alle allgemeinen Concilien, namentlich die ersten vier, welche niemand verwerfen darf, und alle christlichen Länder von uns stoßen, und wenn wir die Einheit der christlichen Welt opfern: ist dann die Bewilligung der Suprematie des Königs nicht gleichbedeutend mit der Verläugnung der Einheit, mit dem Zerreißen des ungenähten Gewandes Christi, mit dem Zerstücken der Glieder des mystischen Leibes Christi, mit den Feuerbränden, die Samson an die Fuchsschweife legte und welche die Kirche in Brand stecken sollen? Das ist es, was ihr zu thun im Begriffe seid; deßhalb rufe ich euch rechtzeitig und noch nicht zu spät zu: Seht euch vor!" [1]

Die Worte des Bischofs von Rochester waren nicht ohne Wirkung auf seine furchtsamen Amtsbrüder. Sie schickten Boten an Heinrich und baten ihn, von seiner Forderung Abstand zu nehmen. Er zeigte sich anfangs unerbittlich; endlich ließ er doch eine Clausel zu, welche den Bischöfen genügend schien. Heinrich mochte denken, bei einem zweiten Anlaufe würden die Bischöfe, die jetzt schon in ihrer kirchlichen Treue wankten, diese Clausel fallen lassen. Mit derselben lautete nun der entscheidende Satz: „Wir anerkennen Se. Majestät als den ganz besondern Schirmherrn der Kirche und des Clerus in England, als den einzigen Souverän und (soweit Christi Gesetz es erlaubt) auch als ihr oberstes Haupt." [2] Im zweiten Satze, den wir oben anführten, wurde statt „Seelsorge, welche Sr. Majestät übertragen ist", gesetzt: „Sorge für das Volk, welches Sr. Majestät anvertraut ist" [3]. Mit diesen Clauseln gaben sich die Prälaten am Nachmittag des 10. Februar zufrieden, nachdem auch der greise Bischof von Rochester, obgleich widerstrebend, seinen Widerspruch fallen gelassen hatte. Es liegt auf der Hand, daß der Selige, der vier

---

[1] The Life and Death of John Fisher, Bishop of Rochester, by Thomas Bailley D. D. (Richard Hall) p. 161 sq.

[2] „Ecclesiae et cleri Anglicani, cujus singularem protectorem unicum et supremum Dominum et, quantum per legem Christi licet, etiam supremum caput ipsius Majestatem recognoscimus." Wilkins, Conc. l. c.

[3] „Inservire curae populi Majestati ejus commissi" l. c.

Jahre später so muthig für den katholischen Glauben an die Suprematie des Papstes starb, von der Erlaubtheit dieser bedingten Anerkennung überzeugt war. Mit dem gleichen Vorbehalte unterschrieb auch die Convocation der Kirchenprovinz York das Schriftstück und bot dem Könige gleichzeitig 80 840 Pfd. St. Nur der Bischof Tunstall von Durham gab einen schriftlichen Protest zu den Acten, in welchem er sagte: Wenn die Clausel keinen andern Sinn habe, als daß der König das weltliche Oberhaupt sei — warum das nicht klar ausgesprochen werde? Wenn sie aber den Sinn habe, daß er das geistliche Oberhaupt sei, so verstoße sie gegen die Lehre der katholischen Kirche, und er habe alle Anwesenden zu Zeugen aufgefordert, daß er dagegen protestire[1]. Es wäre allerdings besser gewesen, der englische Episkopat hätte den Gelüsten des Königs gleich bei diesem ersten Angriffe, wie Fisher und Tunstall es wünschten, mit Entschiedenheit und Einmuth Widerstand geleistet, statt durch derartige Clauseln seine Schwäche zu verrathen. Heinrich würde dann kaum gewagt haben, den Kampf gegen die katholische Einheit aufzunehmen.

Der heiligmäßige Bischof Fisher wurde als die Hauptstütze der katholischen Kirche in England betrachtet und war gleichzeitig einer der entschiedensten Vertheidiger der Ehe zwischen Heinrich und Katharina. Als deshalb acht Tage nach den eben erzählten Verhandlungen, am 18. Februar 1531, der Versuch gemacht wurde, ihn mit seinem ganzen Haushalte zu vergiften, legte die öffentliche Meinung die Urheberschaft des Verbrechens Anna Boleyn oder doch ihrem Anhange zur Last[2]. Da der Bischof, der während seines Aufenthaltes zu London in der Nähe des erzbischöflichen Palastes von Lambeth wohnte, für alle Armen der Nachbarschaft offene Tafel hielt, genossen diese von der vergifteten Speise; alle erkrankten und zwei Personen starben. Der Koch des Bischofs wurde auf entsetzliche Weise hingerichtet, indem das Parlament bei diesem Anlasse beschloß, die Strafe der Giftmischerei solle darin bestehen, daß der Mörder in siedendem Wasser zu Tode gekocht werde[3]. Wer durch Häresie Seelen vergifte, müsse auf dem Holzstoße, wer den Leib vergifte, in siedendem Wasser sterben. Das Urtheil wurde wirklich vollstreckt.

---

[1] Wilkins, Conc. III, 745. Vgl. Collier, Ecclesiastical History II, 63.
[2] Sanders, De origine et progressu Schismatis Anglicani (ed. 1588) p. 76. Vgl. Burnet's History of the Reformation I, 193 (Pocock), der Anna Boleyn von diesem Verbrechen freispricht. Daß man sie oder ihren Anhang aber einer solchen That fähig hielt, geht aus Sanders' Zeugniß jedenfalls hervor.
[3] 22. (d. i. im 22. Jahre) Henry VIII. c. 16. Statutes III, 388.

Dieser erste Angriff auf die Oberhoheit des Papstes hatte in Rom keineswegs die von Heinrich VIII. erwartete Wirkung. Daher beschloß der König, in der Scheidungsangelegenheit eigenmächtig vorzugehen. Er verbannte seine rechtmäßige Gattin vom Hofe. Auf die Kunde von diesem Schritte schrieb Clemens VII. am 25. Januar 1532 in ebenso entschiedener als liebevoller Weise einen Privatbrief an den verblendeten König und zeigte ihm, welches Mal der Schande dieses Aergerniß seinem Charakter aufpräge. Die tugendreiche Fürstin, die Blutsverwandte des Kaisers, habe er verstoßen und an ihre Stelle „eine gewisse Anna" in sein Haus aufgenommen, mit der er öffentlich wie mit einer Gattin lebe. Er solle die Königin zurückrufen und deren Nebenbuhlerin entlassen. Das schulde der König seinem eigenen guten Namen; der Papst wolle es überdies als die größte Gunst betrachten, welche Heinrich jemals dem Apostolischen Stuhle erwiesen habe.

Des Papstes väterliche Mahnworte fanden kein Gehör beim Könige. Im Gegentheile, sie erzürnten ihn. Er ließ im Frühjahre durch sein Parlament dem englischen Clerus Stück für Stück der geistlichen Gerichtsbarkeit entziehen und zwang denselben, eine Bittschrift einzureichen, welche die Abschaffung der päpstlichen Annaten forderte. Der Bischof von Rochester unterzeichnete nicht; der Erzbischof Warham gab zwar seine Unterschrift, zog sie aber reuig zurück[1]. Schlimmer als die Forderung war der Schlußsatz, in dem die Bittschrift gipfelte: „Gefalle es Euer Hoheit, in diesem gegenwärtigen Parlamente den Beschluß zu fassen, daß (falls der Papst durch Verweigerung der Bestätigung für die neu ernannten Bischöfe die Bezahlung der Annaten erzwingen wollte) **Euer Hoheit und das Volk dem Gehorsam gegen den Stuhl zu Rom entzogen werde."**[2] Gegenüber dieser Sprache, in der man sofort die soeben zu Bischöfen erhobenen Häretiker erkennt, lautet der Parlamentsbeschluß selbst, der es dem König anheimstellt, die Annatenfrage mit Rom auf freundschaftlichem Wege beizulegen, sehr maßvoll[3].

Unmittelbar nach diesen traurigen Verhandlungen am 14. Mai 1532 wurde das Parlament vertagt. Zwei Tage später legte Sir Thomas More sein Amt nieder und zog sich in den Schoß seiner Fa-

---

[1] Die Annaten waren ursprünglich eine Steuer, welche von der Geistlichkeit für die Kreuzzüge erhoben wurde. Der Ertrag betrug in den letzten 50 Jahren etwa 3000 Pf. St. jährlich.

[2] Cotton. MS. Cleopatra E VI, fol. 263. Strype, Memorials I, Appendix n. 41, p. 107. [3] 23. Henry VIII. c. 20.

milie zurück[1]; er sah voraus, daß ihm sein Gewissen nicht mehr erlaubte, die Beschlüsse zu besiegeln, welche die Leidenschaft des Königs dem Kanzler nun vorlegen würde. Gleichzeitig legte sich der greise Erzbischof Warham auf sein Sterbelager. Seine zitternde Hand konnte die Feder nicht mehr führen; so dictirte er von seinem Bette aus den folgenden Protest:

„Im Namen Gottes. Amen. Wir, Wilhelm, durch Gottes Vorsehung Erzbischof von Canterbury, Primas von England, Legat des Apostolischen Stuhles, protestiren hiermit öffentlich und ausdrücklich in unserm Namen und im Namen der heiligen Metropolitankirche von Canterbury gegen jede Verordnung, welche in dem gegenwärtigen, am 3. November 1529 begonnenen und jetzt noch dauernden Parlamente bestätigt wurde oder noch bestätigt werden könnte, insofern solche Verordnungen dem Rechte des römischen Papstes oder des Apostolischen Stuhles etwas vergeben, insofern dieselben die Gewalt der Kirche verletzen, benachtheiligen, schmälern, oder insofern sie den Umsturz, die Schwächung, die Abschaffung, die Verkleinerung der Rechte, Bräuche, Privilegien, den Vorrang und die Freiheit unserer Metropolitankirche bezwecken. Das ist nicht unser Wille, nicht unsere Absicht, noch können wir mit gutem Gewissen solchem zustimmen, sondern wir geben durch dieses unser Schreiben unsere Mißbilligung, unsere Verneinung und unsern Protest gegen solches kund und zu wissen."[2]

Mit dieser feierlichen Erklärung starb, wenn man von Pole's kurzem Hirtenamte (1556—1558) unter Maria der Katholischen absieht, der letzte katholische Erzbischof von Canterbury am 23. August 1532. Sein Nachfolger war Cranmer, früher Hofkaplan der Anna Boleyn, einer der feigsten und feilsten Heuchler, die jemals lebten.

Der Anlauf gegen die Annaten erschütterte den Papst nicht. Clemens VII. wünschte zwar sehnlichst, den Bruch mit Heinrich zu vermeiden und England der katholischen Kirche zu erhalten. Aber so sehr er sonst politischen Erwägungen zugänglich war — sein Gewissen verkaufte er nicht. Der väterlichen Mahnung, welche er in seinem Privatbriefe umsonst an Heinrich gerichtet hatte, folgte jetzt eine überaus ernste, für die Oeffentlichkeit bestimmte. Am 15. November 1532 unterzeichnete er ein Breve, welches beklagte, daß Heinrich zu allgemeinem Aergernisse das Zusammenleben mit seiner Maitresse fortsetze, und über beide die Excom-

---
[1] Burnet's History of the Reformation I, 208 (Edit. Pocock).
[2] Burnet's Collect. p. 485.

munication verhängte, wofern sie sich nicht binnen Monatsfrist nach dem Empfange dieses Schreibens trennten. Sollten sie aber gar den frechen Versuch wagen, sich miteinander zu verehelichen, so sei eine solche Verbindung von vorne herein null und nichtig. Trotzdem heirathete der König am 25. Januar 1533 in einer Privatkapelle seines Palastes Anna Boleyn[1]. Im darauffolgenden Frühjahre ließ er dann durch Cranmer, den neuen Erzbischof, nachträglich die Ehe mit Katharina als gelöst und seine Verbindung mit Anna als rechtmäßig erklären und vom Parlamente bestätigen, und am 1. Juni wurde Anna feierlich zur Königin gekrönt. Als Antwort auf diese Frevel kam von Rom die am 11. Juli erlassene Vernichtung des Urtheils, das sich Cranmer angemaßt habe, da ja der Proceß der Ehescheidung in Rom anhängig sei und noch schwebe.

Schon am darauffolgenden 7. September gebar Anna Boleyn ein Mädchen, die spätere Königin Elisabeth. Jetzt wurde die Frage der Thronfolge in England brennend. Wer war nun als erbberechtigt zu betrachten: Maria, die Tochter Katharina's, oder Elisabeth, Anna's Kind? Die katholische Partei war entschieden für Maria, die königliche für Elisabeth. Als deshalb am 15. Januar 1534 das Parlament wieder zusammentrat, befaßte es sich namentlich mit der Regelung der Erbfolge.

Vorher jedoch wurden im Sturme die wichtigsten Gesetzentwürfe berathen, welche die Kirche Englands von Rom losrissen. Zunächst erhob man die Beschränkung der kirchlichen Gerichtsbarkeit, welche sich der Clerus bereits hatte aufnöthigen lassen, zum Gesetz. „Alle canonischen Gesetze und Verordnungen," wurde beigefügt, „welche erlassen seien und den Gesetzen und Gebräuchen des Reiches oder den Vorrechten der Krone nicht widerstritten, sollen beobachtet und eingeschärft werden, solange nach dem Wortlaut und Zwecke dieses Gesetzes nicht etwas anderes verordnet werden sollte." Alle Appellationen an den Apostolischen Stuhl wurden strengstens verboten. Wer mit dem Entscheide des Erzbischofs von Canterbury nicht zufrieden sei, habe sich an den König zu wenden, der durch Commissäre (den sogen. Court of Delegates) das Endurtheil fällen werde. Die Annaten wurden endgiltig für abgeschafft erklärt. Die Ernennung der Bischöfe soll nicht mehr dem Papste zur Bestätigung vorgelegt und keinerlei Bullen dürften vom päpstlichen Hofe angenommen werden. Die Kapitel sollen fürderhin binnen 12 Tagen, bei Verlust des Wahlrechtes,

---

[1] Stow, The Annales of England p. 543. Vgl. Cranmer's Letters, Letter XIV, p. 246.

das dann auf die Krone übergehe, denjenigen erwählen, den ihnen der König bezeichnen werde. Der so „Gewählte" habe zuerst dem Könige und niemanden anders Treue zu schwören; dann solle er geweiht und in die Nutznießung seines Sprengels eingesetzt werden. Endlich wurden alle Arten von Zahlungen, Peterspfennig, Dispensationsgebühren u. s. w. abgeschafft.

Nachdem durch diese Gesetze die ganze kirchliche Gerichtsbarkeit auf den Kopf gestellt war, regelte das Parlament die Frage der Erbfolge. Der endliche Beschluß läßt sich in folgende zwei Punkte zusammenfassen: 1. Die Heirat zwischen Heinrich VIII. und Katharina, der Wittwe des verstorbenen Prinzen Arthur, wird als von Anbeginn null und nichtig erklärt; die daraus entsprungenen Kinder sind illegitim; die Scheidung, welche Erzbischof Cranmer aussprach, ist giltig und rechtskräftig. 2. Die Ehe zwischen Heinrich und der gegenwärtigen Königin Anna ist rechtmäßig geschlossen und muß für unzweifelhaft giltig, rechtskräftig und für ewige Zeiten unanfechtbar gehalten werden. — Damit war die Erbfolge entschieden. Wer irgend etwas gegen die Giltigkeit der Ehe mit Anna oder gegen das Thronerbrecht ihrer Kinder rede, schreibe oder wie immer handle, wurde des Hochverraths und der damit verbundenen entsetzlichen Todesstrafe schuldig erklärt.

Man sollte meinen, Heinrich hätte sich mit diesem Erbfolgegesetze und den Strafen, welche seine Unterthanen mundtodt machten, begnügen können. Allein mit dem bloßen Schweigen seiner Unterthanen begnügte sich das böse Gewissen des Königs nicht; es verlangte tyrannisch, daß das offene Unrecht als Recht beschworen werde. So kam am 30. März 1534 der erste jener berüchtigten Treueide (Oath of Allegiance) zu Stande, welche den Boden Englands mit so viel edlem Martyrerblute tränkten. In ihm mußten die englischen Unterthanen dem Könige nicht nur wandellose und unbeschränkte Treue unter allen Umständen beschwören, sondern auch sämmtliche Statute, welche das damalige Parlament erlassen hatte, namentlich das Successionsstatut und die Giltigkeit der Ehe mit Anna, worauf sich dasselbe stützte. Endlich bezog sich dieser Eid auch auf das Statut „gegen die angemaßte Gewalt des Bischofs von Rom", welches am gleichen 30. März die königliche Bestätigung erhielt[1]; alle Rechte, welche der Papst in England beanspruchte, sollten demgemäß auf die Krone übertragen werden. Das alles umfaßte der

---

[1] Lords' Journal I, 82. Vgl. Froude, History of England II, 103 Anm.

vom Parlament vorgeschriebene Eid, und eine Commission wurde eingesetzt, bestehend aus dem Erzbischof von Canterbury, dem Lordkanzler und den beiden Herzogen von Norfolk und Suffolk, vor denen auf den Wunsch des Königs jeder einzelne Unterthan diesen Eid leisten sollte.

So war am 30. März der Bruch zwischen England und Rom eigentlich schon vollzogen. Am 23. März hatte auch Clemens VII. in Rom das entscheidende Wort gesprochen. Von 22 Cardinälen, welche die Frage der Giltigkeit der Ehe Heinrichs mit Katharina lange und ernstlich erwogen hatten, sprachen sich 19 für die Giltigkeit aus, 3 baten um Aufschub der Entscheidung. Aber der Papst, der lange genug gemahnt und gehofft hatte, fällte jetzt das Urtheil nach Recht und Gerechtigkeit und erklärte Katharina als die einzig rechtmäßige Gemahlin des Königs. Als der Courrier mit diesem Entscheide in London am 7. April eintraf, war das Parlament schon auseinander gegangen, und die entscheidenden Statuten waren erlassen. Der König konnte seinem Grimm nur dadurch Luft machen, daß er das Statut, welches die Bezahlung des Peterspfennigs u. s. w. verbot und dessen Vollziehung seinem Ermessen anheimgegeben war, sofort unterfertigte. Auch bestätigte er ein Bluturtheil, von dem wir alsbald ausführlicher zu reden haben, nachdem wir zuerst noch die letzten Erlasse erwähnen, welche den König formell zum obersten Haupte der Kirche in England erklären.

Zunächst verordnete der König im Juni 1534, daß im ganzen Reiche der Bruch mit Rom und dessen „wahre Ursachen" gepredigt werden sollten. Jeden Sonntag mußte ein Bischof zu Paul's Croß und jeder Pfarrer in seiner Kirche von „der Anmaßung des Papstes" predigen. Aebte und Prioren sollten ihre Klostergemeinden, Edelleute ihren Haushalt, Bürgermeister und Schöffen ihre Gemeinden über denselben Gegenstand „belehren". Jeder Bischof mußte außer dem Treueide dem Könige als dem obersten Haupte der Kirche noch einen besondern Eid schwören. In allen Gebetbüchern, Meßbüchern und sonstigen liturgischen Büchern mußte der Name des Papstes und alles, was sich auf seine Rechte bezog, ausgemerzt werden; sein Name solle in Ewigkeit nicht mehr genannt werden, es sei denn zu Schimpf und Schande[1]. Gleichlautende Befehle ergingen an die Sheriffs der Grafschaften mit dem Vermahnen, daß sie „zur Ehre Gottes" und unter höchster Strafe alle widerspänstigen

---

[1] „His name and memory should be never more, except to his contumely and reproach, remembered; but perpetually be suppressed and obscured." Royal Proclamation, 9. June 1534. Wilkins, Conc. III, 773.

Geistlichen unverzüglich dem Könige anzuzeigen hätten. „Seid versichert,“ so schließt die am 9. Juni erlassene Proclamation, „daß wir euch“ (im Uebertretungsfalle) „als ein Fürst der Gerechtigkeit so überaus strenge bestrafen werden, daß ihr der ganzen Welt zum abschreckenden Beispiele gereichen sollet.“

Am 3. November trat das Parlament zusammen und erhob sofort die neue Würde des Königs zum Gesetze. Dieser Act of Supremacy bildet die eigentliche Grundlage der ganzen blutigen Katholikenverfolgung, welche vom Jahre 1535 bis zum Jahre 1681 dauerte, in dem der Erzbischof von Armagh als letztes Opfer der Titus-Oates-Verschwörung das Blutgerüst bestieg[1]. Es ist deshalb der Mühe werth, das ganze Statut hier mitzutheilen, da es den Grund des Martyriums, die causa martyrii, enthält. Dasselbe lautet:

„Obschon des Königs Majestät nach Recht und Gerechtigkeit das oberste Haupt der Kirche Englands ist und sein muß und als solches von der Geistlichkeit dieses Reiches in den Convocationen anerkannt wurde[2], so soll dennoch zur Bestärkung und Bekräftigung dieser Wahrheit, sowie zum Wachsthum der Gottseligkeit in der Religion Christi in diesem Reiche England, ferner zur Unterdrückung und Ausrottung aller Irrthümer, Ketzereien, Greuel und Mißbräuche durch das Ansehen des gegenwärtigen Parlaments zum Gesetz erhoben sein: daß der König, unser souveräner Herr, seine Erben und Nachfolger, die Beherrscher dieses Reiches, als oberstes Haupt der Kirche von England, die man Anglicana Ecclesia nennt, gehalten, angenommen und geachtet werden sollen. Und er soll verknüpft und vereint mit der Herrscherkrone dieses Reiches sowohl den diesbezüglichen Titel und Rang, als auch alle damit verbundenen Ehren, Würden, jeden Vorrang, alle Gerichtsbarkeit, Auctorität, Immunität, Vortheile und Bequemlichkeiten haben und genießen. Unser besagter Herr und König, seine Erben und Nachfolger, die Beherrscher dieses Reiches, sollen also volle Macht und Auctorität haben, alle Irrthümer, Ketzereien, Mißbräuche, Mißachtung und Greuel irgendwelcher Art, welche sonst von was immer einer kirchlichen Obrigkeit oder einem kirchlichen Gerichtshofe rechtmäßig abgeurtheilt werden können oder sollen, zu unter-

---

[1] Vgl. die Aufsätze: „Die Justizmorde der Titus-Oates-Verschwörung“ in den Bänden XXII—XXV der „Stimmen aus Maria-Laach“.

[2] Es sind die oben (S. 18) angeführten Provinzialsynoden gemeint, in denen dem König zuerst dieser Titel gegeben wurde; freilich unter der Clausel: „sofern es Christi Gesetz erlaubt“, welche hier unterdrückt wird.

suchen, zu unterdrücken, zurückzuweisen, zu bessern, anzuordnen, zu bestrafen, zu zügeln und abzuändern — das alles zuvörderst um des Wohlgefallens des allmächtigen Gottes und um des Wachsthums der Gottseligkeit in der Religion Christi willen, sodann zur Erhaltung des Friedens, der Eintracht und Ruhe dieses Reiches. Kein Brauch, keine Gewohnheit, kein fremdes Gesetz oder fremde Auctorität, Präscription oder was immer für ein Grund oder Gründe sollen diesem Gesetze im Wege stehen."[1]

Ein folgendes Statut desselben Parlaments erklärte nicht nur alle Unterthanen, welche etwas wider das Leben und die Sicherheit des Königs unternehmen, oder ihn, die Königin oder die Erben einen Häretiker, Schismatiker, Tyrannen u. s. w. in Wort und Schrift nennen würden, als Hochverräther und der Strafe des Hochverraths verfallen, sondern auch alle diejenigen, welche ihm oder seinen Erben „einen der Titel, der Würden oder der Benennungen versagen sollten, welche dem Könige gebühren"[2]. Zu diesen „Titeln und Würden" zählte jetzt aber der Titel und die Würde des obersten Hauptes der Kirche in England, und so wurden die glorreichen Martyrer, deren heldenmüthiges Ende wir zu erzählen haben, auf die soeben angeführten Worte hin als Hochverräther hingeschlachtet. Dabei ist zu bemerken, daß es durchaus nicht nothwendig war, diese angemaßte Würde dem Könige abzusprechen, um nach der damaligen englischen Gerichtspraxis diesem Statut zu verfallen; nein, der König konnte jedem nach seinem Ermessen die Frage vorlegen lassen: Betrachtest du mich als oberstes Haupt der Kirche in England oder nicht? Wer verneinte oder auch nur die Antwort verweigerte, galt als Hochverräther und wurde von dem englischen Papste dem Henker überantwortet.

Das neue Gesetz sollte mit dem 1. Februar 1535 in Kraft treten.

---

[1] 26. Henry VIII. c. 1.   [2] 26. Henry VIII. c. 13.

3. Der Proceß der Nonne von Kent.

(1534.)

Schon oben erwähnten wir, daß die Ankunft des päpstlichen Entscheides im Frühjahre 1534 die Vollstreckung eines Bluturtheils zur Folge hatte. Am 21. April wurden nämlich die sogenannte „Nonne von Kent" und ihre sechs angeblichen Mitschuldigen grausam hingerichtet. Wir würden das traurige Ereigniß gerne mit Stillschweigen übergehen; denn es fällt uns nicht ein, diese Opfer, obschon ihre Schuld keineswegs überzeugend erwiesen ist, mit den seligen Blutzeugen, deren glorreichen Tod wir schildern, in eine Reihe zu stellen. Da aber Heinrich VIII. und seine Räthe sich alle Mühe gaben, die Namen des seligen Bischofs Fisher, des seligen Thomas More und der seligen Gräfin Salisbury in die Schuld und in den Proceß der Nonne von Kent zu verwickeln, so müssen wir in Kürze die Ereignisse darlegen.

Elisabeth Barton war ein armes Dienstmädchen eines Beamten des Erzbischofs von Canterbury. Besondere geistige Begabung scheint sie nicht gehabt zu haben; doch stellt ihr der Pfarrgeistliche der Gemeinde Albington in Kent, wo sie geboren war und diente, ein gutes Sittenzeugniß aus. Im Jahre 1525 verfiel sie in eine Krankheit, infolge deren sich sonderbare Krämpfe und Zustände, vielleicht hysterischer Natur, einstellten. In diesen Zuständen soll sie verborgene Dinge geoffenbart haben, von denen sie natürlicherweise keine Kenntniß besitzen konnte. Bailiff Cobb, bei dem sie im Dienste stand, rief natürlich den Pfarrer Richard Master herbei und dieser beobachtete die Kranke in ihren außerordentlichen Zuständen. „Sie redete Worte von wunderbarer Heiligkeit gegen Sünde und Laster", sagen die Acten [1]; „sie redete überaus gottselig Verschiedenes, das sich auf die sieben Todsünden und die zehn Gebote bezog". Der Pfarrer schloß also, das Mädchen sei vom Geiste Gottes erleuchtet, machte aber ganz pflichtgemäß Anzeige beim Erzbischofe, daß dieser die Sache weiter untersuche und Verhaltungsmaßregeln vorschreibe. Der Erzbischof erklärte, ihre Reden kämen von Gott; man solle ihn von allem, was sie

---

[1] 25. Henry VIII. c. 12.

sage, unterrichten, und ihr befehlen, die Wirkungen Gottes nicht geheim zu halten. Es ist leicht begreiflich, daß sich nun der Ruf Elisabeth Bartons rasch verbreitete und daß sie in kurzem den Namen „das heilige Mädchen von Kent" erhielt. Sie wurde mehr geehrt, als einer gewöhnlichen Tugend zuträglich ist, und möglicherweise litt ihre Demuth Schiffbruch, so daß sie jetzt vielleicht Offenbarungen heuchelte, wenn sie nicht in mehr oder weniger schuldloser Selbsttäuschung befangen war. Der Erzbischof schickte dem Benediktinerprior der Christuskirche zu Canterbury die Weisung, zwei seiner Mönche zur Untersuchung nach Albington zu schicken. Der Prior sagt in seinem Briefe an Cromwell, die Sache sei ihm sehr unlieb gewesen, und auch Dr. Bocking, der Kellermeister, und Dom William Hadley, die er sandte, seien nur ungern gegangen [1]. Dr. Bocking soll sie über die Offenbarungen der hl. Birgitta und der hl. Katharina von Siena unterwiesen haben. Die weiteren Ereignisse bedürfen noch gar sehr einer kritischen Sichtung. Protestantische Geschichtsschreiber behaupten, die Mönche hätten das Mädchen von da an zu einer religiösen Betrügerin abgerichtet, um sie für die päpstliche Sache gegen den König auszubeuten. Die Schuld ist aber keineswegs erwiesen. Elisabeth wurde im Jahre 1526 in das Heilige-Grab-Kloster zu Canterbury aufgenommen, welches unter der Leitung der Observanten (reformirten Franziskaner) stand, deren Guardian, P. Rysby, sich von jetzt an der Sache der „heiligen Nonne" ganz besonders annahm und ihre angeblichen Offenbarungen verbreitete. Erzbischof Warham zeigte dieselben dem Könige, welcher Thomas More um seine Meinung darüber befragte. Der gelehrte Kanzler legte, damals wenigstens, kaum Gewicht darauf und meinte, jedes einfältige Weib könnte Aehnliches erfinden. Als aber der Streit zwischen dem Könige und der Kirche ernster entbrannte, befaßten sich die angeblichen Offenbarungen der Nonne auch damit. Wenn sich der König von Katharina trenne, sagte sie, so solle er nicht länger König dieses Reiches sein; in den Augen des allmächtigen Gottes werde er keinen Tag und keine Stunde mehr König sein und des Todes eines Verbrechers sterben. Ja sie soll Clemens VII. durch die päpstlichen Abgesandten im Auftrage Gottes selbst gedroht haben, Gott werde ihn an einem bestimmten Tage vernichten, wenn er seiner Pflicht, die Könige zu bestrafen, nicht nachkomme [2].

---

[1] Suppression of Monasteries p. 19 (Camden Society No XXVI).
[2] Ein Verzeichniß dieser angeblichen Visionen findet sich in einem Briefe an Cromwell: Suppression of Monasteries p. 14 (Camden Society).

Es liegt auf der Hand, daß diese Nonne von Kent, mochte sie nun eine Heilige oder eine Betrügerin sein, Heinrich VIII. sehr gefährlich war. Der König machte deshalb kurzen Proceß und ließ Elisabeth Barton zusammt ihren vorzüglichsten Anhängern als Hochverräther festnehmen. Man bauschte die Sache zu einer weitverzweigten Verschwörung auf und nannte die höchsten Namen im Reiche als in dieselbe verwickelt. Alle, welche der Nonne Glauben oder nur irgendwelche Aufmerksamkeit geschenkt hatten, wurden als Mitwisser und Mitschuldige bezeichnet, und darunter rechnete der König alle seine Gegner, alle treuen Anhänger des Papstes, vorab den greisen Bischof von Rochester, den allgemein geachteten Thomas More, unter dem höchsten Adel des Reiches die Gräfin Salisbury, die Marchioneß Exeter, Sir Thomas Arundel, Sir George Carew, und die mächtige Familie der Neville. Ja seine eigene rechtmäßige Gemahlin — jetzt Prinzessin Wittwe genannt — und seine Tochter Maria sollen zur Nonne von Kent in Beziehung gestanden haben.

Der meineidige Erzbischof Cranmer und Cromwell, gewiß wenig glaubwürdige Zeugen, verhörten die Nonne und brachten sie zu folgendem Geständniß: „Ich, Elisabeth Barton, bekenne, daß ich elendeste und armseligste Person die Urheberin all dieses Unheils bin und daß ich durch meine Falschheit alle diese Leute (die Mönche und ihre Mitschuldigen) und sonst noch viele getäuscht habe. Dadurch habe ich überaus schwer den allmächtigen Gott und meinen erhabensten Souverän, Se. Majestät den König, beleidigt. Deshalb flehe ich mit schwer betrübtem Herzen, bittet Gott für meine elenden Sünden und wendet euch für mich um Gnade und Erbarmen an meinen König." [1] Elisabeth Barton sagt in diesem Bekenntnisse durchaus nicht, daß ihre vorgeblichen Mitschuldigen Theilnehmer des Betrugs gewesen seien, sondern ausdrücklich, daß sie dieselben getäuscht habe. Uebrigens ist auch diese Erklärung mit Vorsicht aufzunehmen; wer weiß, durch welche Mittel sie dem armen Mädchen erpreßt worden ist! Diese „Mitschuldigen", die beiden Benediktiner von Christ's Church zu Canterbury Dr. Bocking und Dering, die beiden Franziskaner von der Observanz Hugo Rich, der damalige, und Rysby, der frühere Guardian, und endlich die beiden Weltgeistlichen Heinrich Gold, Pfarrer von Aldermary, und Master, Pfarrer von Aldington [2],

---

[1] Rolls House MS., bei Froude l. c. II. 65 Anmerkung.

[2] Froude's Angabe, sämmtliche Angeklagte, mit Ausnahme Masters, seien Observanten gewesen, ist durchaus irrig. Vgl. Chronicle of the Grey Friars of London p. 37 (Camden Society, No LIII). Vgl. John Stow, The Chronicles of England (1580) p. 1002.

wurden freilich auch, vielleicht auf der Folter, zu einem Geständnisse gebracht, dessen Wortlaut uns aber nicht vorliegt. Sie mußten hierauf am 23. November zu St. Paul's Croß Abbitte leisten, die Nonne als Betrügerin, die übrigen wahrscheinlich nur als Majestätsbeleidiger. Auf einer Tribüne neben der Kanzel hatten sie während der Predigt, welche Dr. Cappon, der erwählte Bischof von Bangor, hielt, vor allem Volke zu stehen, und am Schlusse der Predigt ihre Abbitte dem Prediger zu überreichen, der sie den Gläubigen vorlas. Dann wurden sie der Londoner Chronik der Franziskaner zufolge nach Canterbury geführt, um auch dort öffentlich Buße zu thun[1].

Gar zu gerne hätte man in ihre Schuld oder Schande noch andere Personen verwickelt, welche durch ihr hervorragendes Ansehen beim englischen Volke Heinrichs gefährlichste Gegner waren. Die verstoßene Königin und deren Tochter strafte der König beide auf das empfindlichste dadurch, daß die letztere als einfache „Lady Mary" dem Hofstaate der einige Monate alten Prinzessin Elisabeth, dem Kinde Anna Boleyns, zugetheilt wurde. Gegen die Gräfin Salisbury, welche, von allen politischen Umtrieben fern, auf ihrem Schlosse Warblington in Hampshire weilte, konnte man keine Beweise finden. So blieben nur mehr Bischof Fisher, Thomas More und Dr. Abel, ein Kaplan der Königin Katharina, die mit einigem Anscheine in Beziehung zu der unglücklichen Nonne gebracht werden konnten, und die Anklageschrift, welche Cromwell am 18. Februar 1534 dem inzwischen versammelten Parlamente vorlegte, enthielt wirklich auch die Namen des Bischofs von Rochester und des frühern Kanzlers More. Es muß Cromwell viel daran gelegen haben, von diesen beiden Männern ein Geständniß, wenn auch nur des leichtesten Vergehens, in der betreffenden Angelegenheit zu erhalten; er scheute weder Boten noch Briefe zu diesem Zwecke.

Sir Thomas More, der dem Könige stets so weit entgegenkam, als er es mit seinem Gewissen vereinigen konnte, gab die gewünschte Entschuldigung. Er schrieb an Cromwell und legte in offenen Worten seine Unschuld klar. Einmal hatte er die Nonne in der Kapelle vom Sionskloster gesprochen, einmal an sie geschrieben, und zwar, indem er sie ermahnte, in ihren Gesprächen nicht über Politik, sondern nur über Gegenstände der Frömmigkeit zu handeln. Er habe die Nonne für eine fromme, aber von ihrer Phantasie getäuschte Person gehalten. Cromwell habe

---

[1] L. c. p. 37.

durch die Entlarvung dieser Betrügerin ein verdienstliches Werk gethan[1]. Jeder Gedanke an Hochverrath habe ihm ferne gelegen. Cromwell begnügte sich mit diesem Briefe noch nicht; auf seine Vorstellung verlangte der König eine ausdrückliche schriftliche Abbitte. Wohl im Hinblicke auf seine Gattin und seine Kinder ließ sich More auch zu dieser unverdienten Verdemüthigung herbei. Er schrieb an den König und erinnerte ihn an das Versprechen, das ihm Heinrich bei der Niederlegung der Kanzlerwürde gegeben hatte, ihm stets ein gnädiger Herrscher zu sein. Der König verzieh ihm, wenn auch widerwillig, und ließ den Namen More in der Anklageschrift ausmerzen.

Der greise Bischof von Rochester kam den Wünschen Cromwells nicht so weit entgegen. Umsonst war das Anerbieten königlicher Verzeihung, wenn er nur seinen Fehler eingestehen wolle. Der Bischof war sich keines Vergehens bewußt und leistete keine Abbitte. Doch schrieb er, als die Anklage mit seinem Namen bereits eingereicht war, an das Haus der Lords und betheuerte seine Unschuld. Es sei kein Verbrechen, daß er auf das Zeugniß vieler und gelehrter Männer die Barton für eine tugendhafte Jungfrau gehalten und deshalb mit ihr in Verkehr gestanden habe. Sie habe ihm freilich gesagt, der König werde die Scheidung von seiner Gattin keine sieben Monate überleben. Daß er es nicht für seine Pflicht gehalten habe, dem Könige von diesem Worte Mittheilung zu machen, sei dadurch begründet, daß die Nonne durchaus nicht einen gewaltsamen, sondern nur einen natürlichen Tod verkündet und überdies versichert habe, sie selbst hätte dem König diese Offenbarung bereits mitgetheilt. Er (der Bischof) habe an der Richtigkeit dieser letzten Angabe nicht gezweifelt. Wie er vor Gottes Thron verantworten wolle, wisse er um keinerlei verbrecherische Pläne, welche von Seiten dieser Nonne oder irgend eines andern Menschen wider Seine Majestät geplant wären. Diese Erklärung des heiligmäßigen Bischofs machte keinen Eindruck auf die Lords; ebenso wenig bewirkte ein anderes Schreiben, in dem er dem Könige selbst seine Unschuld betheuerte. Bekenntniß und Abbitte wurde verlangt, und da er diese nicht leistete, verurtheilte ihn am 12. März das Parlament wegen „Verhehlung von Hochverrath" (misprision of treason) zugleich mit dem seligen Thomas Abel, dem Beichtvater der Königin Katharina, der später ebenfalls des Martertodes starb, zu einer Gefängnißstrafe und zu einer Geldstrafe von 300 Pfd. St.

---

[1] Das Autograph in Cotton MS. Cleopatra E VI. fol. 144 (149) — 153 (158).

Die Nonne und die sechs Priester wurden zum Tode verurtheilt. Sie hatten, wie die Anklageschrift behauptet, die übrigens von offenbar böswillig erfundenen Anekdoten wimmelt, ihre Schuld gestanden. Sonderbarerweise wurde aber ein eigentliches Gerichtsverfahren nicht vorgenommen, und das war, wie Lingard[1] bemerkt, so unerhört und sonst nur im Falle einer offenen Empörung zulässig, daß die Lords bei der dritten Lesung der Bill sich zu der Frage entschlossen, ob denn der König nicht huldreichst erlauben wolle, daß die Angeklagten in die Sternkammer gebracht und befragt würden, ob sie etwas zu ihrer Vertheidigung vorzubringen hätten. Die Bitte der Lords wurde nicht erfüllt und keine Vertheidigung gestattet. Die Nonne ist wohl schwer ganz zu rechtfertigen. Ihre vorgeblichen Offenbarungen bewiesen sich als zum mindesten auf Selbsttäuschung, vielleicht, was aber nicht erwiesen ist, auf positiver Erfindung beruhend. Einige derselben mögen ja nachträglich gefälscht worden sein. Aber auch diejenigen, welche der selige Fisher in seinem Briefe an das Haus der Lords und an den König und der Prior von Christ's Church zu Canterbury an Cromwell anführt[2], sind offenbar durch den Erfolg als falsch bewiesen. Die Benediktiner von Canterbury nennen sie in den stärksten Ausdrücken eine Lügnerin[3]. Aber der Betrug ihrer „Helfershelfer" ist durchaus nicht bewiesen, und am stärksten spricht für ihre Unschuld das eben gerügte Gerichtsverfahren.

Nichtsdestoweniger wurden sie am 21. April 1534 mit der unglücklichen Nonne nach Tyburn geschleift und in der üblichen barbarischen Weise hingerichtet. Sie scheinen auf dem Schaffot nicht gesprochen zu haben; dagegen suchte Elisabeth Barton, wenn die Rede echt ist, welche ihr der Chronist Hall[4] bei dieser Gelegenheit zuschreibt, in nichts weniger als edler Weise die Hauptschuld auf ihre Gefährten zu wälzen, deren Aufgabe es gewesen wäre, sie, ein ungebildetes Mädchen, über ihre Täuschung aufzuklären. Von Betrug redete sie auf dem Blutgerüste nicht. Die beiden Benediktiner wurden bei ihren Londoner Ordensbrüdern, die Observanten und „die heilige Jungfrau" (holy mayde) bei den Franziskanern, der Pfarrer von Albermary in seiner Pfarrkirche bestattet; so er-

---

[1] VI. 200.
[2] Suppression of the Monasteries p. 19 (Camden Society, N° XXVI).
[3] Suppression of the Monasteries l. c. p. 23 sagen dieselben, ihre „Revelationen" seien „counterfeyted, false, most malicious, imagined and fayned by the most lying and false nonne". Cotton. MS. Cleopatra E IV, fol. 81.
[4] Hall, The Union of the Families of Lancaster and York, fol. 220.

zählt die bereits angeführte Franziskanerchronik[1]. Ueber Schuld oder Unschuld äußert sie kein Wort. Bei den „Mitschuldigen" wenigstens liegt mehr als wahrscheinlich ein Justizmord vor, und jedenfalls verstand es die Reformationspartei in England, aus dem ärgerlichen Processe für ihre Zwecke Kapital zu schlagen[2].

[1] L. c. p. 37.
[2] Sanders (De origine ac progressu Schismatis Anglicani p. 85) und nach ihm Andere nennen die Nonne und ihre Todesgefährten freilich Martyrer. Sanders hatte aber offenbar keine Kenntniß der Briefe der seligen Fisher und More oder der Benediktiner von Canterbury, die wir oben anführten und deren Autographe jetzt noch in der Handschriftensammlung der Cotton-Bibliothek im Britischen Museum zur Einsicht vorliegen. Dodd (Church History of England I, 252) glaubt sogar an die Schuld der Nonne. Dagegen dürfte das Urtheil des seligen Thomas More, als er Elisabeth Barton für eine fromme, aber von ihrer Phantasie getäuschte Person hielt, vollkommen zutreffend sein. Die ganze Schuld ihrer Todesgefährten bestand wohl darin, daß dieselben etwas zu leichtgläubig waren; von einem beabsichtigten religiösen Betruge kann keine Rede sein. Ihre Verurtheilung war deßhalb ebenso ungerecht als grausam.

4. Fisher's und More's Verhör und Einkerkerung.

(1534.)

Die Commission, welche vom Parlament zur Abnahme des Successionseides eingesetzt war, hatte ihre Sitzungen nach Schluß des Parlaments sofort im erzbischöflichen Palaste zu Lambeth eröffnet. Das entscheidende Urtheil des Papstes, welches laut erklärte, daß Maria und nicht Elisabeth aus rechtmäßiger Ehe entsprossen sei, stieß bei Heinrich VIII. nur auf Trotz und Ingrimm; um so dringender verlangte er nun, daß alle einflußreichen Männer ohne Zögern den Eid leisten sollten. Zu seinem Zorne hatte er noch vor kurzem erfahren, wie sehr das Rechtsgefühl des Volkes für die verstoßene Königin und deren rechtmäßiges Kind Partei nahm.

Ein Brief des französischen Gesandten d'Interville an Cardinal Tournon schildert die öffentliche Stimmung jener Tage. „Das Volk", schreibt der Gesandte u. a., „ist den beiden Frauen (der Königin Katharina und ihrer Tochter) so zugethan, daß es einen Aufstand wagen und sich mit jedem Fürsten verbinden wird, der den Kampf aufnimmt. Sie werden wahrscheinlich schon von anderen Seiten über diese tiefe Erbitterung gehört haben. Alle Klassen, hoch und niedrig, theilen dieses Gefühl, und es bringt sogar in den königlichen Hofhalt ein. Die Nation ist in hohem Grade unzufrieden. Jedermann, mit einziger Ausnahme der Sippe der gegenwärtigen Königin (Anna), ist empört über das Schicksal der beiden Fürstinnen. Einige fürchten den Umsturz der Religion, andere Krieg und Handelsstockung... Das gewöhnliche Volk, das dieses Unglück voraussieht, ist so erzürnt gegen die Königin (Anna), daß es sie und alle diejenigen, welche ihre Ränke unterstützten, mit tausenderlei Schimpfreden überhäuft.... Die beiden Frauen (dagegen) und namentlich die Prinzessin (Maria) sind so beliebt, daß trotz des Gesetzes, das im letzten Parlament gemacht wurde, und trotz der Todesdrohung, die es enthält, die Leute fortfahren, sie als Prinzessin zu betrachten. Kein Parlament, sagen sie, kann sie zu etwas anderem machen als zu einer in der Ehe geborenen Tochter des Königs, und der König selbst und alle Welt mit ihm betrachtete sie als solche, bevor dieses Parlament tagte¹. Als sie neulich von Greenwich entfernt wurde, ging eine große Schaar Frauen, Gattinnen von Bürgern und anderen, nach Wunsch ihrer Männer vor ihr her, und sie weinten und riefen, daß sie trotz allem und allem dennoch ihre Prinzessin bleibe. Einige von ihnen wurden in den Tower geworfen; aber sie wollten nicht widerrufen."

Heinrich VIII. war entschlossen, den Widerstand mit Gewalt zu brechen. Zunächst sollten dem Volke seine Führer genommen werden, und als solche fürchtete er vor allen den Bischof Fisher von Rochester und den frühern Kanzler Thomas More, welche allein den Muth gehabt hatten, ihm in der Angelegenheit der Ehescheidung entschieden gegenüberzutreten. Ihr Wort und Beispiel galt viel in England und weit über dessen Grenzen hinaus: sie sollten daher jetzt zur Unterwerfung gezwungen werden. Wenige Tage nach der Ankunft des päpstlichen Urtheilsspruches erging daher an beide Männer die Aufforderung, im erzbischöflichen Palaste zu Lambeth vor der königlichen Commission zu erscheinen.

Der selige Johannes Fisher stand damals in seinem 75. Jahre; dem Körper nach war er von Alter und Krankheit gebrochen, dem Geiste nach in Glauben und echter Frömmigkeit für jeden Kampf gestählt. Er war der letzte noch lebende Rath Heinrichs VII., ihm hatte die Gräfin Richmond auf dem Todesbette die Jugend und Unerfahrenheit ihres königlichen Enkels, Heinrichs VIII., anvertraut. Viele Jahre lang hatte ihn der König wie einen Vater geehrt und sich gerühmt, kein Fürst Europa's habe einen Prälaten, der sich an Tugend und Wissenschaft mit dem Bischof von Rochester messen könne. Erst als der König so schmachvoll in den Schlamm des Lasters versank, wandelte sich seine Gesinnung gegen den väterlichen Freund. Er fing an den Mann zu hassen, der ihn, wie es seine heilige Pflicht war, mit Bitten, Mahnen und Beschwörungen bestürmte und alles aufbot, um ihn vor dem Abgrunde zu retten, dem der König in seinem Sinnenrausche zutaumelte. Der bloße Anblick des väterlichen Freundes seiner unschuldigen Jugend war ihm jetzt ein lästiger Vorwurf geworden, und so verbannte er in heftigem Zorn den Bischof vom Hofe. Wir haben bereits erzählt, wie Heinrich VIII. darauf bestand, daß der Name des ehrwürdigen Bischofs im Processe der Nonne von Kent als „Hehler des Hochverraths" gebrandmarkt wurde. Die letzte

---

¹ Diese Stelle beweist klar, daß der Brief d'Interville's nicht in den Herbst 1533, wie Froude (II, 59) es thut, sondern in die Tage nach dem Parlamente, in das Frühjahr 1534, zu setzen ist.

Gunst, die er ihm erwies, war Nachlaß der verhängten Gefängnißstrafe. Jetzt aber sollte er dafür den verlangten Successionseid leisten.

Von noch größerer Berühmtheit war Sir Thomas More, der zugleich mit Fisher vor die Commission gefordert wurde. Thomas More erblickte das Licht der Welt zu London um das Jahr 1480; genau kann das Datum nicht festgestellt werden. Sein Vater war John More, ein angesehener Mann, welcher das Amt eines Richters am sogen. „Königlichen Gerichtshofe", der „Kings Bench", verwaltete. More's Mutter, eine geborene Handcombe, starb leider, als der kleine Thomas noch ein Kind war. So kam es, daß der Knabe eine vielleicht zu strenge, dabei aber doch echt katholische Erziehung erhielt. Die erste Schulbildung empfing er an der St. Antoniusschule, welche damals unter Leitung eines Nikolaus Holt als die beste Schule Londons galt. Bald zeigten sich die seltenen Talente, womit Gott den Geist des Knaben ausgestattet hatte; derselbe überflügelte alle seine Mitschüler. Nach Vollendung des sogen. Triviums, des damaligen Gymnasiums, schien er dem Vater noch viel zu jung, um alsbald die Hochschule zu besuchen. Er brachte deshalb den geweckten, der lateinischen Sprache schon völlig mächtigen Knaben vorläufig als Pagen in das Haus des Cardinals Morton, des einflußreichsten Kirchenfürsten und Staatsmannes unter Heinrich VII., der im Jahre 1485 Richard III. den Thron Englands entrissen hatte. Morton war Erzbischof von Canterbury und Lordkanzler des Reiches und ein durch Wissenschaft und Tugend ausgezeichneter Mann, dem More in jeder Beziehung viel zu danken hatte, was er auch freudig anerkannte. Der Cardinal durchschaute bald die hohen und seltenen Fähigkeiten des Knaben. „Er wird ein außerordentlicher Mann werden", sagte er einst.

Als Thomas More 17 Jahre alt war, kam er auf die Hochschule Oxford. Mit besonderem Eifer widmete er sich damals nicht nur den humanistischen Studien, sondern auch der scholastischen Philosophie und Theologie, so daß sich in ihm die gründliche kirchliche Wissenschaft des Mittelalters mit der Formschönheit des classischen Rom und Hellas vereinte. Eine Zeit lang freilich schien es, als ob der Humanismus, der damals auch in England den Sieg über die alte bewährte Schule anstrebte, in dem jungen, für alles Ideale begeisterten Mann das bleibende Uebergewicht erringen würde. Seine ersten schriftstellerischen Arbeiten standen ganz auf dem Boden der Humanisten: so seine „Progymnasmata", Uebersetzungen griechischer Sinngedichte im Versmaße des Urtextes, die er im Vereine mit seinem Lehrer und Freund Lily herausgab; so seine „Epigrammata", seine Uebersetzung einiger Dialoge Lucians aus dem Griechischen ins Lateinische, die er in einem Wettstreite mit Erasmus von Rotterdam unternahm; so namentlich seine „Utopia", die ihm unter den Humanisten von ganz Europa den höchsten Ruhm einbrachte. Aber der Geist echter Frömmigkeit und unerschütterlichen Glaubens an Christus und seine heilige Kirche bewahrte ihn vor dem beklagenswerthen Schiffbruche so mancher begabter Männer jener Tage, welche, von der glänzenden Form geblendet, das Christenthum von sich warfen und in ihrer Schwärmerei für das alte Hellas wahre Heiden wurden.

Wie wenig die Liebe zur classischen Literatur in Thomas More die christliche Frömmigkeit erschüttert hatte, geht schon daraus hervor, daß der sonst so lebensfrohe Jüngling durch strenges Fasten und Wachen, durch ernstes, fortgesetztes Gebet, durch Geißel und Bußhemd das Fleisch dem Geiste dienstbar machte. Auch später, am Hofe Heinrichs VIII. als Lordkanzler trug er unter Seide und Sammet ein härenes Bußhemd, geißelte sich jeden Freitag, hörte wo möglich jeden Tag die heilige Messe, wobei er oft diente oder als Sänger zur Feier des Gottesdienstes mitwirkte, und verfaßte ein Gebetbüchlein zu seinem und seiner Familie Gebrauch. Um das Jahr 1499 kehrte er auf Wunsch des Vaters nach London zurück und widmete sich zuerst in der „New-Inn" und später in der „Lincolns-Inn" dem praktischen Rechtsstudium. Er war aber mit seinem Berufe noch nicht im Klaren und scheint längere Zeit den Plan gehegt zu haben, den geistlichen Stand zu wählen. Er wohnte in der Nähe des Karthäuserklosters „Zum Englischen Gruß", vielleicht auch eine Zeit lang im Kloster selbst, und machte vier Jahre das Chorgebet und alle frommen Uebungen der Mönche mit, ohne jedoch wirklich in den Orden einzutreten oder Gelübbe abzulegen. So war er gewiß der Hausgenosse und Freund von mehreren jener seligen Martyrer, die 35 Jahre später für die gleiche glorreiche Sache wie er in den Tod gingen. Auf den entschiedenen Rath seines Beichtvaters, des Dekan Colet, gab er aber seine Klostergedanken endgiltig auf und wandte sich jetzt als Rechtsgelehrter dem öffentlichen Leben zu.

Im Januar 1504 berief Heinrich VII. nach langer Zeit wieder einmal ein Parlament. More, der damals durch seine Vorlesungen über „die Stadt Gottes" des hl. Augustin bereits einen Namen hatte, wurde von seinen Mitbürgern in das Unterhaus gewählt. Der König verlangte als Aussteuer für seine Tochter von dem Volke, das sich von den entsetzlichen Folgen des Krieges der beiden Rosen noch keineswegs erholt hatte, die gewaltige Summe von 40 000 Pfd. St., nach heutigem Geldwerthe mehrere Millionen Mark. Mit der Charakterfestigkeit, welche More immer auszeichnete, trat der junge, erst 24 Jahre alte Abgeordnete gegen die königliche Forderung auf und bewirkte durch eine Rede voll Kraft und Feuer, daß das „Haus der Gemeinen" dieselbe ablehnte. Heinrich VII. war höchlich aufgebracht, und der junge More sollte jetzt schon fühlen, daß es gefährlich sei, den Unwillen eines Tudor zu erregen. Der König strafte den Vater des mißliebigen Redners, der noch kein selbständiges Vermögen hatte, um 100 Pfd. St. und warf den alten Mann in den Tower, bis er diese Buße, mindestens 10 000 Mark nach jetzigem Geldwerthe, erlegt haben würde. Gleichzeitig bedeutete man dem jungen Manne, eine demüthige Abbitte werde den König zur Zurücknahme dieser despotischen Verfügung bewegen; allein Thomas More, der einen guten Theil englischen Freiheitssinnes in sich verspürte, war zu einer Abbitte für seine Vertheidigung der constitutionellen Rechte nicht zu vermögen, und so mußte der Vater die harte Buße der königlichen Schatzkammer erlegen.

Bald nachher verließ More auf einige Zeit seine Heimat und besuchte die Hochschulen von Löwen und Paris, wo er sich die französische Sprache, die ihm später in seiner staatsmännischen Laufbahn sehr zu statten kam, geläufig aneignete. Nach London zurückgekehrt, erhielt er das richterliche Amt eines Unter-Sheriff und scheint sich bald darauf mit Johanna Colt vermählt zu haben, die ihm in glücklicher Ehe einen Sohn und drei Töchter schenkte. Schon nach sechs Jahren löste der Tod dieses Band, und More sah sich gezwungen, für die vier kleinen Kinder, deren ältestes kaum fünf Jahre zählte, eine neue Mutter zu suchen. Er wählte dieselbe in der Person einer schon ältern Wittwe, Alice Middleton. Es war das eine gute christliche Frau, die aber wenig Verständniß für den hohen Geist ihres Mannes hatte und dessen Geduld durch ein kleinliches, grämliches Wesen oft auf die Probe stellte. Das hinderte aber keineswegs, daß More's Heim, welches er sich in Chelsea gründete, damals mehr als eine Stunde von der Hauptstadt entfernt, ein Sitz des schönsten häuslichen Glückes wurde. Da lebte der Selige während seiner Mußestunden, welche er den Amtsgeschäften und den Staatssorgen entziehen konnte, im Kreise seiner Kinder und später seiner Enkel seinen Lieblingsstudien und den Freuden froher Geselligkeit. Denn Chelsea war, solange das Glück lächelte, selten von Besuchen leer, und More liebte und pflegte die Gastfreundschaft. Der berühmte Erasmus von Rotterdam, den More schon in Oxford kennen gelernt hatte, weilte lange unter dem gastlichen Dache von Chelsea und vollendete daselbst seine beißende Satire „Das Lob der Narrheit", in welcher er auch über Priester und Mönche in maßloser Weise die Geißel schwingt. Dorpius, Professor der Theologie zu Löwen, erhob sich in scharfen Schriften wider Erasmus, und daß der Selige in einem großen lateinischen Briefe 1515 an den Löwener Professor den Freund in Schutz nimmt, beweist seine Ueberzeugung, die Satire sei nicht gegen den Stand, sondern nur gegen Unwürdige, welche den heiligen Stand entehrten, gerichtet gewesen. Nie hätte sonst Thomas More, der täglich die heilige Messe hörte, das kleine Muttergottes-Officium, häufig die Buß- und Gradual-Psalmen betete, der viel für die Pfarrkirche von Chelsea that, im innigsten Verkehr mit dem frommen Pfarrer Dr. John Larke lebte, welcher ebenfalls unter Heinrich VIII. die Marterkrone erhielt, sich dieser Satire angenommen.

Der fromme Sinn, ja das heiligmäßige Leben des seligen Thomas More auch in dieser Zeit, da er mit den Humanisten am innigsten verknüpft war und die „Utopia" schrieb, ein Werk, das am meisten als Zeuge gegen den christlichen Sinn des Verfassers aufgeführt wird [1], ist nach dem Vorausgeschickten über allen Zweifel erhaben und muß bei der Beurtheilung dieses Werkes, sowie der übrigen humanistischen Schriften des Seligen als Richtschnur dienen.

Die Utopia erschien im Jahre 1516 und feierte einen wahren Triumphzug durch die humanistische Welt. Ihr verdankt More seinen größten literarischen Ruhm; sie wurde fast in alle europäischen Sprachen übersetzt und wird heute noch von Lehrern des Staatsrechtes, weit mehr als sie es verdient, gepriesen. Das Buch ist ein Staatsroman. Die Entdeckung Amerika's und die Schilderungen der aufgefundenen Naturvölker auf der Inselwelt des fernen Westens hatten die Bewohner der Alten Welt mächtig erregt. More reizte nun der Vorwurf, eine solche Insel, die seine Phantasie schuf, als Idealstaat zu schildern, und er nannte seine Schöpfung Utopia, d. h. „Keinland", „Nirgendheim". Die Bewohner dieser Insel Keinland bilden eine eigenthümliche Wahlmonarchie, haben kein Privateigenthum; Edelgesteine und edle Metalle sind werthlos; alle müssen abwechselnd Ackerbau und Handwerke treiben bei sechsstündiger Arbeitszeit; alle, auch die Weiber, werden zum Kriegsdienste heran-

---

[1] Burnet, History of the English Reformation III, 29 and 31. Robert v. Mohl, Geschichte und Literatur der Staatswissenschaft I, 182.

gezogen; Laster werden durch Sklaverei bestraft; daneben ist vollste Religionsfreiheit gestattet, sogar das Heidenthum neben dem Christenthum u. s. w. Es ist schwer zu sagen, wie viel an diesem sonderbaren, aber geistreichen und in herrlichem Latein geschriebenen Buche Ernst, wie viel Scherz und Satire ist. Der Versuch, einmal alle hergebrachten, auf der Grundlage des Christenthums beruhenden socialen Verhältnisse auf den Kopf zu stellen, kommt uns bei einem persönlich so frommen und fest auf dem Felsen der Kirche stehenden Mann beinahe wie ein Faschingsscherz vor, den er sich mit seinen humanistischen Freunden erlaubt. Jedenfalls sind in More's Munde die Worte von Gütergemeinschaft nicht die revolutionäre Aufforderung der Socialisten späterer Zeit, und wie er es persönlich mit der schrankenlosen Religionsfreiheit gemeint hat, beweisen die Worte seiner Grabschrift, die er sich selbst setzte und in denen er sich das Lob spendet, daß er gegen Ketzer geeifert habe.

Aber auch aus dem Werke selbst läßt sich leicht der Beweis erbringen, daß man mit Unrecht an der kirchlichen Gesinnung seines Verfassers gezweifelt hat. Der Hauptzweck desselben ist — und das wird jedem beim Durchlesen klar — eine Kritik der damaligen socialen Verhältnisse Englands. Die Verarmung der Arbeiter, Handwerker und kleinen Bauern nahm durch die herzlose Ausbeutung der im Ueberfluß lebenden Reichen immer mehr überhand. Immer größere Strecken Landes, welche früher die ländliche Bevölkerung ernährt hatten, wurden in Weideland für Schafheerden umgewandelt, deren Wolle dem Eigenthümer einen größern Gewinn versprach, als der Pachtzins der armen Bauern. So konnte es zum Sprichworte werden, daß in England die Schafe die Menschen gefressen hätten. Trotz des überhandnehmenden Elendes wurde der geringste Diebstahl mit dem Tode bestraft. Solche Zustände forderten die Kritik heraus. More hüllte dieselbe in ein dichterisches Gewand. Nach dem Muster des platonischen „Idealstaates", der ihm augenscheinlich vorgeschwebt, entwirft er dem Leser das Bild eines erträumten Inselstaates, dessen Zustände im schreiendsten Gegensatz zu den damaligen Verhältnissen Englands standen. Die Schilderungen der Gottesverehrung, der Religion, des Kriegssystems der Utopier sind rein poetische Zuthaten, welche More selbst ausdrücklich am Ende seines Werkes als abgeschmackt bezeichnet. Damit werden alle Folgerungen, die man aus der Schilderung der vollständigen Religionsfreiheit und Aehnlichem gegen die christliche Gesinnung More's ziehen könnte, hinfällig. Aber auch das über den Communismus der Utopier Gesagte darf man nicht als seine eigene Ueberzeugung ansehen. Er nennt denselben „seinen eigenen Vorstellungen widersprechend". Während Hythlobeus die Gütergemeinschaft der Utopier schildert und preist, macht ihm More so unwiderlegliche Einwendungen, daß man unwillkürlich den Eindruck erhält, nach der Ansicht des letztern sei der Communismus ein unmögliches Hirngespinnst. Aber er läßt dennoch die communistischen Zustände von Utopien mit ihren glücklichen Folgen in reizender Farbe ausmalen, um durch diesen schreienden Gegensatz die damaligen großartigen Mißstände Englands um so fühlbarer zu machen. Wer möchte es aber dem sel. Thomas More zum Fehler anrechnen, daß ihm das Elend des armen Volkes zu Herzen ging und daß er die damaligen englischen Eigenthumsverhältnisse nicht als ideale ansah?

Inzwischen stieg der geniale Mann immer höher in der Gunst des Hofes. Heinrich VII. war am 22. April 1509 gestorben, und ganz England hatte seinem Sohne zugejubelt, einem Jünglinge, der mit den schönsten fürstlichen Tugenden ausgerüstet schien, bis — 20 Jahre später — die gefährlichen Leidenschaften in seiner Brust erwachten, welche ihn ein Ungeheuer und das Unglück seines Volkes werden ließen. More hatte Heinrich VIII. bei dessen Thronbesteigung ein wirklich schönes Carmen gratulatorium geweiht, das ihm das Wohlwollen des jungen Königs in hohem Grade erwarb. Er wurde von nun immer häufiger an den Hof gerufen, wo sich der Fürst, in den humanistischen und theologischen Studien selbst wohl unterrichtet, mit ihm vertraulich über wissenschaftliche Fragen unterhielt und an dem geistreichen Manne hohe Freude fand. Auch in die Staatsgeschäfte zog Heinrich VIII. den gelehrten Mann immer mehr hinein. Im Jahre 1517 war es der Beredsamkeit More's gelungen, einen Aufstand der Londoner Kaufleute zu beschwichtigen. Bald darauf hatte er in einem Processe des Fiscus gegen ein päpstliches Schiff die Sache des Papstes zu vertheidigen und trug den Sieg davon. Er wurde nun namentlich als sogenannter „königlicher Redner" verwendet, da nach dem Gebrauche der Zeit bei allen feierlichen Anlässen lateinische Begrüßungs- und Lobreden gehalten werden mußten. So hatte More 1520 bei einer Zusammenkunft Heinrichs VIII. mit Franz I. von Frankreich und zwei Jahre später beim Einzuge des Kaisers Karl V. und Heinrichs VIII. in London und später bei ähnlichen Anlässen oftmals zu sprechen. Um 1522 hatte ihn der König in den Ritterstand erhoben. Im darauffolgenden Jahre trat Sir Thomas More unter dem Pseudonym Gulielmus Roffeus für den König und die heilige Kirche gegen Luther in die Schranken, der gegen Heinrichs Schrift „Beweis der sieben Sacramente"[1] in seiner gewohnten unfläthigen Weise geantwortet hatte. More's Buch antwortet scharf und gründlich und beweist ein außergewöhnliches theologisches Wissen[2].

Das Parlament von 1523 wählte Sir Thomas More auf Anregung des Königs zum „Sprecher" des Hauses der Gemeinen, sehr gegen seinen Wunsch. Auch in diesem Parlamente vertheidigte er gegen den Cardinal Wolsey unerschrocken die verfassungsmäßigen Rechte des Unterhauses. Es folgte More's Wirksamkeit bei verschiedenen wichtigen Gesandtschaften, seine Thätigkeit im Geheimen Rathe als Schatzmeister der Lehenskammer, als Kanzler des Herzogthums Lancaster. So war er immer höher gestiegen, hatte im August 1529 noch als englischer Gesandter dem Friedensschlusse von Cambray beigewohnt und wurde nun nach seiner Rückkehr und Wolsey's Sturz zum höchsten Amte seiner Heimat, zum Lordkanzler von England erhoben. Am 25. October 1529 zwang ihn Heinrich VIII., das große Siegel anzunehmen. Daß More die Gefahr dieser Erhebung mit klarem Blicke durchschaute, beweisen die Worte, die er in Westminster-Hall bei der feierlichen Einführung in sein Amt durch die Herzoge von Norfolk und Suffolk mit prophetischem Blicke sprach. Er sagte unter anderem:

„Mit Gewalt hat man mich, wie der König selbst schon oft gestanden hat, in den Dienst Sr. Majestät und an den Hof genöthigt, und auch diese Würde muß ich mir ganz und gar gegen meinen Willen aufzwingen lassen... Wenn ich auf diesen Kanzlerstuhl hinschaue und an die großen Männer denke, die diesen Platz einnahmen; wenn ich mich des Mannes erinnere, der zuletzt hier saß, seiner Weisheit und Erfahrung, des Glanzes und Glückes, die ihm so lange treu blieben, und dann seines schrecklichen Sturzes: so habe ich Grund genug, diese Ehre als abschüssigen Boden und diese Würde nicht in so verlockendem Lichte zu betrachten, wie sie manchem andern erscheinen mag... Der plötzliche und unerwartete Fall eines so berühmten Mannes macht es mir furchtbar klar, daß diese Ehre mir keine große Freude zu bereiten, noch der Schimmer dieser glänzenden Stellung mein Auge zu blenden braucht. Nein, ich besteige den Kanzlerstuhl als eine Stätte voll Mühsal und Gefahr, die keine wahre Ehre bietet, und von der man, je erhabener sie ist, einen desto tiefern Sturz zu fürchten hat.... Das also will ich vor Augen haben, daß

---

[1] Adsertio septem sacramentorum adversus Martinum Lutherum.
[2] Responsio ad Convitia Martini Lutheri congesta in Henricum regem Angliae ejus nominis octavum.

dieser Stuhl mir nur dann Ehre einbringt, wenn ich meines Amtes mit aller Sorgfalt, Anstrengung und Weisheit walte, und daß der Besitz dieser Würde für mich vielleicht ein kurzer, jedenfalls ein ungewisser sein wird."[1]

Die neue Würde änderte den schlichten und frommen Sinn des wahrhaft großen Mannes durchaus nicht. Ein rührender Beweis dafür ist sein Verhalten zu seinem greisen Vater, der die Erhebung des Sohnes noch erlebte. John More war damals der Senior der englischen Richter in der King's Bench. Wenn nun der neue Lordkanzler seinen Richterstuhl daselbst zu besteigen hatte, so kniete er angesichts aller Anwesenden erst vor dem Vater nieder und bat um dessen Segen. Bezeichnend ist auch die Antwort, die er königlichen Boten gab, welche ihn in bringenden Staatsgeschäften aufsuchten, als er eben seiner täglichen Gewohnheit gemäß die heilige Messe hören wollte. „Zuerst lasset uns Gott dienen", sagte der Selige, „und dann dem Könige." Einst fand der Herzog von Norfolk den Lordkanzler, als er gerade in der Pfarrkirche, wie die übrigen Sänger mit einem Chorhemde bekleidet, während des Gottesdienstes sang. Der Herzog wunderte sich nicht wenig und meinte, des Königs Dienst und die Würde seiner Stellung stimmten wenig zu einer solchen Handlungsweise. Aber der Selige gab ihm die schöne Antwort: „Der König, mein und Euer Herr, kann nicht dadurch entehrt werden, daß ich meinem und seinem Herrn, unserm göttlichen Erlöser, diene."

Heinrich VIII. hatte dem neuen Kanzler bei der Uebertragung des Amtes gesagt, er solle in seiner Verwaltung zuerst auf Gott und dann erst auf den Dienst des Königs sehen. Es war ein schönes Wort und beweist, wenn er es ernst meinte, daß der Monarch damals, im Herbste 1529, noch nicht der eigenmächtige Tyrann von später war. Jedenfalls schrieb More sich dieses Wort tief ins Herz und hat es treu gehalten. Schon damals durchschaute er die gefährliche Strömung, in welche Heinrich VIII. durch seine Leidenschaft zu Anna Boleyn gekommen war. Wie More später bei seiner Verurtheilung sagte, hat er sieben Jahre über den Primat des Papstes studirt, weil er voraussah, daß diese Wahrheit die Entscheidung herbeiführen werde; denn daß der Papst die Ehe zwischen dem Könige und dessen rechtmäßiger Gemahlin nicht lösen könne, erkannte er klar. An Mahnungen und Bitten ließ es der Selige nicht mangeln, obschon er den gefährlichen Charakter seines fürstlichen Gönners

---

[1] The Life and Letters of Sir Thomas More by A. Stewart p. 160 sq.

nur zu gut kannte. „Sei überzeugt," sagte er einst zu seinem Schwiegersohn Roper, der ihn ob der königlichen Gunst glücklich pries, „für ein Schloß in Frankreich würde er mir den Kopf herunterschlagen lassen."
Als Cromwell 1531 in den Geheimen Rath kam und Secretär des Königs wurde, konnte More mit Sicherheit erkennen, daß die Tage der Verfolgung für jeden treuen Katholiken nahe seien. Dennoch wich er um keines Haares Breite von seiner Pflicht ab und suchte den König von dem unglückseligen Gedanken der Ehescheidung abzubringen. Umsonst war seine offene Erklärung zu Gunsten der Rechtmäßigkeit der Ehe zwischen Katharina und dem Könige, die er im Vereine mit dem ehrwürdigen Bischofe von Rochester allein am Hofe zu vertheidigen wagte. Noch immer hoffte Heinrich, die gewichtige Stimme seines Kanzlers in der Scheidungsangelegenheit für sich zu gewinnen. Die Doctoren Lee, Cranmer, Fox und Nicholas sollten ihn von der Gerechtigkeit der Forderung überzeugen. Auf Heinrichs Wunsch verhandelte er mit ihnen; aber die offenbare Hinfälligkeit ihrer Gründe befestigte seine Meinung von der zweifellosen Giltigkeit der Ehe seines Herrn mit Katharina nur noch mehr. Auf seine Bitte erlaubte ihm nun der König, das Rathzimmer zu verlassen, so oft über die Scheidungssache verhandelt wurde. Als aber Heinrichs VIII. Stellung zum Papste immer feindseliger wurde, als das Parlament im Mai 1532 mit dem Statut wider die Annaten den ersten offenen Schritt zum Bruche mit Rom that, sah More mit klarem Blicke, daß er fürderhin nicht mehr mit reinem Gewissen sein Amt verwalten könne. So schwer ihm auch der Schritt war und so bitter seine Familie das Opfer empfinden mußte — der Selige vollzog ihn ohne Zögern. Alter und Kränklichkeit mahnten ihn, sagte er, fürder seine ungetheilte Aufmerksamkeit dem Heile seiner Seele zu widmen. Endlich gab Heinrich die Einwilligung, ungern — denn er sah wohl, daß der Rücktritt More's in den Augen des Volkes seiner Sache schaden werde —, aber nicht ohne Beweise seiner Achtung und das Versprechen seiner königlichen Huld. Am 16. Mai 1532 übernahm Thomas Audeley, der kein so zartes Gewissen hatte, das Staatssigill.

Als Anna Boleyn in feierlichem Aufzuge vom Tower nach Westminster zur Krönung geführt wurde, hatte auch More die Einladung erhalten, sich an dem Zuge zu betheiligen, und dazu ein Geschenk von 20 Pfd. St. zu einem Festkleide. Man wünschte am Hofe sehr, daß More durch seine Gegenwart nachträglich wenigstens die Verbindung des Königs mit seiner Maitresse billige. Allein More lehnte Geschenk und Einladung ab und zog es vor, die neue Königin zur Todfeindin zu haben, als seinem Gewissen die leiseste Makel zuzufügen [1].

Seither hatte More fern vom Hofe, und jede Einmischung in Politik sorgfältig vermeidend, in seinem Hause zu Chelsea still und zurückgezogen gelebt. Im Kreise seiner Familie mit schriftstellerischen Arbeiten, ernsten Studien und den Uebungen der Frömmigkeit beschäftigt, bereitete er sich auf die Tage des Sturmes vor. Gerade in diese Zeit fällt eine ganze Reihe seiner in englischer Sprache veröffentlichten Schriften, in denen der Selige die Lehren der Kirche vertheidigt und zu ernster Frömmigkeit auffordert, wie aus den bloßen Titeln dieser Bücher schon erhellt [2]. Immer unheimlicher drohte inzwischen das Ungewitter.

---

[1] The Life and Death of Sir Thomas More by his great-grandson Cresacre More. Ch. 8, p. 264.

[2] Wir fügen eine Liste der Werke des seligen Thomas More bei (Dodd, The Church History of England I, 197).

I. Englische Schriften:

1. A mery Jest: how a Serjeant wou'd learn to play a Friar, in verse.
2. Verses on the painted Hangings in his Father's House.
3. Lamentation on the Death of Elizabeth, Wife of King Henry VII.
4. Verses on the Book of Fortune.
5. A Collection of Letters, after he had laid down his places.
6. Dialogue concerning Heresis and Matters of Religion. 4 Books. 1528.
7. Supplication of Souls against a Book of Simon Fish, stil'd a Supplication of Beggars. 1529.
8. Confutation of Tyndale's Answer to his Dialogue. 1532.
9. The second Part of the Confutation &c. 1533.
10. An Apology in 50 Chapters against a Book, concerning the Division between the Spirituality and Temporality.
11. The Debellion of „Salem" and „Bizance". London 1583. (Antwort gegen einen unter diesem Namen erfolgten Angriff auf die vorstehende Apologie.)
12. An Answer to Fryth, concerning the Supper of our Lord in 5 Books. London 1533.
13. A Treatise against Dr. Barnes.
14. A Treatise against John Joy.
15. A Godly Instruction with Prayers and Meditations.
16. A Dialogue of Comfort in Tribulation. 3 Books. 1534.
17. History of the Life and pitiful Death of Eduard V. and his Brother.
18. A Treatise how to receive the Body of our Saviour sacramentally and virtually. 1534.
19. The Life of Picus Mirandula, a Translation into English.

II. Lateinische Schriften:

1. Epitaphium in Weaver's Monuments.
2. De optimo Reipublicae Statu, deque nova insula Utopia. 1516.

Die Vorgänge im Parlamente mußte in der That auch ein weniger scharfer und staatsmännisch gebildeter Geist als More auf den Ausbruch einer blutigen Verfolgung gegen alle treuen Anhänger der Kirche zu deuten wissen. Was dem Seligen den bevorstehenden Kampf schwerer machte als seinem ehrwürdigen Freunde Fisher, war der Gedanke an die bedrängte Lage seiner Familie. Von seiner ersten Gattin hatte er drei Töchter, Margaretha, Elisabeth und Cäcilia und einen Sohn Johannes, von seiner zweiten Gemahlin ein Stiefkind, Margaretha Giggs (Gyge), das er aber wie seine eigenen Kinder liebte. Schätze hatte er keine aufgehäuft, obschon er als Richter und Kanzler Gelegenheit genug dazu gefunden, wenn er dem Beispiel anderer hätte folgen wollen. Ja nicht einmal Geschenke, die er mit gutem Gewissen hätte annehmen dürfen, ließ sein edler Sinn zu. In Anerkennung seiner großen Verdienste um die Kirche hatte ihm die Geistlichkeit durch eine Deputation von drei Bischöfen 5000 Pfd. St. angeboten. More erklärte dankend, er nehme keine andere Belohnung als aus Gottes Hand. Man drängte ihn, er möge die Summe im Hinblicke auf seine Familie annehmen; er war nicht dazu zu bewegen. Auch für viel mehr Geld würde er die vielen schlaflosen Nächte nicht hingeben; gerne aber möchte er wünschen, alle seine Werke wären verbrannt, wenn

3. De quatuor Novissimis (opus imperfectum). Circa 1522.
4. Epigrammata. Basiliae 1518.
5. Progymnasmata.
6. Precationes ex Psalmis. 1534.
7. Responsio ad Convitia Martini Lutheri. Londini 1523. (Pseudonym Gulielmus Roffens.)
8. Epistolae. Basil. 1563. 1642.
9. Epistola ad academicos. Oxon. 1519.
10. Liber de Justificatione.
11. Commentaria in S. Augustinum de Civitate Dei.
12. Disputatio contra Simonem Grinaeum.
13. Defensio Erasmi contra Dorpium.
14. Liber contra Anti-Morum Germani Brixii.
15. Contra Cordigeram Germani Brixii.
16. Liber seu Epistola contra Joannem Pomeranum Lutheranum. Lovanii 1568. 12º.
17. Vita Richardi III. Regis Angliae (opus imperfectum). Lovanii 1651. Geschrieben um das Jahr 1513.
18. Luciani Dialogi. Uebersetzung aus dem Griechischen ins Lateinische.
19. Quod pro Fide Mors non sit fugienda. Geschrieben im Tower 1534.
20. Imploratio Divini Auxilii contra tentationem cum insultatione contra Daemones ex Spe et Fiducia in Deum. Geschrieben im Tower 1534.
21. Expositio Passionis Domini (opus imperfectum). Geschrieben im Tower 1535.

er um dieses Opfer die Unterdrückung aller Ketzereien erhalten könnte. Nach seiner Abdankung vom Kanzleramte hatte der Selige die Seinigen, die sich jetzt in ungewohnter Weise einschränken mußten, also getröstet: „Im schlimmsten Falle gehen wir alle miteinander betteln, singen das Salve Regina vor den Häusern und setzen, auf Gott und gute Leute vertrauend, wenigstens diesen unsern Willen durch, daß wir beisammen bleiben."

Auch diesen Trost sah More jetzt entschwinden. Am 13. April 1534 erhielt er die Vorladung der königlichen Commission; er wußte, was das bedeute: entweder Meineid oder königliche Ungnade, Gefängniß, Tod. More hatte schon gewählt. Der 25. April [1] war der festgesetzte Tag. Er beichtete am Morgen dieses Tages, hörte die heilige Messe und empfing in der Pfarrkirche von Chelsea, wahrscheinlich aus der Hand seines Freundes, des seligen Johannes Larke, der ihm später in den Martertod folgte, die heilige Communion. So gestärkt verließ der Selige sein trautes Heim, das er nicht mehr sehen sollte, wie ihm wohl bewußt war. Sonst begleiteten ihn alle seine Lieben bis zur Themse, wo er sie zum Abschiede küßte, bevor er ins Boot stieg, wie More's Enkel uns berichtet [2]. An jenem Tage aber wollte er nicht, daß sie ihn aus dem Hause geleiteten; er selbst zog das Gartenthürchen hinter sich zu und begab sich, nur von seinem Schwiegersohne Roper gefolgt, in den Kahn, der ihn die Themse abwärts nach Westminster brachte. Das Opfer des Abschieds war ihm sehr schwer geworden, und er saß eine Weile schweigend da. Dann sagte er mit seiner gewohnten heitern Seelenruhe: „Gott sei Dank, das Feld ist gewonnen!" Erst später verstand Roper, daß er damit den Sieg über die schwere Versuchung, um der Seinen willen den Eid zu leisten, gemeint habe.

Der Lambeth-Palast, der heute noch etwas oberhalb Westminster am südlichen Themse-Ufer sich stolz erhebt, war voll von Menschen, die alle gekommen waren, den Eid abzulegen. Sir Thomas More wurde frühzeitig vorgerufen. Erzbischof Cranmer und Cromwell waren persönlich zugegen, die beiden Herzoge durch den Kanzler Audeley und den Abt Boston von Westminster vertreten. Der Eid wurde More vorgelesen; er verlangte nochmalige Einsicht des ganzen Successions-Statuts, auf den er sich bezog. Er las alles durch; dann sagte er: Diejenigen, welche den Eid beschwören, wolle er nicht tadeln; ihm aber sei er in dieser Form unmöglich. Er sei jedoch bereit, den Theil der Successionsacte zu be-

---

[1] Nach anderen der 17. April. Vgl. Lingard VI, 218.
[2] Life of Sir Thomas More by Cresacre More. Ch. 9, p. 287.

schwören, welcher den Kindern Anna's die Thronfolge sichere; denn die Thronfolge könne nach seiner Meinung vom Parlamente bestimmt werden. In der That war England insofern wenigstens ursprünglich eine Wahlmonarchie, als der König von dem Witenagemot — dem Rathe der Weisen — wenn auch meistens nach directer Erbfolge gewählt wurde[1]. Die Tudors selbst waren durch Wahl des Parlaments zur Krone gelangt; als Heinrich VII. den Thron bestieg, lebte noch ein Sprosse des Hauses York, das nach dem Erbrechte vor den Tudors zur Herrschaft berechtigt war. More konnte also mit Recht den hierauf bezüglichen Parlamentsbeschluß anerkennen. Aber das Statut enthielt, wie man sich erinnern wird, außerdem eine Erklärung der Giltigkeit der Ehe Heinrichs VIII. mit Anna und der Ungiltigkeit von dessen Ehe mit Katharina, während das in höchster Instanz soeben gefällte Urtheil des Papstes umgekehrt Katharina als die einzig rechtmäßige Gattin des Königs feierlich erklärte. Diesen Theil der Successionsacte und ebenso die Beschlüsse des Parlaments gegen die kirchliche Gerichtsbarkeit und den päpstlichen Stuhl durfte also niemand beschwören, der ein treuer Sohn der katholischen Kirche bleiben wollte. Der Selige erklärte mithin, wenn er den Eid, wie derselbe vorgelegt sei, beschwüre, so würde er sein Seelenheil gefährden. Der Kanzler, dem an More's Beispiel viel gelegen war, bat ihn, er möge seine Antwort nochmals überlegen. Dessen war More zufrieden und zog sich in den Garten zurück.

Inzwischen kamen viele andere hohe, geistliche und weltliche Würdenträger und leisteten den Eid. Auch der hochbetagte Bischof Fisher trat vor die Commission. Er handelte genau wie More. Nach ernstlicher Prüfung des Actenstückes erklärte er den vorliegenden Eid für unerlaubt, war aber gleichfalls und gewiß aus denselben Gründen bereit, die Kinder Anna's als thronberechtigt anzuerkennen, da das Parlament die Erbfolge so geregelt habe. Ein Dr. Wilson, früher Beichtvater des Königs und More's Freund, hatte ebenfalls den Muth, den Eid abzulehnen. Sonst schwuren alle ohne Widerstreben.

More wurde nun zum zweiten Male vorgerufen und gefragt, ob er auf seiner Weigerung bestehe. Als er es bejahte, fragte man nach seinen Gründen; wenn er diese nicht nenne, müsse man seine Weigerung als Trotz betrachten. „Es ist nicht Trotz," antwortete der Selige, „sondern die

---

[1] Vgl. „Die englische Verfassung von Victor Cathrein S. J." (Ergänzungsheft 15 dieser Zeitschrift) S. 10 ff.

Absicht, eine Beleidigung zu vermeiden. Erwirkt mir vom Könige die Zusicherung, daß er mir darob nicht zürnen werde, so will ich meine Gründe darlegen." Cromwell entgegnete: „Die Zusicherung des Königs würde Euch doch nicht vor den durch das Statut bestimmten Strafen schützen." Erzbischof Cranmer wollte ihn durch den folgenden Trugschluß fangen: „Ihr sagt, es sei nicht Eure Absicht, irgend jemanden zu tadeln, der den Eid leiste. Es liegt also auf der Hand, daß Ihr von der Unerlaubtheit dieses Eides nicht überzeugt seid. Von der andern Seite müßt Ihr überzeugt sein, daß es Eure Pflicht ist, dem Könige zu gehorchen. Ihr legt also mehr Gewicht auf Eure zweifelhafte Ueberzeugung, als auf die sicher erkannte Pflicht, wenn Ihr den Eid verweigert." More stutzte einen Augenblick, als er diesen Trugschluß des Erzbischofs hörte, durchschaute aber alsbald das Sophisma und erwiederte, er dürfe den Eid nicht schwören, solange er an dessen Erlaubtheit zweifle. „Ich table diejenigen, welche schwören, nicht," sagte er, „da mir ihre Gründe unbekannt sind; aber mich selbst müßte ich tadeln, da ich weiß, daß ich gegen mein Gewissen handeln würde." Der Abt von Westminster fragte ihn nun, ob er nicht mit Recht befürchten müsse, daß er ein irriges Gewissen habe, da er allein dem ganzen Parlamente gegenüberstehe. Schon vorher hatten ihm die Commissäre die Liste der Unterschriften gezeigt, welche in langen Reihen den höchsten Adel des Landes, Geistliche, Doctoren der Theologie, Bischöfe enthielt. More entgegnete auf diesen Einwurf: „Wenn ich allein also dächte und wirklich niemand meine Meinung theilte, während das ganze Parlament mir entgegensteht, so müßte ich freilich für meine von so vielen verworfene Ueberzeugung fürchten. Jetzt aber stimmen für die Gründe, um derentwillen ich diesen Eid ablehne, ebenso viele, ja noch viel mehr mit mir überein, wie ich sicher weiß. Auf meiner Seite steht nämlich die gesammte katholische Christenheit, und da darf ich doch wohl mein Gewissen nicht mit dem Parlamente in Einklang bringen."[1] Cromwell zeigte großen Schmerz über das sichere Schicksal, dem More entgegengehe, und schilderte den Zorn des Königs. Aber More blieb unerschütterlich fest; die Folgen, so ernst sie auch seien, müsse er tragen, sagte er, wenn er nicht sein Seelenheil der größten Gefahr aussetzen wolle. Er hatte mit Gottes Gnade gesiegt.

Die Herren waren in nicht geringer Verlegenheit. Der Kanzler machte sich sofort auf, um dem Könige Bericht zu erstatten; die Com-

---

[1] Brief More's an seine Tochter Margaretha in Stapletons Vita et Mors Thomae Mori c. XV.

missäre gaben ihm die Weisung, ausdrücklich beizufügen, daß More bereit sei, denjenigen Theil des Statuts zu beschwören, der die Thronfolge regle, und der Selige wiederholte nochmals, dazu sei er erbötig, vorausgesetzt, der Eid erhalte eine solche Fassung, daß er ihn mit gutem Gewissen beschwören könne. Man beschloß, die Sache im Geheimrathe zu erwägen.

Inzwischen wurden Sir Thomas More und der Bischof von Rochester, der mit ihm vollständig übereinstimmte, dem Abte von Westminster übergeben, bei welchem sie, bis die Entscheidung des Königs erfolge, Hausarrest zu beobachten hätten. Dr. Wilson, der den Eid bedingungslos zurückgewiesen zu haben scheint, wurde sofort in den Tower geworfen. Im Privy Council befürwortete Cranmer die Annahme des Eides, wie ihn Fisher und More schwören wollten; es komme alles darauf an, daß die beiden Männer, auf deren Beispiel das Volk so viel gäbe, überhaupt schwüren; die Clauseln seien Nebensache. Cromwell war damit nicht einverstanden: entweder betrachte man den Eid, so wie er vorliege, als gerecht oder als ungerecht; wenn als gerecht, so müsse man ihn von jedermann ohne Unterschied der Person fordern; wenn als ungerecht, einfach fallen lassen. Anna Boleyn, die einen tiefen Groll gegen die beiden Männer hegte und damals noch bei Heinrich allvermögend war, gab den Ausschlag, und der König entschied, Fisher und More hätten ohne Verzug und sonder Clausel zu schwören oder in den Tower zu gehen. Sie wählten den Kerker.

5. Im Tower.

(1534—1535.)

Ende April wurden die beiden edeln Männer wirklich in den Tower geworfen, nachdem schon vorher in More's Wohnung zu Chelsea eine Haussuchung und die Beschlagnahme seines Vermögens stattgefunden hatte. Aehnliches wird auch über Fishers Habe verfügt worden sein. Daß aber der Familienvater dadurch viel schmerzlicher getroffen wurde als der Bischof, liegt auf der Hand. Allein More blieb nicht nur fest, sondern bewahrte sogar seinen ganz eigenen Humor, das Spiegelbild voller Seelenruhe, den er selbst auf das Schaffot mit sich nahm. Einem alten Brauche gemäß verlangte der Pförtner beim Eintritte von dem Gefangenen sein „Oberkleid". Thomas More gab ihm lächelnd die Mütze, indem er sagte: „Das ist mein oberstes Bekleidungsstück; schade, daß es nicht besser ist."[1] Allein der Pförtner ließ sich mit dem Scherze nicht abfertigen und bestand darauf, daß ihm der Ueberrock gehöre. Dem Commandanten des Tower sagte der Selige: „Mein Herr, ich verspreche, nicht über Kost, Wohnung oder Behandlung zu klagen. Sollte ich aber diese Zusage nicht beachten oder Euch sonst irgendwie belästigen, so gebe ich Euch die Erlaubniß, mich ganz ungenirt — aus dem Tower hinauszuweisen."

Sein ganzes Herz erschloß er seiner Lieblingstochter Margaretha in dem folgenden Briefe, den er gleich nach seiner Einkerkerung mit Kohle niederschrieb: „Liebste Tochter! Gott sei Dank, geht es mir gut: dem Leibe nach bin ich gesund, der Seele nach ruhig, und Irdisches ersehne ich nicht mehr, als ich hier besitze. Ich bete zu Gott, daß er Euch alle in der Hoffnung auf das ewige Leben erfreue. Was ich Euch schon lange und mit aufrichtiger Sehnsucht von den ewigen Gütern ins Herz einschreiben wollte, das möge Gott selbst durch seinen Heiligen Geist denselben eingießen. Ich hoffe, er werde es thun und zwar viel wirksamer,

---

[1] Hall, The Union of the Families of Lancaster and York, fol. 266.

als es jemals meine Worte vermocht hätten. Er segne Euch und erhalte Euch alle! ... Möge mir Gott einen stets treuen, einfältigen und geraden Sinn geben und mich lieber sterben lassen, als ihm untreu werden. Ein langes Leben erwarte ich nicht und ersehne ich nicht, wie ich meiner Margaretha öfter gesagt habe; auch morgen bin ich zum Tode bereit, wenn es Gott so wohlgefällt. Ich kenne keinen Menschen, dem ich meines Looses wegen auch nur das geringste Böse wünschte, und über diese Gesinnung freue ich mich mehr, als wenn ich die ganze Welt besäße."[1]

Die herzlichsten Grüße an alle seine lieben Kinder, Schwiegersöhne, Schwägerinnen, Enkel und an seine Frau schließen den Brief. More's Angehörige bedurften übrigens wohl des Trostes, und der schwerste Kampf wurde ihm von den Seinigen bereitet. Margaretha sandte an den Vater einen Brief, in welchem sie alle Beredsamkeit aufbot, daß er sich doch seiner Familie erhalte und den Eid, der ja von ganz England geleistet würde, schwöre. Es ist möglich, daß der Brief, der durch die Hände der Regierung gehen mußte, nur den Zweck hatte, die Erlaubniß, den Vater besuchen zu dürfen, zu erwirken. Es ist aber auch möglich, daß mißverstandene Kindesliebe die Feder der Tochter führte. So wenigstens faßte der selige Blutzeuge selbst die Absicht seiner Tochter auf und antwortete in dem folgenden ergreifenden Briefe: „Stände ich mit der Gnade Gottes in dieser Sache nicht schon lange auf festen Füßen, so hätte Dein thränenfeuchter Brief, liebste Tochter, mich nicht wenig erschüttert und gewiß viel eher zum Falle gebracht, als alles andere, was ich hier Furchtbares und Schreckliches höre. Nichts hat mich so ergriffen, nichts mir solchen Schmerz bereitet, wie dieser Dein Brief, in welchem mich mein liebstes Kind mit flehentlichen Worten zu etwas bewegen will, was ich durchaus nicht thun darf, was mir die Nothwendigkeit, das Seelenheil zu gewinnen, durchaus verbietet, wie ich ihm ja schon so oft und mit so eindringlichen Worten auseinandersetzte. Auf die Gründe Deines Briefes brauche ich also nicht einzugehen. ... Einen unglaublichen Schmerz, einen größern Schmerz als die Ankündigung meines Todes (denn meine Todesfurcht schwindet, Gott sei Dank, vor der Furcht der Hölle, vor der Hoffnung ewiger Wonne und bei der Betrachtung des Leidens Christi von Tag zu Tag immer mehr), bereitet mir die Nachricht, daß mein Schwiegersohn und Du, meine liebste Tochter, daß mein theuerstes Weib, meine lieben Kinder und unschuldigen Freunde um meinetwillen in großer Gefahr schweben und vor dem herein-

---

[1] Stapelton. l. c. c. 14.

brechenden Unheil zittern. Leider steht es nicht in meiner Macht, das Unglück von euch abzuwenden, und so kann ich nichts anderes thun, als alles und jedes Gott allein anheimzustellen. In Gottes Hand ist ja des Königs Herz, und wie Wasserbäche leitet er es, wohin er will."

Wir können leider aus den herrlichen Briefen des Seligen an seine Tochter Margaretha, welche sich am Ende seiner englischen Werke finden, hier nur wenige Auszüge geben; doch auch diese gewähren uns einen Einblick in den von übernatürlichem Glauben getragenen Starkmuth des Martyrers. Derselbe hatte aber noch manche Probe zu bestehen. Cromwell, der kein Mittel unversucht ließ, um More zum Schwure zu vermögen, gab Befehl, daß Margaretha und später auch deren Mutter zu dem Gefangenen gelassen würden. Der Kanzler Audeley sprach selbst den Wunsch aus, Margaretha möge noch einmal einen Sturmlauf gegen des Vaters Hartnäckigkeit unternehmen. Es war umsonst. In Scherz und Ernst widerlegte dieser alle Scheingründe, welche die Tochter ihm vortrug. Der Gattin, welche noch ungestümer in ihn drang, stellte er die bekannte Frage: „Wie lange glaubst Du wohl, liebe Alice, daß ich noch leben könnte?" und erwiederte auf ihre Antwort: „Ganze zwanzig Jahre, wenn es Gott gefällt": „Dafür sollte ich die Ewigkeit hingeben? Was Du ein schlechter Kaufmann bist, liebe Frau! Hättest Du mir wenigstens einige tausend Jahre versprochen, so wäre es doch ein Angebot gewesen. Aber auch sie, was wären sie im Vergleiche zur Ewigkeit?" Von diesem unerschütterlichen Standpunkte des Glaubens aus schlug er jeden Angriff siegreich ab.

Dr. Wilson, der mit dem Seligen in den Tower geworfen worden war, ließ sich unglücklicherweise durch die Leiden des Kerkers beugen und leistete den Eid. More verurtheilte den Mann nicht, war aber ebenso wenig zu vermögen, dessen Beispiel zu folgen. Man sagte ihm, er solle doch nicht einzig auf den alten Bischof von Rochester sehen. Er entgegnete, seine Ueberzeugung gründe sich nicht auf das heldenmüthige Beispiel seines ehrwürdigen Freundes. Dabei war er fern von stolzem Vertrauen auf seine eigene Stärke. Tag und Nacht betete er um die Gnade der Beharrlichkeit, um vollständige Ergebung in den Willen Gottes und übte sich in Bußübungen und Betrachtung des Leidens Christi. Im Tower fügte er aus Psalmenstellen ein herrliches Gebet zusammen[1];

---

[1] Imploratio Divini Auxilii contra tentationem cum insultatione contra Daemones ex Spe et Fiducia in Deum. (Editio Francof. p. 181—186.)

ebenfalls im Tower schrieb er einen kurzen Aufsatz über den Tod um des Glaubens willen[1] und endlich sein letztes Werk über das Leiden Christi[2], das er aber nur bis zu den Worten: „Und sie legten Hand an Jesum" fortsetzen konnte. An dieser Stelle bricht die ergreifende Arbeit mit der von dem Herausgeber beigefügten Bemerkung ab: „Thomas Morus kam in diesem Werke nicht weiter; denn als er bis hierhin geschrieben hatte, nahm man ihm jedes Schreibzeug fort und wurde er in viel strengerer Haft als bisher gehalten. Bald darauf wurde er in der Nähe des Towers von London an gewohnter Stätte mit dem Beile hingerichtet."

Noch einige Worte aus dem Briefe des seligen Blutzeugen an seine Tochter wollen wir mittheilen, da dieselben das Verständniß seiner erhabenen Seele uns ganz besonders erleichtern. „Gott verzeihe es mir, bei diesem Gedanken (an den Tod durch Henkershand) empörte sich mein sinnlicher Theil, und ich empfand einen schmerzlichen Kampf und Aufruhr meines Fleisches, und ich fühlte eine heftigere Abneigung gegen Schmerz und Tod, als es sich für einen Christen in einer solchen Sache ziemt; aber Gott sei Dank, der Ausgang dieses Kampfes war der Sieg des Geistes, indem mir der Glaube und sogar die Vernunft zu Hilfe kam und mir zuredeten, daß ich durch einen solchen Tod nur Gewinn und keinerlei Verlust davontrage... Freilich bin ich mir meiner Schwäche wohl bewußt und bete, eingedenk des Falles Petri, tagtäglich auf meinen Knieen um das Eine zu Gott, daß er diesen meinen Entschluß ewig erhalte und befestige. Endlich, meine Margaretha, will ich Dir mein innerstes Herz offenbaren, indem ich sage: ich habe mich dem göttlichen Willen so völlig anheimgegeben, daß ich seit dem Augenblicke, da ich hierher gebracht wurde, noch niemals zu Gott betete, er möge mich aus diesem Kerker befreien oder vor dem Tode bewahren, sondern er möge so mit mir verfahren, wie es seinem göttlichen Willen gut scheint, der ja viel klarer sieht, was mir ersprießlich ist, als ich es selbst sehen kann." Das ist freilich die höchste christliche Vollkommenheit; da ist es nicht zu verwundern, daß der himmlische Vater das Herz des edeln Mannes wenigstens zeitweilig einen Vorgeschmack des ewigen Trostes verkosten ließ. „Sie haben mich hier herein gethan, mein Kind, in der festen Ueberzeugung, mir ein überaus schweres Leid aufzubürden," schreibt

---

[1] Quod pro Fide Mors fugienda non sit. (Ed. Francof. p. 180.)
[2] Expositio Passionis Christi. (Ed. Francof. p. 147—178.)

der Selige in einem andern Briefe. „Aber glaube mir, liebste, theuerste Tochter, wäre es nicht um Weib und Kind, so hätte ich mir längst ein noch engeres und dunkleres Gefängniß gewählt. Ich fühle mich hier so glücklich, als ob der liebe Gott mit mir umginge wie mit einem verhätschelten Kinde, ja als ob er mich auf seinen Schoß höbe, um mit mir zu spielen."

Das „engere und dunklere Gefängniß" sollte dem Seligen bald zu Theil werden. Nachdem man ihn anfangs wirklich mit einer Milde behandelt hatte, die im Tower selten zur Anwendung kam, wurde es gegen Ende 1534 plötzlich anders. Unter entsetzlichen Zornausbrüchen hatte Heinrich VIII., der sich neben seinen anderen schmählichen Leidenschaften immer mehr dem Trunke ergab, seinen Ministern und Geheimräthen gesagt, die beiden Gefangenen müßten schwören; er werde schon für kräftige Beweggründe sorgen, und wenn seine Räthe sie nicht dazu brächten, so wolle er an diesen Rache nehmen. Es kam daher gegen More sowohl als gegen den ehrwürdigen greisen Bischof eine überaus strenge, grausame Behandlung in Anwendung. Der 75jährige Greis, der doch in der Schule der Abtödtung wohl geübt war, fand die Entbehrungen und Mißhandlungen schließlich fast unerträglich. Bischof Lee, der den Gefangenen besuchte, wohl um ihn zum Schwure zu bereden, sagte zu Cromwell, Fisher sei dem Tode nahe, er könne vor Schwäche kaum mehr die Kleider tragen; wenn der König kein Erbarmen habe mit dem Greise, so werde dieser nicht mehr lange leben. Es wurde trotz dieser Vorstellung nicht besser. Da entschloß sich endlich der selige Blutzeuge wenige Tage vor Weihnachten am 22. December 1534 zu einem Briefe an Cromwell, in welchem er den Günstling des Königs in tiefster Demuth um ein Almosen bittet. Der Brief ist ein ewiges Denkmal der Leiden dieses greisen Dulders und der Schande seines königlichen Verfolgers, und wir dürfen ihn nicht übergehen. Er lautet:

„Meine bemüthige Empfehlung zuvor. Ihr erlaubt mir, an den König zu schreiben; aber wahrlich, ich fürchte mich, es möchte mir in meinem Briefe irgend ein Wort entschlüpfen, das Se. Majestät vielleicht zu neuem Unwillen gegen mich reizen könnte, und das würde mich tief betrüben. Denn, wie ich vor Gott betheure, ist es nicht meine Absicht, Se. Majestät irgendwie zu beleidigen, wenn ich es nur mit meiner Pflicht Gott gegenüber, welchen ich allem vorziehen muß, in Einklang bringen kann. Deshalb bin ich voll Zagen und Zittern bei dem Gedanken, in dieser Angelegenheit an Se. Majestät schreiben zu sollen; da es aber

Euer Wunsch ist, will ich mir alle Mühe geben, mein Bestes zu thun. Zunächst bitte ich Euch, mein lieber Herr Secretär, erinnert Euch daran, daß ich, als ich vor Euch und den anderen Commissären stand, um den Eid in Betreff der erlauchten Erbfolge des Königs zu leisten, wiederholt den folgenden Grund anführte, der mein Verhalten bestimmte: Ich zweifle nicht daran, der Fürst eines jeden Reiches könne mit Zustimmung des Adels und der Gemeinen die Thronfolge also ordnen, wie es seiner Weisheit am entsprechendsten scheine, und deshalb erklärte ich mich bereit, den Theil des Eides, der sich auf die Thronfolge bezieht, zu beschwören. Das ist die volle Wahrheit, so wahr Gott meiner Seele in meiner letzten Noth beispringen möge. Freilich weigerte ich mich, einige andere Punkte zu beschwören; denn mein Gewissen wollte mir solches nicht gestatten.

Ferner beschwöre ich Euch, Herr Secretär, mir in meiner Noth Barmherzigkeit zu erweisen. Habe ich doch keine Leinwand, und fehlt es mir an den nothwendigsten Kleidern, und diejenigen, die ich am Leibe habe, sind zu schmachvoll zersetzt und zerrissen. Doch wollte ich mich darüber nicht beklagen, wenn sie nur meine Glieder erwärmten. Auch meine Kost ist manchmal, Gott weiß es, überaus erbärmlich. Und doch kann mein Magen in meinem hohen Alter nicht jegliche Speise ertragen und bedarf etwas Fleisch; wenn ich das entbehre, werde ich zusehends hinfällig und leide an Brechreiz und Leibschmerzen und kann mich nicht auf den Füßen halten. Und wie unser Herr weiß, hat man mir ja kein Eigenthum mehr gelassen, daß ich selbst für mich sorgen könnte, und mein Bruder muß aus seinem Beutel für mich bezahlen, was für ihn ein beschwerliches Opfer sein muß[1].

Deshalb beschwöre ich Euch dringend, lieber Herr Secretär, erzeiget mir etwas Mitleid und laßt mir geben, was ich in meinem hohen Alter, namentlich um meiner Gesundheit willen, nothwendig haben muß. Gefalle es Euch auch, Eure hohe Weisheit beim Könige für mich zu verwenden, daß er mir seine Gnade wieder schenke und mich aus diesem kalten und qualvollen Kerker in die Freiheit entlasse. Dadurch werdet Ihr mich verpflichten, ewig Euer dankbarer Fürbitter beim allmächtigen Gott zu sein, der Euch immerdar in seinem Schutz und Schirm bewahren möge.

---

[1] Wie aus einer noch vorhandenen Rechnung zu ersehen ist, wurden für diese Verpflegung dem Bruder des Bischofes wöchentlich 20 Schillinge abverlangt: „The Byshope of Rochester for XIIIjth monthys after XX. s. le weke — lvj. ll." Cotton MS., Titus B I, fol. 155.

Noch muß ich zwei Dinge von Euch erbitten. Zuerst, daß Ihr gütig erlauben wollet, es möge mich ein Priester nach Wahl des Lieutenant[1] hier im Tower besuchen und meine Beicht in dieser heiligen (Weihnachts-) Zeit abnehmen. Zweitens, daß ich mir einige Bücher entleihen darf, welche meine Andacht in diesen heiligen Tagen zum Troste meiner Seele kräftiger anfachen können. Das bitte ich mir um Eurer Liebe willen zu gewähren, und der Herr sende Euch fröhliche und angenehme Weihnachten, wie Ihr es nur selbst wünschet. Im Tower am 22. December."[2]

Der Brief des Seligen füllt nahezu zwei Quartseiten und ist mit leserlicher, fester Hand in ziemlich kleiner Schrift, deren Zeilen die Linie an der linken Seite des Blattes und die Zwischenräume scharf einhalten, ohne merkliches Zittern bis ans Ende geschrieben, wenn auch nicht mehr in so klarer Schrift, wie frühere Briefe, welche sich in derselben kostbaren Sammlung finden. Der Selige muß noch ein recht gutes Auge gehabt haben. Man kann das ehrwürdige Document des heroischen Blutzeugen nicht ohne innige Rührung betrachten.

Ob dieses demüthige Schreiben dem greisen Dulder auch nur für das Weihnachtsfest einige Erleichterung verschaffte, können wir nicht sagen. Soviel ist sicher, daß wenige Tage später, am 2. Januar 1535, das Bisthum Rochester vom Parlament für „erledigt" erklärt wurde. Es ist also wahrscheinlich, daß Heinrich VIII. den väterlichen Freund seiner Jugend auch fernerhin ohne die nothbürftigste Kleidung, ohne ausreichende Nahrung in seinem „kalten und qualvollen Kerker" hinsiechen ließ. Der Kerker, in welchem der selige Fisher mehr als ein Jahr schmachtete, bildet ein Gewölbe des Bell-Tower oder Glockenthurmes und nimmt das ganze zweite Stockwerk dieses massiven runden Thurmes ein. Der Raum mag vier bis fünf Schritte im Durchmesser haben; sechs kleine Fenster, welche schießschartenförmig die klafterdicken Mauern durchbrechen, gestatten jetzt einen beschränkten Ausblick auf die vorbeiströmende Themse, auf die Mauern des gegenüberliegenden Byewardthurmes und eine kleine Spanne des Thorweges, auf den breiten Festungsgraben und auf den Tower-Hill, wo der Selige sein Blut verspritzte. Der Boden des Gelasses ist mit rauhen Steinfliesen belegt. Man schaudert förmlich, wenn man daran denkt, daß ein hochbetagter, von der Last der Jahre gebeugter Greis, der

---

[1] Der Commandant des Tower hat immer den Titel Lieutenant.
[2] Cotton MS., Cleopatra E VI, fol. 168 (172). Autograph des Seligen.

sich schon in einem frühern Briefe an Cromwell über Husten und Fieber und über schmerzhafte Anschwellung der Füße und Beine beklagte[1], die langen Monate eines feuchten Londoner Winters an dieser Stätte zu= bringen mußte. Was mag er gelitten haben, wenn Wind und Sturm durch die schlecht schließenden Bleifenster pfiff und um die Mauern heulte, oder wenn der Nebel wochenlang auf der Themse lag? Da begreift man die Bezeichnung „kalt und qualvoll", welche der Selige seinem Kerker gab.

Aber die Tage seines Lebens gingen jetzt zur Rüste. Seit November war das Parlament versammelt, und wie wir gesehen[2], war sein erster Beschluß die Suprematie des Königs. So kam das Jahr 1535 und mit ihm die Zeit der blutigen Verfolgung. Auch Fisher winkte die Krone des Martyriums. Doch vor ihm sollte dieselbe eine heilige Schaar Ordensleute erringen.

---

[1] Cotton MS., Vespasian F XIII, fol. 154 b.
[2] Vgl. oben S. 25.

6. Die Erstlingsopfer.

(1535.)

Wir haben bereits erzählt, wie auf Heinrichs VIII. Befehl im Sommer 1534 von allen Kanzeln gegen den Papst gedonnert und dem erstaunten Volke gepredigt werden mußte, der König sei jetzt das oberste Haupt der Kirche Englands. Leider fügte sich im ganzen und großen der Clerus, sowohl die Welt- als die Ordensgeistlichkeit, dem Willen des Tyrannen. Der Wicliffismus hatte dem Abfalle gewaltig vorgearbeitet, und schon lange war in England eine starke romfeindliche Strömung an der Tagesordnung. Dem Gedanken einer Nationalkirche war damit der Weg geebnet. In sehr vielen, wohl in den meisten Fällen aber bildete Furcht und Schwäche den traurigen Beweggrund, welcher den Clerus gegen seine innere Ueberzeugung handeln ließ. Dazu kam die allgemeine Meinung, Karl V. werde an Heinrich die Schmach rächen, welche dieser seiner Tante Katharina zugefügt hatte, und die päpstliche Bulle ausführen, die Heinrich VIII. mit Absetzung bedrohte. „Es wird nicht lange dauern," das war die öffentliche Meinung; „entweder wird der König selbst seine Laune bald fallen lassen, oder äußere Verwicklungen werden ihn dazu zwingen; es ist also nicht der Mühe werth, sein Leben gegen den Willen des Königs einzusetzen." Mit dieser schalen Ausrede fertigte man die klare Forderung des Gewissens ab und bequemte sich sogar zur Beschwörung der königlichen Suprematie.

Doch nicht alle Glieder des Clerus waren so schwach und willenlos. Unter den Orden hatten die Observanten (reformirten Franziskaner), die Brigittiner und namentlich die Carthäuser den Geist ihrer heiligen Stifter bewahrt[1]. Die Observanten widersetzten sich so entschieden der königlichen Forderung, daß ihre Klöster sofort aufgehoben und die Ordensbrüder als Gefangene in die Häuser der Conventualen vertheilt wurden, welche sich dem Willen des Tyrannen gefügt hatten. Auch in eigentliche Gefängnisse wurden sie geworfen, und es schmachteten mehr als 200 dieser

---

[1] Waddingus, Annales Minorum XVI, 385 sq.

Bekenner, von denen 50 den Leiden der Gefangenschaft erlagen, in Kerker und Banden. Der Rest wurde nach Schottland und Frankreich verbannt. Ein Beispiel des Muthes, von dem diese Söhne des hl. Franziskus erfüllt waren, gaben die beiden Ordensbrüder Peyto und Elstow, welche offen gegen die königliche Verordnung predigten. Als ihnen Cromwell drohend sagte, sie hätten verdient, in Säcke gesteckt und in die Themse geworfen zu werden, erwiederte ihm Peyto: „Bedrohe Reiche und Weichlinge, die in Purpur gekleidet sind und ein Wohlleben führen, und deren hauptsächliche Hoffnung auf dieser Welt beruht, mit derartigen Reden. Wir sind voll Freuden, daß wir um der Erfüllung unserer Pflicht willen fortgejagt werden. Gott sei Dank, wissen wir recht wohl, daß der Weg zum Himmel zu Wasser ebenso nahe ist wie zu Land, und es kümmert uns deshalb wenig, welchen Weg wir gehen."[1]

Den gleichen Geist der Treue bewiesen die Söhne des hl. Bruno, welche in dem Kampfe zwischen Kirche und König zuerst die Martyrerpalme pflückten. Ueber ihre Leiden sind wir durch einen Zeugen aus ihrer Mitte, der in der Stunde der Prüfung schwach wurde, dann aber sich reumüthig bekehrte, ausführlich unterrichtet. Wir wollen seinen Aufzeichnungen folgen, welche, wie selbst Froude bemerkt, das Gepräge der Wahrhaftigkeit an sich tragen. Moritz Chancey oder Chauncey[2] heißt der Gewährsmann, und der Prior der Carthause des hl. Michael bei Mainz widmete das Buch dem Obern der Carthause Marienhof (Aulae Mariae) zu Bux bei Memmingen. Lange Zeit theilte Chancey die Leiden seiner Mitbrüder; dann strauchelte er unglücklicherweise, leistete unter einem gewissen Vorbehalt den geforderten Eid und wurde so in Freiheit gesetzt. Er floh auf das Festland und übte zeitlebens harte Buße für seinen Fall.

---

[1] Lingard VI, 217.

[2] Die „Historia aliquot Nostri Saeculi Martyrum cum pia tum lectu jucunda nunquam antehac typis excusa. (Moguntiae) Anno MDL" scheint in der ersten Auflage äußerst selten zu sein. Das British Museum und die Lambeth Library haben sie nicht; sie findet sich jedoch in der Bodleian Library zu Oxford. Eine zweite, aber nicht nur im Stile, sondern auch sachlich vielfach geänderte Auflage besorgte Arnold Havensius, Prior der Carthause zu Gent, 1608 unter dem Titel: Commentariolus de vitae ratione et Martyrio Octodecim Carthusianorum, qui in Anglia sub Rege Henrico VIII. ob Ecclesiae defensionem ac nefarii Schismatis detestationem crudeliter trucidati sunt. Editus Primum a V. P. F. Mauritio Chancaeo. Im gleichen Jahre erschien dasselbe Büchlein des Havensius auch in Würzburg unter dem Titel: Innocentia et Constantia victrix.

Chancey beginnt mit dem Bekenntniß seiner Schuld. Er war gefallen, während andere standhaft blieben; er nennt sich einen Judas, ein Kind Ephraims, das am Tage der Schlacht abfiel. Für diese Feigheit müsse er jetzt in Thränen Buße thun und werde noch auf den Wogen dieses Lebens umhergeschleudert, während seine Mitbrüder Heilige im Himmel seien. Die ersten Kapitel zeichnen das Glück des Ordenslebens, das er in der Carthause zu London genossen hatte. Man sieht, daß daselbst der ursprüngliche Geist der Einfalt, der Lostrennung von der Welt, der Armuth, der Frömmigkeit noch in voller Blüte stand. Der hl. Beda und der hl. Cuthbert hätten sich in diesem Hause noch ganz heimisch gefunden. Dieselben Gebräuche und Pflichten, dieselbe Tagesordnung, dieselben Gebete, eine ebenso arme Zelle und fast dieselben Gestalten und Gesichter würden sie umgeben haben. „Ein Jahrtausend der Weltgeschichte", sagt Froude, „war vorbeigeströmt, und diese einsamen Inseln des Gebetes lagen noch im Strome verankert." Die Carthause zu London zum „Englischen Gruß" war freilich erst im Jahre 1371 von Sir Walter Manny, einem berühmten Krieger unter Eduard III., gegründet[1]. Es war vielleicht das eifrigste Kloster Englands. Die Gastfreundschaft wurde gepflegt, Almosen wurden reichlich und mit Liebe an die Armen verabreicht, die Ordensregel gut beobachtet, die Gelübde strenge gehalten. An der Spitze dieses eifrigen Klosters stand als Prior der eifrigste seiner Mitbrüder, Johannes Haughton. Er war der Sprosse einer alten englischen Familie aus der Grafschaft Essex, hatte seine Studien in Cambridge gemacht, und nachdem er einige Jahre als Weltpriester gewirkt, in seinem 28. Lebensjahre als Carthäusermönch die Gelübde abgelegt. 20 Jahre heiliger Ruhe im Frieden des Klosters waren seither verflossen, als das Frühjahr 1534 ihn und seine Mitbrüder in den kirchlichen Kampf hineinriß. Fisher und More waren in den Tower geworfen. Bald darauf erschienen die Commissäre in der Carthause und forderten den Eid auf die Successionsacte. Umsonst sagte der Prior, es sei nicht ihres Berufes, sich in die Angelegenheiten des Königs einzumischen. Die Commissäre drängten und forderten den Eid ohne Zaudern. Da sagte Haughton, er könne nicht begreifen, wie die erste Ehe des Königs, die feierlich von der Kirche eingesegnet und so viele Jahre als giltig betrachtet worden sei, nun auf einmal als ungiltig erkannt werde[2]. Auf diese Antwort hin wurde der Prior mit P. Humfried

---

[1] Suppression of Monasteries p. 39. (Camden Society N° XXVI.)
[2] Commentariolus c. 10. p. 66.

Middlemore, dem Schaffner, in den Tower geworfen. Einen Monat schmachteten die beiden Mönche im Tower; dann ließen sie sich durch einige „fromme, gelehrte Leute", namentlich durch Stokesley, den Bischof von London, bereden, sie könnten ohne Sünde den Eid ablegen. Es ist gar kein Zweifel, daß sie dabei in gutem Gewissen handelten. Mit einziger Ausnahme von Fisher und More hatten ja alle geschworen, und so leisteten sie denn mit der Clausel, „inwiefern derselbe nichts Unrechtes enthalte", den Schwur. Wenn durch diesen Schritt ein Schein von Schwäche auf sie fiel, so haben sie dieselbe in der Folge glorreich mit ihrem Blute abgewaschen.

Als die beiden Mönche in ihr Kloster zurückkehren durften, versammelten sich die Brüder in großer Aufregung und Rathlosigkeit um dieselben im Kapitelsaale; denn auch sie sollten nun den Eid ablegen. Prior Haughton erklärte ihnen, daß er sich unterworfen habe, und ermunterte sie, dem Befehle des Königs nachzukommen, da sie es ohne Beleidigung Gottes könnten, fügte aber bei, diese Unterwerfung werde sie nicht retten. Er habe einen Traum gehabt, in welchem er erkannt, daß er binnen Jahresfrist abermals in den Tower geworfen und dann in einer Sache, welche viel klarer die Vertheidigung des Glaubens betreffe, sein Leben verlieren werde. Unter der gleichen Bedingung wie Prior und Schaffner ließ sich also schließlich die ganze Klostergemeinde, als die Commissäre zum dritten Male es verlangten, zur Beschwörung der Successionsacte unter derselben Clausel am 24. Mai 1534 herbei.

Die Zeit der Ruhe dauerte aber nicht lange. Das Parlament trat zusammen und erhob die Suprematie des Königs zum Gesetz, das jedermann unter Strafe des Hochverraths beschwören mußte. Eine ausweichende Antwort galt als Verläugnung dieses neuen königlichen Titels — jetzt war kein Entschlüpfen mehr möglich: entweder mußte man der Kirche Feind sein oder dem König.

„Im Anfange des Jahres," so fährt Chancey in seiner Erzählung fort, „wurde vom Könige von England in feierlicher Parlamentssitzung beschlossen, alle hätten die dem Papste oder sonst einem fremden Obern schuldige Unterwürfigkeit und den Gehorsam abzuschwören und den König selbst als oberstes Haupt der Kirche sowohl in geistlichen als zeitlichen Angelegenheiten unter Eidesleistung anzuerkennen. Wer sich dessen weigere, solle als Majestätsverbrecher gehalten und gestraft werden. Als dieses Gesetz im ganzen Lande verkündet wurde, berief unser ehrwürdiger Pater Prior das Kapitel und verkündete der Klostergemeinde die drohende

Gefahr. Da wir solches hörten, waren wir alle tief erschüttert. Da sagte der Pater: ‚Große Trauer erfüllt mich und mein Herz ist von bitterstem Schmerze gequält, namentlich bei dem Gedanken an die jüngeren Brüder, deren Zahl im Kloster so groß ist. Ihr sehet ja, meine Brüder, wie viele Jünglinge, deren Nacken noch nie die Bürde der Sünde trug, nie sich unter das Scepter des Feindes beugte, hier voll Unschuld leben. Wenn sie aber einmal mit den Sündern zusammenweilen, so steht zu befürchten, daß sie deren Werke lernen und im Fleische vollenden, nachdem sie im Geiste begonnen; denn wer mit Verdorbenen umgeht, wird bald verdorben sein, und wer Pech berührt, besudelt sich. Vielleicht sind auch einige Schwache unter uns, die mit der Welt und ihrer Lust nicht völlig gebrochen haben, und für dieser Heil ist sehr zu fürchten, wenn sie wiederum sich in weltlichen Umgang verstricken. Was soll ich also sagen, was thun, meine Brüder, wenn ich von diesen, die mir Gott anvertraute, keine Frucht vor dem ewigen Richterstuhle vorweisen kann?'

„Da erhob sich großes Weinen, und alle riefen wie aus einem Munde: ‚Wir wollen in unserer Unschuld miteinander sterben, und Himmel und Erde sollen uns Zeuge sein, daß man uns ungerecht hinmordet.' Traurig antwortete der Prior: ‚Gebe Gott, es möchte so geschehen, daß wir durch solchen Tod das Leben gewinnen, wie uns ein und dasselbe Leben im Tode gefangen hielt. Aber ich fürchte, sie werden uns keine so große Wohlthat erweisen, sich keine so große Schmach zufügen. Viele von Euch sind von adeligem Geblüte. Ich fürchte, sie werden also handeln: mich und die älteren Brüder werden sie erschlagen; diese jüngeren aber werden sie frei in die Welt hinausschicken, welche nicht für sie ist. Wenn es sich also nur um meine Beipflichtung handelt, so will ich mich der Barmherzigkeit Gottes anheimgeben und will mich dem Verderben weihen für diese meine jüngsten Brüder und dem Willen des Königs mich unterwerfen, sofern das ohne Sünde geschehen kann, um jene von so großen Gefahren zu befreien. Wenn es aber anders beschlossen ist, daß wir alle beistimmen, und wenn der Tod des Einen zur Rettung des ganzen Volkes nicht genügt, dann geschehe Gottes Wille. Daß wir doch alle eines und desselben Opfertodes sterben könnten!' O wie kämpfte in dem Herzen dieses heiligen Mannes die Liebe zu Gott, die ihn nicht beleidigen will, und die Rücksicht auf die Gefahr seiner Brüder miteinander, von welcher er sie befreien wollte! Er schien nicht zu wissen, was er wählen solle. Aber die Liebe zu Gott trug den Sieg davon, und er erinnerte uns an den Ausspruch: ‚Was nützt es dem

Menschen, wenn er die ganze Welt gewinnt' u. s. w. und ‚Wer einen andern mehr liebt als mich, ist meiner nicht werth!'[1]

„So war unser heiliger Vater bei jener Versammlung in großer Bedrängniß, und er sagte zu uns: ‚Wir wissen nicht, meine Brüder, was uns bevorsteht; damit wir also nicht unvorbereitet seien, wann der Herr an die Thüre klopft, so wollen wir uns jetzt ohne Verzug so vorbereiten, als ob wir sofort sterben müßten.'" Er rieth ihnen also, die Herzen durch eine Generalbeicht vorzubereiten, und gab die Erlaubniß, daß jeder sich einen beliebigen Beichtvater im Kloster erwähle, und ertheilte allen die Vollmacht, von sämmtlichen Sünden loszusprechen. „‚Denn in vielen Dingen straucheln wir alle, und jeder ist seines Bruders Schuldner, und ohne die Liebe kann uns weder der Tod noch das Leben etwas fruchten. Wir wollen also einen Tag der Sühne begehen und am dritten Tage die Messe vom Heiligen Geiste feiern, um die Gnade zu erflehen, seinen Willen und sein Wohlgefallen zu erfüllen.'

„Als nun der erste Tag verflossen war, und wir unseres Vaters heilsamen Rath befolgt hatten und der Tag der Sühne gekommen, hielt unser Vater zuerst eine vom Geiste Gottes und Frömmigkeit erfüllte Ansprache über die Liebe, die Geduld und das treue Festhalten an Gott in der Trübsal, indem er die fünf ersten Verse des 59. Psalmes auslegte: ‚Gott, du hast uns zurückgestoßen und vernichtet; du zürntest, aber erbarmtest dich unser wieder', und schloß seine Rede mit den Worten:

„‚Es ist besser, daß wir hier für unsere Sünden eine kurze Zeit Buße thun, als daß wir den ewigen Qualen überantwortet werden.' Mit diesem Schlusse wandte er sich an uns und lud uns ein, zu handeln, wie wir ihn handeln sehen. So erhob er sich von seinem Platze und

---

[1] „...‚Si solummodo pro meo consensu negocium fuerit, exponam me misericordiae Dei et ero anathema pro his fratribus meis minimis ac consentiam regiae voluntati, si licite fieri possit, ut praeservem istos a tot et tantis periculis futuris. Si aliter decreverint fieri, ut omnes consentiant et si mors unius (ne tota gens pereat) non proderit, fiat voluntas Dei, et utinam fiat par sacrificium de omnibus!' O quomodo coarctabat spiritum hujus sanctissimi viri hinc charitas Dei, nolens offendere eum, illinc periculum aliorum a quo eos praeservare cupiebat; sed quid eligeret ignorabat. Praevaluit tamen charitas Dei." Historia aliquot Nostri Saeculi Martyrum cap. IX. fol. XLV. Diese Stelle Chancey's, welche uns den sehr begreiflichen Seelenkampf des Seligen vorführt, erlaubt sich Froude (II, 243) durch Weglassung der Bedingung: „sofern das ohne Sünde geschehen kann", und mit Unterdrückung des Schlußsatzes: „Aber die Liebe zu Gott trug den Sieg davon", so zu entstellen, daß er den Sinn erhält, der selige Prior habe gesagt, er sei bereit, durch einen Meineid sein Kloster zu retten!

trat vor den Senior des Hauses hin, der seinen Sitz neben dem Prior hatte, und kniete nieder und bat ihn demüthig um Verzeihung für jede Beleidigung, welche er in Gedanken, Worten oder Werken gegen ihn etwa begangen habe. So schritt der Prior durch den ganzen Chor und wiederholte bei jedem einzelnen dieselbe Abbitte, bis er zum letzten Laienbruder gekommen war, und weinte bei allen bittere Thränen. Und wir folgten seinem Beispiele und flehten uns alle gegenseitig, Mann für Mann dieselben Worte wiederholend, um Verzeihung. O welch ein Weinen und Schluchzen war da zu hören! Wahrlich, eine Stimme ist in Rhama gehört worden, viel Weinen und Wehklagen; wie Rachel beweinte er seine Söhne untröstlich und mit nicht versiegenden Thränen; denn er sah das Unheil vorher, das ihnen bevorstand."

Bei diesem ergreifenden Auftritt kann selbst Froude, der Lobredner der englischen Reformation und Heinrichs VIII., diesen christlichen Helden seine Bewunderung nicht versagen. Er schreibt die schönen Worte nieder: „So bereiteten sich mit einem Adel der Gesinnung, der keine Spur von Aufbringlichkeit hat, diese armen Männer auf ihr Ende vor. Sie sind in ihrem Entschlusse nicht weniger erhaben und verdienen nicht weniger das ewige Andenken der Menschheit, als jene Dreihundert, die an einem Sommermorgen im Engpasse von Thermopylä sich zum Todeskampfe schmückten. Wir wollen ihren Tod nicht bedauern; es gibt keine Sache, für die ein Mensch mit mehr Edelmuth leiden könnte, als das Zeugniß, lieber zu sterben, als Worte zu reden, welche seiner Ueberzeugung widerstreiten. So entbehrten sie denn auch in der Stunde der Prüfung des Trostes von oben nicht." [1]

„Am dritten Tage darauf", fährt Chancey in seinem Berichte fort, „war eine Heilig=Geist=Messe, welche der fromme Pater Prior selbst lesen wollte." Da ließ Gott, wie der Bericht erzählt, seine Diener empfinden, daß er selbst sie stärken werde. „Als die heilige Wandlung vorüber war, wurde ein sanftes Tönen vernommen, das die Ohren nur wenig berührte, im Herzen aber wunderbar wirkte. Viele hörten es mit leiblichen Sinnen; alle fühlten und empfanden es in ihrem Herzen. Dieser süße Wohlklang erfüllte unsern ehrwürdigen Vater Prior mit einem solchen Uebermaße innerer Erleuchtung, daß er in Thränen zerfloß und lange Zeit die Messe unterbrechen mußte. Die ganze Klostergemeinde war von Staunen ergriffen; man hörte das Tönen und fühlte die wundervolle und süße

---

[1] L. c. II. 244.

Wirkung im Herzen, wußte aber nicht, woher es komme oder wohin es gehe. Es waren aber unsere Herzen voll des Trostes ob dieser heiligen Kundgebung, und wir fühlten, daß Gott wahrhaft in unserer Mitte weile.

„Wie groß nach diesem Tage im ganzen Kloster der Eifer im Gebete war, kann ich unmöglich beschreiben. Tag und Nacht harrten sie einmüthig im Beten aus und warfen sich nach jeder Matutin vor die Stufen des Hochaltars hin, Hilfe vom Heiligen erflehend und daß Gott sich würdige, unser Schutz zu sein."[1]

Es war im April 1535. Heinrich VIII. hielt es für gerathen, den Widerstand, der sich noch an manchen Orten gegen den Supremat des Königs zeigte, gewaltsam niederzuwerfen. Am 17. April erließ der Monarch an die Lords=Lieutenants (Gouverneure) der einzelnen Grafschaften ein Rundschreiben, in welchem er seinen „getreuen und vielgeliebten Vettern" kundgibt, es sei ihm zu Ohren gekommen, „daß noch immer mancherlei Personen, Ordens= und Weltgeistliche ... täglich nach Kräften die Jurisdiction des Bischofs von Rom, sonst Papst genannt, behaupten und erheben und so aufrührerische und pestilenzialische und falsche Lehren ausstreuen" u. s. w., und in welchem er den Gouverneuren den Befehl ertheilt, alle derartigen Personen unverzüglich einzukerkern und darüber Bericht zu erstatten, damit er nach seinem Wohlgefallen über ihr Loos entscheide[2]. Man wollte jetzt diesen Worten Nachdruck verleihen und ein blutiges Exempel statuiren. Dazu waren die Carthäuser ausersehen.

Als die Commissäre in die Carthause kamen und den Eid auf die Suprematie verlangten, waren gerade die beiden Prioren Augustin Webster, der Vorsteher des Klosters zu Axholme oder Shene in Lincoln, und Robert Laurence, der Obere des Klosters zu Beauvale[3] in Nottinghamshire, zum Besuche in der Londoner Carthause anwesend. Drei Wochen nach Ostern, welche 1535 auf den 28. März fiel, berichtet Chancey, waren dieselben nach London gekommen, und alle drei Prioren gingen nun zusammen zu Cromwell und baten ihn, er möge auf der Leistung dieses Eides nicht bestehen, da ihr Gewissen denselben verbiete. Die Antwort auf ihre Bitte bestand darin, daß Cromwell sie sofort als Rebellen in den Tower warf.

Bald wurde ihnen dort P. Richard Reynolds, einer der treuen Brigittiner=Mönche, Beichtvater des Klosters Sion, zugesellt, der ebenfalls

---

[1] L. c. fol. XLVIII.
[2] Der Brief findet sich in Strype's Memorials I, Appendix p. 139.
[3] Nicht Belville, wie Froude irrthümlich sagt; lateinisch heißt es: de Pulchra Valle in Parco de Gresseley. Es war 1342 gegründet.

entschlossen war, lieber zu sterben, als sein Leben durch den geforderten Meineid zu verlängern. Cardinal Pole beschreibt diesen Ordensgeistlichen, den er persönlich kannte, als einen Mann von geradem und tadellosem Wandel und als einen im Hebräischen und Griechischen, sowie in den freien Künsten feingebildeten Gelehrten[1], Chancey als einen Mann voll des Geistes Gottes mit einem engelgleichen Antlitz, das aller Liebe gewann[2]. Bei seinem Verhöre vor dem Rathe weigerte er sich, nach dem Beispiele Christi, etwas zu seiner Vertheidigung zu sagen, als das Eine: auch wenn der größte Theil der englischen Bevölkerung anderer Meinung wäre, als er, so würde ihm sein Gewissen doch nicht erlauben, seine Ueberzeugung zu verläugnen. Niemals habe er gegen den König geredet; aber sein Herz sei übervoll von Traurigkeit ob des Irrthums, in den sich sein Herr verwickelt habe. „Richtet mich also nach Eurem Gesetze," schloß er; „ich glaube, daß ich die Schätze des Herrn sehen werde im Lande der Lebendigen."[3] Er wurde zugleich mit den drei Carthäuser-Prioren schon am 26. April vor eine eigene Commission gestellt. Man legte ihnen die Suprematsacte vor und forderte sie auf, dem Gehorsam gegen den Papst zu entsagen und die Erklärung abzugeben, derselbe habe sich den Primat erlogenerweise angemaßt. Alle vier weigerten sich einmüthig und sagten, die Kirche habe stets das Gegentheil gelehrt. Cromwell rief: „Ich kümmere mich um die Kirche nicht; wollt ihr schwören? Ja oder nein!" Darauf erwiederten sie, die Furcht Gottes wehre ihnen, der katholischen Kirche entgegen zu handeln; habe doch selbst der hl. Augustin gesagt, er würde dem Evangelium nicht glauben, wenn ihn nicht die heilige Kirche so lehren würde. Man warf sie hierauf wiederum in das Gefängniß.

Schon zwei Tage später mußten die Seligen vor Gericht erscheinen, und abermals legte man ihnen die Frage vor, ob sie den Parlamentsbeschluß beschwören wollten oder nicht. Sie antworteten, auch nicht um eines Haares Breite würden sie von der Lehre und Ueberlieferung der heiligen Kirche abweichen. Da wurden alsbald die zwölf Geschworenen ernannt und die Verhandlung begann[4]. Auf die Frage, ob sie sich für schuldig oder unschuldig erkännten, antworteten sie: „Unschuldig." Sie hätten freilich die Suprematsacte übertreten; aber das sei keine Schuld; denn Ungehorsam gegen ein Gesetz, das Sünde fordere, sei keine Schuld. Ihre Antworten vor dem Privy Council bildeten das Anklagematerial. „Sie

---
[1] Vgl. Lingard VI, 219 Anm.   [2] Chancey l. c. fol. IX.
[3] Historia aliquot Martyrum fol. IX.
[4] L. c. fol. XLIX.

haben hochverrätherisch geplant und gewünscht, unsern Souverän, den König, des Titels zu berauben, kraft dessen er das oberste Haupt der Kirche Englands ist, und offen erklärt und gesagt: der König, unser Souverän, ist nicht das oberste Haupt der Kirche von England auf Erden." Das war die Anklage, auf welche hin das Todesurtheil gefordert wurde — offenbar einzig und allein um des Glaubens willen. Der Staatsanwalt brauchte sich übrigens nicht lange nach Beweisen umzusehen. Der selige Richard Reynolds, der im Namen der anderen redete, verheimlichte nichts von dieser glorreichen Schuld. Als die Richter in denselben drangen, er solle doch nicht so thöricht sein und seine Privatmeinung der übereinstimmenden Meinung des ganzen Reiches gegenüber festhalten, antwortete er, es sei ursprünglich sein Entschluß gewesen, nach dem Beispiele seines Meisters vor Herodes, kein Wort zu sagen. „Da ihr aber auf mich einstürmt," fuhr er fort, „will ich um meines eigenen Gewissens und des Gewissens der Anwesenden willen bemerken, daß unsere Meinung, wenn Stimmenmehrheit entscheiden sollte, viel mehr Stimmen auf sich vereinigen würde als Eure Ansicht. Ihr könnt nur das Urtheil des Parlaments eines einzigen Reiches anführen; auf meiner Seite steht die ganze Christenheit mit Ausnahme dieses einen Reiches. Ja nicht einmal alle Eurer Landsleute stimmen mit Euch, nein, nur der geringere Theil! Die Mehrheit, die auf Eurer Seite zu stehen scheint, heuchelt nur, um des Königs Gunst zu gewinnen, oder aus Furcht, ihre Ehrenstellen und Würden zu verlieren."

Das waren unerschrockene, männliche Worte, welche dem Ohre der Richter nicht schmeichelten. Cromwell fragte den Seligen, von wem er rede. „Von allen guten Leuten im Königreiche," antwortete der selige Reynolds. Dann fuhr er fort: „Wenn es aber auf die Zeugnisse der Väter ankommt, so stehen auf meiner Seite alle Kirchenversammlungen, alle Hirten und Lehrer der Kirche, so viele ihrer in den verflossenen 15 Jahrhunderten lebten, namentlich Hieronymus, Ambrosius, Augustinus und Gregorius. Und wenn Se. Majestät einmal die Wahrheit erfährt, so wird er, wie ich völlig sicher bin, über alles Maß gegen jene Bischöfe zürnen, welche ihm den Rath gaben, den er jetzt befolgt."[1] — „Weshalb habt Ihr dem Ansehen des Königs zum Trotz in diesem Reiche so viele Leute beredet, dem Könige und Parlamente nicht zu gehorchen?" fragte ihn ein anderer Richter. — „Ich habe meine Meinung", antwortete er, „keinem

---

[1] Strype, Memorials I, 198.

lebenden Menschen dargelegt, mit Ausnahme derjenigen, welche mich im
Beichtstuhle befragten, und da zwang mich mein Gewissen, nach meiner
Ueberzeugung zu reden. Wenn ich aber früher nicht redete, so will ich
jetzt wenigstens reden; denn jetzt schulde ich es Gott."[1] Barmherzigkeit
von seinen Richtern erwartete er nicht, noch bat er darum. Die vier
Gefangenen wurden nach dieser Verhandlung in den Tower zurückgeführt.

Die Regierung hatte wirklich zu verschiedenen Beichtvätern, um deren
Gesinnung zu erforschen, entweder Spione geschickt, oder doch feilen An=
gebern, welche die Heiligkeit des Sacramentes entweihten, das Ohr ge=
liehen. Froude führt mehrere derartige Fälle an[2], darunter auch die eben
erwähnte Anzeige, daß Prior Haughton allen seinen Beichtkindern den
Eid verbiete. Es war überhaupt eine Zeit wie gemacht für feige Angeber
und Spione. Zugleich mit den vier Ordenspriestern wurden am folgenden
Morgen zwei Weltgeistliche aus Mibblesex vor Gericht gestellt, welche
bei einem Privatgespräche im Klostergarten zu Sion im Mai 1534 be=
lauscht worden waren. Dieselben heißen Robert Feron und Johann Haile
oder Hale, Vikar von Isleworth. Für die Majestätsbeleidigungen, welche
man ihnen zur Last legte, wurde beiden Verzeihung angeboten um den
Preis des Eides, und der eine, Feron, war wirklich so schwach, sein
Leben um den Preis seiner Seele zu erkaufen[3]. Um so klarer ist es,
daß der selige Johannes Haile als Martyrer starb.

Die ganze Nacht vom 28. auf den 29. berathschlagten die Geschworenen,
wie uns Chancey berichtet, über die Möglichkeit, für diese tugendhaften
Männer ein „Nicht schuldig" zu finden, und waren endlich bereits ent=
schlossen, dieselben freizusprechen. Cromwell hörte von dieser Absicht und
eilte in das Zimmer, in welchem sich die Geschworenen beriethen, und
bedrohte sie mit dem Tode, wenn sie, was er „ihre Pflicht" nannte, nicht
thäten[4]. Das schreckte die armen Leute und sie gaben den Spruch:

---

[1] Chancey fol. IX.   [2] L. c. II, 208 sqq.
[3] L. c. fol. X. Feron scheint sogar als Zeuge gegen den seligen Johannes
Haile aufgetreten zu sein.
[4] Froude will diesen Theil der Erzählung des Carthäuserpaters nicht gelten
lassen. Der Fall sei so klar gewesen, daß über die Frage des „Schuldig" gar kein
Zweifel sein konnte. Wir wollen zur Ehre der Geschworenen annehmen, daß sie doch
nicht so leichtweg ein „Schuldig", welches das Todesurtheil zur Folge hatte, über
Priester aussprachen, die, wie sie selbst wohl einsahen, nur ihre heilige Pflicht erfüllten.
Es ist uns im Gegentheil sehr wahrscheinlich, daß die Geschworenen alles aufboten,
um am „Schuldig" vorbeizukommen. Froude behauptet ferner, die Handlungsweise,
welche der Carthäuser Cromwell zumuthe, stimme nicht zu dessen Charakter. Uns
scheint sie recht gut zu stimmen. Endlich sagt Froude, die Jury sei erst am 29. er=

„Schuldig". Die sechs Gefangenen, die beiden Weltpriester und die vier Ordensleute, wurden vor die Schranken gestellt und zum Tode verurtheilt. Richard Feron wurde begnadigt, Haile, Reynolds, Haughton, Webster und Laurence sollten die in England übliche entsetzliche Todesart erleiden, welche durch Gesetz auf Hochverrath festgestellt war. Die barbarische Schlächterei ist unseren Lesern bekannt, und sie sollte gerade dieses erste Mal, da katholische Priester unter Heinrich VIII. das Schaffot bestiegen, in ihrer ganzen empörenden Grausamkeit vollzogen werden. Als das Urtheil verkündet wurde, sagte der selige Reynolds: „Dies ist das Urtheil der Welt." Christus freilich hat seinen treuen Dienern ein anderes Urtheil gesprochen.

Eine Frist von fünf Tagen wurde den Verurtheilten zur Vorbereitung auf den Tod gewährt. Am 4. Mai 1535 schleifte man sie nach Tyburn, wobei sie auf einer Art Matte befestigt und mit den Füßen an die Schweife der Pferde gebunden waren. Schon das muß auf dem mehr als eine Stunde weiten Weg über das holperige Pflaster des alten London eine furchtbare Qual gewesen sein. Man kann sich denken, mit welchem Entsetzen die im Herzen noch treuen Katholiken Londons dieses erschütternde Schauspiel vor ihren Augen sich vollziehen sahen. Die Verurtheilten trugen das Ordenskleid oder das Priesterkleid — es war dies der erste derartige Fall in der Geschichte Englands. Wenn früher ein Priester oder ein Ordensmann hingerichtet wurde, so vollzog das geistliche Gericht an dem Unglücklichen zuerst die Ceremonie der Degradation, und erst nachdem ihm das geistliche Kleid genommen war, wurde er dem Henker übergeben. Heinrich VIII. hatte jetzt keine Ehrfurcht mehr vor den Gesalbten des Herrn, und alles Volk sollte erkennen, wie er gegen diejenigen verfahren werde, welche den Papst auch fürderhin als das Oberhaupt der Kirche anerkennen wollten.

Am Schafott wurde den Verurtheilten noch einmal jedem einzeln Leben und Verzeihung angeboten, wenn er den Eid leisten wolle. Mehrere Mitglieder des Privy Councils waren anwesend und bestürmten die Seligen, die Gnade anzunehmen. Aber die Glaubenshelden wankten nicht.

---

nannt worden und habe auch am 29. ihr Verdict abgegeben. Es habe also keine Nacht dazwischen liegen können. Wie ist es aber möglich, daß die Jury erst am 29. zusammengesetzt wurde, da, wie Froude doch selbst gesteht, die Gerichtsverhandlung am 28. stattfand? Die Geschworenen mußten doch vor der Gerichtsverhandlung ernannt sein und dieser beiwohnen! Wir haben also keinen Grund, von Chancey's Angaben in diesem Punkte abzuweichen.

Der selige Johannes Haughton hatte die Ehre, als der Prior der ersten englischen Carthause seinen Brüdern im Tode voranzugehen. Muthig betrat er das Schafott. Chancey beschreibt uns seinen Obern also: „Er war ein Mann von kleiner Statur, schlankem Körperbau und würdevollem Antlitz. Sein Benehmen war überaus bescheiden, seine Beredsamkeit ungemein herzlich, seine Keuschheit makellos." Der Sitte gemäß richtete er einige ergreifende Worte an das Volk: „Ich rufe den allmächtigen Gott zu Zeugen an," sagte er, „und alle guten Leute, und beschwöre Euch alle, die Ihr hier gegenwärtig seid: bezeuget mir am furchtbaren Tage des Gerichtes, daß ich hier im Angesichte des Todes öffentlich erkläre: nicht aus hartnäckigem Widerspruchsgeist versage ich dem Könige den Gehorsam, sondern einzig weil ich mich fürchte, die Majestät Gottes zu beleidigen. Unsere heilige Mutter, die Kirche, hat anderes für wahr erklärt, als der König und das Parlament für wahr erklärt haben, und deshalb bin ich entschlossen, lieber den Tod zu leiden, als der Kirche nicht zu gehorchen. Betet für mich und habt Mitleid mit meinen Brüdern, deren unwürdiger Prior ich war." Dann kniete der selige Martyrer nieder und betete die ersten Verse des 30. Psalms[1]: „Auf dich, Herr, habe ich gehofft; laß mich nimmermehr zu Schanden werden; nach deiner Gerechtigkeit erlöse mich! Neige zu mir dein Ohr; eile, mich zu retten! Sei mir ein schützender Gott und ein Haus der Zuflucht, daß du mich rettest! Denn meine Stärke und Zuflucht bist du; um deines Namens willen wirst du mich leiten und führen, wirst du mich ziehen aus der Schlinge, die sie mir heimtückisch legten; denn du bist mein Beschirmer. In deine Hände befehle ich meinen Geist: du hast mich erlöset, o Herr, Gott der Wahrheit!" Dann übergab er sich nach einigen Augenblicken stillen Gebetes dem Henker. Nachdem der selige Blutzeuge wenige Augenblicke am Galgen gehangen hatte, wurde er noch bei vollem Leben und Bewußtsein losgeschnitten; dann verstümmelte der Henker den Leib des Seligen in schmachvoller Weise, schnitt ihm den Leib auf und riß ihm, während man seine Lippen sich noch im Gebete bewegen sah, das Herz heraus. „Süßer Jesus, was wirst du mit meinem Herzen thun?" waren seine letzten Worte. Das entsetzliche Schauspiel schreckte die Gefährten nicht.

Mann für Mann gingen sie in den Tod, obschon die Mitglieder des Geheimen Rathes bei jedem dieser gräßlichen Auftritte die Ueberlebenden beschworen, Mitleid mit sich selbst zu haben. Sie blieben treu.

---

[1] Chancey fol. LI.

Ihr Antlitz erbleichte nicht, ihre Stimme erbebte nicht; sie erklärten, sie seien treue Unterthanen des Königs und gehorsame Kinder der heiligen Kirche, und „dankten Gott, daß sie würdig befunden seien, um der Wahrheit willen zu leiden". So starben alle ohne ein Wort der Klage[1]. Die grauenhafte Schlächterei endete mit der Viertheilung der Leichname. Die Köpfe wurden an der Londoner Brücke aufgesteckt, ein Arm des seligen Priors Haughton auf Befehl des Königs über dem Thorbogen der Carthause aufgehängt „als ein blutiges Merkzeichen, das die überlebenden Brüder zur Unterwerfung schrecken möge". Zwei Tage lang blieb der Arm hängen; dann nahmen ihn die Brüder und begruben ihn zusammt dem blutgetränkten Bußhemde des seligen Priors in einem Sarge, dessen Aufschrift die Ursache des Todes angab, hoffend, daß dereinst bessere Tage kommen möchten, in denen sie die ehrwürdige Reliquie zur Verehrung hervorholen könnten[2]. Alle beschlossen, in ihrem des Todes gewärtigen Widerstande zu beharren. Drohungen und Versprechen bewiesen sich gleich wirkungslos. Umsonst schickte Cromwell den Erzdiakon Bedyll, einen unseligen Apostaten, der bei der Unterdrückung der Klöster eine traurige Rolle spielte, mit häretischen Schriften in die Carthause, wie aus dem folgenden Briefe erhellt, den derselbe am Himmelfahrtstage (6. Mai), also zwei Tage nach der Hinrichtung, an seinen Herrn richtete:

„Vernehmet gütigst, daß ich mich am letzten Dienstage (dem Tage der Hinrichtung), gleich nachdem ich Euch verließ, zur Carthause begab, und ich hatte verschiedene Bücher und Aufzeichnungen bei mir, sowohl eigene Arbeit als Werke anderer, welche gegen den Primat des Bischofs von Rom und des hl. Petrus gerichtet sind und klar nachweisen, daß die Apostel kraft göttlichen Gesetzes alle sich gleichgestellt sind. Und nach einer langen Unterredung mit dem Vikar und Procurator[3], die mehr als anderthalb Stunden dauerte, ließ ich die besagten Bücher und Aufzeichnungen bei ihnen, auf daß sie die Heilige Schrift und die Theologen bezüglich dieser Frage damit vergleichen und ihre Meinung danach reformiren könnten. Gestern schickten sie mir nun diese Bücher und Aufzeichnungen durch ihren Knecht in mein Haus ohne auch nur ein Wort oder eine Zeile einer Antwort. Ich sandte also nach dem Procurator, daß

---

[1] Einem Berichte zufolge hätte der Henker die Herzen den Hingerichteten in den Mund geschoben. Sonst wurden Herz und Eingeweide ins Feuer geworfen.
[2] Chancey l. c. fol. LII.
[3] P. Vikar war der selige Wilhelm Ermew (Chancey schreibt den Namen ex Mewa), P. Procurator oder Schaffner der schon genannte selige P. Humfried Middlemore.

er zu mir komme, da ich wegen Krankheit das Bett hüten mußte und nicht zu ihnen gehen konnte. Als er kam, fragte ich ihn, ob er und der Vikar und andere von den älteren Mönchen die besagten Aufzeichnungen durchgesehen oder gehört hätten, oder ob er die Titel der Bücher, welche hauptsächlich die Frage behandeln, studirt habe. Er antwortete, der Vikar und er und Newbigate hätten sich bis 9 oder 10 Uhr nachts damit beschäftigt, aber nichts gefunden, was sie zur Aenderung ihrer Ansicht bestimmen könne. Ich erklärte ihm darauf, wie gefährlich seine Meinung sei und wie dieselbe wahrscheinlich zu ihrer und ihres Klosters Vernichtung führen werde. Soviel ich aber bei meiner Unterredung mit dem Vikar und dem Procurator am Dienstag und mit dem Procurator allein gestern wahrnehmen konnte, sind sie starrköpfig entschlossen, eher den Tod zu leiden, als ihre Meinung zu ändern, und den Tod ihres Vaters[1] lassen sie sich in Wort und Mienen so wenig merken, als ob er jetzt noch in ihrer Mitte weilte und wandelte. Ich fragte den Procurator auch, ob der Rest seiner Brüder derselben Ansicht huldige, und er antwortete, das könne er nicht gewiß sagen; aber er denke, sie seien alle Eines Sinnes. Ich sagte ihm, nach meiner Meinung habe jener Geist, der vor Gott hingetreten sei und gesagt habe, er wolle ein Lügengeist sein im Munde der Propheten Achabs, sie erfüllt und diese Hartnäckigkeit in ihre Herzen gesäet. Kurz, ich erachte es für den Willen Gottes, daß wie ihr Orden einen einfältigen Anfang, so in diesem Reiche ein sonderbares Ende haben werde, und zwar durch ihre eigene und keines andern Menschen Schuld. Und wiewohl sie hierbei Heiligkeit vorschützen, so ist doch die Ursache offenbar nichts anderes, als Heuchelei, Eitelkeit, Verschwörung und Trotz, in der Absicht, vor der Welt und namentlich in den Augen ihrer Verehrer treuer und starkmüthiger als andere zu erscheinen."[2]

Cromwell ließ nun den P. Vikar, den P. Procurator und den P. Newbigate, vorgeblich weil sie die jüngeren Ordensbrüder zum Ungehorsam verhetzten, in den Tower werfen. 14 Tage hindurch quälte man die noch jugendlichen Bekenner[3], indem man sie grausam an Säulen so festband, daß sie Tag und Nacht aufrecht zu stehen genöthigt waren und auch nicht für einen Augenblick ihre Stellung ändern konnten[4]. Endlich

---

[1] Des seligen Priors Haughton.
[2] Suppression of Monasteries p. 40 (Camden Society No XXVI). Der Herausgeber hat sich in der von ihm beigefügten Jahreszahl 1534 geirrt. Wie aus dem Inhalt des Briefes klar hervorgeht, kann derselbe nur 1535 geschrieben sein.
[3] Juvenes erant aetate (Chancey l. c.).   [4] Chancey l. c. fol. LIII.

wurden sie am 10. Juni vor Gericht gestellt und, weil sie den Suprematseid nicht leisten wollten, zu derselben entsetzlichen Todesstrafe verurtheilt, welche ihr seliger Prior erduldet hatte. Umsonst baten sie, man möge ihnen den Empfang der heiligen Communion gestatten; der König schlug es ab[1]. Am 18. Juni wurden sie nach Tyburn geschleift und in gleich schrecklicher Weise wie Haughton und dessen Gefährten hingerichtet. Ihrer würdig, bewiesen die drei Seligen im Tode denselben Starkmuth.

Cromwell zauderte jetzt, den überlebenden Carthäusern, welche sich nicht schrecken ließen, das gleiche blutige Loos zu bereiten; er hoffte, sie durch andere Mittel zu besiegen. Sie wurden vorläufig in ihrem Kloster belassen; aber zwei abtrünnige Priester, unselige Werkzeuge Cromwells, wurden in die Carthause geschickt und zu Oberen derselben gemacht. Diese quälten die Mönche, wie Chancey erzählt, durch Hunger und Mißhandlung. Von Zeit zu Zeit wurden sie vor das Privy Council beschieden; ihre Freunde und Verwandte hatten die Weisung, sie zur Unterwerfung zu bereden. Weder Strenge noch Güte wurde unversucht gelassen, um den Eid von ihnen zu erpressen; alles umsonst.

Einige Monate nach der Hinrichtung der seligen Middlemore, Exmew und Newdigate, am 5. September 1535, berichtet ein anderer Regierungscommissär, Jylolle[2], daß die Mönche der Carthause noch immer nicht gefügig seien und das Wort Gottes noch nicht hören wollten. Doch hatten sich schon einige gefunden, welche sich als „treue Anhänger des Königs" erklärten, und der Commissär setzt deshalb in einer Liste vor die Namen dieser den Buchstaben g (good, gut), während die anderen, welche dem Beispiele der Martyrer folgten, mit dem Buchstaben b (bad, schlecht) ausgezeichnet werden. Zwei Jahre verstrichen nun in scheinbarer Ruhe. Man wollte die Zeit und das Beispiel eines neuen „Priors", den ihnen der König vorgesetzt hatte, wirken lassen. William Trafford hieß dieser Unglückliche, der in der Folge das Kloster dem Könige für eine jährliche Pension von 20 Pfd. St. überlieferte. In Wahrheit wurde schon seit 1535 das Kloster von den königlichen Commissären verwaltet. Die ihren Gelübden treuen Mönche anerkannten Trafford natürlich nicht als ihren Prior, und so kommt es, daß Chancey schreibt, sie hätten keinen Prior gehabt. Oft kamen die Mitglieder des Privy Councils und suchten sie durch heftige Anreden im Kapitelhause zur Nachgiebigkeit zu bringen. An einem Sonntag ließ

---

[1] Cobbet, State Trials I, 473.
[2] Suppression of Monasteries p. 67.

Cromwell vier von ihnen nach St. Paul führen, wo sie, angesichts einer großen Volksmenge und von Sheriffs bewacht, die Predigt des Bischofs von Durham anhören mußten, „welche sie nicht erbaute". Die eifrigsten Mönche wurden dann am 4. Mai 1536, dem Jahrestage des Martertodes ihres seligen Priors Haughton, in andere Klöster vertheilt. So kamen die seligen Rochester und Wannert, welche später in York den Martertod erlitten, nach Hull. Einen sehr schlimmen Einfluß auf die bisher treuen Mönche übte der Obere von Sion House, welcher zwar früher den seligen Haughton in seiner Standhaftigkeit bestärkt hatte, jetzt aber unbegreiflicherweise, obschon dem Tode nahe, den Carthäusern den Rath gab, sich dem Könige zu unterwerfen.

So kam eine Trennung in die Klostergemeinde. Zwei Drittel derselben mit ihrem „Prior" an der Spitze unterzeichneten den Eid, und damit die Sache, um derentwillen die getreuen Mönche in den Tod gingen, dem Leser klar werde, wollen wir das traurige Actenstück mittheilen:

„Wir, der Prior und der Convent des Hauses U. L. Frau vom Englischen Gruße vom Carthäuserorden bei London, schwören, daß wir fürderhin dem Bischof von Rom und seiner Auctorität, Macht und Gerichtsbarkeit vollständig entsagen, sie verwerfen, verlassen und aufgeben; und niemals zugeben oder uns einverstanden erklären wollen, daß der Bischof von Rom in diesem Reiche oder in sonst einer Besitzung Seiner Majestät irgendwelche Auctorität besitze, übe oder habe, sondern daß wir uns einer solchen jederzeit mit dem Aufgebote aller Kräfte widersetzen wollen; und daß wir von jetzt an des Königs Majestät auf Erden als das einzige oberste Haupt der Kirche von England annehmen und ansehen; und daß wir nach unserm besten Wissen und Können ohne Hinterhalt, List oder andere unerlaubte Schliche alle und jeden einzelnen Act, Statut, welche in diesem Reiche zur Abschaffung, Ausrottung und Vernichtung des Bischofs von Rom und dessen Auctorität getroffen werden, und alle anderen Acte, welche erlassen sind oder erlassen werden sollen zur Erweiterung oder Bestätigung der höchsten Gewalt des Königs als des obersten Hauptes der Kirche von England auf Erden, beobachten, halten, zu Recht erkennen und vertheidigen wollen. Und das wollen wir gegen jedermann thun, er sei wes Standes, Ranges, Ansehens, Amtes auch immer, und wir wollen auf keinerlei Art versuchen, oder wenn wir es verhindern können, gestatten, daß direct oder indirect irgend etwas privatim oder öffentlich unter irgendwelchem Vorwande dagegen geschehe. Und für den Fall, daß wir irgend-

einer Person oder Personen einen Eid abgelegt haben, den Bischof von
Rom oder dessen Auctorität, Jurisdiction und Macht zu schützen und zu
schirmen, so soll dieser Eid null und nichtig sein.

„So soll uns Gott helfen, alle Heiligen und die heiligen Evangelien.
Gegeben in unserm Kapitelhause unter unserm Klostersiegel am 18. Mai
im 29. Jahre der Regierung unseres besagten Herrn und Königs, Hein=
rich VIII. (1537). In der Gegenwart des wohl achtbaren Mr. Thomas
Bedyll, Erzdiakon von Cornwall, und M. Richard Gwent, Erzdiakon von
London, als Zeugen.

„Per me Willielmum Trafford, Priorem" [1] u. s. w. Folgen noch
19 Unterschriften.

Der Notar Lay, der dieses Document beglaubigt, fügt demselben das
folgende Zeugniß bei, welches der traurigen Schwäche dieser Mönche
gegenüber die Starkmuth ihrer Gefährten in helles Licht stellt: „Uebrigens
haben einige von diesem Convent, obschon oftmals vorgeladen und er=
mahnt, am besagten Orte und zur angegebenen Zeit sich halsstarrig ge=
weigert, diesen Eid zu schwören. Ihre Namen folgen hier: D. Thomas
Johnson, D. Ricardus Bere, D. Thomas Green: Professen. Johannes
Davy [2] und Robertus Salt, Willielmus Greenwood, Thomas Redyng,
Thomas Scryven, Walterus Pierson, Willielmus Horne.

„Ich Willielmus Lay, öffentlicher Notar, unterschreibe als Zeuge." [3]
Schon am 29. Mai wurden diese zehn Bekenner in den Kerker der
Newgate abgeführt. Wie es ihnen daselbst erging und mit welcher Grau=
samkeit sie behandelt wurden, ersehen wir aus einem Zeugnisse, welches
P. Morris S. J. in seinen Troubles of our catholic Forefathers
mittheilt [4]. Dasselbe ist dem Leben der Mutter Margaretha Clement ent=
nommen, der jüngsten Tochter der Margaretha Giggs, der Stieftochter des
seligen Thomas More, welche auf dem bekannten Bilde Holbeins neben
seiner Lieblingstochter Margaretha Roper gemalt ist. Diesem Zeugnisse
zufolge wurden die zehn seligen Bekenner gerade wie der selige Middle=
more und seine Gefährten mit Ketten an Pfosten aufrecht gebunden und
nicht losgelassen, nicht einmal auf Augenblicke. Noch mehr: man wollte
sie durch Hunger entweder zur Nachgiebigkeit zwingen oder geradezu ver=

---

[1] Rymer's Foedera XIV, 588.
[2] Das Document nennt ihn Referendarius; andere Quellen nennen ihn Diakon.
[3] Rymer l. c. p. 589.
[4] The Troubles of our catholic Forefathers related by themselves. First
Series p. 1—58.

hungern laſſen. Margaretha Giggs hörte davon. „Da ſie eine große
Verehrung zu dieſem heiligen Orden hegte", erzählt unſere Quelle[1], „und
von großem Mitleide mit dieſen heiligmäßigen Mönchen erfüllt war,
unterhandelte ſie mit dem Gefängnißwärter, daß er ſie insgeheim zu ihnen
laſſe, und ſie brachte es durch Geld dahin, daß ſie dieſelben im Gefängniſſe
beſuchen konnte. Das that ſie ſehr oft in der Verkleidung einer Milchmagd
mit einem großen Kruge voll Speiſen auf ihrem Kopfe, und ſo ſpeiste ſie
dieſe ſelige Genoſſenſchaft, indem ſie ihnen die Nahrung in den Mund
gab; denn ſie waren gebunden und konnten ſich nicht regen noch helfen.
Wenn ſie damit fertig war, ſo ſuchte ſie für die Reinigung der Gefangenen zu ſorgen. Dieſes fromme Werk ſetzte ſie mehrere Tage fort, bis
endlich der König fragte, ob die Gefangenen noch nicht geſtorben ſeien,
und da er zu ſeiner großen Verwunderung hörte, ſie ſeien noch am Leben,
verordnete er eine ſtrengere Bewachung. Nun wagte der Wärter nicht
mehr, die fromme Frau einzulaſſen, da er fürchtete, es möchte ihm den
Kopf koſten, wenn es entdeckt würde. Aber durch bringendes Bitten und
Geld brachte ſie es dahin, daß ſie das Dach des Kerkers beſteigen durfte,
gerade über der Stelle, wo die Gefangenen feſtgekettet waren. O ſeltenes
Beiſpiel des Muthes einer Frau! So deckte ſie nun die Platten oder
Ziegel über ihren Häuptern ab und ließ an einer Schnur die Speiſen in
einem Körbchen hinunter und ſuchte daſſelbe ſo gut als möglich ihnen zum
Munde zu bringen, da ſie mit Ketten an den Pfoſten feſtgebunden waren.
Aber ſie waren nicht oder doch nur ſehr wenig im Stande, die Speiſen
aus dem Körbchen zu nehmen, und der Kerkerwärter, der eine Entdeckung
fürchtete, ließ ſie nicht mehr kommen. So ſiechten ſie ſehr raſch hin und
ſtarben einer nach dem andern, infolge der verdorbenen Luft, Mangels
an Nahrung und anderer Qualen, welche ſie daſelbſt zu erdulden hatten."

Dieſes Zeugniß aus dem Leben der Mutter Margaretha Clement
wird durch das folgende Document Bedylls indirect beſtätigt; denn wie
wäre es ſonſt zu erklären, daß binnen nur 16 Tagen Gefangenſchaft von
den zehn Eingekerkerten bereits fünf todt, zwei im Todeskampfe, zwei
krank und nur ein einziger noch geſund war, wenn man ſie nicht abſicht-
lich durch unmenſchliche Entbehrungen hinmordete?

„Mein lieber Lord," ſchreibt Bedyll, „meine herzlichſten Empfehlungen
zuvor. Gefalle Euer Lordſchaft die Kenntnißnahme, daß die Mönche der

---

[1] Morris l. c. p. 27. Das Manuſcript befindet ſich im Kloſter U. L. Frau
von Nazareth in Bruges.

Carthause hier in London, welche wegen ihres hochverrätherischen Gebahrens in die Newgate geworfen wurden und lange Zeit gegen des Königs Gnade sich sträubten, jetzt von Gottes Hand mit dem Tode gestraft sind, wie Ihr aus der beigefügten Liste ersehen könnt. Und ich bin über ihr Ende nicht traurig, indem ich ihr Verhalten in der ganzen Angelegenheit erwäge, sondern wünsche vielmehr, daß es allen so ergehe, welche des Königs Majestät und dessen Ehre und Ansehen nicht lieben." [1] Der Brief ist datirt vom 24. Juni 1537.

Der Herausgeber der Briefe über die Aufhebung der Klöster hat die Namen auf dem beigeschlossenen Blatte nicht veröffentlicht. Sie finden sich aber bei dem Manuscripte, welches im Britischen Museum aufbewahrt wird, also angeführt: „Es sind gestorben: Br. William Greenwood, Dom John Davy, Br. Robert Salt, Br. Walter Pierson, Dom Thomas Green. Es sind eben im Begriff zu sterben: Br. Thomas Scryven, Br. Thomas Redyng. Es sind krank: Dom Thomas Johnson, Br. William Horne. Einer ist gesund: Dom Bere." [2]

Nicht Richard Bere, der damals allein gesund war, sondern der kranke William Horne überlebte aber die Qualen des Gefängnisses und starb später, am 4. August 1540, zu Tyburn am Galgen. Noch vor ihm erwarben die beiden Carthäuser, welche nach Hull geführt worden waren, die Siegespalme, weil sie noch immer die Suprematie des Königs nicht beschwören wollten. Die Anklageacte, welche sich unter den Manuscripten des Britischen Museums heute noch findet[3], legt klares Zeugniß ab, daß die Treue im katholischen Glauben der einzige Grund ihres Todes war. Wenn Froude dieses Actenstück gesehen hätte, so würde er wohl nicht gewagt haben, zu behaupten: „Zwei andere (Rochester und Walworth [4]) verwickelten sich in offene Rebellion und wurden mit anderen Aufständischen gehängt." Man ließ die ehrwürdigen Leichname der beiden Priester

---

[1] Suppression of Monasteries p. 162 in N° XXVI der Camden Society.
[2] Cotton MS., Cleopatra E IV, 256 (217).
[3] Cotton MS., Cleopatra E VI. Die Hauptstelle des Actenstückes lautet: „Ac tunc et ibidem false proditorie ac malitiose dicebant et affirmabant et uterque eorum dicebat et affirmabat, quod dictus Dominus Rex nuncnon [nunquam] fuit Supremum Caput in terra Anglicanae Ecclesiae, sed quod Episcopus Romanus fuit et est Supremum Caput in terra ejusdem. Et sic praedictus Joannes Rochester ac praedictus Jacobus Walworth alios dictus Jacobus Irhalwersth... false et malitiose et proditorie fecerunt ad deprivandum dictum Dominum Regem de ejus dignitate, titulo, nomine etc."
[4] Chancey schreibt den Namen Wannert.

so lange in Ketten am Galgen hängen, bis ihre Gebeine zur Erde niederfielen [1].

Das ist die glorreiche Geschichte der Carthäuser-Martyrer von London. "Wenn alle so gehandelt hätten, wie sie," meint Froude, "so wäre die Reformation nicht möglich und wohl auch nicht nöthig gewesen!" Er hat Recht, aber in einem etwas andern Sinne: nach der Absicht Gottes sollte die Reformation zur Prüfung und Reinigung der allein wahren katholischen Kirche dienen; die Herstellung einer reinen Kirche außerhalb derselbe aber ist nicht möglich.

Die Unterwerfung "Prior" Trafford's unter den Willen des Königs und seine schmähliche Abschwörung des Stellvertreters Christi auf Erden nützte aber dem Kloster nichts. Schon am 10. Juni 1537, also keinen Monat nach derselben, überlieferte Trafford das Kloster dem Könige und erhielt dafür aus "Gnade und Barmherzigkeit" eine Jahrespension von 20 Pfd. St. Am 15. November 1539 wurden die letzten Mönche aus den ehrwürdigen Mauern verjagt.

Mit den letzten Daten sind wir, um das Leiden der 18 Carthäuser im Zusammenhange geben zu können, den Ereignissen, die sich nunmehr drängten, vorausgeeilt. Wir müssen jetzt zu den beiden edeln Gefangenen im Tower zurückkehren.

---

[1] Chauncy l. c. fol. LX. Von den seligen Carthäuser-Martyrern waren außer den 3 Prioren und den 3 am 18. Juni Hingerichteten die folgenden Priester: Bere, Green, Johnson, Rochester und Walworth; Johannes Davy war Diakon; die 6 übrigen waren Laienbrüder (Fratres conversi).

7. Cardinal Fisher's glorreiches Ende.

(† 22. Juni 1535.)

Am 4. Mai 1535 starben die Carthäuser-Prioren mit ihren Gefährten für den heiligen Glauben; der selige Fisher und Thomas More konnten in dem Schicksale dieser Männer ihr eigenes voraussehen. More sah sie vom Fenster seiner Gefängnißzelle aus zum Tode führen. „Siehe," sagte er zu seiner Tochter Margaretha, welche gerade den Vater im Kerker besuchte, „siehe, wie diese glücklichen, heiligmäßigen Männer den Qualen und dem Tode entgegengehen, so freudig und so strahlenden Auges, wie ein Bräutigam zur Hochzeit geht. Gott mag wohl deinen Vater einer so raschen Erlösung nicht für würdig halten."

Die Erlösung sollte für beide Männer kommen und rascher, als sie es vielleicht vermutheten. Schon am 7. Mai, am Tage nach dem Himmelfahrtsfeste, erschien eine königliche Commission, um den beiden hohen Gefangenen die Suprematsacte zum Schwure vorzulegen. Es waren der Lordkanzler Audeley, der Herzog von Suffolk, der Graf von Wilshire (Anna Boleyns Vater) und der Geheimsecretär Cromwell und andere[1]. Sie gaben sich alle Mühe, zuerst Bischof Fisher und dann Thomas More, jeden in seiner Gefängnißzelle, zur Annahme der Suprematsacte zu bewegen. Aber alle ihre Beredsamkeit fruchtete nichts. Die Antworten beider waren so übereinstimmend, daß man ihnen später vorwarf, sie hätten dieselben miteinander verabredet und der Gefängnißordnung zuwider miteinander correspondirt. Die Uebereinstimmung erklärt sich aber genügend aus der Natur der Sache und der gleichen vollkommen correcten Auffassung, welche beide Männer der ja für jeden Katholiken klaren Frage entgegenbrachten. Sie durften den Eid nicht leisten, konnten aber bitten, sie mit der Aufforderung dazu zu verschonen. Zu dieser Bitte mag beide der Wunsch beseelt haben, dem Könige und den Richtern das entsetzliche Verbrechen ihrer Verurtheilung zu ersparen, More überdieß die Pflicht, sich seiner Familie zu erhalten, solange sein Gewissen es

---

[1] The Life of Dr. John Fisher by Lewis II, 163.

erlaube. Demgemäß fielen die Antworten beider aus. Der selige Fisher sagte, die Suprematsacte sei für ihn ein zweischneidiges Schwert: „Wenn ich mich weigere, die Oberhoheit des Königs über die Kirche anzuerkennen, erwartet mich der sichere Tod; erkläre ich mich aber bereit, meinem Gewissen zuwider einen Eid zu leisten, so ist mein Loos noch schlimmer als der Tod. Ich bitte Euch deshalb unterthänigst, erlaubet mir, zu schweigen." Die Commissäre gaben sich damit nicht zufrieden; sie wollten wissen, ob er den Eid leisten wolle oder nicht. Da verweigerte er ihn.

Ganz ähnlich war die Antwort, welche die Commission von dem seligen More erhielt: „Ueber die Macht und das Ansehen des Königs in dieser Sache will ich mich jetzt nicht aussprechen, noch ein Wort darüber sagen, was hier erlaubt oder nicht erlaubt sei. Doch will mir ein derartiger Zwang — ohne meine Meinung aufdrängen zu wollen — etwas unbillig erscheinen. Gesetzt nämlich, jenes Decret sei meinem Gewissen zuwider (ob ich es wirklich für sündhaft oder nicht sündhaft halte, glaube ich jetzt nicht sagen zu müssen, aber gesetzt, es sei ihm zuwider), so scheint es mir eine Unbilligkeit, wenn man mich gegen mein Gewissen dasselbe zum Schaden meiner Seele ausdrücklich zu billigen, oder meinem Gewissen gemäß mit sicherer Lebensgefahr zu verwerfen zwingen will, solange ich gegen das besagte Decret mich weder durch Wort noch That verfehle. Wenn ich also in beiden Fällen in Gefahr schwebe, und wenn dieses Gesetz ein gezücktes zweischneidiges Schwert ist, so scheint es mir hart und unbillig, mich vor dieses Gesetz zu stellen, obschon ich demselben weder durch Wort noch That widersprochen habe." Cromwell entgegnete, More habe früher als Kanzler die Ketzer auch vor die Frage gestellt, ob sie glaubten, daß der Papst das Oberhaupt der Kirche sei, und sie zu einer Antwort auf diese Frage gezwungen. Weshalb es denn jetzt dem Könige nicht ebenfalls erlaubt sei, ihn zur Beantwortung der Frage zu zwingen, ob er ihn als Oberhaupt der Kirche in England anerkenne, nachdem das Parlament das hierauf bezügliche Gesetz erlassen habe? More antwortete, es walte ein großer Unterschied zwischen den beiden Fällen: als er noch Kanzler gewesen sei, habe die ganze Christenheit übereinstimmend den Papst als das Oberhaupt der Kirche anerkannt und diese Lehre als gewiß und unbezweifelt geglaubt; er habe also die Anerkennung einer Wahrheit, die nicht gegen das Gewissen sein könne, verlangt. Auf der andern Seite werde aber in den übrigen Ländern der Christenheit der jetzige Parlamentsbeschluß für falsch gehalten. Darüber erhob sich nun ein großer Streit, und schließlich wurde ihm die Frage vorgelegt, ob er die Parlamentsacte beschwören wolle oder nicht. Er lehnte entschieden ab[1], und die Commissäre mußten nun mit schwerem Herzen die Antwort der beiden Gefangenen ihrem königlichen Herrn überbringen. Heinrich VIII. brach in einen seiner Zornanfälle aus, schalt die hohen Herren Narren, befahl ihnen, den Versuch zu wiederholen, und schloß mit dem Schwure: „Bei der heiligen Jungfrau! Fisher und More müssen den Schwur leisten, oder ich will ihnen zeigen, was es heißt, sich gegen mich zu empören."

Nach wiederholten Versuchen, die alle gleich fruchtlos blieben, schämte sich Cromwell nicht, das elendeste Mittel der Lüge anzuwenden, um den Starkmuth der beiden Männer zum Falle zu bringen. „Sir Thomas More hat nachgegeben und den Suprematseid geschworen", meldeten sie dem greisen Bischof. Auch dieser niederträchtige Kniff erschütterte den seligen Blutzeugen nicht. „Diese Nachricht, welche ich soeben erhalte, schmerzt mich ungemein," antwortete er. „Ich beklage es tief, daß Sir Thomas More den Muth verloren hat, den ich bisher an ihm bewunderte und den ich in Wahrheit unerschütterlich glaubte. Allein es steht mir nicht zu, den Mann zu richten; er ist verheiratet und hat als Familienvater viel schwerere und peinlichere Anfechtungen zu bestehen, als ich. Meine Herren, ihr scheint zu glauben, mein Entschluß hänge von dem seinen ab. Dem ist nicht so, und zur Widerlegung dieses Irrthums will ich Euch meinen Standpunkt nochmals erklären. Ich bin entschlossen, mich unerschütterlich auf dem Boden zu halten, auf dem ich bisher gestanden habe. Leistete ich den verlangten Eid, so würde ich gegen mein Gewissen handeln und am Seelenheile in traurigster Weise Schiffbruch leiden. Ich wäre dann weder ein würdiger Priester, noch ein treuer Unterthan des Königs. Somit erkläre ich ein= für allemal, daß ich den Eid niemals schwören werde."

Noch niederträchtiger legte man dem seligen More dieselbe Lügenschlinge. Der Kanzler Aubeley belog More's Tochter Margaretha, Fisher habe endlich seinen Irrthum eingesehen und den Eid geschworen. Es ist gewiß verzeihlich, daß Margaretha sich über diese Nachricht im ersten Augenblicke wenigstens freute, indem sie hoffte, der Vater werde nun auch nachgeben und nicht des gräßlichen Todes durch Henkershand sterben, den London soeben an den Carthäusern vollziehen gesehen. Sie fragte also Aubeley, ob die Unterwerfung Fishers gewiß sei, und erklärte sich auf die Antwort hin, derselbe werde alsbald freigelassen und zu hohen Ehren gelangen,

---

[1] Stapletonius, Vita Thomae Mori c. XVII.

bereit, dem Vater diese Botschaft zu überbringen und ihn zur Nachgiebigkeit zu bewegen. More durchschaute die Arglist des Kanzlers sofort und sagte: „Kind, du kennst diese Ränke nicht; sie wollen mich mit einem Gaunerstückchen fangen. Allein sie schaden nicht mir, sondern sich selbst. Wenn es aber auch möglich wäre, daß der Bischof den Eid wirklich geleistet hätte, so sage ich dir, sein Beispiel wäre für mich kein Beweggrund zur Sünde." Vor der königlichen Commission, welche ihm dieselbe Lüge wiederholte, bat er, zuerst Fishers Unterschrift sehen zu dürfen. „Sie ist beim Könige", sagte der Kanzler. — „So mögen mir die Herren erlauben, daß ich meine Meinung gerade heraus sage. Ich glaube nicht, daß der Bischof von Rochester schwor oder das Protokoll unterzeichnete. Und wenn er wirklich Beides gethan hätte, so werde ich weder das Eine noch das Andere thun."

Beide Gefangenen hatten also in gleicher Weise den schmählichen Fallstrick vermieden, und Cromwell, der nun kein Mittel der Ueberredung mehr kannte, mußte jetzt auf Schuldbeweise sinnen, um dem beschlossenen Tod vor dem Gerichte eine festere Grundlage zu geben. Bis jetzt hatte keiner der beiden Männer den Supremat des Königs direct geläugnet. Sie hatten sich nur geweigert, denselben zu beschwören, und obschon das nach dem Buchstaben des Gesetzes zur Verurtheilung genügte und bei dem Processe der Carthäusermönche als genügend erachtet wurde, so wünschte Cromwell doch den Beweis, daß Fisher und More dem Könige den Supremat positiv abgesprochen hätten. Der Staatsanwalt Richard Riche übernahm es, diesen Beweis zu führen. Der Advokat war seines Auftraggebers würdig. Er ging zu Fisher und fragte ihn, vorgeblich im Auftrage des Königs, um sein freimüthiges und rücksichtsloses Urtheil über den Supremat. Der König sei nicht ganz sicher, ob er in diesem Punkte seine Rechte nicht doch überschritten habe, und wenn ihm der Bischof auf sein Gewissen erkläre, dieser Titel sei bestimmt ein unerlaubter, so werde er ihn fallen lassen. Der Selige antwortete auf diese Gewissensfrage ganz offen, wie es seine Pflicht war: „Ueber den Supremat habe ich dem König schon früher wiederholt meine Meinung gesagt. Ich wiederhole sie auch heute ebenso entschieden und werde angesichts des Todes wiederholen, daß er durchaus unerlaubt ist, und daß der König sich hüten möge, eine solche Würde oder einen solchen Titel sich beizulegen, wenn ihm das Heil seiner Seele und das Glück seines Hauses lieb ist."[1]

---

[1] The Life of Dr. John Fisher by Lewis II 172.

Damit hatte der königliche Oberstaatsanwalt die gesuchte Waffe gegen Fisher. Aehnliches versuchte Riche (Rich), wie wir sehen werden, bei More, und seine Angaben wurden als Beweise positiven Hochverrathes angeführt, obschon sie in einem Privatgespräche unter vier Augen den Gefangenen entlockt waren, und zwar in Fisher's Fall unter dem Vorwande einer vertraulichen Anfrage seitens des Königs, und obschon Richard Riche Kläger und Zeuge in einer Person war! Da gesteht selbst Froude: „Es war ein sonderbares Verfahren und kann nur durch die Schwierigkeit der Lage entschuldigt werden, wenn man es überhaupt entschuldigen kann."[1] Von einer „Schwierigkeit der Lage", welche den Mord des seligen More oder gar des greisen, schon dem Tode nahen Bischofs gefordert hätte, kann keine Rede sein: nur der Haß des Tyrannen gegen die beiden Männer, welche seinen Gelüsten sich nicht beugen wollten, schrie nach ihrem Blute.

Inzwischen war die Kunde von der Hinrichtung der seligen Carthäusermönche durch ein Schreiben, welches der französische Gesandte erhalten hatte, dem Papste Paul III. zugegangen. Er ließ den Brief, der die Vollstreckung des barbarischen Urtheils ergreifend schilderte, im Consistorium vorlesen, und die Bewegung, die er hervorrief, war groß. Einige Cardinäle sagten, sie beneideten den Tod dieser Mönche für eine solche Sache. Cassalis, der englische Gesandte, der dieses an Cromwell berichtet, fügt bei: „Ich sagte meinem Gewährsmann, der mir das hinterbrachte, er solle doch den betreffenden Cardinälen rathen, nach England zu gehen, wenn es ihnen wirklich ernst mit ihrem Wunsche sei."[2] Der Mann kannte seinen königlichen Herrn! Paul III. aber meinte, er könne den greisen Bischof von Rochester dadurch vor dem Loose der Carthäuser bewahren, daß er ihm den römischen Purpur verleihe; denn an einem Fürsten der heiligen Kirche werde sich Heinrich VIII. doch nicht vergreifen. So schwach die Hoffnung war, der König werde vor diesem Frevel Halt machen, nachdem er die priesterliche und bischöfliche Weihe nicht geachtet, beschloß der Papst die Ernennung. An der Würdigkeit des hochbetagten Bekenners konnte wahrlich kein Zweifel sein; mit Recht nannte ihn der Papst „einen durch Heiligkeit hervorragenden, durch Wissenschaft berühmten, durch Alter ehrwürdigen Mann, jenes Reiches und des Clerus der ganzen Welt Zierde und Schmuck"[3]. So erhob

---

[1] L. c. II, 262. [2] State Papers VII, 606.

[3] „Sanctitate conspicuum, doctrina celebrem, aetate venerabilem, illius regni ac totius ubique Cleri decus et ornamentum."

ihn Paul III. am 20. Mai zum Cardinal der heiligen römischen Kirche und gab ihm die Titularkirche des hl. Vitalis. Fisher war demnach durch einen neuen Titel der Gerichtsbarkeit des Königs von England entzogen; allein der römische Purpur sollte ihm das Purpurgewand des Martyrers nur um so rascher vermitteln.

Anfang Juni kam die Nachricht von der Erhebung Fishers zur Cardinalswürde nach England; sie reizte den königlichen Wütherich aufs äußerste. Er soll gesagt haben: „Der Papst mag ihm den Hut schicken; aber ich will dafür sorgen, daß er keinen Kopf mehr habe, ihn aufzusetzen." Cromwell erhielt die Weisung, mit dem Processe voranzumachen. Am 11. Juni reichte der Staatsanwalt die Anklage bei der zuständigen Behörde, der Sternkammer, ein. Am 12. Juni wurde der Bischof abermals verhört. Das von seiner Hand unterzeichnete Protokoll ist im Britischen Museum[1]. Am 14. Juni hatte er wiederum vor den Commissären seine Antworten in Betreff der Suprematie und der Giltigkeit der Ehe des Königs zu wiederholen[2].

Der Selige war unmittelbar vor diesen letzten Verhören infolge seiner Kerkerleiden so schwer erkrankt, daß man glaubte, ein natürlicher Tod des greisen Bekenners werde dem Könige die Schmach und das Verbrechen ersparen, ihn dem Henker zu überliefern. Aber es hat fast den Anschein, als ob der König mit Gewalt entweder die Unterwerfung oder das Blut dieses Mannes habe fordern wollen. Er schickte ihm seinen Leibarzt, und als dieser den Kranken so weit hergestellt hatte, daß er vom Tower nach Westminster gebracht werden konnte, ließ er die gerichtliche Verhandlung vornehmen. Es war der 17. Juni 1535.

Der Gefangene wurde zu Boot vom Tower nach Westminster Hall gebracht. Selbst die kurze Strecke vom Themse-Ufer zum Gerichtsgebäude konnte er nicht zu Fuß zurücklegen; so sehr hatten die Leiden des Kerkers seine Kräfte gebrochen. Sein Geist aber war ungebeugt. Die Anklage lautete: er habe „falsch, böswillig und verrätherisch gewünscht, gewollt und beabsichtigt und heimtückisch geplant, gehandelt und versucht, den König seiner Würde, Titel und Namen zu berauben, welche ihm als König zukommen, nämlich den Titel und den Namen des obersten Hauptes der Kirche von England"; „das habe er am vergangenen 7. Mai gethan, als er seiner Unterthanenpflicht zum Hohne in Gegenwart mehrerer treuer

---

[1] Cotton MS., Cleopatra E VI, fol. 169.
[2] State Papers. Henry VIII. vol. I, p. 431.

Unterthanen fälschlich, böswillig und verrätherisch diese Worte gesagt und ausgesprochen habe: Der König, unser Souverän, ist nicht das auf Erden oberste Haupt der Kirche von England."[1] Der Staatsanwalt Riche brachte dann auch zugleich als Kläger und Zeuge das Privatgespräch vor, das wir oben erzählten, und das bildete wesentlich den ganzen Beweis.

Auf die Frage des Vorsitzenden, ob er sich schuldig bekenne, antwortete der Angeklagte: „Nicht schuldig." Dann setzte er mit großer Ruhe und Klarheit auseinander, der Thatbestand des Hochverraths könne doch unmöglich in der Antwort gefunden werden, welche er unter vier Augen auf eine vorgebliche Anfrage des Königs gegeben haben solle, selbst wenn diese bewiesen wäre. Noch weniger könne von Böswilligkeit die Rede sein, da er im guten Glauben gewesen sei, Se. Majestät verlange von ihm eine Gewissensbelehrung. So habe ihm der Staatsanwalt gesagt und ihm hoch und heilig versprochen, was er bei dieser Gelegenheit sage, werde niemals gegen ihn gebraucht werden. Er halte es daher für eine empörende Ungerechtigkeit, daß dieser selbe Staatsanwalt jetzt als Ankläger und Zeuge gegen ihn auftrete[2].

Im Bewußtsein seiner Unschuld konnte der selige Bischof es gar nicht begreifen, daß man einen derartigen Beweis zulässig erachte. Als ihm die Richter bemerkten, auch wenn er seine Antwort auf den Befehl und die Anfrage des Königs gegeben habe, so höre sie dadurch doch keineswegs auf, dem Statut gemäß ein Hochverrath zu sein, und nur ein Gnadenspruch des Königs könne ihn des Todesurtheils ledig sprechen, sagte der Selige: „Ich bitte Euch abermals, Mylords, bedenket doch, daß ich, so wie der Fall liegt, nach aller Billigkeit, Gerechtigkeit, weltlicher Ehrenhaftigkeit und Menschlichkeit keines Hochverrathes geziehen werden kann. Gesetzt, ich habe die Worte wirklich gesprochen, so habe ich sie doch nicht böswillig gesprochen, sondern als Belehrung und Rath auf die ausdrückliche Bitte meines Königs. Die Worte des Strafgesetzes selbst nehmen diesen Fall ausdrücklich aus, da es nur gegen solche gerichtet ist, welche böswillig des Königs Suprematie läugnen, und gegen niemanden anders."[3] Dann wies der Selige noch darauf hin, daß ein einziger Zeuge für den Schuldbeweis nicht ausreiche.

---

[1] Archaeol. XXV, 94 bei Lewis l. c. II, 180. Der letzte Satz lautet: „The Kyng owre souveraign lord is not supreme hedd yn erthe of the cherche of Englande." 26. Henry VIII. c. 13. — Cotton MS., Cleopatra E VI, fol. 178.

[2] Lewis l. c. II, 183. [3] Lewis l. c. II, 185.

Allein die Vertheidigung prallte an den Herzen der Richter und
Geschworenen wirkungslos ab, wie ja nicht zu verwundern bei Menschen,
die überhaupt die Stirne hatten, über einen Bischof zu Gericht zu sitzen,
auf den die ganze Christenheit mit Bewunderung hinschaute. Die Ge=
schworenen sprachen das Schuldig, und der Lord Oberrichter fragte den
Angeklagten, ob er noch etwas einzuwenden habe, weshalb das Urtheil
nicht gefällt werden könne. Der selige Fisher antwortete: „Wenn meine
Vertheidigung nicht genügt, so weiß ich nichts mehr. Ich kann nur den
allmächtigen Gott um Verzeihung für alle bitten, die mich schuldig er=
klärten; ich bin überzeugt: ‚sie wissen nicht, was sie thun'." Das bar=
barische Urtheil wurde also über den ehrwürdigen Greis in der üblichen
Form ausgesprochen. Jetzt bat der Verurtheilte nochmals um das Wort.
Er hatte durch seine Vertheidigung und kluge Zurückhaltung dem Könige
und seinen Richtern das Verbrechen dieses Urtheils nicht ersparen können;
so wollte er jetzt wenigstens offen seine heilige Ueberzeugung aussprechen.
„Weil ich dem Könige von England die Würde und den Titel des obersten
Hauptes der Kirche in England verweigere, bin ich des Hochverraths
für schuldig erklärt. Ich überlasse Gott, der Euer und des Königs Ge=
wissen durchforscht, das Urtheil, ob der Spruch nach Recht und Gerechtig=
keit gefällt ist. Was mich betrifft, bin ich mit allen Schickungen Gottes
zufrieden und unterwerfe mich seinem Rathschlusse in allem. Ich will jetzt
nur noch offen und freimüthig meine Meinung über den Supremat äußern,
den der König beansprucht. Es ist meine feste und unerschütterliche Ueber=
zeugung, und ich betheure in dieser Stunde zum letzten Male, daß Seiner
Majestät durchaus kein Recht zusteht, eine derartige oberherrliche Stellung
in der Kirche Gottes einzunehmen. Es ist meines Wissens unerhört,
daß ein weltlicher Fürst eine solche Würde sich anmaßte. Und wenn
unser König auf dem von ihm betretenen Wege beharrt, so zweifle ich
nicht im mindesten, Gottes schwerstes Strafgericht werde ihn treffen zum
Verderben seiner eigenen und vieler anderer Seelen und zum größten
Unglücke für dieses ganze Reich. Deshalb flehe ich zu Gott, er wolle
Seiner Majestät die Gnade der Bekehrung verleihen, solange es noch Zeit
ist, auf daß der König zur Rettung seiner Seele, zum Besten der Christen=
heit und zur Wohlfahrt unserer Heimat gutem Rathe sein Ohr öffne." [1]

So sprach mit erschütterndem Ernste der zum Tode verurtheilte
Kirchenfürst. Seine Worte mögen doch dem Gewissen des Königs und

---

[1] Lewis l. c. II, 188.

seiner Räthe unheimlich geklungen haben; aber Heinrich war schon zu tief gesunken. Das einzige, was er dem väterlichen Freunde seiner Jugend, ohne daß dieser darum bat, gewährte, war die Umänderung der barbarischen Todesstrafe in Enthauptung. Der Selige wurde in den Tower zurückgebracht, wo er noch vier Tage in voller geistiger Frische und ungetrübter Seelenruhe verlebte. Ein Beweis dafür ist seine letzte, gerade in diesen Tagen für seine Schwester Elisabeth niedergeschriebene, aber leider unvollendete Arbeit: „Anleitung zur höchsten christlichen Vollkommenheit". Darin vergleicht er das Ringen nach Tugend mit den Strapazen eines mühevollen, aber fröhlichen und erfolgreichen Waidmannstages.

Spät am Abend des 21. Juni empfing der Lieutenant des Towers den Befehl zur Hinrichtung, der am folgenden Morgen auf dem nahen Tower-Hill vollstreckt werden sollte. Er theilte dem seligen Blutzeugen die Todesnachricht am Abende nicht mehr mit, um demselben nicht die Nachtruhe zu stören. Die Befürchtung des guten Mannes war nicht begründet; denn als er ihn am nächsten Morgen um 5 Uhr weckte und ihm den Befehl des Königs mittheilte, brach der Bischof in Worte des Dankes und der Freude aus. Er fragte dann nach der Zeit, und als er hörte, um 9 Uhr müsse er sterben, und jetzt habe es 5 Uhr geschlagen, ersuchte er den Beamten, ihn noch eine oder zwei Stunden schlafen zu lassen, da er in der Nacht nur wenig geschlafen habe und zum letzten Gange der Kräfte bedürfe.

Welch erhabener Seelenfriede spricht aus diesem einen Zuge! Um 7 Uhr stand er auf. Er legte das Bußkleid ab, das er auch im Kerker getragen hatte, und kleidete sich mit ganz besonderer Sorgfalt. „Siehst Du denn nicht, daß es mein Hochzeitstag ist und daß es sich geziemt, zu dieser Feier sich ganz besonders schön zu kleiden?" sagte er dem Diener. Als um 9 Uhr der Lieutenant des Towers eintrat, erklärte sich der Selige bereit, des Königs Urtheil und den heiligen Willen Gottes an sich vollstrecken zu lassen. Dann bezeichnete er sich mit dem Zeichen des heiligen Kreuzes und nahm als einzigen Trost das Neue Testament mit sich auf den letzten Gang. „Ich will Euch folgen, so gut ich es bei meiner großen Schwäche vermag", sagte er. Allein er konnte kaum die Treppe hinabsteigen; man mußte den Verurtheilten, der in seinem 77. Jahre stand, auf einen Sessel setzen und von zwei Männern tragen lassen. Unter dem Thorwege, wo er von den Beamten, den Bewaffneten und dem Scharfrichter in Empfang genommen wurde, gab es einen kleinen Aufenthalt. Man sah, wie er mit zum Himmel erhobenen Augen um Trost und Stärkung in dieser Stunde betete und dann wie auf göttliche Eingebung zum letzten Mal in seinem Leben das Neue Testament aufschlug. Sein Blick fiel auf die Worte des Heilandes in seinem erhabenen hohenpriesterlichen Gebet: „Das aber ist das ewige Leben, daß sie dich erkennen, den allein wahren Gott, und den du gesandt hast, Jesum Christum."[1] Das war ihm wie eine Antwort vom Himmel. Er schloß das Buch und wiederholte die Worte, während man ihn die kurze Strecke nach dem nahen Tower-Hill hinantrug, wo das Schaffot aufgeschlagen war. Die beiden Männer wollten ihn auch die Treppe hinauftragen; er wehrte es und warf sogar seinen Stock von sich, auf den er sich gestützt hatte. „Auf, ihr Füße!" rief er. „Thut zum letzten Male munter euren Dienst. Nur einige Schritte habt ihr noch zurückzulegen." So betrat er mit festen Schritten das Schaffot. Da brach die Sonne aus den Wolken hervor und verklärte mit einem Lichtblicke das ehrwürdige Antlitz des seligen Blutzeugen, der jetzt im Begriffe stand, sein Leben für seinen Schöpfer hinzugeben. Fisher erinnerte sich an das Wort des Psalmisten und er rief mit zum Himmel erhobenen Armen aus: „Tretet zum Herrn hin und ihr werdet Licht, und euer Antlitz wird nicht zu Schanden werden."[2] Es muß ein ergreifendes Schauspiel gewesen sein. Selbst der Scharfrichter wurde so erschüttert, daß er den greisen Kirchenfürsten kniefällig um Verzeihung bat. „Herzlich gerne verzeihe ich Dir," sagte der Selige. „Du wirst mich beim Tode nicht zittern sehen."

Heinrich VIII. hatte dem Bischof sagen lassen, er solle bei der Hinrichtung keine aufreizenden Worte zum Volke reden. Der Selige, der dem Könige in allem Erlaubten gehorsam war, beschränkte sich deshalb auf die folgenden kurzen Sätze, welche er mit lauter, fester Stimme sprach: „Christen! Ich bin hierher gekommen, um für den Glauben der heiligen katholischen Kirche den Tod zu leiden. Ich danke Gott, daß er mir bis zu diesem Augenblicke den Muth aufrecht hielt. Ich bitte euch, stehet mir mit eurem Gebete bei, auf daß ich frei von jeder Furcht in dieser Todesstunde nicht wanke, sondern unerschütterlich fest im katholischen Glauben sterbe. Ich bitte den allmächtigen Gott, er möge in seiner unendlichen Barmherzigkeit den König und dieses Reich beschirmen, seine schützende Hand über unsere ganze Heimat ausbreiten und dem Könige gute Rathgeber senden." Nach diesen Worten, die der Selige mit heiterem Antlitze, fester Stimme und Ehrfurcht erweckendem Ernste sprach, kniete er nieder

---

[1] Joh. 17, 3. [2] Pf. 33, 6.

und verrichtete mehrere Gebete. Zum Schlusse sprach er mit lauter Stimme das Te Deum. Als er den letzten Vers gebetet hatte: „Auf dich, o Herr, habe ich gehofft; nicht werde ich zu Schanden in Ewigkeit", verband ihm der Scharfrichter die Augen. Noch einmal breitete er die Hände zum Himmel aus, dann legte er das Haupt ruhig auf den Block und empfing den Todesstreich [1].

Johannes Fisher war zu Beverley in der Grafschaft York im Jahre 1459 geboren. Sein Vater, Robert Fisher, ein wohlhabender Kaufmann, starb frühe; die Mutter muß eine ausgezeichnete Frau gewesen sein, sonst hätte sie ihren Kindern in den damaligen Wirren des Krieges der beiden Rosen nicht eine so gute Erziehung geben können. Der kleine John erhielt den ersten Unterricht bei einem Priester seiner Vaterstadt und bezog im Jahre 1484 die Universität Cambridge, an welcher er mit Auszeichnung die akademischen Grade errang, 1488 Baccalaureus der freien Künste, 1491 Magister der Philosophie, 1495 Vorsteher des Michaels-Collegs und 1501 Doctor der Theologie wurde. Vom gleichen Jahre an wurde er Kanzler der Universität Cambridge, und 1514 erhielt er diesen Titel für Lebenszeit. Margaretha, Gräfin von Richmond und Derby, die Mutter Heinrichs VII., wählte den durch Tugend und Wissenschaft ausgezeichneten Mann zu ihrem Beichtvater, und durch die Unterstützung dieser königlichen Gönnerin gelang ihm die Stiftung zweier neuen theologischen Lehrstühle, einen für Oxford und einen für Cambridge, und zweier Collegien, des Christ-Collegs und des St.-John-Collegs. Im Jahre 1504 wurde er auf den bischöflichen Stuhl von Rochester erhoben. Dieser kleine Sprengel in Kent, der zum Erzbisthum Canterbury gehört, ist einer der ältesten Englands; er führt auf den hl. Justus, den Schüler des hl. Augustin, zurück. Dreißig Jahre verwaltete Fisher treu den ihm anvertrauten Weinberg, ohne über der Sorge seiner Heerde das Gemeinwohl der Christenheit zu vergessen. Er war einer der ersten, welcher die Irrlehren Luthers brandmarkte und in Vereinigung mit Heinrich VIII. wissenschaftlich bekämpfte. Ueberhaupt betheiligte sich der Selige durch seine umfassende, schriftstellerische Thätigkeit lebhaft an dem Kampfe für die heilige Kirche, wie ein Blick auf die von ihm verfaßten Schriften zeigt [2]. Seinem Könige diente er als der

---

[1] Life and Death of John Fisher by Bailey (Richard Hall) p. 235.
[2] Nach Dodd, The Church History of England I, 162 ist der selige Johannes Fisher der Verfasser folgender Werke:
1. Defensio Regiae Assertionis contra Captivitatem Babylonicam. Colon. 1525. 4º.
2. Sacri Sacerdotii defensio contra Lutherum. Coloniae 1525. 4º.

treueste, uneigennützigste Rathgeber. In seinem Privatleben war er makellos, ein Freund und Wohlthäter der Armen, heiligmäßig. Niemand konnte die imponirende Gestalt — er war über 6 Fuß groß — mit dem ernsten, freundlichen und zugleich Ehrfurcht gebietenden Antlitze sehen, ohne Heinrichs VIII. Wort zu verstehen, kein Fürst Europa's habe einen Prälaten, der an Tugend und Wissenschaft dem Bischofe von Rochester gleichkäme.

Und nun lag dieser Mann, den der Papst noch soeben die Zierde und den Schmuck des Clerus seiner Heimat und der ganzen Welt genannt hatte, enthauptet auf Tower-Hill! Es war der 22. Juni, der Tag, an dem Englands erster Martyrer, der hl. Alban, ebenfalls durch Enthauptung die Marterkrone erstritten hatte[1] und an dem damals noch ganz England die Feier seines Protomartyrs beging. Bis zum Abende blieb der ehrwürdige Leichnam des Kirchenfürsten, jeder Kleidung beraubt und den Blicken Londons bloßgestellt, auf dem Platze der Hinrichtung liegen. So war es des Königs Wille. Bei Nacht wurde er von den

3. Assertionis Lutheranae confutatio per articulos XLI. Antverp. 1523.
4. De veritate Corporis et Sanguinis Christi in Eucharistia contra Joannem Oecolampadium. Coloniae 1527. 4⁰.
5. Sanctum Petrum fuisse Romae contra Ulricum Velenum.
6. Sermon at the burning of Luther's Works. Cambridge 1521.
7. De Fructu Orationis.
8. Expositio Orationis Dominicae.
9. De Unica Magdalena libri tres. Lovanii.
10. The fruitful Sayings of David, or Seven Sermons upon the seven penitential Psalms. London 1555. 8⁰. Lateinisch von John Fenn.
11. Sermon on the Passion. Lateinisch von John Fenn.
12. Sermo de Justitia Pharisaeorum. Aus dem Englischen von John Fenn.
13. De Charitate Christiana.
14. De Necessitate Orandi.
15. Psalmi et Precationes.
16. Tractatus de Purgatorio.
17. Sermon at the Funeral of King Henry VII. London 1509.
18. Additiones de Unica Magdalena.
19. Contra Comment. Jacobi Clictovaei in Jacobum Fabrum.
20. Defensorium matrimonii Regis Henrici cum Catharina Hispana.
21. Endlich hinterließ der Selige ein ausführliches und sehr werthvolles Manuscript „The History of the Divorce" in den Händen des Dekan Philipps von Rochester. Derselbe übergab es bald nach der Hinrichtung des Seligen dem Feuer, um durch den Besitz dieser Schrift nicht in Gefahr zu kommen.
22. Sehr großen Antheil an dem Werke Heinrichs VIII. gegen Luther: „Assertio septem Sacramentorum contra Lutherum", scheint der selige Bischof ebenfalls gehabt zu haben.

[1] Nach Beda im Jahre 286, nach anderen im Jahre 303.

Häschern nach dem unmittelbar neben Tower-Hill gelegenen Kirchhofe der Allerheiligenkirche gebracht und begraben. Das Haupt aber blieb auf eine Lanze gesteckt 14 Tage lang auf der London-Bridge ausgestellt. Wahrscheinlich hingen zur gleichen Zeit auch noch die Köpfe und die Gliedmaßen der drei Carthäusermönche Exmew, Middlemore und Newbigate, die wenige Tage vorher hingerichtet waren, an dieser belebtesten Brücke Londons. Kein Mensch wagte diese Trophäen der Tyrannei zu entfernen. Endlich wurde das Haupt des seligen Blutzeugen, das, statt zu verwesen, immer schöner und lieblicher geworden sein soll, in die Themse geworfen.

Die Kunde von der Hinrichtung Cardinal Fishers erregte begreiflicherweise nirgends tiefere Trauer und Entrüstung als in Rom. Cardinal Tournon schilderte die entsetzliche Blutthat in einer Sprache, welche das ganze Consistorium zu Thränen rührte. Paul III. war außer sich. Der englische Gesandte Cassalis schrieb an Cromwell, man achte den Tod Fishers gleich dem Martyrium des hl. Thomas von Canterbury, ja noch höher[1]. Die Nachricht vom Tode des seligen More, welche derjenigen von Fishers Hinrichtung auf dem Fuße folgte, konnte die Ueberzeugung des Papstes, daß jetzt bei Heinrich VIII. kein Mittel der Güte mehr fruchten werde, nur bestätigen, und so entschloß sich Paul III., die immer tiefer fressende Wunde, wie er sich selbst ausdrückte, „mit dem glühenden Eisen auszubrennen".

Schon am 22. Juli 1535 richtete der Papst an König Ferdinand das folgende Schreiben:

„Theuerster Sohn, Gruß und apostolischen Segen! Wir zweifeln nicht, Deine Hoheit werde bereits von der grausamen Ermordung Unseres Cardinals Johannes, des Bischofs von Rochester seligen Andenkens, gehört haben, und Deine Majestät, welche sich ja durch hohe Frömmigkeit auszeichnet, werde mit Rücksicht sowohl auf die Würde und Heiligkeit des Ermordeten, als auf die heilige Ursache seines Todes heftig erschüttert worden sein. Denn ob Wir nun die Bischofs- und Cardinalswürde, in welcher Uns die heiligen Apostel vorgestellt werden, oder die Todesart durch Henkershand, oder die Ursache des Todes, Wahrheit und Gerechtigkeit, betrachten, so sind alle diese Umstände der Art, daß sie Herz und Ohr des mächtigsten Königs auf das schwerste beleidigen müssen, gerade weil der Gottloseste der Thäter ist. Hat doch Heinrich, der König von England, nachdem er gottlos und ungerecht Unsere in Christo geliebte Tochter, die Königin von England, Deine Tante, mit

---

[1] State Papers VII, 620.

welcher er nach erhaltener Dispensation seitens des Apostolischen Stuhles sich ehelich verbunden und von welcher er Kinder erhalten hatte, von sich verstoßen, auf eigene Auctorität zu Lebzeiten Katharina's die Ehebrecherin Anna zu seinem Weibe genommen und, um diese Schandthat zu bemänteln, die Giltigkeit seiner Ehe mit Katharina und die Vollmacht des Apostolischen Stuhles geläugnet, die Kirche von England, und jenes Reich, das dem Apostolischen Stuhle lehenspflichtig ist, vom Gehorsame dieses Stuhles losgerissen und sich selbst in vielfacher Weise unter die Zahl der Häretiker gestellt. Als diese Thaten allen Guten verdientes Mißfallen erregten, ließ er, wer immer den Bund mit der Ehebrecherin zu mißbilligen wagte, gefangen nehmen, ermorden, einkerkern und hinrichten. Drei Jahre schon erträgt nun die ganze Christenheit seine Frevel, und dieser Apostolische Stuhl, der doch jenen König zum Vasallen hat, duldete mit Hirtensanftmuth sein empörendes Benehmen, langmüthig von Tag zu Tag Heinrichs Besserung erhoffend. Daß aber solches aussichtslos sei, beweisen diese seine jüngsten Thaten. Bei Unserer letzten kurzverflossenen Ernennung von Cardinälen haben Wir nämlich den Bischof von Rochester zur Verherrlichung seiner Tugend und Heiligkeit unter die Zahl der Cardinäle aufgenommen, in der Hoffnung, diese Würde, welche auf der ganzen Welt für unverletzlich geachtet wird, werde nicht nur das Todesurtheil von ihm abwenden, sondern auch seine Rettung und Befreiung zur Folge haben. Aber Heinrich blieb sich selbst treu und nicht nur sich, der aus demselben Grunde schon viele andere gemordet hat, sondern Heinrich II., seinem Vorfahren, dessen Haß und Verfolgung der selige Martyrer Thomas, Bischof von Canterbury, zum Opfer fiel. Ja, unser Heinrich hat jenes Heinrichs Gottlosigkeit nicht nur erreicht, sondern weit übertroffen. Hat doch jener nur einen, dieser viele, jener den Beschirmer der Rechte seines Sprengels, dieser den Beschirmer der Rechte der gesammten Kirche, jener einen Erzbischof, dieser einen Cardinal der römischen Kirche dem Tode geweiht. Jener hat, von Alexander III. zur Verantwortung gezogen, die Schuld auf andere gewälzt und die vom Papste auferlegte Buße bemüthig angenommen; dieser aber rühmt sich seines himmelschreienden Frevels, fühlt keine Reue und ist ein halsstarriger Empörer und offener Feind geworden, er, der von der römischen Kirche statt einer Kränkung den Titel „Vertheidiger des Glaubens" erhielt, der diesen Titel nun voll schnöden Undankes zum Kampfe gegen den Glauben mißbraucht und nicht aufhört, Uns zu kränken. Da also, theuerster Sohn, die heilige, römische und allgemeine Kirche mit einer schweren Wunde verletzt und mit Schimpf und Schande bedeckt ist, da ihre Geduld immer neue Beleidigungen seitens Heinrichs zur Folge hatte und da es mithin nothwendig ist, das Brenneisen zu gebrauchen, so nehmen Wir im Verein mit Unseren ehrwürdigen Brüdern, den Cardinälen der heiligen römischen Kirche, Unsere Zuflucht zu Deiner Majestät, welche mit ihren Vorfahren jederzeit Gerechtigkeit, Tugend und Religion hochhielt und diesen Apostolischen Stuhl mit kindlichem Gehorsam verehrte, und flehen bei so großem, der Kirche zugefügtem Unrecht um Deine Hilfe, Unterstützung und Gunst, und bitten Dich um der Barmherzigkeit unseres Herrn Jesu Christi willen, Du wollest mit Deinem Bruder, dem erhabenen Kaiser, und den anderen Fürsten, deren Mithilfe Wir nachsuchen, zur Vollstreckung Unseres Spruches mitwirken, da Wir nun nach Recht und Gerechtigkeit Heinrich, den Verächter der Kirchenstrafen, der in der Excommunication jetzt schon über zwei Jahre lebt und immer tiefer fiel, der ein Häretiker, ein Schismatiker, ein notorischer Ehebrecher, ein offenkundiger Mörder, Gottesräuber, Empörer und vielfacher Majestätsverbrecher ist, seines Reiches verlustig erklären wollen. Von Dir erwarten Wir also, wie es die Pflicht eines ausgezeichneten Fürsten fordert, Hilfe, wie Unser Bote Dir mündlich des Weitern mittheilen wird." [1]

Einen Monat später, am 30. August 1535, unterzeichnete Paul III. die feierliche Absetzungsbulle Ejus qui immobilis gegen Heinrich VIII., in welcher er den König, nach Aufzählung seiner Verbrechen und nach ergreifender Bitte, er solle sich um der Barmherzigkeit Christi willen bekehren, die erlassenen Gesetze widerrufen, die infolge derselben Eingekerkerten befreien, im Weigerungsfalle sammt allen seinen Mithelfern von der Gemeinschaft der Gläubigen ausschließt, seines Thrones als Vasall des Apostolischen Stuhles verlustig erklärt und das volle Maß der kirchlichen Strafen über ihn verhängt. Wer an die Macht zu binden und zu lösen glaubt, welche Christus dem hl. Petrus und dessen Nachfolgern übertrug, kann die Bulle nicht ohne Schauder lesen. Aber man muß gestehen, daß das Urtheil des Papstes wohl kaum jemals einen Schuldigeren traf und daß das Beispiel des hl. Paulus in seinem ersten Briefe an die Korinther [2] niemals mit mehr Recht nachgeahmt wurde. Und selbst jetzt ließ sich der Papst durch die Bitte einiger Fürsten bewegen, die Absetzungsbulle noch nicht zu veröffentlichen. Erst mehr als drei Jahre später, am 17. December 1538, erfolgte durch die Bulle Cum Redemptor die Veröffentlichung.

---

[1] Vitae et Res Gestae Pontificum Romanorum et S. R. E. Cardinalium Alphonsi Ciaconii O. P. opera descriptae et ab Oldoino S. J. recognitae. III, 574.
[2] 1 Kor. 5, 3—5.

8. More vor Gericht und auf dem Blutgerüste.
(† 6. Juli 1535.)

So hatte der selige Fisher seinen Kampf vollendet. Jetzt kam die Reihe, die Krone zu erringen, an More. Vier Tage nach Fishers Tod, am 26. Juni, wurde die Anklageschrift dem Gerichte eingereicht und abermals nach vier Tagen, am 1. Juli, mußte er vor dem hohen Gerichtshofe in Westminster-Hall erscheinen.

Während des Juni hatte man nochmals alles aufgeboten, um die Standhaftigkeit des edlen Bekenners zu brechen. Cromwell war wiederholt allein und in Begleitung der Commissäre, welche auch Fisher besucht hatten, in den Kerker gekommen, um ihn zu bereden oder in Worten zu fangen. Sein Starkmuth wankte nicht und seine Klugheit ließ sich nicht täuschen. „In früheren Tagen", sagte er zu Cromwell, „habe ich mich über die Frage der Suprematie dem Könige gegenüber ganz offen ausgesprochen; jetzt finde ich keinen Grund, das nochmals zu thun. Ich bin und bleibe des Königs getreuer Unterthan und bete täglich für ihn und für das Vaterland." Cromwell sagte, der König begnüge sich mit einer solchen ausweichenden Antwort nicht. More erwiederte, er wolle sich in keine Politik einmischen; er beschäftige sich nur mehr mit der Betrachtung des Leidens Christi und der Vorbereitung auf seinen Tod. Da drohte Cromwell mit der Strenge des Gesetzes. Der standhafte Bekenner antwortete: „Ich mache keinen Versuch, jemand zu der einen oder zu der andern Ansicht zu bereden, ich ertheile keinen Rath, table niemand, wünsche niemand Böses, allen Gutes, bete für den König und für alle. Wenn ich auf diese Weise mein Leben nicht retten kann, so will ich es nicht retten. Seitdem ich in diesem Kerker schmachte, glaubte ich schon mehr als einmal infolge meiner Leiden mein letztes Stündlein gekommen; ich kenne also den Tod und war nur darüber traurig, daß er an mir vorüberging. Mein armer Leib steht zu des Königs Befehl; wollte Gott, mein Tod könnte ihm nützen!"

Die Commissäre legten ihm am 3. Juni einen neuen Eid vor, wodurch er sich verpflichten sollte, offen und ohne Rückhalt seine Gedanken über den Supremat mitzutheilen. Er lehnte diesen Eid ab: die Falle war auch gar zu plump. Von jetzt an behandelte man den Gefangenen mit äußerster Strenge. Am 12. Juni kam Richard Riche, der Staatsanwalt, in Begleitung von zwei Schreibern, Palmer und Southwell, um auf königlichen Befehl dem Seligen seine Bücher und sein Schreibzeug wegzunehmen. Bei dieser Gelegenheit will Riche in dem folgenden Gespräche dem Gefangenen die positive Aeußerung entlockt haben, daß die Suprematie verwerflich sei. Es findet sich wie folgt in der Anklageschrift.

Riche sagte: „Gesetzt, ich Richard Riche würde im Parlament einstimmig zum König von England erwählt und von allen anerkannt, und jeder würde durch dasselbe Gesetz zum Vaterlandsverräther und Majestätsverbrecher erklärt, welcher Richard Riche nicht als König anerkennen wollte: würdet Ihr als englischer Bürger durch diesen Beschluß nicht gebunden sein? Wäre es nicht ein Verbrechen, den vom Parlamente erkorenen König zu verwerfen?" More erwiederte, gewiß wäre er in diesem Falle zum Gehorsam verpflichtet. „Allein der Fall, den Ihr annehmt, ist gar zu leicht. Ich will Euch einen andern Fall vorlegen: Gesetzt, das Parlament beschlösse einstimmig, Gott solle künftig nicht mehr Gott sein: würdet dann Ihr, Richard Riche, auf die Frage, ob Gott noch Gott sei, wegen des Parlamentsbeschlusses das Dasein Gottes abläugnen?" Riche antwortete: „Das würde ich unter keinen Umständen abläugnen; denn das ist ein durchaus unmöglicher Fall. Aber da Ihr mir einen so spitzen Fall vorlegt, so erlaube ich mir, noch einen andern vorzubringen, der nicht so spitz ist. Wie Euch bewußt, ist der König durch Parlamentsbeschluß zum obersten Haupte der anglikanischen Kirche auf Erden erklärt. Weshalb wollt Ihr nun diesem Beschlusse Euch nicht ebenso unterwerfen, wie dem Beschlusse, den ich in meinem ersten Falle erwähnte?" More antwortete: „Weil ein augenfälliger Unterschied obwaltet. Ein König kann nämlich durch Parlamentsbeschluß erwählt und abgesetzt werden, und dann haben sich alle englischen Unterthanen zu fügen. Allein durch keinen Parlamentsbeschluß kann der König das Haupt der Kirche Englands werden. Denn das Kirchenregiment und die geistliche Gerichtsbarkeit ist eine Sache des Glaubens und der Religion, nicht eines Königreiches oder einer Republik."[1]

So berichtet Riche. Wir werden sehen, wie More den letzten Theil des Gespräches vor Gericht feierlich in Abrede stellt. Nachdem man dem

---

[1] Stapletoni Vita Thomae Mori c. XVI.

Gefangenen so auch noch den Trost seiner Bücher, genommen hatte, bereitete er sich um so eifriger durch Gebet und Betrachtung auf den Tod vor. Gewiß hat er deßhalb den Fensterladen seiner Gefängnißzelle geschlossen, wenn er auch seine Absicht dem Lieutenant des Towers gegenüber hinter der Scherzrede verbarg, wenn man einem Waaren und Werkzeuge wegnehme, so bleibe nichts anderes übrig, als die Bude zu schließen. Das Urtheil, welches wenige Tage später über Fisher gefällt wurde, und dessen blutige Vollstreckung war die letzte Warnung, daß der König auch seines treuesten Dieners und Freundes nicht mehr schonen werde. Der Selige hatte übrigens mit klarem Blicke sein Schicksal schon lange vorhergesehen und dasselbe seiner Tochter Margaretha verkündet. „Als er einmal", so erzählt sein Großenkel in seiner Lebensgeschichte [1], „meine Tante Roper fragte, wie es seiner Gattin und seinen Kindern und dem ganzen Haushalte in seiner Abwesenheit ergehe, erkundigte er sich schließlich auch nach der Königin Anna. Sie antwortete ihm: „O Vater, es ging ihr niemals besser. Bei Hofe ist jetzt nichts als Tanz und Spiel." — „Niemals besser?" entgegnete er; „diese ihre Tänze werden ehelang zu Tänzen werden, in denen sie mit unseren Köpfen wie mit Fußbällen spielen wird; aber es wird nicht lange währen, so wird ihr Kopf denselben Tanz zu tanzen haben." More hatte Recht. Anna Boleyn dürstete nach dem Blute der beiden Männer, welche sie als persönliche Feinde betrachtete, weil dieselben sich mit aller Entschiedenheit ihrer Verbindung mit dem König entgegengestellt hatten. Wie in den Tagen Johannes des Täufers flog wieder einmal die Sohle der Tänzerin über das Haupt des Propheten. Aber kein Jahr später, am 19. Mai 1536, fiel auch das Haupt der unseligen Buhlerin unter dem Beile des Henkers. Der Bote, welcher die Nachricht von More's Hinrichtung dem Könige meldete, traf diesen mit Anna beim Brettspiel. Heinrich VIII. fuhr heftig auf, schleuderte der Königin einen grimmigen Blick zu und rief: „Dich trifft die Schuld am Tode dieses Mannes!"

Am 14. Juni, am selben Tage, da auch der selige Fisher verhört wurde, legten die Commissäre More noch einmal die entscheidenden Fragen vor: 1. Ob er den König als oberstes Haupt der Kirche anerkennen wolle? worauf er eine Antwort verweigerte. 2. Ob er die Rechtmäßigkeit der Ehe des Königs mit Anna anerkenne? worauf er erwiederte, er habe sich in die Sache nicht eingemischt und verweigere jede andere Antwort. 3. Ob man ihm nicht gesagt habe, daß er als ein Unterthan des Königs

---

[1] The Life and Death of Sir Thomas More by Cresacre More, p. 244.

zur Antwort auf diese Fragen und zur Anerkennung des Königs als
des Oberhaupts der Kirche verpflichtet sei? worauf er jede Erklärung verweigerte. Das Actenstück ist notariell unterfertigt von J. R. (Riche?)[1].
Der Selige ließ sich also auch bei diesem letzten Verhöre nicht von seinem
ablehnenden Standpunkte verdrängen.

Am 1. Juli wurde More in Westminster-Hall auf Leben und Tod
angeklagt. Er mußte den Weg vom Tower zum Gerichte zu Fuß zurücklegen; das that er wankenden Schrittes — nicht vor Furcht, sondern vor
Körperschwäche. Er stützte sich auf seinen Stock; sein Haar war im
Kerker ergraut, sein Antlitz blaß und abgezehrt; seine Kleidung bildete ein
grober Wollenrock. Die Leiden des Kerkers hatten den stattlichen, erst
55 Jahre alten Mann gebrochen; aber sein Geist besaß, wie seine Vertheidigung alsbald erkennen ließ, noch seine volle Frische.

Der Gerichtshof bestand aus More's Nachfolger im Kanzleramte,
Audeley, der den Vorsitz führte, dem Herzog von Norfolk und den Richtern Sir John Fitz-James, Sir John Baldwin, Sir Richard Leicester,
Sir John Port, Sir John Spelman, Sir Walter Luke und Sir Anthony
Fitz-Herbert. Der Herzog von Norfolk vertrat den König. Zunächst
wurde die Anklageschrift, ein langathmiges Actenstück, verlesen, ganz wie
eigens dazu gemacht, den Vertheidiger zu verwirren. More war aber
der erste Rechtsgelehrte und durch langjährige gerichtliche Praxis einer
der geübtesten Richter Englands. In meisterhafter Vertheidigung faßte
er die Anklage scharf zusammen und widerlegte sie Punkt für Punkt.
Vorher jedoch bot ihm der Herzog von Norfolk nochmals Verzeihung an,
wenn er jetzt wenigstens den Eid leiste. More dankte herzlich, fügte aber
bei: „Ich bitte den allmächtigen Gott inständigst, er wolle mich bei
meiner rechtgläubigen Ueberzeugung bestärken, so daß ich ihr bis in den
Tod treu bleibe."[2]

More begann nun seine Vertheidigung. „Indem ich die Länge der
Anklageschrift und die Schwere der wider mich erhobenen Beschuldigungen
bedenke, beschleicht mich die Furcht, meine Geisteskräfte, mein Gedächtniß
und die Kraft der Rede möchten mich bei meiner Antwort auf alles einzelne
im Stiche lassen; denn ich fühle als Folge meiner Kerkerleiden, von denen

---

[1] State Papers I. p. 486.
[2] Stapletoni Vita et Mors Thomae Mori c. XVIII. Die Reden des seligen
More und der übrigen, welche in die Verhandlung eingriffen, wie Stapleton sie mittheilt, stimmen vollständig mit dem Berichte der State Trials. Vgl. Cobbet, State
Trials v. I. p. 387 sq.

ich mich noch keineswegs erholt habe, eine sehr große Schwäche." Nach diesen Worten ließen ihm die Richter einen Stuhl bringen, und nachdem er sich gesetzt hatte, fuhr er also fort: „Wenn ich mich nicht täusche, enthält die Anklage vier Hauptpunkte. Ich werde sie der Reihe nach widerlegen. Zuerst wird mir vorgeworfen, ich hätte mich jederzeit aus bösem Willen der zweiten Ehe unseres Königs widersetzt. Offen bekenne ich, daß ich diese Verbindung bei Seiner Majestät stets mißbilligte. Es fällt mir gar nicht ein, hierüber anders zu reden oder zu denken, als ich immer geredet und gedacht habe, wie auch mein Gewissen mir in dieser Sache stets dasselbe vorschrieb. Und wahrlich, ich durfte und wollte Seiner Majestät meine Gewissensansicht über diesen Punkt nicht verheimlichen, als er mich befragte. Darin kann doch kein Schatten von Hochverrath gefunden werden. Im Gegentheile, wenn ich in einer so wichtigen Angelegenheit, welche die Ehre des Fürsten und die Ruhe des Reiches in Frage ziehen mußte, um Rath befragt, mehr nach Gunst als nach Wahrheit geantwortet hätte, — dann verdiente ich die gegen mich geschleuderte Beschuldigung, dann wäre ich ein böswilliger und treuloser Verräther. Uebrigens habe ich für diesen Fehltritt, wenn es ein Fehltritt ist, dem Fürsten auf dessen Befragen die Wahrheit zu sagen, bereits die allerschwersten Strafen erduldet; hat man mir doch all' meine Habe genommen und mich in den Kerker geworfen, in dem ich jetzt schon im 15. Monate schmachte.

„Der zweite Hauptpunkt der Anklage, und gerade derjenige, auf den es hier am meisten ankommt, wirft mir vor, ich hätte die Strafe verwirkt, welche auf die Uebertretung der Parlamentsacte gesetzt ist, indem ich im Kerker böswilliger, treubrüchiger und hochverrätherischer Weise Seiner Majestät den Titel abgesprochen, welchen ihm jener Parlamentsbeschluß beilegt, den neuen Titel nämlich, welcher ihn auf Erden zum obersten Haupte der Kirche von England erklärt. Diese neue Ehre soll ich dem Könige vorenthalten und abgeläugnet haben, weil ich auf die Fragen des Herrn Geheimsecretärs und der übrigen Commissäre, die mich im Kerker über meine Meinung in Betreff dieses Beschlusses befragten, keine andere Antwort gab, als: mich gehe das Gesetz, möge es nun gerecht oder ungerecht sein, gar nichts an. Gesetzt aber, ich hätte mich darin geirrt, so habe ich doch weder durch Wort noch durch That dasselbe mißbilligt; ich kann also seinen Strafen nicht verfallen sein. Man kann mir nichts dergleichen vorwerfen. Daß ich künftighin über das bittere Leiden Christi, meines Erlösers, und über meinen Hingang aus diesem

Leben und über keine irdische Sorge mehr denken wolle, das freilich habe ich geantwortet, dazu bekenne ich mich. Aber ich behaupte, durch diese Antwort das Gesetz nicht verletzt oder ein todeswürdiges Verbrechen begangen zu haben. Weder dieses euer Gesetz noch alle Gesetze der Welt können bloßes Schweigen bestrafen, sondern verlangen als Strafgrund ein Wort oder eine That. Denn über das Verborgene kann nur Gott urtheilen."

Hier unterbrach der Staatsanwalt die Vertheidigung More's mit der Bemerkung, sein Schweigen allein genüge für den Beweis seiner bösen Gesinnung. Es habe sonst niemand im ganzen Reiche so entschieden seine Meinung über dieses Gesetz verweigert. More antwortete: „Mein Schweigen kann nicht als Beweis einer bösen Gesinnung angeführt werden, was Seine Majestät aus vielen anderen Gründen ersehen kann, auch nicht als ein Beweis, daß ich das Gesetz mißbillige. Im Gegentheil scheint es vielmehr Zustimmung als Mißbilligung zu verrathen, was durch den von den Rechtsgelehrten allgemein angenommenen Satz erhärtet wird: ‚Wer schweigt, scheint zuzustimmen‘. Man hält mir die Unterthanenpflicht vor und weist auf das Beispiel aller Bürger Englands hin; ich halte zweifellos für die erste Pflicht eines guten Unterthans, daß er Gott mehr gehorche als den Menschen (es sei denn, er wolle ein guter Unterthan und ein schlechter Christ sein), und daß er auf sein Gewissen und sein Seelenheil mehr Gewicht lege, als auf irgend etwas anderes. Wer ein solches Gewissen hat, und das hoffe ich zu haben, wird seinem Fürsten gewiß keinen Fallstrick und keine Grube bereiten und keinen Aufruhr erregen. Und ich kann hoch und heilig betheuern, daß ich meine Ueberzeugung keinem Menschen mitgetheilt habe.

„Ich komme jetzt zu dem dritten Anklagepunkte, der mir vorwirft, ich hätte gegen die Parlamentsacte böswillig gestrebt, hochverrätherisch geplant und treubrüchig practicirt — so lauten die Worte der Anklage — indem ich dem hochwürdigsten Bischof von Rochester acht verschiedene Briefe geschrieben hätte, welche ihn gegen das besagte Gesetz aufgehetzt und zu dessen Verwerfung ermuntert haben sollen. Ich bestehe darauf, daß man diese Briefe vorlegen und verlesen möge, damit ich aus ihnen entweder als schuldig oder als unschuldig überführt werde. Aber man antwortet mir, der Bischof habe sie alle verbrannt. So will ich selbst den ganzen Inhalt derselben Euch offen legen. Einige betrafen Privatangelegenheiten; denn wir waren ja alte, vertraute Freunde. Einer enthielt die Antwort auf eine Anfrage des Bischofs, was und wie ich den königlichen Commissären über diesen neuen Parlamentsbeschluß geantwortet habe. Darauf erwiederte ich ihm nur das Folgende: ich sei über diese Angelegenheit mit meinem Gewissen im Klaren, er möge mit dem seinigen selbst ins Reine kommen. Gott ist mein Zeuge, so wahr ich hoffe, daß er meine Seele retten werde: diese Antwort gab ich ihm und keine andere! Und dadurch habe ich doch hoffentlich kein todeswürdiges Verbrechen gegen Euer Gesetz begangen.

„Das vierte und letzte Verbrechen, das man mir zur Last legt, besteht darin, daß ich bei meinem Verhöre im Kerker dieses Gesetz mit einem zweischneidigen Schwerte verglich, das im Falle der Annahme meine Seele, im Falle der Zurückweisung meinen Leib morde. Weil nun der Bischof von Rochester einen ähnlichen Vergleich vorbrachte, schließt man, die Sache sei offenbar zwischen uns verabredet gewesen. Ich antworte, daß ich mich dieser Worte im Kerker vor den Commissären nur bedingungsweise in der folgenden Form bediente: ‚Wenn mir dieses Gesetz in beiden Fällen, ob ich es billige oder mißbillige, Gefahr bereitet und daher wie ein zweischneidiges Schwert dargeboten wird, so scheint doch meine Lage, in die man mich durch die Vorlegung dieses Gesetzes bringt, ohne daß ich durch Wort oder That etwas gegen dasselbe verschuldete, eine unbarmherzige zu sein. Was und wie der Bischof von Rochester antwortete, weiß ich nicht. Wenn sein Urtheil mit dem meinigen übereinstimmte, so hat das seinen Grund durchaus nicht in einer gegenseitigen Verabredung, sondern in der Uebereinstimmung unserer Gesinnung und Ueberzeugung. Mit einem Worte, ich betheure nochmals, daß ich nie eine Silbe zu irgend einem lebenden Menschen wider dieses Gesetz gesprochen habe, obschon man vielleicht dem Könige fälschlich das Gegentheil hinterbrachte." [1]

Diese Vertheidigung More's muß in ihrer schlichten Wahrhaftigkeit auf den Gerichtshof doch nicht ganz ohne Wirkung gewesen sein. Die Anklageschrift hatte nicht nur die Verweigerung des Eides, sondern auch „böswillige", positive „hochverrätherische Umtriebe" wider das Gesetz der Suprematie betont. More hatte sich einfach ablehnend verhalten und nicht von diesem Standpunkt verdrängen lassen. Gegen den passiven Widerstand, den er dem Gesetz gegenüber einnahm, sagte er kein Wort der Vertheidigung; nur gegen die positive Verletzung des Gesetzes vertheidigte er sich. Zum Beweise, daß er das Gesetz auch positiv übertreten habe, war jene Erzählung des Staatsanwalts Riche, welche wir oben

---

[1] Stapletoni Vita Thomae Mori c. XVIII.

mittheilten, der Anklageschrift eingefügt worden. Der Selige hatte es nicht der Mühe werth erachtet, diese Angabe namentlich zu widerlegen, sondern nur im allgemeinen unter Anrufung Gottes betheuert, er habe niemals wider das Gesetz geredet. Jetzt erhob sich Riche als Zeuge und wiederholte unter dem Zeugeneide seine Erzählung. More erwiederte: „Wäre ich ein Mann, Mylords, dem es auf einen Eid nicht ankommt, so stände ich jetzt nicht hier als Angeklagter, wie Euch allen wohl bekannt ist. Und wenn Eure eidliche Zeugenaussage, Mr. Riche, auf Wahrheit beruht, so bitte ich Gott, daß ich niemals sein Antlitz sehen möge — und das ist ein Schwur, den ich, wenn meine Worte nicht wahr wären, für die ganze Welt nicht auf mich laden möchte." Dann erzählte der Selige das Gespräch, welches zwischen ihm und Riche im Tower stattgefunden hatte, und schloß: „Wahrlich, Mr. Riche, Euer Meineid bekümmert mich mehr als meine Todesgefahr. Ich muß Euch sagen, daß weder ich noch meines Wissens sonst ein Mensch Euch für einen Mann gehalten hat, mit dem ich oder ein anderer in einer wichtigen Angelegenheit etwas zu thun haben möchte. Ihr wißt wohl, daß ich mit Eurem Leben und Wandel schon lange, ja von Jugend an bis zu diesem Augenblicke wohl vertraut bin; denn wir wohnen in derselben Pfarrei, und es ist Euch wohl bekannt, daß Ihr — es thut mir leid, daß ich verpflichtet bin, es hier zu sagen — es ist Euch wohl bekannt, daß Ihr unter dem schlechten Leumund eines leichtfertigen Lügners, eines leidenschaftlichen Spielers stehet und Euch überhaupt keines guten Namens erfreuet, und zwar weder in Chelsea, noch im Tempel, wo Ihr Eure Bildung empfinget. Ist es deshalb wahrscheinlich, Eure Lordschaft, daß ich in einer so wichtigen Angelegenheit so thöricht gewesen wäre, meine Ueberzeugung einem Mr. Riche anzuvertrauen, einem Manne, von dem ich immer eine so geringe Meinung hatte, während ich sie vor meinem Herrn und König, dem ich für so mannigfache Gunstbezeugungen zu aufrichtigstem Danke verpflichtet bin, geheim hielt? Keinem der edeln und weisen Räthe, dafür aber einem Mr. Riche soll ich meine geheimsten Gedanken über den Supremat des Königs mitgetheilt haben, obschon jene sich alle Mühe gaben, meine Ansicht darüber zu erfahren, wie es allen, welche vom Könige zu mir in den Tower geschickt wurden, wohl bekannt ist? Ich überlasse es Eurem Urtheile, Mylords, ob Euch das wahrscheinlich vorkomme." Nach diesen vernichtenden Worten schloß der Selige seine Vertheidigung mit dem Bemerken, daß, selbst wenn ihm in einem Privatgespräche eine derartige Wendung entschlüpft wäre, die Böswilligkeit derselben, welche das Gesetz ausdrücklich für die Schuld voraussetze, nicht erwiesen wäre. Riche wollte seinen Eid, den der Angeklagte an den Pranger gestellt hatte, durch das Zeugniß der beiden Beamten stützen, welche zur Zeit des Gespräches in der Gefängnißzelle More's gewesen waren. Southwell und Palmer wurden also vorgerufen; allein sie ließen ihren Vorgesetzten im Stiche und erklärten, so sehr mit dem Einpacken der Bücher beschäftigt gewesen zu sein, daß sie das Gespräch nicht beachtet hätten.

Der Beweis der positiven Uebertretung des Gesetzes war also vollständig gescheitert. Es war nun die Frage, ob die Geschworenen wegen der bloßen Verweigerung des Eides ihn des Hochverraths schuldig erklären würden. Um dieses zu erreichen, hielt Audeley eine fanatische Ansprache an die zwölf Adeligen, welche das Loos des Angeklagten entscheiden sollten. Sie that ihre Wirkung, wenn die Geschworenen nicht schon von vornherein entschlossen waren, den Willen des Königs zu erfüllen. Nach kaum einer Viertelstunde Berathung kamen sie zurück, und ihr Obmann sprach das „Schuldig".

Der Kanzler war so erfreut, daß er aufsprang und sofort das Todesurtheil verkünden wollte. More, der keinen Augenblick seine Ruhe verlor, unterbrach ihn mit den Worten: „Mylord, als ich den Stuhl einnahm, den Ihr jetzt innehabt, war es Gebrauch, vor dem Urtheilsspruche den Gefangenen zu fragen, ob er noch etwas vorbringen könne, auf Grund dessen das Urtheil nicht gefällt werden dürfe." Beschämt mußte Audeley die übliche Frage stellen, und nun antwortete Thomas More, indem er seiner juristischen Vertheidigung, welche sich auf den Beweis beschränkt hatte, man habe ihm keine Gesetzesübertretung nachgewiesen, den zweiten Theil der Vertheidigung folgen ließ: Euer Gesetz ist unerlaubt und deshalb ungiltig. Er sagte: „Mylords, die Parlamentsacte, kraft welcher ich verurtheilt bin, widerstreitet den Gesetzen Gottes und seiner Kirche. Denn kein irdischer Fürst darf die oberste Gewalt in der Kirche an sich reißen; diese Gewalt gebührt dem Stuhl zu Rom, dem Christus seine Regierungsgewalt in der Person des heiligen Petrus übergeben hat. Kein Königreich kann ein Gesetz erlassen, das den allgemeinen Gesetzen der Kirche widerstreitet. Dieses Euer Gesetz widerstreitet sogar den Grundgesetzen dieses Reiches, die noch nicht widerrufen sind; nehmt nur die Magna Charta zur Hand; da ist bestimmt, daß die Kirche in England frei sein soll und daß ihre Rechte und Freiheiten nicht geschmälert werden dürfen. Das Gesetz widerstreitet also auch dem heiligen Eide, den Seine Majestät bei der Krönung abgelegt hat."

Der Kanzler suchte diesen Schlag durch den Hinweis auf die Universitäten, Bischöfe und alle Gelehrten des Reiches abzuschwächen, welche den Eid auf das Gesetz leisteten, und fragte, ob denn Sir Thomas More allein das richtige Urtheil habe. Der Selige war um eine Antwort auf diesen Einwand nicht verlegen. Zehn gegen einen Bischof oder Gelehrten ständen auf seiner Seite, sagte er, nicht zu reden von den gelehrten und heiligen Männern, die schon im Himmel seien. „Ich brauche deshalb mein Gewissen nicht dem Parlamente eines Reiches zu unterwerfen, das im Widerspruche steht mit der allgemeinen Lehre der ganzen Christenheit."

Der Kanzler Audeley wußte sich nicht mehr zu helfen und wandte sich an den Lord Oberrichter Sir John Fitz-James mit der Frage, ob nach seiner Meinung der Schuldbeweis erbracht sei. „Bei der hl. Juliana," rief dieser, „ich muß gestehen, wenn die Parlamentsacte nicht gesetzwidrig ist, dann ist auch nach meiner Ueberzeugung der Schuldbeweis erbracht."

Das war ja aber gerade die Frage und von More mit niederschmetternden Gründen bestritten. Gleichwohl erhob sich der Kanzler und verkündete über den Angeklagten das barbarische Todesurtheil des Hochverrathes. Es ist dasselbe, welches auch über die seligen Carthäuser, über den seligen Fisher und alle folgenden Martyrer gefällt wurde, und wir müssen es deshalb einmal nach seinem vollen Wortlaute mittheilen:

„Ihr sollt in das Gefängniß zurückgeführt werden, aus dem man Euch brachte, und von dort sollt Ihr durch die Stadt zum Richtplatze nach Tyburn geschleift werden, wo Ihr am Halse aufgeknüpft, halb lebendig losgeschnitten und auf die Erde hinabgeworfen werden sollt. Dann soll man...[1] Eure Eingeweide vor Euern Augen, während Ihr noch am Leben seid, aus dem Leibe reißen. Endlich soll Euer Kopf abgehauen, Euer Leib in vier Stücke gehackt, und diese sollen aufgehängt werden, wo es der König befehlen wird. Und Gott sei Eurer Seele gnädig."

Mit vollster Ruhe hatte der Selige den empörenden Spruch hingenommen; dann ergriff er noch einmal das Wort, um ähnlich wie der selige Fisher als ein Sterbender in feierlichster Weise der Wahrheit das Zeugniß zu geben. „Wohlan," sagte er, „ich bin also zum Tode verurtheilt; mit welchem Rechte, weiß Gott. Ich will nun frei sprechen,

---

[1] Wir wagen die schmachvolle Verstümmelung, welche das barbarische Gesetz an dieser Stelle verlangt, nicht zu übersetzen.

um meinem Gewissen zu genügen. Als ich bemerkte, die Strömung bei Hofe mache das Studium der Frage nothwendig, auf welche Gründe die Gewalt des römischen Papstes fuße, habe ich sieben Jahre hindurch diese Frage zu meinem besondern Studium genommen, und ich gestehe, bisher noch in keinem Theologen, der von der Kirche gebilligt wäre, die Lehre gefunden zu haben, ein Laie könne Oberhaupt der Kirche sein." — „Jetzt, Sir Thomas," unterbrach ihn hier der Herzog von Norfolt, „zeigt Ihr doch Eure gehässige und boshafte Gesinnung!" — „Keineswegs, Eure Durchlaucht," fuhr der Verurtheilte fort, „nicht aus Bosheit, sondern gezwungen und um meines Gewissens willen rede ich. Gott, der die Herzen und Nieren durchforscht, ist mein Zeuge, daß ich keinen Haß hege! Nur das Eine will ich noch beifügen: Der hl. Paulus war einst beim Tode des hl. Stephanus gegenwärtig und mitschuldig, indem er die Kleider derjenigen bewahrte, welche ihn zu Tode steinigten, und dennoch sind jetzt alle beide große Heilige im Himmel. So hoffe ich denn in Wahrheit und mit meinem ganzen Herzen, daß wir alle, obschon Eure Lordschaft meine Richter waren und mich zum Tode verurtheilten, bereinst freudig im Himmel wieder vereinigt werden zu nimmer endendem Glücke. Gott sei mit Euch und mit meinem Herrn und König und gebe ihm treue Räthe!"

Schöner hätte der Selige die traurige und empörende Gerichtshandlung, welche der Haß des Königs und der Sklavensinn seiner Knechte soeben über ihn vollzogen hatte, nicht zum Abschlusse bringen können. Lord Campbell sagt in seinem „Leben der Kanzler": „Nach mehr als drei Jahrhunderten, während welcher Zeit unter demselben Dache (von Westminster-Hall) Staatsmänner, Prälaten und ein König unschuldig zum Tode verurtheilt wurden, müssen wir doch diesen (an Sir Thomas More vollstreckten) Mord als das schwärzeste Verbrechen betrachten, das jemals in England unter der Form des Rechtes verübt wurde, wenn wir den Glanz der Talente, die Größe seiner Erfolge und die Unschuld seines Lebens in Betracht ziehen."

Der selige More wurde jetzt in den Palasthof hinausgeführt. Vor ihm her schritt der Scharfrichter mit dem Richtbeil, dessen Schärfe dem Verurtheilten zugekehrt war; neben ihm ging Sir William Kingston, der ihn nach dem Tower zurückführen mußte. Viele weinten laut; auch Kingston konnte sich der Thränen nicht erwehren. More tröstete ihn, so daß er später zu dessen Schwiegersohn Roper sagte: „Wahrlich, ich schämte mich meiner Schwäche, während er so stark und muthig war;

denn er tröstete mich, da ich doch ihn hätte trösten sollen." Man führte ihn zur Themsetreppe, wo ein Boot bereit lag; denn er hatte schon am Morgen nur mit Mühe den weiten Weg zu Fuß zurücklegen können. An dieser Treppe fand More seinen einzigen Sohn Johannes, der zwar nicht des Vaters große Talente, aber, was tausendmal mehr werth ist, dessen treues Herz und starken Glauben geerbt hatte. Johannes wohnte damals in Yorkshire und war die ganze Nacht gewandert, um des Vaters letzten Segen zu erhalten. So drängte er sich jetzt durch die Menge und fiel dem verurtheilten Vater zu Füßen. More segnete ihn und küßte ihn, und zum ersten Male vergoß sein Auge Thränen. Dann riß er sich los und stieg ins Boot. John More war des Vaters Nachfolger im Leiden für die heilige Kirche. Nach dessen Hinrichtung wurde er aufgefordert, den Eid auf die Suprematsacte zu schwören; er verweigerte ihn und wurde in den Tower geworfen, wo er lange Zeit schmachtete und beinahe ebenfalls die Marterkrone erhalten hätte.

An der Towerwerfte, wo das Boot mit dem Verurtheilten anlegte, erwartete More eine andere ergreifende Scene, vielleicht die ergreifendste in dem Trauerspiele seines glorreichen Todes. Dort stand schon lange seine Lieblingstochter Margaretha zugleich mit seinem Adoptivkinde Margaretha Giggs und der alten treuen Magd Dorothea Collis. Wir wollen den erschütternden Auftritt mit den Worten seines Großenkels erzählen:

„Als nun Sir Thomas an die Towerwerfte gekommen war, stand daselbst und wartete sein Lieblingskind, meine Tante Roper, voller Sehnsucht, ihren Vater zu sehen, den sie sonst in dieser Welt nicht mehr zu sehen fürchtete, und von ihm den letzten Segen zu empfangen. Sobald sie ihn erspähte, lief sie eilig zu ihm, ohne an sich selbst zu denken oder der Menschen zu achten, und drängte sich mitten durch das Gewühl und die Wachen, welche ihn mit Piken und Hellebarden umschlossen hielten, und umarmte ihn angesichts aller Leute und schmiegte sich um seinen Hals und küßte ihn, unfähig, ein anderes Wort zu sagen als: ‚O mein Vater! o mein Vater!' Er freute sich ob ihres natürlichen Gefühls und ihrer großen Liebe zu ihm und gab ihr seinen Vatersegen. Dann sagte er, was er auch immer zu leiden haben werde, und obschon er unschuldig sei, so geschehe es ja nicht ohne den Willen Gottes; er kenne alle ihre geheimsten Gedanken; so rathe er ihr, sich dem heiligen Willen Gottes zu unterwerfen und mit Geduld seinen Tod zu ertragen. Kaum hatte sie sich von ihm getrennt und war keine zehn Schritte gegangen, so eilte sie, mit diesem Abschiede nicht zufrieden, ganz außer sich und vor Liebe zu einem so ehrwürdigen Vater wie von Sinnen, ihrer selbst und des Volksgedränges nicht achtend, raschen Laufes zu ihm zurück und schmiegte sich abermals an seine Brust und küßte ihn wiederholt. Er redete kein Wort und behielt seine Fassung; aber Thränen strömten aus seinen Augen, und wahrlich, es waren wenige in der Volksmenge, die sich der Thränen erwehren konnten, nein, nicht einmal die Häscher."[1]

Mit Mühe konnte man seine Tochter von ihm trennen. Auch sein Stiefkind und sein Sohn Johannes, der inzwischen ebenfalls von Westminster nachgekommen war, nahmen noch einmal Abschied, und selbst die alte Magd Dorothea Collis fiel ihrem Herrn weinend um den Hals. „Es war von ihr etwas zu vertraulich," sagte More nachher, „aber aus lauter Liebe gethan."

Der Selige sah keines seiner Kinder wieder; auch seine Gattin scheint zurückgewiesen worden zu sein. Noch vier Tage hatte er zur Vorbereitung; er brachte sie in Gebet und Bußübung hin, aber zugleich in vollster Seelenruhe. Ein Höfling gab sich viele Mühe, More doch noch zum Schwure zu bereden, um so Verzeihung vom Könige zu erhalten. Es war umsonst; mit einem Scherze entledigte er sich endlich des lästigen Versuchers. Dann kratzte er in die Wand seiner Gefängnißzelle die folgenden Sätze, die sich auch in dem kurzen Aufsatze: „Daß man den Tod für den Glauben nicht fliehen dürfe", dem Sinne nach finden: „Wer wollte sein Leben retten und dadurch Gott mißfallen? Wenn Du dein Leben also rettetest, wie würdest Du es am darauffolgenden Tage hassen und wie schwer müßte es Dir aufs Herz fallen, daß Du am Tage vorher nicht gestorben wärest! Wenn Du mit Christus beim Hochzeitsmahle in Galiläa warest, so schrick nicht davor zurück, mit ihm vor dem Richterstuhle des Pilatus zu stehen. Schon naht der Augenblick, da Du mit ihm dich freuen wirst bei der Offenbarung seiner Glorie." Man sieht, der Selige fühlte sein Opfer; aber im Geiste des Glaubens fand er die Kraft, dasselbe mit aller Großmuth zu bringen.

Am Vorabende seines Todes schickte er seiner geliebten Tochter Margaretha sein härenes Bußhemd und seine Geißel. „Die Schlacht war gewonnen: er konnte jetzt die Waffen bei Seite legen", sagt sein Enkel. Zugleich schrieb er mit einem Stücke Kohle — auch jetzt hatte man ihm Schreibzeug verweigert — seinen letzten Brief, in dem er alle seine Lieben namentlich aufzählt und für jedes derselben, selbst für die Dienstmägde

---

[1] The Life and Death of Sir Th. More by Cresacre More ch. 11. p. 341 sqq.

seiner Töchter, ein Wort liebevoller Erinnerung hat. „Morgen ist der Vorabend von St. Thomas' Tag"[1], schreibt der Selige, „und die Octav des Festes des hl. Petrus, und deshalb sehne ich mich darnach, morgen zu Gott zu gehen; das wäre ein Tag ganz wie eigens für mich gemacht."[2] Dieser letzte Herzenswunsch des Seligen wurde erfüllt. Am Feste der Octav des Apostelfürsten, für dessen Primat er so tapfer gekämpft hatte, sollte er die Marterkrone erringen. Am Vorabende hatte der König noch einmal Boten geschickt, um, wenn es möglich wäre, die Standhaftigkeit dieses Mannes zu brechen, von dessen Fall er sich größern Vortheil für seine Sache versprechen mußte als von dessen Tod. Auch diese letzte Versuchung überwand der Starkmüthige. Als alles umsonst war, theilten sie ihm mit, der König habe aus besonderer Gnade das barbarische Urtheil in die mildere Todesart der Enthauptung umgewandelt. „Ich danke dem Könige für seine Güte," sagte der Selige, setzte aber lächelnd mit seinem unverwüstlichen Humor hinzu: „Ich bitte aber Gott, daß er alle meine Freunde vor derartigen Gunstbeweisen bewahre."

In der letzten Nacht genoß er einen ruhigen und festen Schlaf. Am folgenden Morgen, 6. Juli, bei Tagesanbruch, trat sein Freund Sir Thomas Pope in die Zelle des Verurtheilten. More ahnte sofort den Zweck dieses Besuches. „Mein guter alter Freund," begann Pope, „ich habe Euch eine Botschaft des Königs und seines Rathes zu überbringen, und ich wollte, ich hätte Euch diese Kunde nicht zu sagen. Ihr müßt am heutigen Tage um 9 Uhr den Tod erleiden. Es ist deshalb Zeit, daß Ihr Euch vorbereitet." — „Von Herzen danke ich Euch für diese Kunde, die Ihr mir bringet," antwortete More. „Für viele Gnaden und Gunstbeweise schuldete ich früher dem Könige Dank, aber für keine Gunst danke ich ihm so sehr als dafür, daß er mich in diesen Kerker einschloß, wo ich viele Zeit fand, über mein letztes Ende zu betrachten, und ebenso bin ich ihm innig verpflichtet, daß er mich von dem Elende dieses Lebens befreit." — „Es ist auch des Königs Wille, daß Ihr bei Eurer Hinrichtung keine lange Rede haltet", setzte Pope bei. — „Es ist gut, daß Ihr mir diesen Wunsch des Königs mittheilt, Mr. Pope. Ich hatte mir vorgenommen, eine Anrede an das Volk zu halten; doch wäre darin nichts vorgekommen, was Seine Majestät hätte beleidigen können. Nun will ich mich dem Befehle des Königs fügen. Nur das Eine bitte ich

---

[1] Fest der Uebertragung des hl. Thomas von Canterbury, das damals in England noch sehr feierlich begangen wurde.

[2] „It were a day verye mete and convenient for me."

noch, guter Mr. Pope: ersuchet Seine Majestät, daß meine liebe Tochter Margaretha an meinem Begräbnisse theilnehmen dürfe." Pope erwiederte, der König werde nichts dagegen haben, und nahm dann unter Thränen Abschied von dem Verurtheilten, so daß More alles aufbieten mußte, Ernst und Scherz, um den Mann zu beruhigen. „Ich hoffe," sagte der Selige schließlich, „wir werden uns einst wiedersehen im ewigen Leben und in endloser Wonne miteinander verkehren."

Sobald der Selige allein war, kleidete er sich in ein seidenes Gewand, welches ihm sein Freund Anthony Bonvyse geschenkt, ein reicher Londoner Kaufherr, an den er aus dem Tower einen schönen lateinischen Brief geschrieben hat[1]. Nachdem er sich so wie zu einem Feste geschmückt hatte, kniete er nieder und betete inbrünstig. So fand ihn Sir William Kingston, der Lieutenant des Towers, als er kurz vor 9 Uhr eintrat, um ihn zum Tode zu führen. Das prächtige Gewand fiel dem Beamten auf und er bat den Verurtheilten, ein einfacheres anzulegen. „Der Bursche, dem es zur Beute fallen würde, ist doch nur ein Lump", sagte er. — „Wie, Mr. Lieutenant," entgegnete More, „soll ich denjenigen für einen Lump halten, der mir heute die größte Wohlthat erweist? Nein, Mr. Kingston, und wäre es aus Goldbrocat, er müßte es haben. Ich denke an den hl. Cyprian, den berühmten Bischof von Carthago, der dem Henker 30 Goldstücke gab, da dieser im Begriffe stand, ihm eine so große Wohlthat zu erweisen." Aber der Beamte wollte durchaus nicht, daß das kostbare Kleid bei der Hinrichtung verdorben werde, und More gab seinen Vorstellungen endlich nach. Er legte einen Anzug aus grobem Wollenzeug an, befahl aber, daß dem Scharfrichter ein „goldener Engel"[2] gegeben werde zum Zeichen, daß er zu ihm keine Abneigung, im Gegentheile große Liebe hege.

Als die Uhr der Peterskapelle die neunte Stunde schlug, trat More seinen Todesgang an. Er schritt neben Kingston durch den Thorweg über die Brücke und durch die äußere Pforte auf den Platz hinaus, der sich nach Tower-Hill hinauf erweitert. Alles war gedrängt voll Menschen; Tausende, die ihn früher als Richter von London, dann als den ersten

---

[1] Der Brief findet sich bei A. Stewart, The Life and Letters of Sir Thomas More p. 307.

[2] Eine Goldmünze. Aus dem Chronicle of the Grey Friars of London (p. 47) ersehen wir, daß im Jahre 1544 bei Ausbruch des Krieges mit Frankreich Geld aufgenommen werden sollte, wobei es heißt, ein Engel solle zu 8 Schilling berechnet werden (the angelle at viij shillings).

Beamten des Königreiches, geschmückt mit der goldenen Kanzlerkette, am Hofe des Königs, auf der Sonnenhöhe irdischen Ruhmes geschaut hatten, sahen ihn jetzt „mit bleichem, abgezehrtem Antlitze, mit langem grauem Barte, ein rothes Kreuz in seiner Hand, oftmals die Augen gegen Himmel hebend", aber mit ruhigem und festem Blicke zwischen den Häschern einherschreiten. Es sollte ihm dabei nicht an Verdemüthigungen fehlen. Seine Liebe zur Gerechtigkeit hatte ihm auch Feinde erworben; einige derselben stellten sich ihm jetzt in den Weg und lästerten ihn. Vielleicht waren sie dazu von denjenigen angestiftet, in deren Vortheil es lag, wenn die öffentliche Meinung sich zu Ungunsten des Verurtheilten erklärte. Ein Weib namentlich that sich durch ihr freches Geschrei hervor und rief ihm nach, er habe ihr früher als Richter großes Unrecht gethan. Mit Ruhe antwortete er: „Ich erinnere mich Euer recht wohl; und wenn ich heute das Urtheil nochmals zu sprechen hätte, ich würde nichts daran zu ändern haben." Aber auch Zeichen der Verehrung wurden ihm zu Theil. Eine Frau bot ihm einen Becher Wein an; allein er lehnte ihn freundlich dankend ab und sagte: „Christus trank bei seinem Leiden nicht Wein, sondern Galle und Essig." Dieses Wort verräth uns, mit welchen Gedanken sich der Selige auf seinem Todesgange beschäftigte. Ein Mann aus Winchester, der von schweren Versuchungen zum Selbstmorde geplagt wurde, warf sich More zu Füßen und bat um seine Fürbitte. „Geht und betet für mich," sagte der Sterbende, „und ich will auch für Euch beten."

Die kurze Strecke zum Schaffot war bald zurückgelegt. Am Fuße des Gerüstes, das in Eile aufgeschlagen war und wankte, als der Selige die Leiter besteigen wollte, legte er seine Hand auf Kingstons Schulter und sagte mit seinem unverwüstlichen Humor: „Ich bitte Euch, Herr, macht, daß ich heil hinaufkomme; fürs Herunterkommen will ich dann schon selber sorgen." [1]

Jetzt stand er oben und schaute mit seinen klaren Augen über das Volk hin. Seinem Versprechen gemäß wollte er keine längere Ansprache halten, nur in einigen Worten um das Gebet der Leute bitten. Sobald er aber zu sprechen anhob, unterbrach ihn der Sheriff. Er sagte doch noch: „Brüder, ich nehme Euch zu Zeugen, daß ich im Glauben der heiligen katholischen Kirche und als treuer Diener Gottes und des Königs sterbe." Nach diesen Worten kniete er nieder und betete den Psalm

---

[1] Hall, The Union of the Families of Lancaster and York, fol. 226.

Miserere. Als er sich vom Gebete erhob, trat der Scharfrichter heran und bat ihn tiefbewegt um Verzeihung. Der Selige küßte den Mann und sagte zu ihm: „Du wirst mir heute die größte Wohlthat erweisen, die ein Sterblicher seinem Mitbruder erweisen kann. Sei guten Muthes und fürchte dich nicht, deines Amtes zu walten. Aber mein Hals ist recht kurz. Nimm dich deshalb zusammen, daß Du nicht daneben schlägst und deinem Namen schabest." Der Nachrichter wollte ihm nun die Augen verbinden; er aber antwortete: „Das will ich selbst thun", und band sich ein Tuch um, das er eigens dafür mitgebracht hatte. Dann kniete er nieder und legte das Haupt auf den Block. Schon faßte der Henker das Beil, da machte More ein Zeichen, einen Augenblick zu warten, strich den Bart zur Seite und sagte: „Der hat wenigstens keinen Hochverrath verübt." Mit diesem Scherz auf den Lippen, dem Zeugnisse seiner vollsten Seelenruhe, durfte More getrost vor den Richterstuhl Gottes treten. Kaum hatte er diese Worte gesprochen, so sauste das Beil hernieder und trennte das Haupt vom Rumpfe.

„Also empfing er", schließt die Lebensbeschreibung seines Großenkels, „mit Frohsinn und geistiger Freude den Todesstreich, und kaum hatte das Beil den Kopf vom Rumpfe getrennt, so wurde seine Seele von den Engeln in die ewige Glorie getragen, wo eine Marterkrone für ihn bereit lag, die in Ewigkeit nicht verwelkt noch verwittert. Da fand er die Worte wahr, die er oftmals gesprochen hatte: „Ein Mann kann seinen Kopf verlieren, ohne Schaden zu leiden." [1]

Auf Befehl des Königs wurde das Haupt auch dieses seligen Blutzeugen auf der Londoner Brücke, wo wahrscheinlich das Haupt des seligen Bischofs Fisher sich noch befand, den Blicken der Tausende ausgestellt, welche täglich über die Themse hin und her wogen. Daß es nach 14 Tagen nicht ebenfalls von Henkershand in den Strom geworfen wurde, ist nur dem Muthe seiner Tochter zu danken. Margaretha, welche den Leib des seligen Vaters in der Kapelle des hl. Petrus zu den Ketten und neben demselben die ehrwürdigen Ueberreste des seligen Bischofs von Rochester[2], welche sie aus dem nahegelegenen Friedhofe der Allerheiligen-Kirche herüberbringen ließ, im Tower würdig bestattet hatte, mußte auch in den Besitz des Hauptes zu gelangen. Sie wurde für diese edle That vor das Privy Council gefordert, und da sie nicht sagen wollte, auf welche Weise sie des

---

[1] The Life and Death of Sir Th. More by Cresacre More ch. 11. p. 356.
[2] Stowe, Chronicles p. 1004.

Vaters Haupt erhalten habe, noch die Zusicherung geben, sie werde des Vaters hinterlassene Schriften nicht drucken lassen, auf Befehl des Rathes in den Tower geworfen. Doch wagte man ihr weiter kein Leid zuzufügen und entließ sie nach einiger Zeit aus der Kerkerhaft. Margaretha ließ sich später das Haupt des Vaters mit ins Grab geben.

Die Nachricht von More's Enthauptung rief in ganz Europa Schmerz und Entrüstung hervor, in gelehrten Kreisen noch mehr als das blutige Ende des seligen Fisher. Erasmus vor allen, der Führer der Humanisten, der mit beiden Männern persönlich bekannt und befreundet war, gab seinem Schmerze beredten Ausdruck. Er verglich die That Heinrichs VIII. mit Nero's Verurtheilung seines Lehrers Seneca und schrieb über More: „Des Thomas Morus Tod beklagen auch diejenigen, deren Ansicht er mit aller Kraft bekämpfte. So groß war gegen alle dieses Mannes Offenheit, so groß seine Leutseligkeit, so groß seine Güte. . . Seine Güte, dieser Grundzug seines Charakters, hat sein Andenken so tief in aller Herzen eingeschrieben, daß ihn alle wie einen Vater oder Bruder beweinen. Ich selbst sah die Thränen vieler, welche More niemals gesehen oder irgend eine Wohlthat von ihm erhalten hatten. Und während ich dieses schreibe, fließen auch meine Thränen, ich mag mich wehren, wie ich will. Wie viele edle Herzen hat jenes Richtbeil verwundet, unter dem das Haupt des Morus fiel!"

Auch in Deutschland sprach alsbald einer der gelehrtesten Männer als Wortführer der öffentlichen Meinung sein Urtheil über die Blutthat Heinrichs und über den Mann, der ihr zum Opfer gefallen war. „Welches Lob und welchen Vortheil konnte Euch denn die Grausamkeit einbringen, welche Ihr an Thomas Morus verübtet?" fragt Cochläus den Richard Sampson, der die Hinrichtung vertheidigen wollte. „Er war ein Mann, den alle wegen seiner Bildung, seiner Sitten, seiner Freundlichkeit, Leutseligkeit, Beredsamkeit, Klugheit und Unschuld, wegen seiner Talente und Gelehrsamkeit lobten, liebten und bewunderten, der überdies als höchster Richter, als Freund des Königs mit Auszeichnung von Jugend auf dem Gemeinwohl gedient hatte, der des Königs Aufträge als Gesandter glänzend gelöst und nun an der Grenze des Alters in seinen ergrauten Haaren allen ehrwürdig dastand. Mit Ehren vom Könige seines Amtes enthoben, lebte er als Privatmann zu Hause mit seiner Gattin, seinen Kindern und Enkeln, keines Verbrechens schuldig oder auch nur verdächtig; niemand bereitete er Hindernisse, niemand war er lästig, sondern gegen alle dienstbereit, milde und freundlich. Und diesen Mann habt Ihr gewaltsam aus seinem Hause entführt, habt ihn dem trauten Kreise der Seinigen, mit denen er das schlichte Leben eines frommen Weisen führte, entrissen, und dies aus keinem andern Grund, als weil er Eure Schandthaten nicht billigen wollte, was ihm sein Gewissen, die Furcht Gottes und sein Seelenheil verbot! Glaubt Ihr wohl, ein solcher Frevel finde oder werde jemals die Billigung der Menschen finden? Nimmermehr! Euch selbst habt Ihr mehr geschadet als ihm. Euch habt Ihr zu Mördern gemacht, und sein unschuldiges Blut, das Ihr verspritzet, zeugt gegen Euch in Ewigkeit. Ihn aber habt Ihr vor Gott, allen himmlischen Heerschaaren und allen Menschen zu einem mit Ruhm und Ehren gekrönten Martyrer gemacht. Mit Gott lebt und herrscht er in Ewigkeit, während Ihr das Mal Eurer Schuld und Schande niemals austilgen werdet." [1]

So urtheilte die Mitwelt, so die Nachwelt, und jetzt sehen wir More und seine Gefährten auch von der Kirche mit der Martyrerkrone geschmückt.

---

[1] Bei Stapletonius c. XXI.

9. Der Klostersturm.
(1536—1539.)

Heinrich VIII. schritt inzwischen, von Cromwell geleitet, auf der Bahn der Verfolgung und Zerstörung weiter. Die Klöster, denen gerade in England das Christenthum und die Civilisation so unendlich viel verdankt, von denen die Lehre und der Segen des Kreuzes bis in die Wälder Germaniens und in die Hochthäler der Alpen hinein getragen wurde, sollten jetzt vernichtet werden. Es unterliegt freilich keinem Zweifel, daß der Geist der heiligen Stifter zu Anfang des 16. Jahrhunderts vielfach aus den altehrwürdigen Mauern gewichen war. Allein ein Mann wie Heinrich VIII. hatte wenig Grund, den Mönchen Sittenlosigkeit vorzuwerfen, selbst wenn die Klage nicht nur in Ausnahmsfällen berechtigt gewesen wäre. Wie in anderen Ländern würde die Kirche selbst die Mittel zu einer Klosterreform gefunden haben, hätte der König diese Kirche nicht vom Boden Englands verbannt.

Das erste Beispiel einer Klosteraufhebung hatte Cardinal Wolsey gegeben, als er mit Bewilligung des Apostolischen Stuhles 1528 einige kleinere Klöster unterdrückte und deren Einkommen zur Gründung des prachtvollen Christ=Church=College zu Oxford und eines andern zu Ipswich verwendete. Das war gewiß erlaubt, aber immerhin ein gefährliches Beispiel, wie schon damals der selige Johannes Fisher warnend hervorhob. Das katholische Volk sah in seinem richtigen Gefühle das Vorgehen gegen diese Klöster sehr ungern; an einigen Orten widersetzte es sich gewaltsam, so zu Beggam in Sussex, wo eine Schaar Bewaffneter mit geschlossenen Visiren und geschwärzten Gesichtern die Chorherren wieder in ihr Kloster, das wegen seiner Wohlthätigkeit in der ganzen Gegend beliebt war, zurückführten und ihnen sagten, sie würden auf ein Zeichen der Sturmglocke mit großer Macht wieder zur Hilfe eilen, wenn die königlichen Commissäre ein zweites Mal kämen[1].

Ganz andere waren die Gründe, welche Cromwell bestimmten, seinen königlichen Herrn zur Unterdrückung der Klöster zu veranlassen. Für ihn

---
[1] Grafton, Chron. p. 382.

handelte es sich, um die Zerstörung der letzten festen Plätze, welche die alte katholische Religion in England hatte. Er ging mit seiner gewohnten Schlauheit und Rücksichtslosigkeit zu Werke. Im Herbste 1535 ließ er eine allgemeine Klostervisitation abhalten. Eine Instruction für die Visitatoren findet sich unter den Manuscripten der Cotton. Bibliothek im Britischen Museum[1]. Wir wollen dieselbe im Auszuge mittheilen, damit man erkenne, von welchem Geiste diese Staatsuntersuchung eingegeben war. Sobald die königlichen Visitatoren ein Kloster betraten, hatten sie alle Mitglieder desselben im Kapitelsaale zu versammeln und jeden einzelnen Mönch zuerst über seine Treue gegen Heinrich VIII. zu befragen. Hierauf mußten alle eidlich dem Könige und der Königin Anna und den Kindern Anna's Treue geloben und eidlich versprechen, solches dem Volke zu predigen und zu lehren. Alsdann wurde das Suprematsstatut auf das Entschiedenste in vier Punkten eingeschärft[2]. Die Visitatoren hatten sich dann auch nach der Predigtweise zu erkundigen und die geschriebenen Predigten zu prüfen, damit die Heilige Schrift „im rechten Sinne, einfältig, offen und ehrlich" angeführt werde. Endlich sollen die Klöster Hab und Gut genau angeben und sich und alle ihre Nachfolger im Gewissen und durch einen heiligen Eid unter dem Klostersiegel verpflichten, alle diese Anforderungen (also namentlich die Suprematsacte) treu zu erfüllen[3].

Die Klöster, welche in diesen Punkten dem Willen des Königs nicht entsprachen, zeigten eben dadurch ihre „hochverrätherische Gesinnung" und hatten keine Hoffnung, in ihrem Bestande geduldet zu werden. Aber

---

[1] Cotton MS., Cleopatra IV, 14 (11).

[2] 4. Confirmatum ratumque habeant, quia praedictus Rex noster Henricus sit caput Ecclesiae in Anglia, prout in convocatione cleri et Parlamento decretum et ratificatum est. 5. Ut confiteantur Episcopum Romanum, qui in suis Bullis Papae nomen usurpat et summi Pontificis primatum sibi arrogat, nihilo majoris dignitatis habendum esse quam caeteros quosque episcopos in sua quemque dioecesi. 6. Ut ne quis eorum pro concione privatim vel publice habenda eundem episcopum Romanum appellare velit nomine Papae aut summi pontificis, sed nomine episcopi Romani vel ecclesiae Romanae, neque orare pro eo tamquam Papa sed tamquam Episcopo Romano, prout praedictum est. 9. Primum omnium Regem tamquam caput supremum Ecclesiae Anglicanae Deo et populi precibus commendent; deinde Reginam Annam cum sua sobole, et tum demum Archiepiscopum Cantuariensem cum caeteris cleri ordinibus, prout videbitur.

[3] Ut omnia et singula coenobia ac fratres in eisdem aut in quovis viventes sese et successores suos conscientia ac jurisjurandi sacramento obligent et suo quisque conventuali sigillo in domibus suis capitularibus dato confirment, quatenus omnia et singula praedicta fideliter observent.

auch diejenigen Klöster, welche schwach genug waren, sich diesem schmachvollen Ansinnen zu beugen, waren keineswegs gesichert. Für diesen Fall hatten die königlichen Klostervisitatoren den Auftrag, möglichst viele Skandalgeschichten, wahre oder falsche, zu sammeln, welche zur Begründung der beschlossenen Aufhebung dienen könnten, zugleich aber auch einen genauen Einblick in das Klostervermögen zu gewinnen. Zu Visitatoren wählte Cromwell natürlich der neuen Religion fanatisch ergebene und nicht gerade gewissenhafte Männer. Ein Dr. London z. B., der eine ganz hervorragende Rolle bei der Klosteraufhebung spielte, mußte später als Meineidiger zu Windsor und Ockingham und wegen Blutschande zu Oxford öffentlich Buße thun [1]; Dr. Legh und Dr. Layton, von denen wir alsbald noch zu reden haben, waren freche Kirchenschänder. Sir Thomas Aubeley, der Kanzler, ist uns schon bekannt; er war überaus thätig bei der Klosteraufhebung und erntete dabei für sich ein riesiges Vermögen an Geld und Ländereien. Gleich bei diesem ersten Besuche hatten die Visitatoren den Auftrag, alle Mönche und Nonnen, welche entweder freiwillig austreten wollten oder noch nicht 24 Jahre alt waren, aus dem Kloster zu entlassen; jedem Mönche, der so austrat, mußten die Aebte oder Prioren eine priesterliche Kleidung und 40 Schillinge baar geben. Die Nonnen sollten „solche Kleider erhalten, wie weltliche Weiber tragen, und dann gehen, wohin sie wollen".

Auf den Bericht dieser Visitatoren und „auf verschiedene glaubwürdige Informationen" hin, wie es in dem Actenstücke heißt, wurde Ende Februar 1536 dem Parlament eine Bill vorgelegt mit dem Titel: „Eine Acte, wodurch die Klöster von Mönchen, Chorherren und Nonnen, deren Güter, Ländereien, Pachtzinse und Erbe den jährlichen Reinertrag von 200 Pfd. St. nicht übersteigen, des Königs Majestät und dessen Erben und Nachfolgern auf ewige Zeiten übergeben werden." [2] In dem langathmigen Gesetzentwurf heißt es u. a.: „In Anbetracht dessen (der durch die Visitatoren angeblich beglaubigten Verkommenheit der kleinen Klöster und der Unmöglichkeit, anders zu helfen) hat des Königs höchste souveräne Majestät, als unter Gott auf Erden das oberste Haupt der Kirche von England, in seinem täglichen Sinnen und Trachten auf das Wachsthum, die Beförderung und Erhebung der wahren Lehre und Tugend in der besagten Kirche, einzig und allein den Ruhm und die Ehre Gottes und die gänzliche Ausrottung von Sünde und Laster im Auge habend"

---

[1] Strype, Memorials I, 377.   [2] 27. Henry VIII. c. 28.

u. s. w. beschlossen, die Sache dem Parlamente vorzulegen. „Und deshalb wünscht des Königs Majestät allen Ernstes, das gegenwärtige Parlament möge ein Gesetz beschließen, daß Se. Majestät für sich und seine Erben auf ewige Zeiten haben und genießen solle jedes Kloster, jede Priorei oder sonstiges religiöses Haus von Mönchen, Chorherren, Nonnen von was immer verschiedenem Habit, Regeln, Orden, sie mögen sich nennen wie sie wollen, die an Ländern, Pachtzins, Renten, Zehnten, Theilen oder Erbschaften nicht mehr als 200 Pfd. St. reines jährliches Einkommen besitzen."

Dann geht die Bill einen Schritt weiter und fordert: „Ferner soll Se. Majestät für sich und seine Erben jedes Kloster, jede Abtei, Priorei als Eigenthum besitzen, welche ihm wann immer binnen Jahresfrist von der Erlassung dieser Acte an von den Aebten oder Prioren, Aebtissinnen oder Priorinnen unter dem Klostersiegel übergeben oder sonstwie unterdrückt und aufgehoben wurde." Mit dieser Verfügung waren eigentlich schon alle Klöster der königlichen Habgier bloßgestellt. Sämmtliche Klosteroberen wurden von nun an durch die königlichen Commissäre bestürmt, ihre Besitzungen „freiwillig" dem Könige zu übergeben. Wer sich dessen weigerte, hatte wenig Aussicht auf eine Pension für sich und seine Klosterbrüder; denn die Pensionen waren durch eine Verfügung der Bill ganz dem Ermessen des Königs anheimgestellt und sollten namentlich solchen Aebten und Prioren zu Theil werden, welche sich ihm genehm beweisen würden. Gewiß keine kleine Versuchung für viele Oberen, um so mehr da die Unterdrückung der kleineren Klöster nur der Anfang des Endes auch der großen Abteien war, wie man offen im Parlamente sagte. Aus den vielen anderen Bestimmungen der Acte heben wir noch hervor, daß auch sämmtlicher Kirchenschmuck und alle Kleinodien — also die heiligen Gefäße — dem Könige zu seinem eigenen Gebrauche übergeben wurden und daß „der 1. März im Jahre unseres Herrn 1535" als der Tag genannt wird, nach welchem der Besitzstand der Klöster berechnet werden soll.

So wurden am 4. März 1536 durch Parlamentsbeschluß 376 Klöster aufgehoben. Traurig ist, daß mehrere der größeren Aebte zu diesem Raube mitwirkten, in der eiteln Hoffnung, sich selbst zu retten[1]. Das Parlament gab durch diese erste Abschlagszahlung — denn nichts weiter als eine solche war dieser erste Beschluß — dem Könige ein Jahreseinkommen von 32000 Pfd. St. und an Baarschaft mehr als 100 000

---

[1] Grafton, Chron. p. 454.

Pfd. St. — nach heutigem Geldwerth wohl 10 Millionen Mark — und an kostbaren heiligen Gefäßen, Gewändern, Kunstwerken mindestens ebenso viel. Das meiste davon wurde freilich bei der Aufhebung verderbt und verschleudert.

So brutal das Gesetz war, ebenso brutal war seine Ausführung, mit der man alsbald begann. Nur die Vorsteher erhielten eine Pension. Die Mönche und Nonnen wurden einfach auf die Straße geworfen und konnten nun mit den Armen, die sonst an der Klosterpforte unterstützt wurden, betteln gehen. Zu der an sich ebenso ungerechten als barbarischen Maßnahme kam noch, wie selbst Froude [1] gestehen muß, das geradezu empörende Auftreten der Beamten, welche Cromwell mit deren Ausführung betraute. Unter diesen Creaturen des Geheimsecretärs zeichneten sich namentlich Legh und Layton, abgefallene Priester, aus, welche die nördlichen Grafschaften als Klostervisitatoren brandschatzten. Diese Menschen begnügten sich nicht mit Diebstahl und Erpressung: sie oder doch wenigstens ihr Gefolge trieben offen ihr Gespötte mit der Religion. Chormäntel und Meßgewänder wurden als Satteldecken über die Pferde gespreitet und aus dem Silber heiliger Gefäße Dolchscheiden gehämmert. Schon lange gährte es unter dem Volke und dem Adel in den nördlichen Grafschaften, die der alten katholischen Religion treu ergeben waren. Jetzt brach der Aufstand zunächst in Lincolnshire, dann in Yorkshire um Michaeli 1536 los.

Anfang October waren alle Grafschaften von der schottischen Grenze bis an die Lune und den Humber in vollem Aufstande. Am 3. October stellten die Aufständischen von Lincolnshire, welche sich auf einer Heide bei Horncastle versammelt hatten, den Zweck fest, für den sie kämpfen wollten. Dr. Thomas Macarell, der Prämonstratenserabt von Barlings, der mit seinen Chorherren in Wehr und Waffen erschienen war, um der empörenden Heiligthumsschänderei zu steuern, ermunterte die Leute nicht gegen den König, aber für die alte, vom Könige durch heilige Eide auf die Magna Charta gewährleistete Religion einzustehen und zu kämpfen, wenn es sein müsse. Er selbst entwarf die Forderungen, welche sie dem Könige überreichen ließen. Fast alle betrafen die Religion. Zunächst verlangten sie die Wiederherstellung der Klöster, dann die Entlassung von Männern wie Cromwell und Riche aus dem Geheimen Rathe, endlich die Absetzung und Bestrafung der ketzerischen Bischöfe Cranmer und Latimer,

---

[1] II, 510 sq.

Hilsey, des Bischofes von Rochester, des Bischofes von Salisbury und des Erzbischofes von Dublin. Sie schwuren dem Könige, dem Vaterlande und der heiligen Kirche Treue [1]. Ganz ähnlich lautete der Eid, den die Schaaren in Yorkshire leisteten: „Um der Liebe willen, welche sie zum allmächtigen Gotte, seinem Glauben, der heiligen Kirche beseele und zum Schutze derselben; zur Erhaltung der Person des Königs und seiner Nachkommenschaft; zur Reinigung des Adels und zur Vertreibung alles unreinen Geblütes und aller bösen Rathgeber aus der Umgebung des Königs und aus seinem Geheimen Rathe; nicht für Privatvortheil oder irgend einer Privatperson zu Leid, noch aus Haß, um zu schlagen oder zu morden, sondern einzig zur Wiederherstellung der Kirche und zur Unterdrückung der Ketzer und deren Lehre" [2] wollten sie kämpfen. So nannten sie denn auch ihr Unternehmen „die gnadenreiche Wallfahrt" (the Pilgrimage of Grace) und hatten auf ihren Fahnen das Bild des Gekreuzigten und Kelch und Hostie, die Abzeichen des Glaubens, für den sie die Waffen ergriffen. Wo sie einzogen, wurden die Klöster hergestellt und den verjagten Mönchen wieder übergeben. Es läßt sich nicht bezweifeln, daß die Erhebung, wenn sich derselben, wie bei jedem Aufstande, auch unlautere Elemente anschlossen, in gutem Glauben und in vollem Vertrauen auf das gute Recht unternommen wurde. Durchweg betheiligte sich die Geistlichkeit an derselben; auch Männer aus dem höchsten Adel, so die Lords Neville, Darcy, Lumley und Latimer, und die meisten Edelleute der nördlichen Grafschaften schlossen sich ihr an; binnen 14 Tagen waren bei 60 000 Mann versammelt. Wären diese in Eilmärschen nach London gezogen, so würden sie den König gezwungen haben, Cromwell und dessen Anhang zu entfernen und seine Kirchenpolitik zu ändern; denn Heinrich VIII. hatte anfangs kein Heer ihnen entgegenzustellen. So aber ließen sich die guten Leute durch Unterhandlungen und lügenhafte Versprechen hinhalten. Zu Doncaster fand auf Norfolks Bitte am 26. October eine Besprechung statt. Auf Seite der Aufständischen war Sir Thomas Hilton der Bevollmächtigte, und interessant sind die Punkte, die ihm von seiner Partei schriftlich mitgegeben wurden. Sie befinden sich heute noch im Rolls-House [3] und bezeugen die guten Absichten, welche die Aufständischen beseelten. Wir wollen aus den 24 Punkten die folgenden mittheilen:

---

[1] Froude l. c. p. 515 u. 516.   [2] Lingard VI, 254 sq.
[3] Abgedruckt bei Froude II, 568 Anm.

1. Was den Glauben angeht, sollen alle Werke Luthers, Wiclifs, Hus', Melanchthons, Oekolampads, Bucers, die Confessio Germanica, die Apologia Melanchthonis, die Werke Tyndals, Barnes', Marshals, Raskalls, St. Germains und die Häresien der Wiedertäufer in diesem Reiche vernichtet und zerstört werden. 2. Der Titel „Oberstes Haupt", soweit derselbe sich auf die cura animarum bezieht, soll dem Römischen Stuhle vorbehalten sein, wie es früher Gebrauch war, und die Bischöfe sollen von ihm die Weihe erhalten. 3. Wir bitten demüthig unsern mächtigsten Herrn und König, daß er die Lady Mary als legitim erkläre und das früher erlassene Statut aufhebe... Das soll im Parlament beschlossen werden. 4. Die unterdrückten Abteien sind wieder herzustellen und in den Besitz ihrer Häuser, Länder und Güter wieder einzusetzen. 6. Die Franziskaner von der Observanz sind wieder in ihre Häuser einzuführen. 7. Die ketzerischen Bischöfe und weltlichen Herren und ihr Anhang sollen die wohlverdiente Strafe des Feuertodes leiden; oder eine Schlacht soll zwischen ihnen und uns entscheiden. 8. Der Lordkanzler Cromwell und Sir Richard Riche sollen die verdiente Strafe als Leute erleiden, welche die guten Gesetze im Reiche umstürzen, falsche Secten beschirmen und Erfinder und Einführer von Ketzereien sind. 11. Dr. Legh und Dr. Layton sollen ihre verdiente Strafe erleiden, weil sie während der Visitation sich viele Erpressungen zu Schulden kommen ließen und Bestechungen von Nonnen und Mönchen im Werthe von 40 und 20 Pfd. Sterling u. s. w. annahmen und sonstige abscheuliche Handlungen verübten. 18. Die Privilegien und Vorrechte der Kirche sind durch das Parlament aufs neue zu bestätigen. Priester dürfen nicht dem Nachrichter übergeben werden, bevor sie begrabirt sind" u. s. w.

Diese Petition wurde dem Könige zugeschickt. Nach vielen Verhandlungen mußte sich Heinrich VIII. herbeilassen, volle Amnestie zu versprechen und ein Parlament in York zu versammeln, welches die Forderungen berathen sollte. Ja, Heinrich VIII. ging in seiner Falschheit so weit, daß er sogar an den Hauptanführer des „Pilgerzuges", Robert Aske, am 24. Januar 1537 einen überaus gnädigen Brief richtete, in welchem er ihm, „dem Treuen und Vielgeliebten", dankt, daß er den Ausbruch einer neuen Empörung verhindert habe, ihn an den Hof einladet und unter seinem Siegel verspricht, seiner treuen Dienste zu gedenken[1]. Selbst der Herausgeber der State Trials[2], der Heinrich VIII. gerne ent-

---

[1] State Papers I, 529.   [2] L. c. I, 478.

schuldigen möchte, findet deshalb den Bruch dieses königlichen Versprechens ungerechtfertigt. Sobald nämlich die „Pilger" sich täuschen ließen und die Waffen niederlegten, brach der König sein Wort. Und als sie nun abermals sich erhoben, war Norfolk stark genug, sie zu zersprengen.

Jetzt konnte Heinrich VIII. seinen ganzen Ingrimm an den armen Leuten auslassen, die wohl, aufs höchste gereizt, für den Glauben ihrer Väter, nicht aber gegen den König zu den Waffen gegriffen hatten. Er schrieb also an Norfolk: „Unser Gefallen geht dahin, daß Ihr, bevor Ihr Euer Banner aufrollt, so schreckliche Hinrichtung an einer guten Zahl Einwohner aus jeglicher Stadt, Dorf und Weiler, welche Antheil am Aufstande nahmen, sollt vollstrecken lassen, damit es künftighin für alle, die Aehnliches zu unternehmen wünschen, ein furchtbares Beispiel sei."[1] So wurden im März 1537 allein in Westmoreland und Cumberland in verschiedenen Ortschaften 74 Personen standrechtlich verurtheilt und gehängt, noch bevor die Gerichte ihre Thätigkeit wieder aufgenommen hatten. Am 6. März stand der Abt von Kirksteab mit 30 von den Pilgern, die sich in Lincolnshire am Aufstande betheiligt hatten, zu Lincoln vor Gericht. Sir William Parr, der im Auftrage des Königs die Verhandlung leitete, schrieb an Heinrich, Thomas Moigne habe sich und seine Genossen in breistündiger Rede so geschickt vertheidigt, daß ganz bestimmt eine Freisprechung erfolgt wäre, „wenn sich nicht des Königs Stellvertreter so große Mühe gegeben hätte". Der Abt, Moigne und ein Dritter wurden am 7. März zu Lincoln gehängt; vier andere an den folgenden Tagen zu Louth und Horncastle. Ein weiteres Dutzend der Lincolnshirer Gefangenen wurden in der Guildhall zu London verurtheilt und am 29. März nach Tyburn geschleift und gehängt. Darunter befanden sich Dr. Matthäus Mackarell, der berühmte Abt des Prämonstratenserklosters von Barlings, und 5 Priester[2]. Dasselbe Schicksal erlitt Lord Hussey, obschon er an der Bewegung keinen thätigen Antheil genommen hatte.

Anfangs Mai kam die Reihe an die Pilger aus Yorkshire. Zuerst wurden die bürgerlichen Theilnehmer vor Gericht gestellt und „dutzendweise"[3] gehängt. Beim Adel ging es nicht so leicht; die Geschworenen, welche aus ihren Standesgenossen genommen werden mußten und mit vielen derselben blutsverwandt waren, wollten kein Verdikt abgeben. Der

---

[1] State Papers I, 537.
[2] Stow, Chronicles p. 1011. State Trials I, 478.
[3] „By scores". Lingard l. c. p. 257.

König war wüthend und ließ sich die Namen der Geschworenen einsenden, welche einen Edelmann Namens Levening freigesprochen hatten. Drohungen wirkten zuletzt, und die Anklagen, welche nach dem Gesetze erst vor dem Gerichte der betreffenden Grafschaft bewiesen werden mußten, kamen endlich nach London, wo die 16 Vornehmsten unter den Pilgern im Tower auf ihr Schicksal warteten. Darunter befanden sich die beiden Aebte von Fountains und Jervaulx, der mehr als 80jährige Lord Darcy, Sir Thomas Percy, Sir Stephen Hamerton, Sir Robert Constable u. a., auch Robert Aske, der als Anführer des Pilgerzuges aufgetreten war. Bei einem der vielen Verhöre sagte der greise Lord Darcy zu Cromwell das folgende Wort, das sich, von dessen eigener Hand aufgezeichnet, heute noch bei den Acten findet: „Cromwell, Du bist die eigentliche und Haupturfache dieses Aufstandes und Unglückes! Du bist der Urheber unserer Gefangenschaft... Du arbeitest täglich an unserem Tode und willst unsere Köpfe abschlagen. Ich glaube, bevor Du stirbst, und obschon Du die Köpfe aller Edelleute im Reiche herunterschlagen möchtest, wird sich doch noch ein Mann finden, der deinen Kopf herunterschlägt." [1]

Lord Darcy wurde am 16. Mai von 22 Peers zum Tode verurtheilt, und am gleichen Tage erhielten seine 15 Genossen vor einer eigenen Commission in Westminster-Hall den gleichen Urtheilsspruch. Mit fester Hand schrieb der greise Lord die folgenden letzten Wünsche an den König: „Bittschrift von Tomas Lord Darcy, nachdem er das Todesurtheil empfangen, an Seine Majestät den König, durch Mylord den Geheimsecretär zu übergeben. Zuerst, daß man mir erlaube zu beichten und bei einer Messe meinen Schöpfer zu empfangen, auf daß ich wie ein Christ aus diesem Thale des Elendes abscheide. Zweitens, daß gleich nach meinem Tode mein ganzer Leib an der Seite meiner seligen Frau, der Lady Neville, bei den Franziskanern zu Greenwich bestattet werde. Drittens, daß die Roheit meines Todesurtheils nach des Königs Erbarmen und Wohlgefallen abgeändert werde. Viertens, daß meine Schulden gemäß der beiliegenden Angabe getilgt werden." Jedes dieser Worte kennzeichnet den christlichen Edelmann. Am 20. Juni 1537 wurde er auf Tower-Hill enthauptet.

Am gleichen Tage, den 25. Mai, wurden William Thurston, Abt von Fountains, und Adam Selbbarre, Abt von Jervaulx, Sir Stephen Hamerton, Sir John Bulmer, Lumley, Tempest, John Peckerpege, Prior

---

[1] Rolls House A. 2, 29 fol. 160 u. 161, bei Froude III, 31.

der Benediktiner zu York, und James Pekerelle, Dr. theol. und Canoniker[1] zu Tyburn gehängt; den gräßlichsten Tod erlitt Lady Bulmer: sie wurde auf Smithfield verbrannt. Aske und Sir Robert Constable wurden auf des Königs Befehl zum abschreckenden Beispiele durch die Städte der östlichen Provinzen geführt; Constable endete zu Hull, wo er in Ketten am Galgen aufgehängt wurde, und Aske wurde durch York geschleift und dann an der Zinne eines Thurmes aufgeknüpft.

Im gleichen Jahre 1537 starb auch der Abt von Woburn, Robert Hobbes oder Hobs, für seinen Glauben. Die Abtei war im Jahre 1145 gegründet; heute ist sie der Sitz des Herzogs von Bedford. In einer schwachen Stunde hatte der Abt den Eid auf die Suprematsacte geleistet; aber die Reue über diesen Verrath setzte ihm so zu, daß er vor Schmerz aufs Krankenlager hinsank. Am Passionssonntag rief er die Brüder, welche dem Abfalle vom katholischen Glauben zuneigten, zu sich und ermahnte sie zu gegenseitiger Liebe und treuer Beobachtung der Gelübde. Er predigte tauben Ohren. Da richtete er sich in einem Uebermaße von Schmerz im Bette auf und rief: „Wäre es doch Gottes heiliger Wille, daß er mich aus dieser elenden Welt abriefe, und mein Wunsch ist, ich wäre mit den heiligen Männern gestorben, welche den Tod erlitten haben, weil sie treu zum Papste hielten. Mein Gewissen, mein Gewissen quält mich meines Falles wegen!" Diese Worte wurden verrathen; man schleppte den Kranken nach London und befragte ihn, ob er wirklich den König nicht mehr als Haupt der Kirche anerkenne. Jetzt machte Robert Hobbes seinen frühern Fehltritt gut; er bekannte seinen Glauben und wurde zugleich mit seinem Prior und dem Pfarrer von Puddington Anfang 1537 zu Bedford hingerichtet. Auch William Wobe, Prior von Bridlington in Yorkshire, und der Abt von Rievaulx wurden gehängt[2].

Der Aufstand im Norden, welcher beinahe die Sturmflut der Reformation eingedämmt hätte, diente jetzt dem Könige nur als Vorwand, um mit den großen reichen Abteien ebenfalls aufzuräumen. Man warf ihnen Theilnahme an der Erhebung vor, und der Earl of Sussex erhielt den Auftrag, so zu untersuchen, daß des Königs Wunsch erfüllt werde. Als ein Beispiel, wie Sussex sich seines Auftrags entledigte, führen wir den Fall der großen Cistercienserabtei Furneß an, deren prachtvolle Ruinen heute noch Zeugniß von ihrer einstigen Größe und von der Bar-

---

[1] Vgl. Chronicle of the Grey Friars of London p. 40 (Camden Society).
[2] Suppression of Monasteries p. 80.

barei Heinrichs VIII. ablegen. Die Abtei war im Jahre 1127 gegründet.
Sufser verhörte alle Mönche, Pächter und Knechte einzeln und sperrte
zwei Mönche in das Schloß von Lancaster, ohne daß er gegen den Abt
oder gegen einen Klosterangehörigen eine Schuld ausfindig machen konnte.
Er begab sich nun zunächst nach Whalley, ebenfalls einer prachtvollen
und reichen Cistercienserabtei, deren greiser Abt Johannes Pasleu soeben,
am 12. März 1537, unter der Anklage, er sei in den Pilgerzug mit
verwickelt gewesen, zu Whalley selbst hingerichtet worden war. Dorthin be-
schied er nochmals den Abt von Furneß, Roger Pyle, und nahm eine
zweite, ebenfalls erfolglose Untersuchung vor. Da schrieb der Graf an
den König: „Da es auf dem einen Weg nicht ging, überlegte ich mit
mir selbst, wie und durch welche Mittel man den besagten Mönchen ihre
Abtei abnehmen und wie man dieselbe folglich Eurer Majestät zur Verfügung stellen könne. Ich entschloß mich also, ihm von mir aus den
Rath zu geben und ihn zu fragen, ob er es nicht zufrieden wäre, die
Abtei Eurer Majestät, Ihren Erben und Nachfolgern zu übergeben, zu
schenken und zu vermachen. Als wir ihm das ordentlich auseinandergesetzt hatten, fanden wir ihn recht gefügig und bereitwillig, meinen diesbezüglichen Rath anzunehmen."[1] So wurde denn am 5. April 1537
zu Whalley diese Schenkungsurkunde in aller Form vom Abte vollzogen[2];
Whalley hatte dasselbe Schicksal wie Furneß, und so fielen der Reihe
nach die Abteien in Lancashire.

In den südlichen Grafschaften hatte man den Vorwand des Aufstandes zwar nicht; aber die Visitatoren hatten guten Willen, und ihr
Vortheil lehrte sie „Gründe" genug finden. Vier Jahre lang durch-
spähten und durchstöberten sie alle Klöster, examinirten die Mönche und
Nonnen, die Knechte und Dienstboten, hetzten die Brüder und Schwestern
gegeneinander und gegen ihre Oberen, schrieben sorgfältig jede wahre
oder erfundene Skandalgeschichte, jeden Altweiberklatsch an Cromwell,
wie die vielen, heute noch vorhandenen Briefe beweisen[3]. Die Commissäre
ließen sich ferner alle Rechnungen, Einnahmen und Ausgaben, Besitztitel
u. s. w. vorlegen und sahen mit Argusaugen zu, ob sich nicht eine

---

[1] West, History of Furness. App. X.
[2] Die Urkunde findet sich in Suppression of Monasteries p. 153 (Camden Society).
[3] Eine große Anzahl finden sich in der schon öfter angeführten Suppression of Monasteries, welche die Camden Society, leider in sehr feindseligem Geiste, veröffentlichte. Wie wir hören, haben wir von katholischer Seite demnächst ein hervor-
ragendes Quellenwerk über die Aufhebung der Klöster in England zu erwarten.

Kleinigkeit vorfinde, welche zu einer Anklage auf schlechte Verwaltung Anlaß böte. Sie durchforschten endlich nicht nur die Bibliotheken, sondern auch alle Zellen, und wenn sie ein Buch oder ein Blatt fanden, welches zu Gunsten des päpstlichen Supremats sprach, so war die schlechte, dem König feindselige Gesinnung des Klosters erwiesen und seine Aufhebung wurde verfügt. In vielen Fällen wurden auch die Aebte und die hervorragenden Mitglieder des Convents durch das Versprechen einer reichlichen Pension zur „freiwilligen Uebergabe" angelockt, und manche ließen sich durch die Erwägung, daß der Untergang des Klosters so wie so beschlossene Sache sei, bestimmen, dem Beispiele des Abtes von Furneß zu folgen. Andere Klosteroberen waren zu gewissenhaft, als daß sie die ihnen anvertrauten Güter dem königlichen Räuber überantwortet hätten. Solche legten wohl ihr Amt nieder oder wurden zur Niederlegung desselben gezwungen, und die Genossenschaften wählten dann unter königlichem Hochdrucke gefügigere Vorsteher. Aber nicht alle waren in den Tagen der Gefahr zum Verlassen ihres Postens zu bewegen, und so kam noch einmal die Gesetzgebung der königlichen Habgier zu Hilfe.

Wie der erste Parlamentsbeschluß im Klostersturme, so sollte auch der letzte wiederum durch eine Visitation eingeleitet werden. Dieselbe begann im Sommer 1537 und dauerte das ganze Jahr 1538 hindurch. Während dieser Zeit ergaben sich sehr viele Klöster dem Drängen und Drohen der Commissäre und boten dem Könige „freiwillig" und fast auf Gnade und Ungnade ihre reichen Güter an. Zu Visitatoren für die nördlichen Grafschaften meldeten sich wieder unsere Bekannten, das edle Apostatenpaar Legh und Layton. Der Brief, den sie an Cromwell am 4. Juni „in aller Eile" schrieben, ist uns noch erhalten, und wir wollen das Document zur Charakteristik dieser beiden Männer, die bei der Vernichtung der Klöster eine so große Rolle spielten, mittheilen:

„Gefalle Euch die Kenntnißnahme! Da Ihr binnen kurzem wieder eine Visitation vorhabt und sich aller Wahrscheinlichkeit nach viele Bewerber an Euch wenden werden, welche gerne Eure Commissäre wären, so möge es Euer gütiges Ermessen sein, daß Dr. Legh und mir die nördliche Landschaft übertragen werde, nämlich von der Lincolner Diöcese an, nordwärts hier von London aus, die Sprengel von Chester, York und so fort bis an die Grenze von Schottland. Wenn Ihr das ganze Land durchreitet, auf der einen Seite hinab und auf der andern herauf, so mögt Ihr wohl und fest überzeugt sein, daß Ihr weder einen Mönch,

noch einen Chorherrn, Bruder, Prior, Abt oder was immer er sei, finden
werdet, welcher Sr. Majestät dem Könige in dieser Angelegenheit und
den genannten Sprengeln so gute Dienste leistete, oder Euch bei diesem
Geschäfte so zuverlässig, treu und ergeben wäre und alle Aufträge so
fleißig und so nach Eurem Wunsch und Willen erfüllte, wie wir. Seine
Majestät der König hat in Betreff der Reformation seines Clerus sich
ganz auf Euch verlassen und Euch dazu mit voller Auctorität und Macht
ausgerüstet. Ihr müßt also Leute zur Hand haben, auf die Ihr Euch
ebenso gut wie auf Euch selbst verlassen könnt, und die für Euch Euer
alter ego sein müssen. Dr. Legh und ich verdanken nun unsere Aus-
erwählung zu den Diensten des Königs einzig und allein Euch, und
te solum ab eo tempore in hunc usque diem habuimus Maece-
natem et unicum patronum nec alium unquam habituri[1]. Unser
Wunsch ist es daher, Euch unsere treuen Herzen und dankbaren Gemüther
zu offenbaren und unsere eifrige und ungeheuchelte Dienstwilligkeit, die
wir Euch entgegenbringen und schulden, da Ihr uns ja rechtskräftig
dazu verbunden habt. Es gibt kein Kloster, keine Clause, Priorei oder
sonst ein Ordenshaus im Norden, in dessen Umkreis von 10 oder
12 Meilen Dr. Legh oder ich nicht gute Bekannte hätten, so daß in
jener Gegend keinerlei Betrug vor uns geheim gehalten werden kann;
noch können wir dort überlistet oder irgendwie geschädigt werden. Kennen
wir doch beide und zwar aus Erfahrung den dortigen Landesbrauch und
die Roheit des Volkes. Unsere Freunde und Blutsverwandten sind in
jener Gegend überall verstreut und werden uns gerne unterstützen, wenn
irgendwo ein halsstarriger und widerhaariger Kerl einen Aufruhr wagen
sollte. Wenn Ihr Muße hattet, das Artikelbuch zu durchblättern, das
ich bei der vorjährigen Visitation verfaßte, und darin jedes Verhör verzeichnet findet, so werdet Ihr zweifelsohne darin genügende Anhaltspunkte
entdeckt haben, die erlogene Heiligkeit aufzudecken und zu entlarven zusammt allen abergläubischen Gebräuchen einer vorgeblichen Religion und
anderer fluchwürdiger Mißbräuche aller Art. Bis auf diesen Tag haben
die sogen. Klosterreformatoren das alles aus Freundschaft bemäntelt und
verhüllt, indem sie bisher immer Mittel und Wege fanden, Visitatoren
aus dem eigenen Orden zu erhalten, denen es gar nicht in den Sinn kam,
eine wahre Reformation einzuführen oder ein echtes Ordensleben (wenn

---

[1] Dich allein haben wir seit jener Zeit bis auf den heutigen Tag für unsern
Mäcenas und einzigen Patron erkannt, und niemals werden wir einen andern dafür erkennen.

es ein solches gibt) zu befördern, sondern deren ganzes Bestreben dahin ging, alles hübsch geheim zu halten, unter sich selbst aber zu murren, Kleinobien und Kelche für den halben Werth baar zu verkaufen zum großen Schaden und Ruine ihrer Häuser. Und dieser Schaden müßte nothwendiger Weise noch weiter gehen und täglich sich vergrößern und anwachsen, wenn Ihr nicht jetzt Eure hilfreiche Hand in aller Eile rasch und unverzüglich an diese Uebel legen wolltet. Demüthigst bitten wir Euch, an diesem unhöflichen und geraden Schreiben kein Mißfallen zu finden, da ich darin so kühn meine Meinung und Auffassung darlege; übrigens stelle ich alles Eurer Weisheit und Güte anheim. Diesen Freitag, den 4. Tag des Juni, von der eilfertigen Hand Eures ganz ergebenen armen Priesters Richard Layton." [1]

Die beiden Bewerber erhielten die gewünschte Anstellung, mußten sich aber mit vielen anderen in das einträgliche Geschäft theilen. Die Visitatoren entsprachen den Aufträgen Cromwells. Zu Ende 1538 waren nur wenige von den größeren Klöstern dem Könige noch nicht „freiwillig" unterworfen. Selbst manche der infulirten Aebte fügten sich dem könig=lichen Willen. Am Parlamente von 1536 nahmen noch 28 infulirte Aebte Theil, während bei der nächsten Parlamentssitzung am 28. April 1539 ihre Zahl schon auf 20 zusammengeschmolzen war, und bei der zweiten Sitzung dieses Parlaments, welche am 12. April 1540 eröffnet wurde, waren die Aebte aus dem Parlamente völlig verschwunden. Am 13. Mai 1539 ging nämlich die Bill durch, welche dem König das Eigenthum sämmtlicher Klöster Englands zu Füßen legte [2]. Es war ein ungeheures Vermögen, das sich auch nicht annähernd schätzen läßt; soll doch das Grundeigenthum der Kirche nahezu den vierten Theil des Grundbesitzes von England gebildet haben. Die Acte führte zunächst aus, daß eine große Anzahl Klöster sich freiwillig dem Könige übergeben habe, und bestätigte dann Sr. Majestät sowohl diesen Besitz, als das Eigenthumsrecht auf alle übrigen, welche freiwillig oder gezwungen für=berhin in die Gewalt des Königs kommen sollten, und übertrug dem=selben alle ihre Häuser, Güter, Ländereien, Zehnten, Rechte, Kleinobien, Kelche u. s. w. u. s. w. Die Befürworter der Bill malten deren Folgen wie gebräuchlich in den glühendsten Farben. Armuth und Steuern sollten in England mit dem einen Federzuge, der dieses Gesetz unterfertige, auf=

---

[1] Suppression of Monasteries p. 156.
[2] Statutes, 31. Henry VIII. c. 13.

hören; es werde dem Könige die Mittel geben, Grafen, Barone und Ritter fürstlich zu belohnen und auszustatten und in Zukunft Kriege zu führen, ohne das Volk zu belasten; ja, das Gesetz werde ein= für allemal jeden äußern Feind einem also mit Mitteln ausgerüsteten Könige gegen= über machtlos machen und jeder innern Fehde den Boden entziehen. Die versprochenen goldenen Früchte aber blieben aus. Die Armuth nahm zu; der Klosterbesitz wurde in unbegreiflicher Weise verschleudert, so daß Heinrich VIII. schon im darauffolgenden Jahre, am 8. Mai 1540, gerade zur Durchführung der religiösen Reform eine neue schwere Steuer aus= schreiben mußte. Bei seinem Tode aber waren nicht nur alle Kassen leer, sondern Schulden in Masse vorhanden. Ungeheure Steuern mußten erhoben, Darlehen von den Unterthanen erzwungen werden, und dann ließ sich der König vom Parlament eigenthümlich zusprechen, was er von den Unterthanen geborgt hatte!

Die Unterbrückung eines Klosters wurde gewöhnlich in folgender Weise vollzogen: Der Commissär zerbrach das Klostersiegel und wies den Angehörigen des Klosters ihre Pension zu, wenn dieselbe nicht aus irgend einem Vorwande gestrichen war. Dann wurden das Silberzeug, die Kirchengefäße, die Kleinodien für den König beiseite gelegt, das Haus= geräthe und die Güter verkauft; das erlöste Geld sollte dem eigens dafür gegründeten „Augmentationsfond" eingezahlt werden. Die Wohnung des Abtes und die Verwaltungsgebäude ließ man zum Gebrauche des nächsten Herrn stehen; von der Kirche aber, dem Kloster, den Mönchszellen wurde alles Blei, und was sonst verkauft werden konnte, abgerissen, und dann ließ man die herrlichen Gebäude verfallen. Ein Beispiel dieser Barbarei liefert der Brief des Commissärs Bellasys, der seinem Auftraggeber, Cromwell, mittheilt, er habe das Blei von den Dächern der herrlichen Abtei Jervaulx herabgerissen; dasselbe betrage 365 Fuder (7300 Centner) und könne jetzt im Winter wegen der schlechten Wege nicht nach London gebracht werden; mit dem Einreißen der Gebäude wolle er bis zum Frühjahre warten, weil jetzt die Tage zu kurz seien, und so wolle er es auch mit der Priorei Briblington machen. Für die Glocken könne er nur 15 Schilling per Centner lösen, und deshalb frage er Cromwell, ob er sie zu diesem Preise verkaufen oder nach London schicken solle, mit dem Bemerken, die Fracht werde sehr hoch kommen [1]. — Die Klosterländereien wurden dann durch Verschenkung oder Verkauf veräußert. Der Erlös war bei der Masse

---

[1] Suppression of Monasteries p. 164. Ein Fuder Blei = 20 Centner.

der angebotenen Ländereien, die dadurch im Werthe ungeheuer sanken, äußerst gering; auch der Pachtzins soll auf ein Zehntel des üblichen Ertrages zurückgegangen sein. Das jährliche Einkommen der unterdrückten Klöster wird von Speed auf 320 180 Pfd. St. 10 sh. angegeben, wovon ungefähr die Hälfte (161 100 Pfd. St.) zu weltlichen Zwecken verwendet wurde[1]. Dabei ist aber das Einkommen einiger Collegien und Spitäler miteingerechnet. Lingard[2] gibt das jährliche Einkommen der Klöster auf 142 914 Pfd. St. 12 sh. 9¼ d. an — nach unserm Geldwerthe immer noch mehr als 15 Millionen Mark! Nach Spelman[3] fielen Heinrich VIII. 376 kleinere und 645 größere Klöster und überdies 90 Collegien, 110 Spitäler und 2374 andere religiöse Stiftungen (Cantuariae et liberae Capellae) zum Opfer[4].

Die Parlamentsacte von 1539 enthielt übrigens nicht ausdrücklich die Aufhebung der noch bestehenden Abteien, sondern gab dem Könige nur das Recht, die aufgehobenen als Eigenthum anzutreten. Man war ja der Unterwerfung der Aebte so wie so sicher, und wer sich nicht beugen wollte, der wurde gebrochen. Es fanden sich Gründe genug, um die „Halsstarrigen" in einen Hochverrathsproceß zu verwickeln. Entweder sie weigerten sich, den Supremat des Königs anzuerkennen, oder man legte ihnen irgend eine Verbindung mit der „gnadenreichen Wallfahrt" zur Last, oder endlich man stellte fest, daß sie heilige Gefäße, Kleinobien, Geld vor den Commissären versteckt hatten. Es versteht sich von selbst, daß sie zur Rettung des Klostergutes nicht nur das Recht, sondern auch die Pflicht hatten, und wenn sie deshalb, wie der Abt von Glastonbury und seine Gefährten, auch von dem irdischen Richter als Diebe verurtheilt wurden, vor den Augen Gottes und seiner heiligen Kirche stehen sie als Vertheidiger des ihnen anvertrauten Kirchengutes da und sind in odium fidei ermordet worden. Sieben dieser Männer, die der Klostersturm an den Galgen brachte, sind deshalb durch das Decret, welches die Eröffnung des Seligsprechungsprocesses bestätigt, unter die ehrwürdigen Diener Gottes aufgenommen. Es sind dies die drei Benediktineräbte von Colchester, Reading und Glastonbury mit ihren Gefährten.

---

[1] Catalogus Religiosarum Aedium; am Schlusse der Historia Anglicana Ecclesiastica von Harpsfeld.

[2] VI, 266, Anm.   [3] History and Fate of Sacrilege.

[4] Nach Harpsfeld (l. c. p. 746), der für die Collegien, Spitäler und sonstigen Stiftungen dieselben Zahlen angibt, hatte aber die Gesammtzahl der Klöster nur 645 betragen, wovon 40 für die Stiftungen Cardinal Wolsey's verwendet wurden und also 605, wovon 386 kleinere, dem Könige zur Beute fielen.

Reading, im östlichen Theile von Berkshire, hatte schon im zehnten Jahrhundert eine Benediktinerabtei, welche 1006 bei einem Ueberfalle der Dänen zerstört wurde. Im Jahre 1121 gründete Heinrich I. die neue Abtei und stattete sie reichlich aus mit Land und Leuten[1]. 30 Aebte hatten seit jener Zeit die Klostergemeinde geleitet, der einunddreißigste sollte das Ende des Gotteshauses erleben und mit seinem Blute den Glauben besiegeln, den es in Berkshire so lange gelehrt, gepflegt und gestützt. Es ist der ehrwürdige Diener Gottes Hugo Cook, oder wie er gewöhnlich, wahrscheinlich nach seinem Heimatorte genannt wurde, Hugo Farringdon. Der protestantische Chronist Hall nennt ihn einen „hartnäckigen Mönch" und ertheilt ihm so das Lob, daß er von seinem heiligen Berufe nicht abzubringen war, auch wirft er ihm Mangel an Gelehrsamkeit vor. In einem Briefe nennt sich freilich der bemüthige Sohn des hl. Benedikt einen Mann ohne wissenschaftliche Bildung. Das braucht aber nicht buchstäblich verstanden zu werden; war er doch Mitglied der Universität von Orford und hatte ihm Cor im Jahre 1532 seine Rhetorik gewidmet. Sharton, der apostasirte Bischof von Salisbury, verklagte den Abt bei Cromwell, daß Roger London, der Lehrer der Theologie im Kloster, folgende „Ketzereien" vortrage: 1. Die Heilige Schrift ist nicht für sich selbst und einfachhin für einen Christen genügend, das Leben danach einzurichten. 2. Wenn auch ein Mann das Wort Gottes durch Wort und Beispiel unverfälscht und treu predigen kann, so genügt das noch nicht zu einem guten Seelsorger: er muß nämlich überdies auch noch etwas über die Gewissensfälle unterrichtet sein. 3. Der Glaube an das Evangelium rechtfertigt ohne die guten Werke keinen Menschen vor Gott. 4. Man kann Gnade, Rechtfertigung und einen höhern Platz im Himmel durch seine eigenen Werke erwerben[2]. Diese vorgeblichen Ketzereien machten aber so wenig Eindruck auf Cromwell, daß er Sharton über sein Vorgehen scharf zur Rede stellte. Was das Schicksal des Abtes entschied, war seine Weigerung, das Kloster dem Könige auszuliefern und die Supremacie des Königs anzuerkennen[3]. Er wurde deshalb am 14. November 1539 mit zweien seiner Mönche, den ehrwürdigen Dienern Gottes Wilhelm Onion (oder Eynon) und Johann Rugg, zu Reading gehängt und geviertheilt.

---

[1] History and Antiquities of Reading by Ch. Coates p. 236.
[2] Der Brief findet sich in Cotton MS., Cleopatra E IV, fol. 249 und ist abgedruckt bei Strype, Ecclesiastical Memorials I, Appendix N° 61.
[3] „For denying the King's Supremacie." Stow, Chronicles p. 1016.

Aehnlich war das Loos des Abtes von Glaſtonbury, der nur einen Tag ſpäter[1] mit zwei Gefährten zur Marterkrone gelangte. Die prachtvolle Abtei Glaſtonbury, das herrlichſte unter den vielen herrlichen Klöſtern Englands, deſſen Urſprung die Chroniſten auf den heiligen Joſeph von Arimathia zurückführen wollen[2], ſollte ebenfalls mit Gewalt in die Hand des Königs gebracht werden. Frühere Viſitationen hatten Cromwell keine Handhabe gegen die Abtei verſchafft, und der Abt Richard Whiting, obſchon dem Leibe nach „nur ein ſehr ſchwacher und kränklicher Mann", wie ihn die Commiſſäre nennen, beſaß geiſtige Kraft genug, allen Drohungen die Spitze zu bieten. „Er hatte ſein Kloſter mit großer Klugheit und Gerechtigkeit geleitet," ſagt der Verfaſſer des großartigen Monasticon Anglicanum[3], „aber da er nicht dazu gebracht werden konnte, ſein Kloſter dem Könige auszuliefern, da er auf keine der lockenden Anerbietungen eingehen wollte, die man ihm machte, und ein unerſchütterlicher Gegner der Reformation blieb", mußten Gewaltmaßregeln durchgreifen. Cromwell ſandte alſo im September 1539 abermals drei Commiſſäre, darunter den durch die Kloſteraufhebung im Norden berüchtigten Layton, nach Glaſtonbury. Sie ſchrieben unter dem 22. September an ihren Meiſter: „Gefalle es Ew. Lordſchaft, zu vernehmen, daß wir letzten Freitag gegen 10 Uhr morgens nach Glaſtonbury kamen. Der Abt war zu Sharpham, einem ſeiner Güter, etwas mehr als eine Meile von der Abtei, und ſo begaben wir uns ohne Verzug dorthin. Daſelbſt theilten wir ihm den Zweck unſerer Ankunft mit und examinirten ihn über beſtimmte Punkte. Seine Antworten waren nicht nach unſerm Wunſche; wir gaben ihm alſo den Rath, ſich auf das, was er vergeſſen habe, wohl zu beſinnen und die Wahrheit zu geſtehen, und kehrten mit ihm deſſelben Tages nach der Abtei zurück. Und ſo durchſuchten wir in jener Nacht aufs neue ſein Studirzimmer nach Briefen und Büchern und fanden endlich in demſelben in einem verborgenen Fache nicht nur eine Handſchrift mit Gründen gegen die Scheidung Sr. Majeſtät des Königs von der Prinzeſſin Wittwe (Katharina), ſondern auch verſchiedene Diſpenſen und Abſchriften von Bullen und ein gedrucktes Leben des Thomas Becket voll Lügen: Briefe aber, die etwas Handgreifliches geboten hätten, konnten wir nicht finden. So ſchritten wir abermals

---

[1] Einige Geſchichtſchreiber ſagen, es ſei derſelbe Tag geweſen, aber die unten mitgetheilten Briefe weiſen auf den 15. November als auf den Todestag dieſer ehrwürdigen Diener Gottes.

[2] Dugdale, Monasticon Anglicanum I, 1.   [3] L. c. I, 7.

zu einem Verhöre und befragten ihn nach den Punkten, die wir von Ew. Lordschaft erhalten hatten, und in seinen Antworten wird sich, wie wir glauben, sein verdorbenes und hochverrätherisches Gemüth gegen Se. Majestät den König und dessen Erben offenbaren, wie deutlich aus eben diesen von seiner Hand unterzeichneten Antworten erhellt, die wir durch diesen Boten Ew. Lordschaft schicken. So haben wir ihn mit den schönsten Worten, die wir finden konnten, nach dem Tower abführen lassen; er ist nur ein sehr schwacher und kränklicher Mann. Bis jetzt haben wir weder die Diener noch die Mönche entlassen; aber da nun einmal der Abt fort ist, werden wir sie alle so schnell als möglich fortschicken. An Baarschaft haben wir 300 Pfd. St. und noch mehr gefunden. Den Werth des Silbergeräthes und der anderen Kostbarkeiten kennen wir noch nicht genau; denn wir hatten bis jetzt noch keine Zeit dafür. Aber mit Gottes Willen werden wir jetzt bald auch dazu kommen. Für Ew. Lordschaft bemerkens= werth ist auch, daß wir einen schönen goldenen Kelch und verschiedene andere Kostbarkeiten fanden, welche der Abt vor allen Commissären, die bis jetzt hier waren, geheim hielt, und es ist ihm noch nicht bekannt, daß wir dieselben fanden. Wir schließen daraus, er habe in seiner Untreue gegen den König den eigenen Vortheil gesucht. Gefalle es Ew. Lord= schaft, uns durch diesen Boten des Königs Willen mitzutheilen, wem wir das Haus mit Geräthen, wie sie zu des Königs Gebrauch erforderlich sind, in Obhut und Wache übergeben sollen. Wir versichern Ew. Lord= schaft, es ist das herrlichste Haus dieser Art, das wir jemals gesehen haben. Wir wünschten, Ew. Lordschaft möchte es so gut kennen als wir; dann wären wir überzeugt, Ew. Lordschaft würden es als eine Sr. Majestät des Königs würdige und sonst für niemanden geziemende Wohnung erachten. Das gereicht uns zu großem Troste und wir leben der sichern Hoffnung, daß nie mehr eine Bischofsmütze (Inful) in dieses Haus kommen werde." [1]

Die Fragen, welche dem Abte vorgelegt wurden und welche dessen „verdorbene und hochverrätherische Gemüthsart" (his cankered and traiterous heart and mind) offenbarten, bezogen sich natürlich auf die Suprematie des Königs. Das Verheimlichen von heiligen Gefäßen vor Leuten wie Layton, wozu schon die wohlgegründete Furcht vor Entweihung rathen mußte[2], wurde natürlich als willkommener Vorwand zur Strafe benützt, wie wir denn auch aus dem nächsten Briefe der drei Commissäre

---

[1] Suppression of Monasteries p. 255. [2] Vgl. oben S. 115.

ersehen. Layton und seine beiden Gefährten Pollard und Moyle schrieben den 28. September: „Seit unserm letzten Briefe haben wir täglich sowohl Geld als Kostbarkeiten gefunden und aufgespürt, das in Wänden, Gewölben und anderen heimlichen Orten vermauert war, theils vom Abte, theils von anderen Klosterbrüdern, und manches wurde auch nach auswärts geflüchtet. Wenn wir 14 Tage hier verweilen, so werden wir wohl täglich neue Kostbarkeiten aufspüren, die von diesen Schuften beiseite gebracht wurden. Unter anderen netten Schelmenstücken haben wir die beiden Kirchenschatzmeister, Mönche, und die beiden Sacristane, Laien, auf so frechem und offenbarem Diebstahle ertappt, daß wir dieselben sofort ins Gefängniß warfen. Als wir zuerst die Schatzkammer und Sacristei betraten, fanden wir daselbst an Kostbarkeiten, Gefäßen und Meßgewändern kaum so viel, als für eine arme Pfarrkirche ausgereicht hätte. Aber wir stellten sofort eine so gründliche und genaue Durchsuchung an, daß wir mit vieler Mühe und Sorge den Werth bedeutend erhöhten und viel Geld, kostbare Gefäße und Kirchengewänder wieder in unsere Hände bekamen. Wie viel edles Metall wir haben, wissen wir noch nicht; denn wir hatten noch keine Zeit, es zu wägen; aber wir schätzen den Werth sehr hoch und werden ihn voraussichtlich während der Zeit unseres hiesigen Aufenthalts noch vermehren... Wir versichern Ew. Lordschaft, daß der Abt und die besagten Mönche so viel an Kostbarkeiten und Schmucksachen veruntreuten und stahlen, als zur Einrichtung einer neuen Abtei ausgereicht hätte; was sie damit bezweckten, überlasse ich Eurem Urtheile. Haben Ew. Lordschaft die Güte, uns zu benachrichtigen, ob es des Königs Wille sei, daß seine Gesetze an den vier besagten Personen vollstreckt und dieselben gemäß ihrer Missethaten ihr Recht haben sollen, oder ob er ihnen seine Gnade zuwenden will, und was mit ihnen geschehen soll."

Der Brief schildert ferner die herrlichen Güter der Abtei: „Das Haus ist groß, herrlich und so fürstlich, wie wir noch kein anderes gesehen haben; vier Parkgärten umgeben es; der am weitesten abgelegene davon ist nur 4 Meilen entfernt. Sie haben einen großen Teich, 5 Meilen im Umfange, der nur 1½ Meilen entfernt ist, voll großer Hechte, Karpfen, Barsche und Aale; vier schöne Rittergüter, welche dem letzten Abt gehörten, das entlegenste ist nur 3 Meilen entfernt und alle sind in gutem Stande; ferner haben sie noch ein Gut in Dorsetshire, 20 Meilen weit fort." [1]

---

[1] Suppression of Monasteries p. 257.

So viel Zuredens brauchte es wahrlich nicht, um das Loos der prachtvollen Abtei zu besiegeln. Auch die Gründe, welche die Verurtheilung des Abtes herbeiführen sollten, waren bald gefunden, wenn die schon mitgetheilten nicht ausreichend gewesen wären. Bereits am 2. October meldeten die Commissäre, sie hätten verschiedene Fälle von Hochverrath aufgespürt, welche der Abt von Glastonbury verübt habe, und schickten die Beweise zusammt den Namen der Angeber in einem Buche an Cromwell.

Anfang November wurde der Abt Richard Whiting von London nach Somersetshire zurückgebracht; er war schon zum Tode verurtheilt, und zwar von einem Gerichte, in dem Cromwell als Ankläger, Geschworener und Richter in einer und derselben Person saß, wie Froude eingesteht [1]. Das Gericht, vor welches der Abt und die beiden Mönche Roger James und Johannes Thorn zu Wells am Donnerstag den 14. November gestellt wurden, war also nur eine Formalität. Sie wurden zum Tode verurtheilt. Am folgenden Tage führte man die drei Opfer von Wells nach Glastonbury, schleifte sie in üblicher Weise durch die Stadt und dann den Hügel hinauf, der sich, nur tausend Schritte vom Kloster entfernt, aus der Ebene von Somersetshire erhebt und den Namen Glastonbury Torre hat. Auf diesem Hügel wurden die drei ehrwürdigen Diener Gottes am 15. November 1539 gehängt. Stow sagt in seiner Chronik [2] mit dürren Worten: „Sie starben, weil sie die Suprematie des Königs läugneten."

Am Tage darauf berichtet Lord John Russell, der beim Gerichte zu Wells den Vorsitz geführt hatte, Cromwell, daß dessen Wille hinsichtlich der Mönche erfüllt sei. „Mylord," schreibt er, „hiermit zeige ich Euch an, daß am Donnerstag den 14. dieses Monats der Abt von Glastonbury vor Gericht gestellt und am Tage darauf mit zwei anderen von seinen Mönchen hingerichtet wurde, weil sie die Kirche von Glastonbury beraubt haben. Sie litten den Tod auf dem Torre-Hügel bei der Stadt Glastonbury. Des besagten Abtes Leib wurde in vier Theile gehackt und sein Kopf abgehauen. Ein Viertel wurde zu Wells, eines zu Bathe, eines zu Ilchester und eines zu Bridgewater aufgehängt, und sein Kopf über dem Abteithore zu Glastonbury aufgesteckt." [3] Am selben Tage schrieb auch Pollard, einer der Commissäre, an Cromwell, der Abt und die beiden Mönche seien sehr geduldig gestorben, und bittet dann im selben

---

[1] L. c. III, 246.   [2] L. c. p. 1016.
[3] Suppression of Monasteries p. 259.

Athemzuge, Cromwell möge nun aber auch den Bruder des Bittstellers zum Verwalter von Glastonbury machen [1].

Der Abt von Colchester folgte den Brüdern von Glastonbury 14 Tage später zum gleichen blutigen Kampfe und zur gleichen glorreichen Krone. Die Benediktinerabtei des hl. Johannes von Colchester war im Jahre 1096 von Eudo Dagifer gegründet. Ihr letzter Abt hieß Johannes Beche. Schon der vorletzte Abt Thomas Marshall war im Jahre 1538 wegen „Hochverrath" abgesetzt worden [2]. Aber die Klostergemeinde wählte deshalb keinen gefügigeren. Kanzler Aubeley, den wir aus den Processen der seligen Fisher und More bereits kennen und der bei der Klosteraufhebung eine sehr thätige und für ihn überaus einträgliche Rolle spielte, schreibt unter dem 8. September 1538 an Cromwell, man solle die St.-Johannes-Abtei und die benachbarte St.-Ofith-Abtei in Collegien umwandeln; der König werde dabei für sich von jeder dieser beiden Abteien 1000 Pfd. St. gewinnen, das Ergebniß verschiedener Pfründen nicht gerechnet; es seien jetzt schon in Essex 20 Klöster aufgehoben; die Lage der beiden Abteien sei überdies wegen des Sumpfwassers in den Marschen nicht gesund und deshalb für einen Wohnsitz vornehmer Leute nicht geeignet. Aubeley verspricht Cromwell 200 Pfd. St. Belohnung, wenn er beim König diesen Plan unterstütze [3]: er muß also seine Rechnung dabei gefunden haben! Aber ein Hinderniß war noch zu beseitigen. Während der Abt von St. Ofith, eines im Jahre 1118 gegründeten Augustiner-Chorherrenstifts, dem Drängen der königlichen Commissäre nachgab, war Johannes Beche nicht zur Uebergabe seiner Abtei zu bestimmen. Sir John St. Clair schreibt darüber an Cromwell: „Gestern war ich beim Abte von Colchester, welcher mich befragte, was der Abt von Ofith bezüglich seines Klosters vorhabe; denn gerüchtweise verlautete, der König werde es bekommen. Darauf erwiederte ich, derselbe habe wie ein ehrlicher Mann gehandelt und gesagt: ‚Ich bin des Königs Unterthan, und ich und mein Haus und alles, was ich habe, ist des Königs Eigenthum; wenn es mithin so des Königs Wille ist, so werde ich ihm als treuer Unterthan ohne Murren gehorchen.' Hierauf gab mir der Abt (von Colchester) zur Antwort: ‚Der König soll mein Kloster gütlich nie in seine Hand bekommen, und wenn er es nimmt, so geschieht es wider meinen Wunsch und Willen; denn gemäß dem, was ich gelernt habe, kann er es mir mit Recht und

---

[1] Ibid. p. 261.
[2] Monasticon Anglicanum by Dugdale IV, 601 sq.
[3] Brief Aubeley's an Cromwell in Suppression of Monasteries p. 245.

Gerechtigkeit nicht wegnehmen. Deshalb bin ich in meinem Gewissen verpflichtet, ihm meine Zustimmung zu verweigern, und so soll er es mit meinem Wunsch und Willen niemals besitzen!' Darauf antwortete ich ihm: ‚Fort mit derartigen Lehren! Denn wofern Ihr die Lehren beibehaltet, die Ihr als junger Mensch in Oxford empfinget, so kommt Ihr an den Galgen, und wahrlich, Ihr verdient es! So gebe ich Euch den Rath, unterwerft Euch als ein getreuer Unterthan, oder es wird Euren Brüdern und Euch zum Schaden sein.'"[1]

Der Abt ließ sich von seiner Pflicht nicht abbringen und wurde, weil er die Suprematie des Königs nicht anerkennen wolle und von den Aufständischen im Norden gut geredet habe, vor dem Thore seines Klosters am 1. December 1539 gehängt.

Diese sieben ehrwürdigen Diener Gottes aus dem Orden des hl. Benedikt, die drei Aebte und ihre Gefährten, welche am 14. und 15. November und am 1. December 1539 den Tod erlitten, waren die letzten Priesteropfer, welche Cromwell dem Galgen überlieferte. Wenige Monate später, am 28. Juli 1540, starb auch dieser Mann, der Heinrich VIII. auf die verhängnißvolle Bahn des kirchlichen Umsturzes leitete, der den Boden Englands mit Blut und Trümmern bedeckte, der die Kirche Christi auf der „Insel der Heiligen" verwüstete und nahezu vertilgte, den Tod durch Henkershand. Das war der irdische Lohn für alle Macht und alle Lust und allen Reichthum, den er seinem Könige in den Schoß geworfen hatte.

---

[1] MS. State Paper Office, II. ser. vol. XXXVIII.

10. Die Blutzeugen aus dem Franziskanerorden.
(1537—1539.)

Der erste Sturmlauf gegen die katholische Kirche in England hatte der seligen Schaar der Carthäuser und deren Gefährten, dem großen Bischofe von Rochester und dem edeln Thomas More die Palme gebracht. Der Kampf für die Klöster hatte die Schaar der Blutzeugen um sieben Söhne aus dem altehrwürdigen Orden des hl. Benedikt vermehrt, und wenn auch diejenigen Priester und Aebte, Edelleute und Bürger, welche mit den Waffen in der Hand für ihren Glauben und die Vertheidigung des Heiligthums eintraten, von der Kirche bis jetzt nicht unter die Zahl der Seligen oder der ehrwürdigen Diener Gottes aufgenommen wurden, so sind doch auch von ihnen ganz gewiß viele einfach aus Haß gegen den Glauben dem Henker überantwortet worden. Ihre große Zahl, die auch nicht annähernd bestimmt werden kann, genügte aber dem Zorne des königlichen Tyrannen und seines „Generalvikars" keineswegs. Gleichzeitig und unmittelbar nach dem Klostersturme schickte Heinrich VIII. noch manche standhafte Bekenner auf das Blutgerüste oder ließ dieselben in den Kerkern dem Hunger und der Gefängnißpest zum Opfer fallen. Ihre Namen und, soviel als möglich ist, ihre Schicksale haben wir in diesen letzten Kapiteln noch mitzutheilen.

Zunächst begegnen uns einige Blutzeugen aus dem Orden des hl. Franziskus. Wir haben schon oben[1] berichtet, wie treu die Franziskaner von der strengern Observanz dem Apostolischen Stuhle blieben und mit welchem Muthe sie sich dem Willen des Königs entgegenstellten. Ueber 200 Mitglieder[2] sollen vom Sommer 1534 an in den Kerkern geschmachtet haben, wovon etwa der vierte Theil ihren Leiden und Entbehrungen zum Opfer fielen. Ein Landsmann und Zeitgenosse der seligen Blutzeugen, Fr. Thomas Bourchier O. S. Fr., hat uns eine kurze Beschreibung der Leiden seiner Mitbrüder hinterlassen[3], und obschon dieselbe

---

[1] S. 59 f.   [2] Waddingus, Annales Minorum XVI, 385.
[3] Historia Ecclesiastica de Martyrio Fratrum Ordinis divi Francisci, dictorum de Observantia etc. authore Fr. Thoma Bourchier Anglo, ordinis

einige offenbare Verstöße gegen die Chronologie enthält, haben wir doch keinen Grund, die von ihm berichteten Thatsachen zu bezweifeln. Wir folgen daher seinen Angaben.

„Im Jahre 1537 am 19. Juli fiel der ehrwürdige P. Antonius Brookby (alias Brorbe), ein in den weltlichen und theologischen Wissenschaften hochgebildeter, des Griechischen und Hebräischen vollständig mächtiger Mann, der zu Oxford im Magdalenen-Colleg den theologischen Grad des Licentiats erworben hatte, der Wuth des Königs zum Opfer. Der von blinder Leidenschaft beseelte Herrscher ließ den frommen Mann ergreifen und in den Kerker werfen. Nachher wurde er der Folter unterworfen und so furchtbar gequält, daß kaum die Gliedmaßen noch zusammenhingen und fast alle Gelenke des Körpers aus ihren Gewerben gerenkt waren. Diese Qualen ertrug der Pater mit starkem und unerschütterlichem Muthe, woraus man sehen kann, wie sehr er den Martertod herbeisehnte. Seine Verletzungen waren so qualvoll, daß er sich 25 Tage lang auf seinem Schmerzenslager nicht rühren, ja nicht einmal die Hand zum Munde führen konnte; so entsetzlich war er zugerichtet worden. Ein altes Mütterchen kam ihm jedoch zu Hilfe und reichte ihm die Speisen, die der gute Mann sich selbst nicht hätte zum Munde bringen können. Schließlich kam auf königlichen Befehl der Henker und erdrosselte den Pater, welcher auf seinem Schmerzenslager Unsägliches litt, mit dem Stricke, der sein Ordenskleid der Regel des hl. Franziskus gemäß umgürtet hielt."[1]

Nur wenige Tage später, am 27. Juli 1537, gelangte der ehrwürdige Diener Gottes Thomas Cort zur Marterpalme. Bourchier erzählt von ihm: „Thomas Cort stammte aus edelm Geschlechte, war aber noch mehr durch seine Beredsamkeit als durch seine Abkunft berühmt. Er hatte den Muth, den unversöhnlichen Haß des Königs auf sich zu laden, indem er öffentlich von der Kanzel herab mit Gefahr seines Lebens in ernsten Worten und heiliger Einfalt den zügellosen Stolz und die Grausamkeit

---

B. Francisci de Observantia. Parisiis 1586. — Das spätere Certamen Seraphicum Anglicanum des Fr. Angelus a S. Francisco, das 1885 in einer neuen, schönen Ausgabe erschienen ist (Quaracchi, Typographia S. Bonaventurae), behandelt die Franziskanermartyrer unter Heinrich VIII. nur in der Einleitung kurz nach der oben angegebenen Quelle, der auch Wadding in seinen Annalen folgt, und erzählt dann ausführlich den Martyrtod derjenigen Ordensgenossen, welche während des 17. Jahrhunderts in England für den Glauben starben.

[1] L. c. p. 11. Andere Quellen setzen den Todestag des ehrwürdigen Dieners Gottes auf den 17. Juli 1538.

des Königs tadelte. Denn er achtete die Strafen gering, indem er bereit war, Blut und Leben für Christus hinzugeben. Der in der Heiligen Schrift wohl belesene Pater hatte sich zweifelsohne die Stellen bei Matthäus am 10. und bei Lucas am 12. Kapitel wohl gemerkt, wo es heißt: ‚Wenn sie euch überliefern, so überlegt nicht, wie und was ihr reden wollet; denn es wird euch in jener Stunde gegeben werden, was ihr reden sollet.‘ Das geschah in der St.-Lorenz-Kirche zu London, und dort wurde er auch sofort ergriffen und aus der Kirche in den Kerker geführt, der das Neuthor (New Gate) heißt. In diesen Kerker werden die ärgsten Verbrecher geworfen, Diebe, Räuber und ähnliche Spießgesellen; derselbe ist aber so übelriechend und abscheulich, daß die verpestete Luft und der Gestank den glorreichen Tod des Paters zur Folge hatten. ... Gott wollte nicht, daß die Heiligkeit dieses Mannes mit dem Tode der Vergessenheit anheimfalle, noch daß das Dunkel des Kerkers sie bedecke; so zeigte er durch ein auffallendes Wunder, wie lieb ihm dieser überaus heilige Mann sei. Strahlendes Licht erfüllte nämlich den ganzen Kerker; alle Anwesenden sahen es und staunten ob dem unerhörten Wunder. Der König selbst, der davon hörte, war so erschreckt, daß er, trotz seines Zornes gegen die Guten, in seinem und seines Rathes Namen den Befehl gab, den Leichnam ehrenvoll zu bestatten. So wurde denn sein Leib im Kirchhofe der Heilig-Grab-Kirche neben dem Hauptthore der Kirche begraben, und ein kleiner Stein wurde ihm gesetzt, dessen Inschrift heute noch besteht. Dieser Denkstein mit der Inschrift wurde auf Kosten einer frommen Frau errichtet; Margaretha Herbert heißt sie und ist die Gemahlin eines Handschuhmachers." [1]

Der ehrwürdige Diener Gottes Thomas Belchiam O. S. Fr. starb kaum eine Woche später. Bourchier berichtet über ihn: „Am 3. August 1537 starb Thomas Belchiam, Priester und Prediger, erst 28 Jahre alt. Mit unglaublichem Freimuth und unerschütterlicher Festigkeit stellte er sich dem Willen des Königs entgegen und nannte denselben geradezu einen Ketzer. Zum Beweise dieser Behauptung schrieb er für seine Mitbrüder ein Buch gegen ihn. Dasselbe hebt an: ‚Die mit weichen Gewändern Bekleideten sind in den Häusern der Könige. Das sind die Worte des Heilandes, liebe Brüder‘ u. s. w. In demselben Buche geißelte er auch den Geiz des englischen Clerus und die Schwäche der Bischöfe, die um dieses hinfälligen Lebens und der vergänglichen Güter willen lieber den Zorn

---

[1] L. c. p. 18.

Gottes auf sich laden, als dem Könige die Wahrheit sagen, welche sie ihm auch auf die Gefahr hin verkünden müßten, das Leben deshalb zu verlieren. Ein Exemplar dieses mit viel Gelehrsamkeit geschriebenen Buches ließ er in den Händen der Minderbrüder im Kloster zu Greenwich, ein anderes im Kerker zurück, in welchem er mit großer Standhaftigkeit des Hungertodes starb. So groß war der Mangel an jeder Nahrung, daß nichts als Haut und Bein von ihm übrig war; denn man hatte ihm alles entzogen, was zur Erhaltung des Lebens nothwendig ist. Ist es doch der maßlosen Grausamkeit eigen, daß sie stets neue Qualen ersinnt und durch andere Mittel zum Siege zu gelangen sucht, wenn sie in einer Qual besiegt wurde. Doch sie richtet nichts aus und macht den Triumph der Sieger nur glorreicher."[1] Der König soll, wie Bourchier weiter erzählt, die Schrift des ehrwürdigen P. Belchiam gelesen haben und dadurch heftig ergriffen worden sein; denn der Glaube und das Gewissen waren in ihm noch keineswegs todt. Aber bald schlug Heinrich VIII. die Gewissensbisse nieder, erstickte sie durch neue Grausamkeiten und ließ die freimüthige Schrift des ehrwürdigen Dieners Gottes verbrennen. Gleichwohl gab er Befehl, acht Gefährten des Verstorbenen aus der Newgate zu entlassen. Wie Bourchier berichtet, erlagen noch „viele andere" in ähnlicher Weise den Qualen des Kerkers; 32 Franziskaner wurden je zwei und zwei mit Ketten aneinander geschlossen, in verschiedene entlegene Gefängnisse Englands abgeführt, in denen sie bis zum Tode eingeschlossen blieben[2].

Die Liste der ehrwürdigen Diener Gottes, deren Seligsprechungsproceß eröffnet ist, enthält noch den Namen eines Franziskanerbruders, der aber nicht im Kerker, sondern am Galgen zwei Jahre später die Marterkrone errang. Er wurde zugleich mit dem Vikar von Wandsworth, Griffith Clark, der ebenfalls nunmehr zu den ehrwürdigen Dienern Gottes zählt, und dessen Kaplan am 8. Juli 1539 zu Thomas Watering's gehängt und geviertheilt[3]. Sein Name ist Waire, der Vorname ist unbekannt. Alle drei starben um des Glaubens willen.

Bei weitem des glorreichsten Todes unter den Franziskanern starb aber der selige Johannes Forest im Jahre 1538. Unter allen Blutzeugen, deren Martyrium wir hier zu schildern hatten, erlitt er die grausamste Todesart.

---

[1] L. c. p. 17 sq.   [2] L. c. p. 26.
[3] Stow, Chronicle p. 1016.

Johannes Forest war eine Zeit lang Guardian des Klosters der strengern Observanz zu Greenwich und Beichtvater der Königin Katharina. Mit Muth und Entschiedenheit hatte er noch im Jahre 1532 die Giltigkeit der Ehe Katharina's auf der Kanzel zu St. Paul's Cross öffentlich vertheidigt und Cromwell, also indirect den König selbst, scharf angegriffen. Heinrich VIII. war damals noch nicht das Ungeheuer, das er nach dem Bruche mit der katholischen Kirche geworden ist. Er ließ den kühnen Prediger an den Hof bescheiden, und schon jubelten dessen Feinde; aber er ehrte den Muth des armen Mönchs. Nach einer gnädigen Unterhaltung von einer halben Stunde ließ er ihm Speisen von seiner Tafel reichen, und auch der Herzog von Norfolk erwies ihm große Ehre.

Bourchier[1] zufolge schrieb der Selige eine Schrift über die Auctorität der Kirche und des Papstes, welche mit den Worten begann: „Niemand nimmt sich die Ehre, es sei denn, Gott habe ihn berufen, wie Aaron." In diesem Buche habe der Selige, wie es seine Pflicht gewesen, den König scharf getadelt, daß er ohne jeden Beruf sich den Titel „Oberhaupt der Kirche Englands" angemaßt. Das Buch sei zwar noch nicht gedruckt gewesen, aber es habe druckfertig vorgelegen, und der Selige habe den festen Entschluß gehabt, dasselbe erscheinen zu lassen, um der bedrängten Kirche seiner Heimat auf diese Weise, wiewohl mit offenbarer Lebensgefahr, beizuspringen. Durch einen Angeber sei der König von dem Vorhaben des Seligen unterrichtet worden und habe nun, um die Gesinnung des Beichtvaters seiner rechtmäßigen Gemahlin zu erforschen, einen Spion ausgeschickt, der dem Pater im Beichtstuhle sagte, der König habe sich mit Unrecht das Ansehen des Heiligen Vaters angemaßt. Der selige Forest bestärkte sein vermeintliches Beichtkind mit vielen Stellen aus der Heiligen Schrift in seinem Glauben, und der Elende, der die Beichte nur geheuchelt hatte, hinterbrachte dem Könige sofort die Reden des Franziskaners. Alsbald erschienen die Häscher und schleppten den Seligen nach Newgate.

Diese Einkerkerung muß jedenfalls vor das Jahr 1536 verlegt werden; denn wie aus der weitern Darstellung Bourchiers hervorgeht, lebte die Königin Katharina noch, welche am 6. Januar 1536 starb. Nach wenigen Tagen stellte man ihn vor das Privy Council und fragte ihn, ob er Widerruf leisten und predigen wolle, daß der König das Oberhaupt der Kirche sei. Aber festen und unerschütterlichen Sinnes

---

[1] L. c. p. 31.

weigerte er sich, auch nur um eines Haares Breite von der Lehre der römisch-katholischen Kirche abzuweichen; lieber wolle er den Tod und die furchtbarsten Qualen erdulden. Auf diese Erklärung hin wurde er gefesselt abermals in den Kerker zurückgeführt."[1] Bourchier erzählt ferner, der König habe wiederholt an den Gefangenen geschickt und demselben nicht nur Verzeihung, sondern die höchsten Ehrenstellen versprochen, wenn er von seiner Treue gegen den Papst ablassen wolle. Vier Tage später sei er vor Gericht gestellt und abermals aufgefordert worden, den König als Oberhaupt der Kirche anzuerkennen; er werde sonst als Hochverräther zum Tode verurtheilt werden. Da habe der Selige das folgende Gebet gesprochen: „Ich danke Dir, mein Herr und Gott, daß Du mich armseligen Sünder zur höchsten Ehre berufen hast, um Deines Namens willen am heutigen Tage den wahren Glauben, dem ich angehöre, hier vor allen bekennen zu dürfen, und erklären zu können, wie ich von Deiner keuschen und makellosen Braut, der einzigen, katholischen, römischen Kirche, denke. Des Königs Drohungen fürchte ich nicht, seine Strafurtheile sind mir gleichgiltig, und ich fürchte sie nicht, wenn sie um des Glaubens willen über mich verhängt werden. Weltliche Ehren verlange ich nicht, noch suche ich sie; im Gegentheile, auch wenn sie mir angeboten werden, weise ich sie zurück. In den Tod aber will ich mit Freuden gehen."[2]

Bourchier und nach ihm Wadding theilen auch die lateinische Uebersetzung einiger Briefe mit, welche zwischen dem Gefangenen und der Königin Katharina, einer ihrer Hofdamen und dem seligen Dr. Abel gewechselt wurden. Dieselben sind voll Frömmigkeit. Die Königin ermuntert ihren Beichtvater, sich der kurzen Qual mit Muth und Freude zu unterziehen, und der Selige drückt seine Sehnsucht aus, aufgelöst und mit Christus zu sein. Bourchier irrt aber jedenfalls, indem er diesen Briefwechsel in die letzten Tage des Blutzeugen verlegt; damals war Katharina von Aragonien schon mehr als zwei Jahre todt. Besser stimmt die Angabe Waddings[3], der annimmt, das Todesurtheil, dem jene Briefe folgten, sei zwar vor dem Tode Katharina's gefällt, aber erst viel später vollstreckt worden, so daß der Selige nach seiner Verurtheilung noch mehr als zwei Jahre im Gefängniß geschmachtet hätte.

Froude behauptet ohne Quellenangabe[4], Forest habe bei seiner Einkerkerung um Verzeihung gebeten und sich dem Willen des Königs unter-

---

[1] L. c. p. 40.   [2] L. c. p. 45.
[3] Annales Minorum XVI, 390 sq.   [4] L. c. III, 105—106.

worfen; bald sei aber sein Gewissen erwacht, und er habe erklärt, in
Religionssachen sei der Papst sein höchstes Oberhaupt, und der Bischof
von Rochester sei ebensowohl ein Martyrer als der hl. Thomas von
Canterbury. Es ist wenig glaubwürdig, daß der heiligmäßige Mann,
der Heinrich VIII. so entschieden entgegengetreten war und der bem Tode
in der entsetzlichsten Gestalt so heldenmüthig entgegenging, bei der ersten
Aufforderung dem katholischen Glauben abgeschworen habe, ober daß er
„den Bischof von Rom in seinem äußern, nicht aber in seinem innern
Menschen verläugnete" [1].

Das Verhör des Seligen, das wenigstens theilweise im Handschriftenschatze des Rolls House in London noch vorhanden sein soll, enthält
nach Froube die folgenden Stellen: „Er (Forest) sagt, der heilige
Mann Thomas von Canterbury habe den Tod erlitten für die Rechte
der Kirche; denn ein Mächtiger (er meinte hiermit König Heinrich II.)
habe ihn, weil er seinen Befehlen, welche den Gerechtsamen der Kirche
widerstritten, nicht nachkam, zuerst aus dem Reiche verbannt und dann
um der Rechte der heiligen Kirche willen in seiner eigenen Kirche erschlagen. Und so haben in neuester Zeit viele heilige Männer den Tod
gelitten, z. B. der heilige Vater, der Bischof von Rochester, und er
zweifle nicht, daß ihre Seelen jetzt im Himmel seien. — Er sagt (ferner)
und glaubt, daß er einen doppelten Gehorsam schulde: den ersten
Sr. Majestät bem Könige, kraft göttlichen Gesetzes, und den zweiten dem
Bischof von Rom, kraft seiner Regel und seiner Profeß [2]. — Er gesteht,
daß es bei der Beichte seine Gewohnheit und seine Praxis gewesen sei,
die Beichtkinder zu bewegen, an dem alten Glauben festzuhalten, wie derselbe in diesem Reiche seit unvordenklichen Zeiten verstanden worden sei."

Solche Antworten erzürnten Heinrich VIII. in dem Grade, daß er
mit der gewöhnlichen Todesstrafe der Hochverräther, welche sonst an den
Läugnern der königlichen Supremalie vollstreckt wurde, sich nicht zufrieden

---

[1] „He had denied the Bishop of Rome in his outward, but not in his
inward man." L. c.

[2] Es ist sehr fraglich, ob der Gerichtsschreiber diese Antwort des Seligen recht
aufgefaßt und richtig aufgezeichnet habe. Jeder Theologe weiß, daß auch dem Papste
kraft göttlichen Gesetzes Gehorsam gebührt. Der Selige wird also vielleicht gesagt
haben: „den zweiten Gehorsam schulde ich dem Papste „überdies" kraft meiner
Regel und meiner Profeß." Leider habe ich mir umsonst Mühe gegeben, das von
Froube oberflächlich mit „Rolls House MS." citirte Verhör des Seligen unter den
Tausenden von Documenten aus der Zeit Heinrichs VIII. aufzufinden, obschon ich
von den Angestellten auf das Freundlichste unterstützt wurde.

erklärte, sondern für Forest den Feuertod der Ketzer verlangte. Cromwell gab also dem Erzbischof Cranmer und dem Bischof von Worcester den Auftrag, den Franziskaner der Ketzerei schuldig zu finden, und Cranmer, der schon viel schwerere königliche Aufträge glücklich gelöst hatte, brachte den Beweis leicht zu Stande. Froude schließt aus einem Documente, das sich im Rolls House findet, die Beweisführung sei ungefähr die folgende gewesen: „Jeder Widerspruch mit der Heiligen Schrift ist Ketzerei. Nun heißt es aber bei Ecclesiastes am 5. Kapitel: Insuper universae terrae rex imperat servienti, d. h. der König befiehlt dem ganzen Lande, das ihm unterworfen ist. Jeder Unterthan also, der behauptet, man könne sich dem Gehorsam des Königs entziehen, ist ein Ketzer. Forest sagt, er schulde außer dem Könige auch noch dem Papste Gehorsam: er entzieht sich mithin dem Gehorsame des Königs. Forest ist also ein Ketzer. Auch der Papst ist ein Ketzer, wenn er sich dem Gehorsame des Kaisers entzieht."[1] So also urtheilte das geistliche Gericht, in welchem Cranmer den Vorsitz führte; es fand Forest der Ketzerei schuldig und übergab ihn dem weltlichen Arme.

Allein die Qualen des Scheiterhaufens waren Heinrich VIII. noch zu wenig. Dieselben sollten für das Opfer verhundertfacht und obendrein durch einen heiligthumsschänderischen Hohn für den vornehmen und gemeinen Pöbel Londons gewürzt werden. Am 6. April hatte einer der Commissäre, ein gewisser Elis Price, aus Nord-Wales von dem großen hölzernen Bilde eines alten wales'schen Heiligen Namens David geschrieben, das in der Kapelle zu Llan Oberfel in der Diöcese St. Asaph unter dem Namen „Oberfel Gadern" eine große und volksthümliche Verehrung genoß. Wenn der Commissär nicht unwahr gesprochen, so sollen sogar manche der einfältigen Leute den Aberglauben gehabt haben, der Heilige besitze die Macht, seine Verehrer aus den Qualen der Hölle zu befreien. Der Commissär bat also Cromwell um Weisung, was er mit diesem Heiligenbilde anfangen solle, und Cromwell befahl, dasselbe unverzüglich nach London zu schicken. Es kam gerade rechtzeitig zur Hinrichtung des seligen Forest, und da nun eine alte Prophezeiung von diesem Bilde weissagte, es werde bereinst einen ganzen Wald (Forest) verbrennen[2], bekam der König den gottlosen Einfall, diese Prophezeiung an Forest zu erfüllen.

---

[1] Rolls House MS. A. 1, 7 fol. 213.
[2] Grafton's Chronicle II, 463.

Es war am 22. Mai 1538¹. Ganz London eilte hinaus nach Smithfield, um dem entsetzlichen Schauspiele zuzusehen, wie ein Mönch mit dem Holze eines Heiligenbildes in langsamem Feuer gebraten werden sollte. Man hatte großartige Vorbereitungen getroffen — fast wie zu einem Faschingsspiele. Von einem hohen Galgen herab, der in riesigen Buchstaben rohe Spottverse dem Volke zu Nutz und Frommen zeigte², hingen in Ketten eiserne Ringe, bestimmt, das arme Opfer um die Mitte des Leibes und unter den Armen durch zu umschließen und so über dem Feuer in der Schwebe zu halten. Darunter lagen die Späne des Heiligenbildes aufgeschichtet. Forest wurde in feierlichem Zuge herbeigebracht und konnte die entsetzlichen Vorbereitungen zu seiner Marter betrachten. Dann stellte man ihn auf eine Plattform. Der Lordmayor von London, die Herzoge von Norfolk und Suffolk, Lord Southampton und Cromwell waren gegenwärtig und bereit, dem guten Franziskaner das Leben zu schenken, wenn ihn etwa in der letzten Stunde sein Muth verlassen und er den König als oberstes Haupt der Kirche anerkennen sollte. Eine eigene Schaubühne war für diese hohen Herren errichtet. Der Apostat Latimer, der auf Cromwells Geheiß bei dieser Gelegenheit predigte, hatte eigens gebeten, man solle Forest neben seine Kanzel stellen; „denn ich will mir Mühe geben," hatte er an Cromwell geschrieben, „das Volk so zu befriedigen, daß ich gleichzeitig Forest bekehre, wenn Gott hilft oder vielmehr mitwirkt."³ Man hatte also die Kanzel neben dem Verurtheilten aufgeschlagen, und Latimer donnerte seine Tiraden gegen den Papst herunter. Als er seine Predigt vollendet hatte, wandte er sich an

---

¹ Chronicle of the Grey Friars of London p. 42.

² Der Chronist Grafton (Grafton's Chronicle II, 463; auch Bourchier l. c. p. 51 gibt die zweite Strophe) hat die Verse wie folgt aufgezeichnet:

David Darvell Gatheren,
As saith the Welshmen,
Fetched outlawes out of hell.
Now is he come with spere and shilde
In harnes to burn in Smithfelde
For in Wales he may not dwell.

And Forest the friar,
That obstinate lyer,
That wilfully shal be dead,
In his countumacie
The Gospel doth deny
The Kyng to be supreme head."

Wörtlich übersetzt: „David Darvell Gatheren führte, wie die Welshmen sagen, die Verdammten aus der Hölle. Jetzt ist er selbst mit Speer und Schild im Harnisch nach Smithfield gekommen, um daselbst zu brennen. Denn er mag nicht mehr in Wales wohnen. Und Forest, der Bettelmönch, der verstockte Lügner, der freiwillig todt sein will, verläugnet in seiner Verstocktheit das Evangelium, daß der König das oberste Haupt (der Kirche) sei."

³ Latimer's Letters p. 391. MS. State Paper Office, II. ser. vol. XLIX.

Foreſt und fragte ihn, ob er leben oder ſterben wolle. „Ich will ſterben," antwortete muthig der Selige, „laßt Euern Grimm an mir aus! Vor ſieben Jahren hättet Ihr um Euer Leben keine ſolche Reden zu predigen gewagt wie jetzt. Und wenn jetzt ein Engel vom Himmel herabkäme, und mich eine andere Lehre lehrte als jene, welche ich als Kind gelernt habe, ſo würde ich ihm nicht glauben. Nehmt mich, ſchneidet mich in Stücke, Glied für Glied, brennt mich, hängt mich, thut was Ihr wollt: ich will von nun an meinem Glauben treu bleiben!"[1] Man ließ ihn nicht mehr reden. Er wurde in die eiſernen Ringe geſchloſſen und ſo an den Galgen gehängt. Einige Male ſchwang er in den Ketten über dem Feuer hin und her; dann blieb er über den kniſternden Spänen hangen, und die ſchwachen Flammen leckten ſeine Glieder. In namenloſem Schmerze bäumte er ſich unwillkürlich auf und ſuchte, ſich an den Ketten emporhebend, dem Feuer zu entrinnen und die Leiter zu faſſen. Aber man hörte kein Wort um Gnade an ſeine Henker, keine Silbe der Unterwerfung unter den König, der Verläugnung des heiligen Glaubens von ſeinen Lippen. Das hätte uns der Chroniſt Hall, der die Rohheit hat, die unwillkürlichen Zuckungen des mit entſetzlicher Todesqual ringenden Martyrers als ein Zeichen mangelnden Gottvertrauens zu deuten[2], gewiß nicht vorenthalten. Bourchier erzählt[3], der Selige habe die entſetzliche Todesqual, welche länger als eine halbe Stunde dauerte, mit großer Standhaftigkeit erduldet und oftmals die Worte des 56. Pſalms wiederholt, welche vorzüglich für dieſe Zeit der Qual paßten: „Im Schatten deiner Fittige werde ich hoffen, bis die Bosheit vorübergegangen ſein wird."[4] Endlich erlag der Leib im Martertode, und der Selige ſchwang ſich zu Gott empor, als würdiger Gefährte der größten Martyrer aus den erſten chriſtlichen Zeiten.

Den glorreichen Blutzeugen aus dem Orden des hl. Franziskus wollen wir hier noch einen ſeligen Martyrer aus dem Orden des hl. Auguſtin beifügen, von deſſen Leben und Leiden wir nicht viel mehr als den Namen und die Thatſache ſeines Todes um des Glaubens willen in Erfahrung bringen können. Es iſt der ſelige Johannes Stone, Laienbruder aus dem Orden der Auguſtiner-Eremiten. Wenn die Bilder, welche nach den Gemälden Circiniani's in der engliſchen Kirche zu Rom an

---

[1] Stow's Chronicle p. 575.
[2] Hall, The Union of the Families of Lancaster and York p. 875.
[3] L. c. p. 49.
[4] In umbra alarum tuarum sperabo, donec transeat iniquitas.

gefertigt wurden¹, in den erklärenden Unterschriften nicht auch den Namen des Seligen und dessen Todesart enthielten,² so würde man heute kaum etwas von ihm wissen. Er starb zu Canterbury im Jahre 1538 um des Glaubens willen, weil er die Suprematie des Königs nicht beschwören wollte, zugleich, wie Dodd³ erzählt, mit zweien seiner Ordensbrüder in der gewöhnlichen grausamen Weise, indem er noch lebend vom Galgen losgeschnitten und geviertheilt wurde. Der einzige Schriftsteller, der unseres Wissens außer dem Namen des Seligen eine kurze Notiz enthält, ist Alanus Copus (Harpsfield)⁴, der also über unsern Martyrer schreibt: „Er wurde zu Canterbury mit der Krone der Blutzeugen geschmückt. Aber bevor er dazu gelangte, hörte er im Kerker, da er zu Gott betete und drei Tage ohne Unterbrechen fastete, eine Stimme, obschon er niemanden sah. Diese Stimme rief ihn beim Namen und ermunterte ihn, daß er mit Starkmuth und Standhaftigkeit für den Glauben, den er bekannt habe, in den Tod gehe. Das erfüllte ihn mit so viel Freude und Stärke, daß er sich durch kein Zureden und keine Drohung von seinem Entschlusse abbringen ließ. Dieses vernahm ich von einem gewichtigen und glaubwürdigen Zeugen, dem es Stone selbst mitgetheilt hat."

Weiteres haben wir leider über diesen Seligen auch durch eine Anfrage an den hochwürdigen Prior der Augustiner in London nicht in Erfahrung bringen können.

---

¹ Vgl. oben S. 6 u. 8.

² Stoneus item Augustinus, Cantuariae (sectus est in quatuor partes post suspendium spirans). Eine neue Ausgabe der betreffenden Bilder mit einer Vorrede von John Morris S. J. erschien soeben zu Stonyhurst.

³ Dodd, The Church History of England I, 246 u.

⁴ Dialogi sex contra summi Pontificatus, Monasticae Vitae, Sanctorum, Sacrarum Imaginum Oppugnatores et Pseudomartyres ab Alano Copo Londinensi (Pseudonym für Harpsfield), Antverpiae 1573, p. 733 (994).

11. Die letzte Plantagenet.

(† 27. Mai 1541.)

Im Mai 1541 forderte die Rache Heinrichs VIII. königliches Blut. Es war die letzte Plantagenet, die schuldlos und ungehört ihr greises Haupt auf das Schafott tragen mußte.

Margaretha Gräfin Salisbury war eine Tochter Georgs, des Herzogs von Clarence, eines Bruders Eduards IV. Ihre Mutter war eine Neville, ein Kind des berühmten Grafen Warwick; durch ihn hatte sie Anspruch auf die Titel Salisbury und Warwick, obschon nur der erstere ihr vom Könige zuerkannt wurde. Richard III., das Ungeheuer auf dem englischen Throne, hatte den einzigen Bruder Margaretha's, Eduard Plantagenet, nachdem Eduards IV. unschuldige Knaben im Tower erwürgt waren, wahrscheinlich für ein gleiches Loos in den Kerker geworfen. Als er dann in der Schlacht auf Bosworth-Field, vom Grafen von Richmond geschlagen, Krone und Leben verlor, wäre Eduard Plantagenet, Margaretha's Bruder, der nächste Thronerbe gewesen. Aber Richmond wurde auf dem Schlachtfelde von dem siegreichen Heer als Heinrich VII. zum König ausgerufen und vom Parlamente nachträglich als solcher bestätigt, und „Herrschen ist süß". Er ließ also den schuldlosen Knaben zur Sicherung seines Thrones auch fürderhin im Kerker schmachten und endlich, nach langen Jahren, hinrichten oder vielmehr ermorden. Als er nämlich für seinen Sohn um die Hand Katharina's von Aragonien warb, äußerte man spanischerseits Bedenken, da ja ein noch näherer Thronerbe, jener eingekerkerte Plantagenet, vorhanden sei. Da benutzte Heinrich VII. den Vorwand eines Fluchtversuchs, um das Todesurtheil über den jungen Mann zu fällen, und so rollte das Blut der Plantagenet nur mehr in den Adern der Gräfin Salisbury. Die letzte Plantagenet wurde mit Sir Richard Pole, einem Vetter des Königs, vermählt, und man muß sagen, daß Heinrich VIII. sich anfangs Mühe gab, das Unrecht, das sein Vater an ihrem Bruder gethan hatte, an ihr wieder gut zu machen. Es soll sogar eine Zeit lang der Plan bestanden

haben, die Prinzessin Maria mit einem der Söhne der Gräfin Salisbury
zu verbinden und so einen Sprossen ihrer Nachkommenschaft auf den Thron
zu erheben. Viele Jahre war sie Haushofmeisterin im Hofstaate der
Königin, und es bestand kein Zweifel an der Treue, mit welcher sie dem
Hause Tudor ergeben war, obschon andere Glieder der Familie Pole noch
immer das Banner der weißen Rose von York wieder zu entfalten strebten.
Das gute Verhältniß zwischen der Gräfin Salisbury und Heinrich VIII.
dauerte bis zur Verstoßung Katharina's von Aragonien und zur Ver=
bindung mit Anna Boleyn. Jetzt zog sich die edle Dame auf ihre Güter
in Staffordshire und Hampshire zurück, mied alle Verbindung mit dem
Hofe und jede Einmischung in die Politik.

Heinrich VIII. grollte. Wir haben gesehen, wie der Versuch ge=
macht wurde, sie in den Proceß der Nonne von Kent zu verwickeln; man
mußte ihn fallen lassen, da sich keine Spur eines Beweises gegen die
Gräfin fand[1]. Inzwischen war aber der König durch Reginald Pole,
einen der Söhne Margaretha's, aufs heftigste erzürnt worden. Reginald
Pole, der spätere Cardinal und Erzbischof von Canterbury, war im
Jahre 1500 geboren und zeigte frühzeitig Talente und Neigung zum
geistlichen Stande. Nach den Studien in Oxford besuchte er, obschon
nur mit den niederen Weihen ausgestattet, dennoch nach der Unsitte jener
Zeit bereits im Besitze mehrerer reichen Pfründen, die Universitäten von
Padua und Paris und kehrte nach England zurück, gerade als die folgen=
schwere Frage der Ehescheidung Heinrichs und Katharina's am eifrigsten
verhandelt wurde. Dem Könige lag viel daran, den talentvollen und
durch seine hohe Geburt ausgezeichneten Cleriker auf seine Seite zu ziehen.
Er ließ Pole durch den Herzog von Norfolk den erzbischöflichen Sitz
von York oder das Bisthum Winchester, welche beide zu den reichsten
Sprengeln Englands gehörten, unter der Bedingung anbieten, daß er in
der Ehescheidungsfrage für ihn stimme. Reginald wies sowohl diesen
als die späteren Versuche des Königs ab, wodurch er Heinrich VIII.
schon ernstlich verstimmte. Dennoch erhielt er die Erlaubniß, England
zu verlassen und abermals nach Padua zu gehen. Während seines zweiten
Aufenthaltes in Italien brach in England der Sturm los. 1535 schickte
der König einen Mr. Starkey nach Padua mit der Anfrage an Pole,
ob die Trennung von Rom wohl oder übel gethan sei. Der König, ließ
ihm Heinrich melden, wolle nur seine Meinung, nicht seinen Rath ver=

---

[1] Vgl. oben S. 29—80.

nehmen; er solle sagen, ob der Primat des Bischofs von Rom göttlichen Rechtes sei oder nicht. Die Carthäuser, der selige Fisher und Thomas More hatten damals schon für den Glauben geblutet; die Anfrage konnte also für Pole nur die Bedeutung haben, ob er auf die Rückkehr in die Heimat oder auf den Glauben verzichten wolle. Als Antwort schrieb Pole seine „Vertheidigung der katholischen Einheit"[1]. Die Schrift war scharf, so daß selbst Cardinal Contarini, Pole's Freund, die Absendung derselben widerrieth. Sie unterblieb auch wirklich einige Zeit; als aber am 27. Mai 1536 die Kunde von der am 19. Mai erfolgten Hinrichtung Anna Boleyns nach Padua kam, glaubte Pole den König für sein ernstes Wort empfänglich und sandte die Schrift sofort ab[2]. Heinrich war außer sich vor Wuth und befahl Pole, augenblicklich nach England zurückzukehren. Daß diesem Befehle kein Gehorsam geleistet wurde, ist selbstverständlich; statt dessen ging Pole, durch Paul III. berufen, nach Rom und betheiligte sich an den Reformarbeiten der Kirche. Schon Weihnachten desselben Jahres wurde er mit dem Purpur geschmückt.

Als Cardinal wirkte Pole unablässig für die Sache der katholischen Religion seiner Heimat. Im Auftrage des Papstes sollte er im Frühjahre 1537, da die Kunde von der Erhebung der nördlichen Provinzen Englands in Rom die Hoffnung erweckte, Heinrich VIII. möchte vielleicht zur Umkehr zu bewegen sein, als päpstlicher Legat nach Frankreich und den Niederlanden gehen. Cromwells Politik durchkreuzte seine Bemühungen, und der König erklärte den Cardinal als Hochverräther, setzte den Preis von 50 000 Kronen (nach jetzigem Geldwerthe etwa eine Million Mark) auf dessen Kopf und bot dem Kaiser für die Auslieferung Pole's ein Hilfscorps von 4000 Mann gegen den König von Frankreich[3]. Ebenso sehr ergrimmte Heinrich VIII. ob der zweiten Legation Pole's an den spanischen Hof im Februar 1539, wo er bei Karl V. zur Durchführung der am 16. December 1538 endlich gegen Heinrich VIII. erlassenen Absetzungsbulle wirken sollte.

Es war eine gefährliche und leider abermals erfolglose Aufgabe, der sich Cardinal Pole im Auftrage des Heiligen Vaters unterzog. Nicht nur sein eigenes Leben, das noch immer durch den genannten Blutpreis bedroht wurde, mußte er aufs Spiel setzen, sondern das Leben seiner nächsten

---

[1] Pro ecclesiasticae unionis defensione libri quatuor.
[2] „Tunc statim misi, cum ille e medio jam sustulisset illam, quae illi et regno totius hujus calamitatis causa existimabatur." Apolog. ad Carolum Quintum.
[3] Lingard VI, 260.

Verwandten. Wahrscheinlich hatte der Cardinal bereits Nachricht von der Einkerkerung seines ältesten Bruders, des Lord Montague, und von dem Verhöre, dem seine greise Mutter unterworfen worden war, wenn er auch vielleicht noch nicht für möglich hielt, daß der König an der Mutter blutige Rache nehmen könnte.

Cromwell hatte nämlich inzwischen die Poles und deren Verwandte, die Nevilles, als Theilnehmer und Mitwisser der vorgeblichen sogen. Exeter-Verschwörung in den Kerker geworfen. Schon länger war Heinrich Courtenay, Marquis of Exeter, mit Cromwell in Feindschaft gerathen; ein offener Streit brach zwischen den beiden aus und der Geheimsecretär ließ den mächtigen Peer im Sommer 1538 in den Tower werfen. Cromwell mußte zwar für den Augenblick nachgeben und den Marquis entlassen; aber bald hatte er ein Netz um sein Opfer gesponnen und legte Heinrich VIII. die „Beweise" vor, daß Exeter auf Hochverrath sinne. Fischerleute von St. Kevern in Cornwall, wo Exeter seine Besitzungen hatte, sollen sich eine Fahne bestellt haben, ähnlich derjenigen, welche beim „gnadenreichen Pilgerzuge" getragen wurde u. s. w. Gleichzeitig war ein Mann aus Southampton unter dem Verdachte verhaftet worden, er habe Briefe Cardinal Pole's an seine Mutter besorgt, und man verknüpfte beide Angaben zu einem Beweise, daß Exeter sich mit den Poles und den Nevilles, den mächtigsten Geschlechtern im Norden, zur Unterstützung des Cardinals verbunden habe. Mit Recht macht Lingard die Bemerkung, wenn es diesen Männern um Hochverrath zu thun gewesen wäre, so hätten sie zur Zeit des „Pilgerzuges" dem Könige gefährlich genug werden können, indem sie sich mit dem Einflusse ihres Namens an die Spitze der Bewegung gestellt hätten. Am 3. und 4. November ließ Cromwell den Marquis und die Marchioneß Exeter, Lord Montague, Sir Eduard Neville und einige andere Personen festnehmen. Sir Geoffroy Pole, des Cardinals jüngerer Bruder, that sich selbst die Schmach und seiner Familie den Schmerz an, daß er aus Furcht für sein Leben sich Cromwell ganz zur Verfügung stellte und als Zeuge gegen seine nächsten Verwandten und Freunde auftrat. Am 2. und 3. December wurden Exeter und Montague in Westminster Hall vor ein Gericht von Peers gestellt und zum Tode verurtheilt. Es wurde auch nicht einmal der Versuch gemacht, ihnen einen thatsächlichen Hochverrath nachzuweisen. Alles, was man gegen sie vorbrachte, waren einige beleidigende Worte gegen den König und in allgemeinen Ausdrücken die Billigung des Vorgehens des Cardinals Pole, und der Wunsch, es werde bereinst in England wohl wieder besser werden, und die Schufte, welche im Rathe des Königs säßen, würden einmal ihren Lohn erhalten. Aber das war nach damaligem Begriffe mehr als genug. Am 16. December[1] wurden die beiden edeln Lords zugleich mit Sir Eduard Reville auf Tower Hill geköpft; andere Hinrichtungen folgten.

Gräfin Salisbury war nicht gleichzeitig mit ihrem Sohne Lord Montague und mit den übrigen Angeklagten verhaftet worden. So kam Lord Southampton nach Hampshire, um die greise Plantagenet auf ihrem Schlosse Warblington zu verhören. Entschieden verwahrte sie sich gegen jeden Schein von Hochverrath, und welchen Eindruck ihr Auftreten auf Lord Southampton ausübte, ist aus dem Briefe zu ersehen, den derselbe an Cromwell schickte: „Wahrlich, ein Weib, so ernst und männlich in Mienen und Geberden, wie diese Frau, hat man noch nie gesehen, noch von einem derartigen gehört. Entweder theilten ihr die Söhne die eigentliche Absicht und den letzten Zweck ihrer Pläne nicht mit, oder sie ist die durchtriebenste Verrätherin, die jemals lebte."[2] Eine Haussuchung wurde dann vorgenommen; da fanden sich päpstliche Bullen und andere Schriften, welche für ihre Treue am katholischen Glauben Zeugniß ablegten. Hochverrätherisches entdeckte man nichts; nur ein Brief oder vielmehr die Abschrift oder der Entwurf eines Briefes ohne Unterschrift an ihren Sohn Lord Montague schien eine Handhabe nicht zu einem Beweise, aber doch zu einer Verdächtigung zu bieten. Am 16. November wurde sie von Lord Southampton abermals einem strengen Verhöre unterworfen und drei Tage später nach Cowbray, einem Schlosse Southamptons, in die Gefangenschaft abgeführt.

Cromwell konnte gegen die Gräfin keine Beweise finden, welche vor einem gewöhnlichen Gerichte eine Verurtheilung hätten erwarten lassen. Er fragte nun den Gerichtshof, ob bei Hochverrathsfällen nicht ohne gerichtliches Verfahren und Geständniß das Schuldig ausgesprochen werden könne. Die Antwort lautete, das wäre ein gefährlicher Präcedenzfall, und kein untergeordneter Gerichtshof würde sich eines so ungesetzmäßigen Verfahrens unterfangen; aber das Parlament sei der höchste Gerichtshof, und wenn das Parlament ein „Schuldig" ausspreche, so sei dasselbe rechtskräftig[3]. Das war für Cromwell genug; auf diesem Wege konnte er

---

[1] Nach Hall erst am 9. Januar 1539.
[2] Ellis, II. ser. vol. II. p. 110.
[3] Lingard VI, 289.

die Rache seines königlichen Herrn befriedigen. So legte er im Mai 1539 dem allzeit gefügigen Parlamente die Anklagebill gegen die Marchioneß of Exeter und die Countes of Salisbury vor, obschon keine dieser beiden edeln Damen einer Schuld geständig war, und obschon man ihnen nicht einmal die Anklage mittheilte oder ihnen Gelegenheit zur Vertheidigung gewährte.

„Es ist eine Schmach," sagt Cobbett, der Herausgeber der State Trials, „die niemals weggewaschen werden und die man nicht in zu starken Ausdrücken verdammen kann, ein Bruch der heiligsten und unveräußerlichsten Rechte der Gerechtigkeit, der keine Entschuldigung zuläßt: daß einige Personen, welche in Gefangenschaft schmachteten, verurtheilt wurden, ohne daß man sie zur Vertheidigung vor die Schranken führte. Mit Bezug hierauf will ich einen Ausspruch des berühmten Lordoberrichters Coke anführen: ‚Obschon ich die Macht des Parlaments nicht bestreite (denn ohne Frage ist auch eine solche Verurtheilung rechtskräftig), so muß ich doch über die Art und Weise dieses Verfahrens sagen: ‚Auferat oblivio, si potest, si non, utrumque silentium tegat' (Möge die Vergessenheit den Spruch und dieses Gerichtsverfahren womöglich austilgen, und wenn das nicht sein kann, so möge wenigstens Stillschweigen beides begraben). Denn je höher und unumschränkter das Ansehen des Gerichtshofes ist, desto gerechter und ehrlicher muß auch sein Verfahren sein, damit es den untergeordneten Gerichtshöfen ein Beispiel der Gerechtigkeit gebe."

„Die Vornehmsten," fährt der Herausgeber der State Trials fort, „gegen welche dieses Verfahren in Anwendung kam, waren die Marchioneß of Exeter und die Gräfin Salisbury. Die Anklage gegen die letztere lautete: ‚sie habe sich mit ihrem Sohne verbunden und sonst belastende Worte geäußert'. Aus den Acten geht nicht hervor, daß auch nur ein einziger Zeuge verhört worden wäre."[1] ... Nach einer andern Quelle, die ebenfalls von Cobbett[2] angeführt wird, wurde die Gräfin verurtheilt: „weil man Bullen römischer Päpste in ihrem Hause fand, weil sie mit ihrem Sohne einen Briefwechsel unterhielt, und weil sie ihrer Dienerschaft verbot, das Neue Testament auf Englisch oder andere (häretische) Bücher zu lesen, welche auf Befehl des Königs veröffentlicht worden waren".

In der entscheidenden Parlamentssitzung stand Cromwell nach Verlesung der Anklagebill auf und zeigte den Peers als einzigen Beweis der

---

[1] Cobbett, State Trials I, 481.
[2] L. c. p. 482.

Schuld der Gräfin Salisbury eine seidene Tunica, auf deren Vorderseite das Wappen von England, auf der Rückseite die heiligen fünf Wunden gestickt waren[1]. Diese „Tunica", welche Lord Southampton bei der Haussuchung unter den Kleidern der Gräfin gefunden hatte, wurde als ein Beweis ihres Einverständnisses mit den Theilnehmern an der „gnadenreichen Wallfahrt" aufgefaßt; denn die Aufständischen von York hatten unter anderem auch die heiligen fünf Wunden auf ihren Fahnen! Und die Peers von England sprachen auf einen solchen Beweis hin das Schuldig über die Tochter des Herzogs von Clarence — aus keinem andern Grunde, als weil sie eine treue Katholikin und die Mutter des Cardinals Pole war. „Sie sind schuldig", lautet der Parlamentsbeschluß, „und sollen die Peinen und Strafen des Hochverraths erleiden."[2] Am 12. Mai 1539 ward das Urtheil gefällt.

Die Wittwe des hingerichteten Marquis of Exeter wurde sechs Monate später vom Könige begnadigt. Nicht so die Gräfin Salisbury. Gleich nach der Verurtheilung wurde sie von Cowbray nach London gebracht und in den Tower geworfen, und dort hatte die 68jährige Frau ihres Schicksals stündlich gewärtig zu sein. Das Urtheil wurde wohl einzig deßhalb nicht sofort vollstreckt, weil Heinrich VIII. an ihr, dem Cardinal gegenüber, eine Art Geisel zu besitzen meinte. Zwei Jahre ertrug sie die Qual des Kerkers. Da endlich gab der König Befehl, das Urtheil, oder richtiger den Mord, an ihr zu vollstrecken. Eine unbedeutende Meuterei im Norden, infolge deren einer ihrer Verwandten, Sir John Neville, mit 9 Gefährten, darunter 5 Priester, am 17. Mai 1541 zum Tode verurtheilt wurden, soll die nächste Veranlassung gewesen sein, welche die Gräfin Salisbury dem König wieder in Erinnerung brachte. Am selben Tage, an welchem Neville zu York hingerichtet wurde, mußte auch sie das Schafott besteigen.

Es war der 27. Mai 1541. Das Blutgerüst war auf dem Tower-Green, dem Rasenplatze innerhalb des Towers, aufgeschlagen, an derselben Stelle, wo fünf Jahre vorher Anna Boleyn und im darauffolgenden Jahre, am 13. Februar 1542, die Königin Katharina (Howard) mit ihrer Freun-

---

[1] „Immediate post Billae lectionem Dominus Cromwell palam ostendit quandam tunicam ex albo serico confectam, inventam inter linteamina Comitissae Sarum, in cujus parte anteriore existebant sola arma Angliae, in parte vero posteriore insignia illa, quibus nuper rebelles in aquilonari parte Angliae in commotione sua utebantur." Lords Journals, 31. Henry VIII.

[2] 31. Henry VIII. c. 15. Rolls House MS.

bin, der Lady Rochford, enthauptet wurden. Als man Margaretha Plantagenet zum Blocke führte und ihr sagte, sie müsse als Verräterin sterben, empörte sich ihr königliches Blut gegen diese Schmach, und die Selige hielt es für ihre Pflicht, ihre Unschuld in der entschiedensten Weise zu betheuern. Aufgefordert, ihr Haupt auf den Block zu legen, rief sie: „Das mögen Verräther thun; ich bin keine Verräterin; wenn Ihr meinen Kopf haben wollt, so müßt Ihr ihn mit Gewalt nehmen." So faßten sie die Henker an und schleiften die mehr als 70jährige Greisin an ihren grauen Haaren zum Blocke hin. Daß sie, trotz dieses äußern Widerstandes, im Herzen mit voller Ruhe und Ergebenheit das Opfer ihres Lebens Gott darbrachte, beweisen ihre letzten Worte, welche sie auf den Knieen vor dem Blocke, den Todesstreich erwartend, sprach: „Selig sind diejenigen, welche Verfolgung leiden um der Gerechtigkeit willen." Das Henkerbeil sauste nieder und das letzte Blut der Plantagenet befeuchtete die englische Erde. Es ist kein Zweifel, daß dieses Blut um des Glaubens und um der Gerechtigkeit willen vergossen wurde. Der Leib der Seligen wurde im Tower in derselben Kapelle des hl. Petrus zu den Ketten, in welcher auch die seligen Fisher und More ruhen, beigesetzt. Als man vor einigen Jahren bei einer baulichen Veränderung ihr Grab öffnen mußte, übertrug man ihre Gebeine in das Chor der Kapelle. Dort erwarten sie jetzt, nur wenige Schritte von dem Grabe Anna Boleyns, den Tag der Auferstehung. Auch ihr Mörder, Thomas Cromwell, liegt in derselben Kapelle begraben.

Als Cardinal Pole die Kunde von der Hinrichtung seiner Mutter empfing, sagte er zu seinem Secretär Becatelli, dem nachmaligen Erzbischof von Ragusa: „Ich habe es immer als ein großes Glück gehalten, der Sohn einer Frau zu sein, welche wie durch ihre Abkunft, so durch ihre Tugend unter allen hervorragte. Nun aber bin ich der göttlichen Gnade zu noch größerem Danke verpflichtet, da ich vernehme, daß meine Mutter mit der Krone des Martyriums geschmückt wurde. Weil sie dem katholischen Glauben treu blieb und niemals bewogen werden konnte, ihn zu verlassen, wurde der siebenzigjährigen Frau auf Heinrichs Befehl das Haupt abgeschlagen. Das ist der Lohn für die Mühe, welche sie auf die Erziehung seiner Tochter verwendete!" Becatelli wollte den Cardinal trösten; aber dieser bedurfte keines Trostes. „Seien wir guten Muthes," sagte er. „Auch sie ist zu den übrigen Patronen und Fürsprechern hinübergegangen." Dann ging der Cardinal in seine Hauskapelle und betete eine Zeitlang, worauf er ruhig und gefaßt zu den Seinen zurückkam[1]. Dieselbe hohe Auffassung von dem Tode seiner Mutter begegnet uns in den Briefen des Cardinals. So schrieb er z. B. an den Cardinal von Burgos: „Was mich betrifft, so scheint mir die Art dieses Todes meine Ehre nur vermehrt zu haben; bin ich doch von nun an der Sohn einer Blutzeugin, und dessen werde ich mich ewig rühmen; denn wahrlich, das ist ehrenvoller als die Abstammung vom erhabensten Königsgeschlechte."[2]

---

[1] The History of the Life of Reginald Pole by Phillips I, 359.

[2] „Quod autem ad me ipsum attinet, etiam honore auctus hujus mortis genere videor, qui deinceps martyris me filium (quod certe plus est quam ullo regio genere ortum esse) numquam verebor dicere." Pole's Letters III, 36. 76.

12. Die letzten Martyrer unter Heinrich VIII.
(1539—1544.)

Von den übrigen Blutzeugen, welche durch das Decret vom 29. Januar 1886 als Selige auf die Altäre erhoben sind, oder deren Namen unter die „ehrwürdigen Diener Gottes" eingereiht wurden, sind uns leider nur sehr wenige Einzelheiten aufgezeichnet, von einigen kaum mehr als der Name, der Todestag und die Ursache der Verurtheilung.

Zwei edle Ritter aus dem Johanniterorden, Sir Hadrian Fortescue und Sir Thomas Dingley, Prior des Ordens, eröffneten im Juni 1539 die Reihe dieser Blutzeugen. Schon am 28. April waren sie, weil sie die Supremacie des Königs nicht anerkennen wollten, vor Gericht gestellt und als Hochverräther zum Tode verurtheilt worden. Am 10. Juli wurde auf Tower-Hill das Bluturtheil durch Enthauptung vollstreckt[1]. Die ehrwürdigen Diener Gottes vergossen also ihr Blut an derselben Stelle, welche schon die seligen Fisher und More durch ihren Martertod geweiht hatten.

Sir Hadrian Fortescue war der Sprosse eines alten edeln Hauses von England. Sein Ahne, Richard le Fort, war mit Wilhelm dem Eroberer, dessen Mundschenk er war, aus der Normandie herübergekommen und hatte seinen Herrn, als demselben in der Schlacht von Hastings das Roß unter dem Leibe getödtet wurde, mit seinem Schilde bedeckt und ihm so das Leben gerettet. Infolge dieser That wurde sein Name in „Fort-Escu" (Starkschild) umgewandelt und sein Geschlecht erhielt den Wahlspruch „Forte scutum salus ducum" (ein starker Schild ist die Rettung der Führer). Von dieser Zeit an begegnet man in der Geschichte Englands mehreren hervorragenden Mitgliedern dieser edeln Familie; den größten Ruhm vielleicht erwarb sich Sir John Fortescue, der Kanzler Heinrichs VI., der Großonkel unseres Martyrers. Hadrians Vater, Sir John, hatte einen hervorragenden Theil an der Erhebung Heinrichs VII. auf den englischen Thron und stand deshalb bei Hofe in hoher Gunst. Sir John ehelichte Alice Boleyn, eine Schwester der Mutter Anna Boleyns, und so waren unser Martyrer und die unselige Königin Geschwisterkinder.

---

[1] Stow, Chronicle p. 1016. Dodd, The Church History I, 198 s, 200 l.

Hadrian wurde 1476 geboren; 1499 heiratete er Anna, eine Tochter Sir William Stonors. Seit 1500 wird sein Name bei verschiedenen Hoffesten genannt. 1513 begleitete er den jungen König Heinrich VIII. nach Flandern in den Krieg gegen Ludwig XII. von Frankreich. Er war Zeuge der Eroberung Tournay's und des großen Turniers, welches daselbst in Gegenwart des Königs von England und der Herzogin von Savoyen gehalten wurde. Als königlichen Kammerherrn finden wir ihn wieder bei den großen Festen im Jahre 1517 und 1520 im Dienste des Monarchen. 1522 treffen wir ihn unter der Fahne des Königs in der Bretagne und in der Picardie; 1523 zieht er unter dem Herzog von Suffolk abermals in den französischen Krieg; 1528 schickt er auf königlichen Befehl seine Mannschaft in das Heer, das Lord Sandys befehligte[1]. So sehen wir unsern Blutzeugen alle Pflichten des Edelmannes und Unterthanen im Frieden und im Kriege, zu Hofe und im Feldlager erfüllen, bis die unselige Zeit des Bruches Heinrichs VIII. mit der Kirche kommt und der König fordert, was der edle Ritter trotz seines Wahlspruches „Loyalle Pensée" nicht erfüllen darf. Zur Anerkennung der kirchlichen Suprematie des Königs war er nicht zu bestimmen; muthig bestieg er das Schafott und errang die Marterkrone.

Einen Monat später folgte das Opfer des ehrwürdigen Griffith Clark, des Vikars von Wandsworth und seines Kaplans, dessen Name uns nicht überliefert ist. Wir haben die beiden Blutzeugen schon oben erwähnt, als wir den Martertod des ehrwürdigen Franziskanerbruders Waire berichteten, der zugleich mit ihnen zu Thomas Watering's gehängt und geviertheilt wurde[2].

Im gleichen Monate und im gleichen Jahre, doch wird der Tag nicht genau angegeben, gelangte Johannes Travers, nach dem Decret, welches den Seligsprechungsproceß der ehrwürdigen Diener Gottes eröffnet, ein Priester aus dem Eremitenorden des hl. Augustin[3], ein Irländer, zur Marterkrone. Harpsfield erzählt von ihm: „Er hatte eine Schrift verfaßt, in welcher er die Oberhoheit des Papstes vertheidigte. Er wurde also gefangen genommen und vor Gericht gestellt. Da läugnete er keineswegs, sondern streckte furchtlos seine Rechte aus und sagte: ‚Mit diesen Fingern habe ich das geschrieben, und nimmermehr bereue ich es

---

[1] Diese Einzelheiten über das Privatleben des ehrwürdigen Hadrian Fortescue entnehmen wir einem soeben erscheinenden Aufsatze des hochw. P. J. Morris S. J. in der Juninummer des The Month p. 153 sq.
[2] Vgl. oben S. 140. [3] Siehe oben S. 9.

ober werde es bereuen, daß sie einer so guten Sache bienten.' Wunderbar, aber deshalb nicht weniger wahr, wenn wir den Augenzeugen Glauben schenken! Als derselbe der Gewohnheit gemäß die Todesstrafe litt, und jene Hand vom Henker abgehauen und vor allem Volke ins Feuer geworfen wurde, verzehrte die Gluth zwar die übrigen Theile der Hand; den Daumen aber und die beiden ersten Finger, deren er sich zum Schreiben bedient hatte, konnte auch das Feuer, obschon man es absichtlich wiederholt anzündete, nicht zerstören."[1]

Das Jahr 1540 brachte den Kampf und die Krone der seligen Abel, Powell, Fetherstone und Horne und der ehrwürdigen Diener Gottes Edmund Brindholm und Clemens Philipot.

Die drei zuerst Genannten waren ausgezeichnete Weltpriester, Doctoren der Theologie, und hatten den König schon früher dadurch gereizt, daß sie für Katharina von Aragonien gegen Heinrich VIII. in die Schranken getreten waren. Sie starben am 30. Juli 1540 des Martertodes.

Thomas Abel, Registrator der Erzbiöcese Canterbury, Kaplan und Beichtvater der Königin Katharina, hatte schon frühzeitig sich den Haß Heinrichs VIII. zugezogen. Die Königin hatte den gewiegten Theologen zu einem ihrer Advokaten im Processe der Ehescheidung gemacht, und der ebenso rechtschaffene als gelehrte Priester setzte für die zweifellosen Rechte Katharina's alles ein, mochte der König die Stirne runzeln wie er wollte. Zur Vertheidigung der Königin schrieb er, wie Grafton[2] erzählt, ein Buch, das so großes Aufsehen machte, daß der König eine Gegenschrift verfassen ließ. Derselbe nahm denn auch den ersten Anlaß wahr, um an Dr. Abel Rache zu üben. Sein Name wurde neben Sir Thomas More und Bischof Fisher in den Proceß der Nonne von Kent hineingezogen und er zugleich mit dem Bischof von Rochester der „Hehlerei von Hochverrath" schuldig befunden und zu Geld- und Kerkerstrafe verurtheilt[3]. Nicht lange nachher wurde er vor Gericht gestellt, weil er die Suprematie des Königs läugnete und noch immer an der Giltigkeit der Ehe Katharina's mit Heinrich VIII. festhielt. Man ließ ihn vorläufig in das Gefängniß werfen, in welchem er fünf Jahre geschmachtet zu haben scheint, bis endlich das Todesurtheil gesprochen wurde. Die meiste Zeit scheint der Selige im Kerker der Marshalsea gelegen zu haben; doch war er auch im Tower und zwar in dem großen Gelasse des Beauchamp-

---

[1] Dialogi sex p. 733 (994).
[2] Grafton's Chronicle II, 437.   [3] Vgl. oben S. 31.

Thurmes, das den Besuchern gewöhnlich gezeigt wird, gefangen. Dort findet sich links neben dem Fenster, welches den Ausblick auf Tower-Green gewährt, der Name des Seligen von seiner Hand erhaben aus dem Sandstein der Kerkermauer herausgearbeitet. In einem länglichen, aufrechtstehenden Viereck steht in schönen Buchstaben der Name Thomas; darunter ist eine Glocke (bell) gebildet, welche den Buchstaben A trägt, also A-bell (Abel) zu lesen ist.

Dr. Eduard Powell hatte mit Dr. Abel die Ehre getheilt, das Recht Katharina's von Aragonien vertheidigen zu dürfen; er theilte nun auch mit ihm den Lohn der Marterkrone. Von Geburt ein Welshman, hatte der Selige seine Studien in Oxford gemacht, war Mitglied der dortigen Universität und scheint namentlich in den südwestlichen Grafschaften Englands im Weinberge des Herrn gewirkt zu haben. Bledon in der Diöcese Wells und Bedminster, sowie St. Mary Radcliffe zu Bristol werden als die Orte seiner Wirksamkeit genannt. Als die Reformation in Deutschland ausbrach, schrieb er eine geistvolle Vertheidigungsschrift der Kirche gegen Luther, welche ihm hohe Lobsprüche der Universität Oxford einbrachte. Dem Rufe seiner Gelehrsamkeit und Rechtschaffenheit verdankte er die ebenso ehrenvolle als gefährliche Auszeichnung, zu einem der Vertheidiger seiner Königin gegen den König ausersehen zu werden. Der wackere Mann übernahm die Vertheidigung und führte sie so entschieden, daß er den Haß Heinrichs VIII. erntete. Nach dem Suprematsgesetze wurde also auch er mit Dr. Abel aufgefordert, die Parlamentsacte zu beschwören. Er weigerte sich und wurde wie Dr. Abel lange Zeit in der Marshalsea gefangen gehalten, bis endlich das Parlament das Urtheil fällte.

Auch Dr. Richard Fetherstone hatte auf der Seite der Königin Katharina gestanden und dadurch den Zorn des Königs, welcher nicht leicht einen vergaß, der ihn einmal beleidigte, sich zugezogen. Der selige Fetherstone war ebenfalls einer der Kapläne der Königin und der Lehrer ihrer Tochter, der Prinzessin Mary. Sonst ist wenig von ihm bekannt, als daß er ein durch Wissenschaft und Frömmigkeit hervorragender Priester genannt wird. Die bloße Thatsache, daß ihn die heiligmäßige Dulderin Katharina zum Lehrer ihrer einzigen Tochter erwählte, erhärtet dieses. Seine treue Anhänglichkeit an den Apostolischen Stuhl und die Lehre vom Primate Petri war auch für ihn die Ursache der Verurtheilung und des Martertodes.

Die Verurtheilung wurde vom Parlamente vorgenommen. Das Actenstück beginnt: „Demüthigst erflehen von Ew. erhabensten Majestät die geistlichen und weltlichen Lords und Eure lieben und treuen Unterthanen, die Abgeordneten des Hauses der Gemeinen, zum höchsten Gerichtshofe des Parlaments versammelt, daß Richard Fetherstone, ehemals Geistlicher von London, und Thomas Abel, ehemals Geistlicher von London, und Eduard Powell, ehemals Geistlicher von New-Salisbury in Eurer Graffchaft Wilts, und Wilhelm Horne, ehemals Bewohner von London, welche aus Antrieb des Teufels die Furcht Gottes bei Seite setzten und die großen Wohlthaten Ew. Majestät vergessen haben, und nicht nur hochverrätherisch die Ew. Majestät gebührende Unterthanenpflicht verweigern, sondern auch höchst hochverrätherisch dem Bischof von Rom anhängen, der ein gemeingefährlicher Feind Ew. Majestät und Eures Reiches ist, und welche läugnen, daß Ew. Majestät unser und ihr oberstes Kirchenhaupt in Eurem Reiche von England sei" u. s. w. Zugleich mit den drei Priestern, denen die Anklage nur die Läugnung der Suprematie des Königs und die Treue gegen den Papst zur Last legt, und dem Carthäuserbruder wurde Lorenz Cook, der Prior der Carmeliten von Doncaster, vorgeblich weil er an der „gnadenreichen Wallfahrt" theilgenommen habe, und eine Frau Margaretha Tyrell, weil sie den Prinzen Eduard nicht als rechtmäßigen Thronerben anerkennen wollte, zum Tode verurtheilt. Am 1. Juni 1540 wurde die Anklagebill angenommen, ohne daß auch nur einer der fünf Angeklagten gehört worden wäre oder sich hätte vertheidigen können. Diese himmelschreiende Ungerechtigkeit war eine der letzten Thaten Cromwells, der noch vor diesen Opfern den Tod durch Henkershand starb. Es erhob sich auch nicht eine Stimme im Parlament zu Gunsten der Angeklagten, und so wurden alle fünf als Hochverräther zum Tode verurtheilt[1].

Am 30. Juli führte man drei Reformirte: Barnes, Garret und Jerome, zum Feuertode, wie überhaupt Heinrich VIII. gegen die Protestanten nicht minder grausam wüthete, als gegen die treuen Katholiken. Die einen ließ er als Ketzer verbrennen, weil sie seine sechs Artikel[2] nicht

---

[1] „Hodie lecta est Billa attincturae Ricardi Fetherstone etc.; et communi omnium Procerum assensu, nemine discrepante, expedita." Lords Journals. 32. Henry VIII.

[2] Die 6 Artikel, welche im Juni 1539 vom Parlamente angenommen wurden, lauten:

1. Im allerheiligsten Altarsfacramente ist durch die Kraft und Wirksamkeit des allmächtigen Wortes Christi, wenn es durch einen Priester ausgesprochen wird, unter der Gestalt von Brod und Wein der natürliche Leib und das Blut Jesu Christi wirklich gegenwärtig, und nach der Consecration bleibt keine Substanz von Brod und Wein oder eine andere übrig, sondern einzig die Substanz Christi.

2. Die Communion unter beiden Gestalten ist zur Seligkeit nicht nothwendig; unter der Gestalt des Brodes ist das Blut ebensowohl gegenwärtig als der Leib, und unter der Gestalt des Weines ist das Fleisch ebensowohl gegenwärtig als das Blut.

annehmen wollten, die anderen als Hochverräther hinrichten, weil sie an dem Supremate des Papstes festhielten. Diese Politik trug nicht wenig dazu bei, die katholischen Engländer um ihren Glauben zu betrügen. Ende Juli 1540 befand sich Heinrich VIII. wieder einmal recht in seiner Nero-Laune. Er befahl also, daß die drei katholischen Priester und die drei Protestanten am selben Tage und zur selben Stunde hingerichtet und daß sie, je ein Priester und ein Häretiker zusammengebunden, auf drei Schleifen durch London zur Hinrichtung geschleift werden sollten. Die Londoner Bürger sollten lernen, daß die Anhänger des Papstes und die Gegner des Papstes dem Könige gleich verhaßt seien, sobald sie sich seinem Winke und Willen nicht sklavisch fügten. Am Bartholomäusthor war ein Galgen aufgerichtet, da wurden die drei Priester gehängt, und die Henker rissen ihnen aus dem noch zuckenden Leibe „das Verrätherherz", das den alten katholischen Glauben nicht verrathen wollte. Die Scene war so entsetzlich, daß beinahe ein Aufstand ausgebrochen wäre.

Der französische Gesandte Marillac schrieb über diese Hinrichtung den 6. August 1540 an Franz I.: „Ew. Majestät werden von der Hinrichtung Cromwells und Lord Hungerfords gehört haben. Zwei Tage später wurden abermals sechs hingerichtet: drei wurden als Hochverräther gehängt, nämlich Fetherstone, Abel und Cook, der frühere Prior von Doncaster[1], weil sie zu Gunsten des Papstes sich äußerten, und drei wurden als Ketzer verbrannt, nämlich Garret, Jerome und Dr. Barnes. Es war ein seltsames Schauspiel, die Anhänger zweier entgegengesetzter Parteien also am selben Tage und zur selben Stunde zum Tode geführt zu sehen. Die Scene war ebenso peinlich als ungeheuerlich. Von den beiden Gruppen der Verurtheilten waren die einen verstockt, die anderen standhaft. Beide beklagten sich gleichmäßig über die Art und Weise ihrer Verurtheilung. Niemals hatte man sie zur Vertheidigung ihrer vorgeblichen Verbrechen vor die Schranken geführt, und sie sagten, Christen seien jetzt unter der Gnade schlimmer daran, als die Juden unter dem Gesetze. Unter dem

---

3. Priestern ist nach der Weihe nicht erlaubt, zu heiraten oder die Frau zu behalten.

4. Das Gelübde der Keuschheit, welches Gott von Mann oder Frau mit Ueberlegung gemacht wurde, muß gehalten werden und hat ewige Verpflichtung.

5. Die Privatmesse muß beibehalten werden.

6. Die Ohrenbeichte, welche dem Priester abgelegt wird, muß beibehalten werden und in der Kirche in Gebrauch bleiben.

[1] Statt Cook, der wohl mit den übrigen verurtheilt, aber nicht mit ihnen hingerichtet wurde, müßte Powell stehen.

Gesetze sei kein Mensch zum Tode verurtheilt worden, ohne daß man vorher seine Vertheidigung angehört hätte, und Heiden und Christen, Weise
und Kaiser, die ganze Welt verfahre nach dieser Regel, nur England
nicht. Wenn hier in England zwei Zeugen vor dem Rathe beschwören,
sie hätten jemanden pflichtvergessen vom Könige reden oder sich gegen die
Religionsartikel äußern hören, so kann der Beschuldigte zum Tode verurtheilt und allen vom Gesetze verhängten Qualen überantwortet werden,
ohne daß er gegenwärtig ist oder von der Anklage Kenntniß hat, oder
daß ein weiterer Beweis erfordert wäre. Unschuld ist keine Schutzwehr,
wenn Bosheit oder Rache so viel Gewalt in Händen hat. Bestechung
oder Leidenschaft kann falsche Zeugen ausheden, und der brave Mann
fällt als Opfer, während der Bösewicht, dem es auf einen Eid nicht ankommt, straflos entrinnt. Kein Mensch ist in Sicherheit, wenn der Angeklagte dem Zeugen, der gegen ihn aussagt, nicht gegenübergestellt wird.
Kein schlagenderer Beweis kann die Ungerechtigkeit dieses Verfahrens
klarer darthun, als die soeben vollstreckte Hinrichtung. Einer, der als
Hochverräther den Tod erlitt, erklärte, er habe nie weder für noch gegen
des Papstes Oberhoheit gesprochen und könne auch nicht sagen, wodurch
er sich des Königs Mißfallen zugezogen habe, es sei denn, daß er vor
zehn Jahren in der Scheidungsangelegenheit der Königin Katharina, des
Kaisers Tante, um seine Meinung gefragt, erklärt habe, er betrachte sie
als des Königs rechtmäßige Gattin. Auch die übrigen sprachen mit
gleicher Entschiedenheit und Offenheit, und es erhob sich unter dem Volke
so lautes Murren und sein natürlicher Hang zur Meuterei wurde so
erregt, daß eine gefährliche Empörung ausgebrochen wäre, wenn sich nur
ein Führer an die Spitze gestellt hätte. Eine Untersuchung über den
Beginn der Zusammenrottung wurde augenblicklich veranstaltet, und die
Namen derjenigen, welche die Worte der Verurtheilten wiederholten, wurden
erforscht. Wahrscheinlich wird das die Veranlassung zu einer neuen
Schlächterei bilden. Es ist keine leichte Sache, ein Volk zur Empörung
gegen den Heiligen Stuhl und den Gehorsam der Kirche aufzuhetzen und
gleichzeitig vor der Ansteckung der neuen Lehren zu bewahren. Wenn sie
rechtgläubig bleiben, werden sie immer mit Verehrung am Papstthum festhalten. Aber der hiesige Rath will weder das eine noch das andere. Sie
verlangen Gehorsam für ihre Vorschriften, so oft sie dieselben auch ändern
und so wenig das Volk verstehen kann, was es denn eigentlich glauben solle." [1]

---

[1] Der Brief findet sich bei Froude III, 341 Anm.

Lorenz Cook, der Prior von Doncaster, und der selige Carthäuserbruder Wilhelm Horne[1], der jetzt endlich nach mehr als fünfjähriger Kerkerqual zur Krone gelangte, mußten noch einen Monat länger auf den Tag der Erlösung warten. Am 4. August 1540 wurden sie endlich nach Tyburn geschleift und dort auf die bekannte barbarische Art hingeschlachtet[2]. Noch sechs andere starben mit ihnen[3], alle um des Glaubens willen. Von zweien wenigstens, welche die Liste der ehrwürdigen Diener Gottes enthält, ist dieses sicher, von dem Priester Edmund Brindholm und von dem Laien Clemens Philipot. Edmund Brindholm war Geistlicher in London, Clemens Philipot ein Bürger der damals englischen Stadt Calais[4]. Die Anklageacte wirft ihnen und den beiden Priestern, Gregor Butolph von Canterbury und Adam Camplipp von London, vor, daß sie „in hochverrätherischer Weise dem (Cardinal) Reynold Pole, einem abscheulichen und stolzen Verräther, Hilfe und Beistand geleistet, daß sie Anhänger des Bischofs von Rom, eines gemeingefährlichen Feindes Sr. Majestät und des ganzen Reiches, seien, und daß sie läugneten, Eure Majestät sei unser und ihr oberstes Kirchenhaupt in diesem Reiche"[5]. Mit ihnen starb Robert Bird, ein Laie, „um derselben Ursache willen", wie Dodd[6] bemerkt.

Das Jahr 1541 brachte einem Malteserritter, David Gunston, der ebenfalls unter die Zahl der ehrwürdigen Diener Gottes aufgenommen ist, die Marterkrone. Derselbe hatte längere Jahre bei seinen Ordensbrüdern auf Malta verweilt und war am 20. August 1540 wieder nach England zurückgekehrt. Bald wurde er angeklagt, er habe auf Malta und sonst an verschiedenen Orten außerhalb Englands, namentlich am 1. Mai des Jahres 1539, in hochverrätherischer Weise über die Suprematie des Königs und den König selbst gesprochen. Man warf deshalb den edeln Ritter zugleich mit einem Gefährten Namens William Tyrrell in das Gefängniß der Marshalsea und stellte sie während des Dreifaltigkeitstermins 1541 vor Gericht. Die Anklageacte hebt hervor, daß

---

[1] Chancäus (Historia aliquot nostri Saeculi Martyrum, fol. LIX) und nach ihm Sanders setzt den Tod des seligen Horne irrthümlich auf den 4. November 1541.
[2] Stow, Chronicles p. 1016.
[3] Chronicle of the Grey Friars of London p. 44.
[4] Nach Stow, Chronicles p. 1017, wurden im gleichen Jahre 1540 am 10. April zwei Priester auf dem Marktplatze zu Calais gehängt, weil sie die Suprematie des Königs läugneten. Der Chronist nennt sie Sir William Peterson und Sir William Richardson, Priester der Kirche St. Maria.
[5] Vgl. Cobbett, State Trials I, 483. [6] The Church History I, 201 q.

der genannte David Gunston „in auswärtigen und überseeischen Ländern, namentlich zu Malta, oft und wiederholt gesagt habe, unser vorgenannter Herr und König sei keineswegs das oberste Haupt der Kirche Englands auf Erben. . . . Auch sagte er, der König sei ein Ketzer, und alle, welche diese Verordnung des Königs vertheidigten, seien Ketzer. . . . Solches sagte er zu Malta am 1. Mai und öfter, sowohl vor verschiedenen Unterthanen Sr. Majestät, als auch vor Bürgern anderer Länder"[1]. Der ehrwürdige Diener Gottes wurde am 1. Juli 1541 gehängt und geviertheilt.

Noch sind die letzten seligen Martyrer zu nennen, deren Namen das päpstliche Decret und die Liste der ehrwürdigen Diener Gottes enthält und welche unter Heinrich VIII. litten. Es ist der selige Johannes Larke und seine Gefährten, der ehrwürdige Diener Gottes Johannes Ireland, ein Priester, der selige German Gardiner, ein Laie, und der ehrwürdige Diener Gottes Thomas Ashby, ebenfalls ein Laie[2]. Zugleich mit ihnen wurde Johannes Heywood angeklagt, „weil er in seinem Gewissen den König nicht das oberste Haupt der Kirche nennen, noch die Suprematieacte beschwören könne". Er scheint aber nicht hingerichtet worden zu sein. Die Anklageacte hebt so klar als möglich hervor, daß sie einzig um ihrer Treue gegen den Papst als Oberhaupt der Kirche willen zum Tode verurtheilt wurden[3].

---

[1] 33. Henry VIII. n. 180.

[2] Nach Stow l. c. p. 1027 wäre derselbe „bald nachher", aber ebenfalls wegen der Suprematie, hingerichtet worden.

[3] 36. Henry VIII. n. 143. Als eine lateinische Stilprobe dieser Anklagen theilen wir den folgenden Satz mit: „Quod Joannes Heywood nuper de London Gent., Joannes Ireland nuper de Eltham in comitatu Kantiae, clericus, Joannes Larke, nuper de Chelsey in comitatu Middlesex, clericus et Germanus Gardiner, nuper de Guthwerke in comitatu Surrey Gentilyman, debitum legiantiarum suarum minime ponderantes, nec omnipotentem Deum prae oculis habentes, sed instigatione diabolica seducti, false, malitiose et proditorie, ut falsi et scelerati proditores, serenissimi et christianissimi Principis et Domini nostri Henrici octavi, Dei gratia Angliae, Franciae et Hiberniae Regis, Fidei defensoris et in terra Ecclesiae Anglicanae et Hiberniae Supremi Capitis, optantes, volentes et desiderantes ac arte machinantes, inventantes, practicantes, videlicet quilibet eorum per se false, malitiose et proditorie optans, volens ac desiderans ac arte machinans, inventans, practicans et attemptans cum pluribus aliis falsis proditoribus ignotis eis aggregatis dictum Dominum nostrum Regem Henricum octavum de dignitate, titulo, nomine status sui regalis, videlicet de dignitate, titulo et nomine sui supremi capitis Anglicanae et Hibernicae Ecclesiae imperiali coronae suae per leges et proclamationes hujus regni sui Angliae annexis et unitis, eorum verbis, scriptis et factis notoriis et publicis false et proditorie deprivare."

Der 7. März 1544 war der Todestag dieser Blutzeugen[1]. Zwei derselben, der selige Larke und der ehrwürdige Jreland, zählen zu dem Freundeskreise des seligen Thomas More. Johannes Larke, der Pfarrer von Chelsea, war der Seelsorger, Johannes Jreland der Hauskaplan des seligen Kanzlers. Beide scheinen bald nach dem Tode More's zur Beschwörung der Suprematsacte aufgefordert, und da sie sich standhaft weigerten, eingekerkert worden zu sein. Sie hatten also wohl eine lange Reihe von Jahren die Qualen der Kerker zu erdulden, bis sie endlich zur Krone gelangten und mit ihrem Freunde, dem seligen More, im Himmel wieder vereinigt wurden. Auch der selige German Gardiner hat, wie es scheint, seinen Triumph dem seligen Thomas More zu verdanken. Auf dem Schafotte erklärte dieser ebenso fromme als gelehrte Laie vor allem Volke, die heilige Einfalt der seligen Carthäusermönche, die wundervolle Gelehrsamkeit des Bischofs von Rochester und die seltene Weisheit Sir Thomas More's hätten ihm den Muth gegeben, für den Glauben in den Tod zu gehen[2]. German Gardiner war der Vetter und Secretär des Bischofs von Winchester Stephan Gardiner, welcher im Gegensatze zum Erzbischof Cranmer gerne die gesammte katholische Lehre, mit einziger Ausnahme des römischen Primates, gerettet hätte — ein unhaltbares Beginnen; denn wer nicht mehr auf dem Felsen Petri steht, hat das einzige feste Fundament verloren. German Gardiner stand dagegen ganz und voll auf der Seite des Papstes und der katholischen Einheit. Aufgefordert, die Suprematie des Königs zu beschwören, weigerte er sich standhaft und ging in den Tod für den katholischen Glauben[3].

Heinrich VIII. überlebte diese letzten Opfer noch fast drei Jahre, von seinen Leidenschaften gefoltert und von dem Siechthume, das ihre Frucht war, endlich aufgerieben. Das Volk, dem er durch seine natürlichen Anlagen der größte Wohlthäter hätte sein können, seufzte unter unerträglichen Lasten, welche in den letzten Jahren die Kriege mit Frankreich und Schottland noch gesteigert hatten. Heinrich VIII. mußte die bitteren Früchte seiner Giftsaat im letzten Parlamente selbst eingestehen. Wie Luther am Ende seines Lebens, bricht auch er in Klagen aus, daß der alte Geist der katholischen Liebe erkaltet sei. „Wie ich höre," sagte er in seiner letzten Rede vor dem Parlamente am 24. December 1546, „ist das Grund-

---

[1] Für Thomas Ashby der 19. März.
[2] The Life and Death of Sir Th. More by Cresacre More, ch. 11, p. 359.
[3] Vgl. Cobbett, State Trials I, 484.

gesetz unserer Religion, die Nächstenliebe, so sehr erkaltet, daß es niemals mehr Zwist und Mangel an Liebe gab, als jetzt.... Ich höre mit großem Leidwesen, wie unehrerbietig das kostbare Kleinod des Wortes Gottes in jedem Wirthshaus und in jeder Bierschenke bestritten, in Reim und Lied verhöhnt und verspottet wird.... Das ist mir völlig klar, daß die Liebe unter euch niemals so schwach war, und daß Gott selbst in einem christlichen Volke niemals so wenig Ehrfurcht, Verehrung und Gehorsam fand."

Es ist das ein bitteres Geständniß aus dem Munde des Königs, und er soll es mit Thränen in den Augen gesprochen haben. Aber wer trug die Schuld? —

Der alte Glaube und die alte Rechtschaffenheit waren zertrümmert; der Adel schlug sich um das Erbe der Klöster; das Parlament, der alten englischen Freiheit und Verfassung vergessend, hatte sich gewöhnt, jede Laune des Tyrannen zu vollziehen; die Magna Charta, einst der Stolz der Briten, war schmachvoll geschändet. Nur die Furcht vor Heinrichs Wuth hielt das Volk im Zaume; trotzdem zuckten bald im Norden, bald im Süden die Flammen des Aufruhrs empor, welche dann jedesmal auf Heinrichs Wink der Henker im Blute erstickte. Die Chroniken aus der 38jährigen Regierungszeit des königlichen Ungeheuers lesen sich wie das Tagebuch eines Henkers der französischen Schreckenszeit; fast nichts anderes findet sich verzeichnet als Hinrichtungen: Königinnen, Herzoge und Grafen, Edelleute, Bischöfe und Aebte, Priester und Mönche, Männer und Frauen, fielen als Opfer seiner Wuth. Die einen wurden ihres Glaubens, die anderen ihrer Irrthümer wegen, alle aber weil sie sich dem Willen des Tyrannen nicht fügen wollten, hingerichtet, gehängt und geviertheilt oder verbrannt. Die letzte Hinrichtung, die er vollstrecken ließ, war die Enthauptung des Grafen Surrey am 19. Januar, seine letzte öffentliche Handlung die Bestätigung des Todesurtheils über den Herzog von Norfolk am 27. Januar 1547. In der darauffolgenden Nacht, vom 27. auf den 28., eine Stunde nach Mitternacht, trat er selbst vor den Richterstuhl Gottes.

Wir haben den Leser dieser Blätter durch eine überaus trostlose Zeit führen müssen. Die einst blühende Kirche eines schönen Reiches ist vor unseren Augen unter dem Ansturme der rohesten Gewalt in Trümmer gesunken. Wie anderswo, so wurde auch hier das Volk, unter dem Vorgeben, treu an der alten Lehre zu halten, um seinen Glauben schmählich betrogen. Die heilige Messe, die Sacramente, der öffentliche Gottesdienst, die Verehrung der seligsten Jungfrau, die Anrufung der Heiligen, das Gebet für die Verstorbenen, die Heiligkeit der Gelübde, die Ehelosigkeit des Priesterstandes — das alles blieb bestehen und wurde selbst durch die Strafe des Scheiterhaufens gegen den Ansturm der Neuerer geschützt. Und doch war der katholische Glaube in England zu Tode getroffen, und stürzte daselbst die katholische Kirche zusammen, einzig und allein weil man sie von dem Felsen des Primates loslöste, auf den Christus seine Kirche gegründet hat. Das Beispiel Englands zeigt in überwältigender Klarheit, was die Feinde bezwecken, wenn sie die Kirche eines Landes selbständig machen und von Rom losreißen wollen. Die seligen Martyrer, deren glorreichen Opfertod wir erzählten und deren Namen die einzigen Sterne sind, welche das trübe Nachtbild der Zeit Heinrichs VIII. erhellen, haben die Folgen der Trennung vom Felsen Petri durchschaut, sind im Kampfe für die katholische Einheit muthig gefallen und haben mit ihrem Blute den Boden der Heimat befruchtet für die neue Blütezeit der katholischen Kirche in England, deren Zeugen wir heute sind.

Mit Heinrichs VIII. Tod ruhte die blutige Verfolgung der Katholiken einige Jahre, bis seine Tochter, das Kind seines Ehebruchs, den Thron bestieg und im Geiste ihres Vaters eine neue hundertjährige Hetzjagd auf die Katholiken eröffnete. Unter ihrem Scepter legte die zweite Hälfte jener Schaar seliger Martyrer, welche das päpstliche Decret vom 29. December 1886 enthält, ihr mit Blut geschriebenes Zeugniß für den Primat Petri und die Einheit der Kirche ab, und wir hoffen, die Schilderung auch ihres Kampfes unseren Lesern im Laufe dieses Jahres noch vorlegen zu können.

Alphabetisches Namenverzeichniß.

(Die Namen der Seligen und Ehrwürdigen sind durch fettern Druck hervorgehoben.)

Abel, Thomas, Weltpriester, der selige 7, 30, 31, 142, 159—161.
Arundel, Sir Thomas 29.
Ashby, Thomas, Laie, der ehrwürdige 9, 185.
Aske, Robert, Führer des Pilgerzuges 120, 122, 123.
Audeley (Audley), Thomas, Kanzler 44, 47, 53, 80, 82, 98, 103, 135.

Baldwin, Sir John, Richter 98.
Barnes 161, 162.
Barton, Elisabeth, die „Nonne von Kent" 27—33.
Becatelli, Secretär des Cardinals Pole 155.
Beche, Johannes, Abt von Colchester, der ehrwürdige 9, 135.
Becket, der hl. Thomas, von Canterbury 10, 11, 93, 131, 143.
Belchiam, Thomas, Franziskaner, der ehrwürdige 9, 139.
Bedyll, Erzdiakon 72, 76, 77.
Bellasys, Commissär 128.
Bere, Richard, Carthäuser, der selige 7, 76—78.
Bocking, Dr., Benediktiner von Canterbury 28, 32.
Bonbyse, Anthony 109.
Boleyn, Anna 13, 14, 19, 21, 23, 24, 34, 44, 48, 50, 93, 97, 115, 148, 149, 155, 159, 160.
Brindholm, Edmund, Weltpriester, der selige 9, 163.
Brookby, Anton, Franziskaner, der ehrwürdige 9, 138.
Bulmer, Lady 128.
— Sir John 128.

Camplipp, Adam 163.
Carew, Sir George 29.
Chancey oder Channey, Carthäuser, Augenzeuge und Geschichtschreiber der Carthäusermartyrer von London 60—78.

Clark, Griffith, Weltpriester, der selige 9, 140, 158.
Clemens VII. 13, 20, 21, 24, 28.
Cochläus 112.
Colet, Dekan, Beichtvater More's 37.
Collis, Dorothea, Magd des seligen More 106.
Colt, Johanna, erste Gemahlin More's 38.
Constable, Sir Robert 122, 123.
Cort, Thomas, Franziskaner, der ehrwürdige 9, 138.
Contarini, Cardinal 150.
Cook, Lorenz, Carmelitenprior von Doncaster 161, 163.
Cranmer, Erzbischof von Canterbury 21, 29, 44, 47, 50, 118, 144, 126.
Cromwell, Thomas 14, 15, 29—33, 47—50, 55, 66—78, 80—85, 95, 114, 118, 119, 122, 124, 125, 127, 130, 134—137, 150—153, 155, 161.

Darcy, Lord 119, 122.
Davy, Johannes, Carthäuser, der selige 7, 76—78.
Dering, Benediktiner von Canterbury 29, 32.
Dingley, Thomas, Johanniterritter, der ehrwürdige 9, 157.
Dorpius, Professor zu Löwen 89.

Eduard IV. 148.
Elisabeth, Tochter Anna Boleyns 22, 30, 34.
Elstow O. S. Fr. 60.
Erasmus von Rotterdam 37, 88, 112.
Exeter, Marchioneß 29, 151, 153, 154.
— Marquis 151, 152.
Exmew, Wilhelm, Carthäuser, der selige 7, 72—74, 91.

Farringdon, Hugo, Abt von Reading, der ehrwürdige 9, 180.
Ferdinand, deutscher König 92.

Spillmann, Martyrer. 12

170 Alphabetisches Namenverzeichniß.

Feron, Robert, Weltgeistlicher 69, 70.
Fetherstone, Richard, Weltpriester, der selige 7, 160, 161.
Fisher, Elisabeth, Schwester des Seligen 88.
Fisher, Johannes, Bischof von Rochester, Cardinal, der selige 7, 16, 29—31, 35, 48, 51, 56—58, 80—83, 84—91, 111, 114, 143.
Fisher, Robert, Vater des Seligen 90.
Fitz-Herbert, Sir Anthony, Richter 98.
Fitz-James, Lord Oberrichter 98, 104.
Forest, Johannes, Franziskaner, der selige 7, 140—146.
Fortescue, Sir Hadrian, Johanniterritter, der ehrwürdige 9, 157—158.
For, Dr. 44.
Franz I., König von Frankreich 41, 162.
Fylolle, Regierungscommissär 74.

Gardiner, German, Laie, der selige 7, 166.
Gardiner, Stephan, Bischof von Winchester 166.
Garret 161, 162.
Giggs, Margaretha, Stieftochter des seligen More 46, 76—77, 106.
Gold, Pfarrer von Albermary 29, 32.
Green, Thomas, Carthäuser, der selige 7, 76—78.
Greenwood, Wilhelm, Carthäuser, der selige 7, 76—78.
Gunston, David, Malteserritter, der ehrwürdige 9, 163—164.
Gwent, Richard, Erzdiakon 76.

Haife, Johannes, Weltpriester, der selige 7, 69—71.
Hable, Benediktiner von Canterbury 28.
Hamerton, Sir Stephen 122.
Heinrich I. 130.
— II. 93.
— VII. 36, 38, 41, 48, 148.
— VIII. 11, 13, 16, 18, 20, 23, 24, 29—33, 35, 41, 43, 50, 55, 57, 59, 66, 70, 82, 84, 85, 92, 94, 108, 112, 114—121, 124, 128, 136, 137, 141, 143, 144, 148—150, 154, 159, 160, 162, 165, 166—168.
Heywood, Johannes 165.
Hilsey, Bischof von Rochester 119.
Hobbes, Robert, Abt von Woburn 123.
Holt, Nicolaus, Lehrer des seligen More 2, 36.
Horne, Wilhelm, Carthäuser, der selige 7, 76, 78, 161.
Houghton, Johannes, Prior der Londoner Carthause, der selige 7, 61—72.
Hussey, Lord 121.

James, Roger, Benediktiner, der ehrwürdige 9, 134.

Jerome 161, 162.
Interville, de, französischer Gesandter 34.
Johnson, Thomas, Carthäuser, der selige 7, 76—78.
Ireland, Johannes, Weltpriester, der ehrwürdige 9, 166.

Karl V., Kaiser 41, 59, 150.
Katharina Howard, Königin 154.
Katharina von Aragonien, Gemahlin Heinrichs VIII. 13, 14, 22, 23, 24, 29, 34, 48, 93, 131, 141, 142, 148, 149, 159, 160.
Kingston, Sir William, Lieutenant des Tower 105, 109, 110.

Larke, Johannes, Weltpriester, der selige 7, 39, 47, 165, 166.
Latimer, Bischof 118, 144, 145.
— Edelmann 119.
Laurence, Robert, Prior der Carthause von Beauvale, der selige 7, 66—71.
Layton, Dr. 116, 118, 120, 125, 126, 127, 131, 132.
Lee, Dr. 44.
Legh, Dr. 116, 118, 120, 125, 126, 127.
Leicester, Sir Richard, Richter 98.
Levening, Edelmann 122.
Lily, Lehrer More's 36.
London, Dr. 115.
— Roger, O. S. B. 130.
Longland, Bischof von Lincoln 13.
Luke, Sir John, Richter 98.
Lumley, Lord 119, 122.

Mackarell, Dr. Thomas, Prämonstratenserabt 118, 121.
Manny, Sir Walter, Stifter der Londoner Carthause 61.
Margaretha, Gräfin Richmond 90.
Maria, rechtmäßiges Kind Heinrichs VIII. 22, 29, 30, 34, 120, 149.
Martillac, französischer Gesandter 162 bis 164.
Marshall, Thomas, Abt von Colchester 135.
Master, Pfarrer von Albington 27, 29, 32.
Middlemore, Humfried, Carthäuser, der selige 7, 62, 72—74, 91.
Middleton, Alice, zweite Gemahlin More's 38, 53.
Moigne, Thomas 121.
Montague, Lord, Bruder des Cardinals Pole 151, 152.
More, Cäcilia, Tochter des Seligen 46.
— Elisabeth, Tochter des Seligen 46.
— Johannes, Sohn des Seligen 46, 106.
— John, Vater des seligen Thomas More 36, 37, 38, 48.
— Margaretha, Tochter des Seligen 46, 51—55, 82, 97, 106.

More, Thomas, Kanzler von England, der selige 7, 20, 28, 30, 36—48, 51—55, 80—84, 95—112, 166.
Morton, Cardinal 36.
Moyle, Commissär 133.

Reville, Lord 119.
— Sir Eduard 151, 152.
Newdigate, Sebastian, Carthäuser, der selige 7, 73—74, 91.
Nicholas, Dr. 44.
Norfolk, Herzog von 24, 42, 43, 98, 105, 121, 145, 149, 167.

Onion, Wilhelm, Benediktiner, der ehrwürdige 9, 130.

Parr, Sir William 121.
Pasleu, Johannes, Cistercienser-Abt von Whalley 124.
Paul III. 84, 92, 94, 150.
Peckeryege O. S. B. 122.
Percy, Sir Thomas 122.
Peterson, Sir William 163.
Peyto O. S. Fr. 60.
Philpot, Clemens, Laie, der ehrwürdige 9, 163.
Pierson, Walter, Carthäuser, der selige 7, 76—78.
Pole, Geoffrey, Bruder des Cardinals 151.
Pole, Margaretha, Gräfin Salisbury, die selige 7, 29, 30, 148—156.
Pole, Reginald, Cardinal 67, 149—156, 163.
— Sir Richard, Gemahl der seligen Margaretha Plantagenet 148.
Pollard, Commissär 133.
Pope, Sir Thomas 108.
Port, Sir John, Richter 98.
Powell, Eduard, Weltpriester, der selige, 7, 160, 161.
Pyle, Roger, Cistercienserabt von Furneß 124.

Redyng, Thomas, Carthäuser, der selige 7, 76—78.
Reynolds, Richard, Birgittiner, der selige 7, 66, 68—71.
Rich, Hugo, Franziskaner 29, 82.
Richard II. 15.
— III. 36, 148.
Richardson, Sir William 163.
Riche (Rich), Richard, Staatsanwalt 83, 86, 96—97, 102, 118, 120.
Rievaulx, Abt von 123.

Rocheford, Lady 155.
Rochester, Johannes, Carthäuser, der selige 7, 75, 78.
Roper, Schwiegersohn des seligen More 47, 105.
Rugg, Johannes, Benediktiner, der ehrwürdige 9, 130.
Russell, Lord John 134.
Rysby, Franziskaner 28, 29, 32.

Salt, Robert, Carthäuser, der selige 7, 76—78.
Sampson, Richard 112.
Scryven, Thomas, Carthäuser, der selige 7, 76—78.
Selbbarre, Adam, Abt von Jervaulx 122.
Sharton, Bischof von Salisbury 130.
Southampton, Lord 152, 154.
Spelman, Sir John, Richter 98.
Starkey 149.
St. Clair, Sir John 135.
Stone, Johannes, Augustiner, der selige 7, 146.
Suffolk, Herzog von 24, 42, 80, 145.
Surrey, Graf 167.
Susser, Earl of 123, 124.

Tarbes, Franz, Bischof von 18.
Thorn, Johannes, Benediktiner, der ehrwürdige 9, 134.
Thurston, William, Abt von Fountains 122.
Tournon, Cardinal 34, 92.
Trafford, Wilhelm, Prior (Intrusus) der Londoner Carthause 74—76, 79.
Travers, Johannes, Augustiner, der ehrwürdige 9, 158—159.
Tunstal, Bischof von Durham 19.
Tyrell, Margaretha 161.

Waire, N., Franziskaner, der ehrwürdige 9, 140.
Walworth (Wannert), Jakob, Carthäuser, der selige 7, 75, 78.
Warham, Erzbischof von Canterbury 20, 21, 27, 28.
Whiting, Richard, Abt von Glastonbury, der ehrwürdige 9, 129, 131—134.
Webster, Augustin, Prior der Carthause von Axholm, der selige 7, 66—71.
Wilson, Dr. theol. 48, 50, 53.
Wiltshire, Graf (Anna Boleyn's Vater) 80.
Wode, Wilhelm, Prior von Briblington 123.
Wolsey, Cardinal 13, 14, 15, 42, 114.

Stimmen aus Maria-Laach.

Katholische Blätter.

VIII. Ergänzungsband.

29.—32. Ergänzungsheft.

Freiburg im Breisgau.
Herder'sche Verlagshandlung.
1885.
Zweigniederlassungen in Straßburg, München und St. Louis, Mo.

Das Recht der Übersetzung in fremde Sprachen wird vorbehalten.

Buchdruckerei der Herder'schen Verlagshandlung in Freiburg.

Inhalt.

29. Heft.

Seite

Die Sittenlehre des Darwinismus. Eine Kritik der Ethik Herbert Spencers von Victor Cathrein, S. J. 1

30. Heft.

Die Göttliche Komödie und ihr Dichter Dante Allighieri. Von Gerhard Gietmann, S. J. Erste Hälfte 147

31. Heft.

Die Göttliche Komödie und ihr Dichter Dante Allighieri. Von Gerhard Gietmann, S. J. Zweite Hälfte 299

32. Heft.

Der Gottesbegriff in den heidnischen Religionen des Alterthums. Eine Studie zur vergleichenden Religionswissenschaft von Christian Pesch, S. J. . . . 453

Der Gottesbegriff

in den

heidnischen Religionen des Alterthums.

Eine Studie zur vergleichenden Religionswissenschaft

von

Christian Pesch, S. J.

(Ergänzungshefte zu den „Stimmen aus Maria-Laach". — 32.)

Freiburg im Breisgau.
Herder'sche Verlagshandlung.
1885.
Zweigniederlassungen in Straßburg, München und St. Louis, Mo.

Das Recht der Übersetzung in fremde Sprachen wird vorbehalten.

Entered according to Act of Congress, in the year 1885, by *Joseph Gummersbach* of the firm of B. Herder, St. Louis, Mo., in the Office of the Librarian of Congress at Washington, D. C.

Buchdruckerei der Herder'schen Verlagshandlung in Freiburg.

Inhalt.

	Seite
Einleitung	V

I. Die Völker des indogermanischen Sprachstammes.

1. Die Inder	1
2. Die Iranier	24
3. Die Griechen	36
4. Die Römer	58
5. Die Kelten	62
6. Die Deutschen und Skandinavier	70
7. Die Slaven	77

II. Die Völker des semitischen Sprachstammes.

1. Die sogenannten Turanier Mesopotamiens	83
2. Die Babylonier und Assyrier	87
3. Die Phönizier	98
4. Die Araber	105
5. Die Völker Kleinasiens	110
6. Die Ägypter	115

III. Einige weniger bekannte Völker des Alterthums   134

Pesch, Der Gottesbegriff.   **

Einleitung.

Nicht selten gibt ein Schriftsteller seinem Werke den Nachweis der „Zeitgemäßheit" des Gegenstandes als Empfehlung mit auf den Weg. Dieses Nachweises bedarf es unstreitig nicht bei einer Untersuchung, die sich auf dem Gebiete der vergleichenden Religionswissenschaft bewegt; denn die Lösung so mancher hierher gehöriger Zweifel zählt schon seit geraumer Zeit in der wissenschaftlichen Welt zu den „brennenden Fragen". Da aber der Zweifel so viele sind, so ist Arbeitstheilung vonnöthen. Wir wählen deßhalb einen einzelnen Punkt, allerdings den Kernpunkt der ganzen Religionswissenschaft, das Gottesbewußtsein der heidnischen Völker, aus, um unsere Leser in thunlichster Kürze über denselben zu orientiren.

Die Absicht bei vorliegender Arbeit ist also, ein möglichst getreues Bild der Vorstellungen zu geben, welche die heidnischen Völker von der Gottheit hatten, mögen diese Vorstellungen nun monotheistisch oder polytheistisch, naturalistisch oder pantheistisch gewesen sein. Wir werden versuchen, aus den mannigfachen Verirrungen des Menschengeistes den Wahrheitsgehalt herauszuschälen und den Gottesgedanken auch da wiederzufinden, wo derselbe unter einer Unmasse von sinnlosen Fabeln scheinbar zu Grunde gegangen ist.

Der Nutzen einer solchen Untersuchung ist ein mannigfacher. Sollte es sich herausstellen, daß in der That alle Völker in irgend einem wahren Sinne wirkliches Gottesbewußtsein gehabt haben, so wäre dieses Ergebniß zunächst werthvoll für die christliche Philosophie.

Denn einer der verschiedenen Beweise, durch welche diese Philosophie die Lehre vom Dasein Gottes wissenschaftlich zu begründen pflegt, ist der sogenannte geschichtliche Gottesbeweis. Derselbe hat die Thatsache zur Voraussetzung, daß alle Völker aller Zungen, Zeiten und Zonen mit unerschütterlich fester Überzeugung an das Dasein Gottes geglaubt und diesem Glauben gemäß der Gottheit gedient haben, daß also Religion ein Gemeingut der ganzen Menschheit ist. Die Richtigkeit dieser Voraussetzung einmal zugegeben, fragt sich dann, was der Grund und die Wurzel dieser allgemeinen Überzeugung ist. Lautet die Antwort auf diese Frage, der Grund könne kein anderer sein als die menschliche Vernunft selber, die mit unabweisbarer Nothwendigkeit zur Annahme Gottes hinführe, so ergibt sich ohne Weiteres der Schluß, daß Gottesleugnung vernunftwidrig und thöricht ist.

Dieser Gottesbeweis ist also nicht in dem Sinne geschichtlich, daß es sich bloß darum handelt, eine geschichtliche Thatsache festzustellen, der wir dann einfach beizupflichten brauchen, um uns im Besitz der fraglichen Wahrheit zu befinden. Nein! Der Beweis enthält ganz wesentlich ein spekulatives Element; er ist wie alle anderen Gottesbeweise ein Schluß von der Wirkung auf die Ursache. Wie die Körperwelt dadurch Zeugniß für das Dasein Gottes ablegt, daß sie Wirkungen aufweist, deren letzter Grund nur Gott sein kann, so ist auch in der geistigen Welt das allgemeine Gottesbewußtsein eine gegebene Thatsache, die ein ungelöstes Räthsel bleibt, wenn Gott nicht wirklich ist.

Somit kann der geschichtliche Gottesbeweis erst dann als vollgiltig erbracht gelten, wenn erstens gezeigt ist, daß in der That alle Völker an das Dasein Gottes geglaubt haben und glauben, und wenn zweitens nachgewiesen wird, daß dieser Glaube unmöglich wäre, falls Gott nicht existirte. In der Philosophie beschäftigt man sich naturgemäß fast ausschließlich mit diesem zweiten Theile; für die Richtigkeit der vorauszusetzenden Thatsache beruft man sich nicht selten einfach auf Aussprüche Ciceros oder Plutarchs, in welchen die Allgemeinheit des Gottesbewußtseins als eine unzweifelhafte Wahrheit ausgesprochen wird. Da kann nun leicht Jemanden der Zweifel aufsteigen, welches Recht denn eigentlich die Alten hatten, um von ihrem Standpunkte aus und für ihre Zeit eine solche Behauptung aufzustellen.

Dieser Zweifel war es, welcher zuerst den Verfasser vorliegender Blätter veranlaßte, mehrere Jahre hindurch die ihm von seinen sonstigen Berufsarbeiten erübrigenden Mußestunden auf das Studium der alten heidnischen Religionen zu verwenden. Selbstverständlich konnte aber die eine Frage nach dem Glauben an das Dasein Gottes nicht vollständig losgelöst werden von so vielen anderen, mit denen dieselbe auf das Innigste zusammenhängt. Dahin gehört die geschichtliche Priorität des Monotheismus oder Polytheismus, die Entwicklung des Gottesbewußtseins zum Schlechtern oder zum Bessern, der Zusammenhang der verschiedenen Religionen unter einander u. s. w. All diese Fragen sind von großer Bedeutung für die christliche Religion, und daher ist eine Behandlung derselben um so mehr gerechtfertigt, als schon zahlreiche Versuche auftauchen, die vergleichende Religionswissenschaft zu Ungunsten des Christenthums auszubeuten.

Der Natur der Sache nach ist das, was hier geboten wird, das Ergebniß der Forschungen Anderer, nicht auf neue Entdeckungen ausgehende Fachstudien. Wem wären diese auch auf dem ganzen Gebiete der heidnischen Religionswissenschaft möglich? Das Studium der Sprache, der Denkmäler und Schriftwerke eines einzelnen Volkes nimmt ja oft genug die Kraft eines Mannes mehr als hinreichend in Anspruch. Selbst der Meister in Einem Fache wird also auf anderen Gebieten Schüler bleiben und sich fremder Führung anvertrauen müssen. Was man billigerweise verlangen kann, ist nur dieses, daß Niemand sich unzuverlässige Führer wähle, sondern solche, die allgemein als vertrauenswürdig gelten. Ob und inwieweit in vorliegendem Falle dem Verfasser die richtige Auswahl gelungen, wird der kundige Leser selbst zu beurtheilen wissen.

Eine Auswahl war nothwendig; denn eine vollständige Zusammenstellung alles dessen, was auch nur in den letzten Jahrzehnten auf dem Gebiete der heidnischen Religionswissenschaft geleistet worden ist, würde Stoff für ein großes Sammelwerk, nicht aber für eine kurze Abhandlung bieten. Es wäre deßhalb wohl leicht nachzuweisen, daß dieser oder jener Schriftsteller nicht angeführt, dieses oder jenes brauchbare und tüchtige Werk nicht benutzt worden sei. Oft wird der Grund einer solchen Unterlassung einfach der sein, daß dem Verfasser das betreffende Werk nicht zu Gebote stand; ebenso oft aber dürfte die Rücksicht auf das vorgesteckte Ziel auch in der Benutzung des zu Gebote Stehenden die Einschränkung auferlegt haben.

Das Beweismaterial wird hauptsächlich ein doppeltes sein: die religiöse Literatur eines jeden Volkes gibt an und für sich den am meisten quellenmäßigen Aufschluß über den Glauben desselben und mußte deßhalb vorzüglich verwerthet werden. Da aber das Verständniß dieser Literatur nicht selten eingehende Untersuchungen erfordert, wie sie nur Fachmännern möglich sind, so mußten an zweiter Stelle die anerkannten Autoritäten auf den einzelnen Gebieten gehört werden. Doch ist thunlichst vermieden worden, deßhalb schon einen Satz als sicher hinzustellen, weil eine einzelne, wenn auch noch so gewichtige Stimme für denselben eintritt; nur wo unabhängige Autoritäten sich übereinstimmend aussprachen, mußte der

Zweifel schwinden nach der alten Regel des Aristoteles, Jedem sei in seiner eigenen Kunst zu glauben (Ethic. Nic. VI. 12).

Aber nur in seiner eigenen Kunst! Ein tüchtiger Sprachforscher kann ein sehr schlechter Philosoph sein. Darum soll in Folgendem Jeder nur dafür als Zeuge gelten, wofür er als Zeuge angerufen wird. Hat ein Gelehrter sich unerlaubte Grenzüberschreitungen zu Schulden kommen lassen und ist er auf fremdem Felde in den Sumpf gerathen, so folgt nicht, daß er auch auf dem ihm zuständigen Gebiete Irrwege gemacht hat. Hier also können wir seiner Leitung folgen. Wenn er uns aber zu Streifpartien anderswohin einladet, so werden wir uns höflichst bedanken. Ganz besonders sind nicht wenige Gelehrte, die sich in ihrem Fache eines wohlverdienten und großen Rufes erfreuen, über die Maßen ungeschickt, wenn sie auf das Christenthum und seine geoffenbarten Wahrheiten zu sprechen kommen. Manche haben ihr geistiges Auge so sehr an das Dämmerlicht der Wahrheit gewöhnt, welches aus der Nacht der heidnischen Irrthümer noch herüberschimmert, daß ihre Sehkraft für die hellstrahlende Sonne der christlichen Offenbarung beinahe verloren ist. Wie Mancher schwelgt mit Hochgenuß im Veda und im Todtenbuch, der ein Examen im Katechismus herzlich schlecht bestehen würde! Leider allzu Viele sind durch den beständigen und ausschließlichen Umgang mit dem Heidenthum zu Heiden geworden und haben deß auch wenig oder gar kein Hehl. Aber weil solche Verirrungen nicht selten mehr auf Unkenntniß des Christenthums als auf Haß gegen die geoffenbarte Wahrheit beruhen, darum sind diese Männer oft eher des Mitleides als der Verurtheilung werth. Zudem gibt es auch von solchen, leider fast zur Regel gewordenen Verirrungen höchst ehrenwerthe Ausnahmen, die unwidersprechlich zeigen, daß man ganz gut zu gleicher Zeit ein guter Christ und ein tüchtiger Sprachforscher sein kann. Im Übrigen aber wird sich Niemand daran stoßen, wenn wir Männer als Autoritäten auf dem Gebiete der Sprachforschung anführen, mit deren Christenthum es nichts weniger als gut bestellt ist.

Die vorliegende Untersuchung beschränkt sich zunächst auf die heidnischen Religionen des Alterthums, d. h. auf jene, welche den alten lateinischen und griechischen Schriftstellern bekannt waren. Dahin gehören so ziemlich alle Völker des indogermanischen und semitischen Sprachstammes. Wenn auch einzelne Zweige dieses Stammes den Alten wenig oder gar nicht bekannt waren, so sind doch im großen Ganzen die Indogermanen und Semiten, und nur diese, der Gegenstand des Studiums der alten Geschichtschreiber und Geographen gewesen. Es bedarf aber wohl kaum der Rechtfertigung, daß die Mittheilungen der „Klassiker" nur spärlich verwerthet wurden, wenn die einheimischen Urkunden und Denkmäler eines Landes uns über die dort herrschenden religiösen Anschauungen und Gebräuche Aufschluß gaben.

Ebenso sind der sachlichen Zusammengehörigkeit wegen auch die den Alten unbekannten Glieder der beiden großen Sprachfamilien in den Bereich der Untersuchung gezogen worden, so daß die vorliegenden Blätter auch als eine Studie über den Gottesbegriff der heidnischen Indogermanen und Semiten bezeichnet werden können. Aber auch nur der Gottesbegriff oder, wenn man will, die Theologie dieser Völker soll hier besprochen werden, nicht aber die Mythologie, außer insofern die erstere ohne die letztere eben nicht verstanden werden kann.

Welches waren die Vorstellungen der alten Heiden von Gott? Wie haben diese Vorstellungen sich im Laufe der Zeit entwickelt und verändert? Wie äußerte sich das Gottesbewußtsein in der praktischen Religionsübung? Dieses sind die Fragen, die wir in Kürze zu beantworten versuchen wollen. Anderen Arbeiten muß es vorbehalten bleiben, die gleichen Untersuchungen auch auf die heidnischen Religionen der neuern Zeit auszudehnen, und dann weiterhin die Bedeutung der gewonnenen Ergebnisse für die Lehre von Gott spekulativ zu entwickeln. Vorläufig aber soll weder der geschichtliche Gottesbeweis geführt noch irgend eine andere einschlägige Frage spekulativ gelöst werden. Es handelt sich hier nur um die Grundlage für die spekulativen Erörterungen, während diese selbst für später vorbehalten bleiben müssen. Nur diejenigen Schlüsse sind kurz angedeutet worden, die sich aus den Thatsachen ohne Schwierigkeit von selbst ergeben.

Übrigens ist es leicht einzusehen, daß die Grundlage für den geschichtlichen Gottesbeweis auch schon fest gelegt sein kann, bevor die Religionen aller Zeiten untersucht worden sind. Zeigt Induktions- und Deduktionsbeweis uns, daß in irgend einem Zeitraume das Dasein Gottes ein Postulat der menschlichen Vernunft ist, so muß das heute so gut der Fall sein, wie ehedem; denn die Natur der Vernunft hat sich nicht geändert, und wenn dieselbe ehedem das Dasein Gottes als eine Wahrheit bezeugte, so kann sie es heute nicht als einen Irrthum verwerfen. Darum hat auch die vorliegende Untersuchung für sich allein schon einen selbständigen und für die Richtigkeit des geschichtlichen Gottesbeweises und manche anderen Fragen entscheidenden Werth.

Weil es sich also hier zunächst darum handelt, quellenmäßiges Material beizubringen, so ist es nicht zu vermeiden, daß die Darstellung in den einzelnen Abschnitten ebenso ungleichartig sein wird, wie die Ausdrucksweise der Zeugen selber, auf die wir uns berufen. Anders redet ja der Dichter, anders der Verstandesmensch, anders der geschulte Philosoph, anders der Mann aus dem Volke. Unsere Aufgabe kann es nicht sein, die eigenthümliche Färbung zu verwischen, sondern dieselbe vielmehr, soweit die Kürze es gestattet, in ihrer vollen Ursprünglichkeit hervortreten zu lassen.

Nicht minder wird bald die monotheistische, bald die polytheistische Richtung ausführlicher geschildert werden müssen, je nachdem in einer Periode die eine oder andere Anschauungsweise vorherrschend war. Wollten wir darum etwa überall nur die monotheistischen Züge hervorheben, wenn auch in der Wirklichkeit der Polytheismus überwog, so würde das ein falsches Bild geben.

Wo endlich die Quellen reichlich fließen, da wird naturgemäß die Darstellung von selbst mehr Fülle gewinnen, als wo wir nur spärlich vorhandene Angaben zu katalogisiren haben.

Freilich hat man gegen dieses einfache Registriren religiöser Erscheinungen im Völkerleben schon Einsprache erhoben, weil dasselbe in seiner unnatürlichen Trockenheit nicht befriedigen könne. Allein, wie man auf diesem Gebiete etwas wirklich Annehmbares zu bieten hoffen kann, ohne vorher die nöthigen Thatsachen festzustellen, das läßt sich nicht absehen. Mag auch Herz und Gemüth unmittelbar weniger angesprochen werden, so kann doch die Beschäftigung mit dem Höchsten, was je die Menschenbrust bewegt hat, nicht ohne Gewinn für uns sein. Die Betrachtung der heidnischen Religionen wird uns das Christenthum nur in so hellerem Glanze erstrahlen lassen; denn, wie der hl. Paulus sagt, die Heiden verehrten, was sie nicht kannten, sie suchten und tasteten, ob sie ihren Schöpfer wohl fänden. Uns aber hat Gott in seiner Huld den Zeiten der Unwissenheit entrissen, daß wir verstehen, was wir anbeten, und mit Bewußtsein in Gott leben und weben und sind (Apostelg. 17, 23 ff.).

I. Die Völker des indogermanischen Sprachstammes.

1. Die Inder.

Die älteste Geschichte Indiens ist in ein nahezu undurchbringliches Dunkel gehüllt, welches durch einheimische Geschichtswerke nur sehr spärlich erhellt wird[1]. Nicht unwahrscheinlich ist die Annahme, daß die Inder nebst vielen anderen Völkern ursprünglich die Flußgebiete des heutigen Amu und Syr bewohnten und von da auszogen, um sich im Süden eine neue Heimath zu suchen. Sie ließen sich im Pendschabgebiete nieder und entfalteten dort und später noch weiter südlich ein reiches Kulturleben, dessen Schätze uns in größerem Maße erst in diesem Jahrhundert erschlossen worden sind.

In der religiösen Entwicklungsgeschichte der Inder sind drei Zeiträume zu unterscheiden: ein vedischer, ein brahmanischer und ein buddhistischer.

Jene erste Zeit ist benannt nach dem Veda, einer Sammlung heiliger Bücher, die in ähnlicher Weise einfachhin als „Wissenschaft" bezeichnet wird, wie unsere Bibel als „Schrift". Die ältesten Theile des Veda mögen bis in das 16. Jahrhundert v. Chr. hinaufreichen, während andere Abschnitte schon von den berühmten Sängern der Vorzeit reden und dadurch selbst ihre spätere Abkunft bezeugen[2]. Von den vier Veda-Büchern Rik, Saman, Yajus und Atharvan genießt das erste, der Rigveda, bei weitem das größte Ansehen, weil uns in demselben die frühesten religiösen Anschauungen der Inder überliefert werden[3].

---

[1] Das bedeutendste bis jetzt in Europa bekannt gewordene sanskritische Geschichtswerk ist Kalahana's Geschichte der Könige von Kaschmir, in's Französische übersetzt und erklärt von M. A. Troyer. Das Werk entstammt dem zwölften Jahrhundert unserer Zeitrechnung und behandelt die Herrschergeschlechter von 1182 v. Chr. bis 1125 n. Chr.

[2] Vgl. Geschichte des Alterthums, von M. Duncker, 5. Aufl., Bd. III. S. 24.

[3] Über die eigentliche Bedeutung des Wortes Veda im Sinne der Inder vgl. Die Mantra-Literatur, von A. Ludwig. Prag 1878. S. 15 ff.

I. Die Völker des indogermanischen Sprachstammes.

Der Rigveda, sagt Professor Monier Williams, ist das älteste Buch der Welt (ausgenommen vielleicht einige Theile der Bibel), ein Buch, welches seit 3000 Jahren bei einem großen Theil des arischen Stammes den Glauben gebildet, die Gebete eingegeben, die Sitten geregelt, dem Leben seine Gestalt verliehen hat. Und noch bis heute bietet sich uns das merkwürdige Schauspiel dar, daß Millionen Inder vom Pendschab bis zum Kap Comorin, von Bombay bis Assan, obschon sie den verschiedensten Stämmen angehören, in getrennten Kasten und Verbindungen leben, andere Gesetze und Gewohnheiten haben, dennoch alle vereinigt sind durch das gemeinsame Band des Rigveda, den sie als ihr tägliches Gebetbuch gebrauchen und aus dem sie Abschnitte zu wiederholen pflegen als ein Morgen- und Abendopfer für den Einen Gott, den sie alle nach seinen mannigfachen Offenbarungen verehren[1].

Ehe jedoch die Einzelheiten dieses wichtigen Buches uns beschäftigen, nimmt eine Thatsache von mehr allgemeiner Bedeutung unsere Aufmerksamkeit in Anspruch. Dem Veda nämlich verdanken wir die Möglichkeit, den gemeinsamen Gottesbegriff aller indogermanischen Stämme bis zu seinen ältesten Spuren hinauf zu verfolgen. Das Stammwort dyu zur Bezeichnung der Gottheit findet sich nicht nur im Sanskrit (deva), sondern auch im Griechischen (Δεύς, böotisch = Ζεύς, θεός, für ursprüngliches deivos), im Lateinischen (deus, Jupiter für Dyu-pater = sanskritisch Dyaus-pitar), im Gothischen (Tius), im Lithauischen (diewas), im Lettischen (dews), im Altpreußischen (deiws) u. s. w.[2]

Dyu enthält ursprünglich die Bedeutung „leuchten, strahlen"[3]. Obschon nun ein so dehnbarer Begriff sich mit Leichtigkeit auf Vielerlei anwenden läßt, so bezeichnet doch dyu als Substantiv in der wirklichen Sprache Indiens hauptsächlich Himmel und Tag; in der verstärkten Form deva aber ist es jener Name für die Gottheit, den die Indogermanen alle in der einen oder andern Gestalt bis auf den heutigen Tag in ihren Sprachen bewahrt haben. „Alle diese Völker haben nur dieß einzige

---

[1] The place which the Rig-veda occupies in the Sandhya, and other Daily Religious Services of the Hindus. By Monier Williams. Abhandlungen des Berliner Orientalisten-Congresses vom Jahre 1881. II. S. 158. — Der Rigveda kann übrigens nur dann als das älteste Buch der Welt bezeichnet werden, wenn man das Wort Buch betont; denn sonst dürften ihm die ägyptischen Schriftwerke den Rang streitig machen.

[2] Vgl. Pott, Etymologische Forschungen, I. S. 101.

[3] R. Roth in der Zeitschrift der Deutschen Morgenländischen Gesellschaft, I. S. 66 ff.

Wort für Gott und keinen einzigen Namen ihrer vielen einzelnen Götter allesammt gemeinschaftlich."[1]

Diese Gottesbenennung muß mithin „schon vorhanden gewesen sein, ehe die Vorfahren jener uralten Völkerrassen in Sprache und Religion sich sonderten, ehe sie ihre gemeinsamen Weideplätze verließen, um in verschiedenen Richtungen (südlich, westlich) weiterzuwandern, ehe sie ihre Schafhürden in die Mauern volkreicher Städte verwandelten"[2]. Und umgekehrt, da die verschiedenen Völker in der Bildung der einzelnen Göttergestalten und Götternamen so gänzlich von einander abweichen, so sind diese Namen und Gestalten kein ursprüngliches, aus dem gemeinsamen Vaterhause überkommenes Erbstück, sondern jüngere Bildungen, die erst auftauchten, als die frühere Einheit vollständig zerrissen war.

Aus diesen Thatsachen ergibt sich der ebenso naheliegende als sichere Schluß: Vor ihrer Trennung kannten die Völker indogermanischer Zunge wohl einen Gott, aber keine Götter; bei ihnen ging der Glaube an den Einen Gott dem Götterglauben und dem Götzendienste geschichtlich voraus. Gerade die bedeutendsten Gelehrten auf dem Gebiete der Sprachwissenschaft erkennen diesem Schlusse strenge Beweiskraft zu. Ganz natürlich; denn wenn sich aus der Gemeinschaftlichkeit eines Wortes der ursprüngliche, dem Worte zu Grunde liegende Begriff und die uranfängliche Anschauungsweise nicht herausfinden läßt, so ist die ganze vergleichende Sprachforschung in die Luft gebaut. Daher dürfen wir uns nicht wundern, wenn die Vertreter dieser Wissenschaft mit solcher Entschiedenheit für die Richtigkeit derartiger Schlußfolgerungen einstehen[3].

Deva ist also der einzige ursprüngliche Gott der Indogermanen; das hat als einer der gewichtigsten Zeugen der Veda bestätigt. Aber wie! der Veda und der Glaube an Einen Gott, welche größere Widersprüche lassen sich wohl denken? Wer zum ersten Male einen Blick in die vedische

---

[1] Th. Benfey in der Encyklopädie von Ersch und Gruber, Art. Indien, S. 159.

[2] Die Wissenschaft der Sprache, von Dr. M. Müller. Deutsche Ausgabe. L S. 396.

[3] Was die Frage anbelangt, ob jener früheste Zustand der religiösen Anschauungen wirklich Monotheismus im strengen Sinne, oder aber sogenannter Henotheismus gewesen sei, so hoffen wir bei einer andern Gelegenheit darauf zurückzukommen. Ganz sicher falsch aber und den Thatsachen widersprechend ist die Behauptung Tieles, die ursprüngliche Religion der Indogermanen sei „Polydämonismus" gewesen. Vgl. Tieles Compendium der Religionsgeschichte. Berlin 1880. S. 120.

Götterwelt wirft, dem erscheint dieselbe als ein unentwirrbares Durcheinander von Gestalten, die durch keine strenge Rangordnung geschieden sind, durch keine oder doch nur sehr lose Familienbande zusammengehalten werden.

Dreiundbreißig heilige Götter hat der Mensch nach einem Hymnus (8, 30)[1]; in Wirklichkeit aber mag die Zahl derselben noch bedeutend größer sein. Von diesen Göttern ist bald der eine, bald der andere der höchste. „Mitra hält den Himmel und die Erde aufrecht, in seiner Kraft überzieht er den ganzen Himmel, im Fluge umfaßt er die breite Erde. Ihm fügen sich alle Menschenstämme, er trägt die Götter insgesammt" (3, 59). Varuna sagt von sich: „Ich bin König Varuna, des Varuna Willen folgen die Götter, ich herrsche über das Volk der obersten Umhüllung (des Himmels)" (4, 42). Anderswo heißt es: „Du bist König, o Indra, über die Götter alle" (1, 174). Wiederum: „Durch dich, o Agni, essen alle Unsterblichen, die truglosen, die Götter; mit allen diesen bist du zusammen, ihnen an Kraft gewachsen; Agni, starker, unerreicht bist du" (2, 1). „Soma aber ist der König des obern Himmels, des Agni, Surja, Indra, Vischnu" (9, 36).

Ähnlicher Stellen gibt es sehr viele. Nun können aber unmöglich dieselben Leute alle Götter für die höchsten gehalten haben. Vielmehr verehrt der vedische Dichter jedesmal nur Einen der vielen Götter als den höchsten, als den eigentlich wahren Gott. Es ist das Gefühl nicht ganz erloschen, daß es nur Einen Gott geben kann; darum werden die mancherlei Namen bloß als verschiedene Ausdrücke für jenes unbegreifliche Wesen aufgefaßt, welches durch kein Wort genügend bezeichnet werden kann. Ursprünglich sollten die zahlreichen Benennungen nur dazu dienen, die Beziehungen Gottes zu der Welt allseitig klar zu machen, ähnlich wie die heilige Schrift unerschöpflich ist in immer neuen Wendungen, welche uns die Größe und Herrlichkeit des Allerhöchsten möglichst zum Bewußtsein bringen sollen.

Daß dem wirklich so sei, dafür liefert uns der Rigveda selbst mehr denn einen Beweis. „Du bist, o Agni, Indra, du bist der König, Varuna; du bist als der wunderthätige Mitra anzuflehen" (2, 1). Wie ist das möglich? Nun, „sie nennen ihn Indra, Mitra, Varuna, Agni. Das, was Eines ist, benennt der Weise auf mancherlei Art" (1, 164). Darum ist Einer „allein Gott unter den Göttern" (10, 121).

Ja es dämmert sogar noch schwach im Gedächtnisse, daß dieser „Gott der Götter" anfänglich einfach Dyu hieß, und daß er diesen seinen Namen

---

[1] Die einfachen Zahlenangaben verweisen in diesem Abschnitt auf den Rigveda, der meistens nach der Übersetzung A. Ludwigs angeführt wird.

erst später mit Andern theilen mußte. Dyu wird noch ausdrücklich als Vater der höchsten Götter genannt (3, 38 und 4, 17), und sein Wesen birgt im Allgemeinen denselben Gedankengehalt, den späterhin der griechische Zeus und der römische Jupiter darstellen; doch erhebt er sich im Veda nie mehr zum Range einer obersten Gottheit, ja er „tritt nur selten mehr als wirklicher Gott auf"[1].

Wurde so der Name des Dyu seinem ursprünglichen Sinne entfremdet, so blieb nichtsdestoweniger in der ersten Zeit der vedischen Religion ein Träger des ziemlich ungetrübten Dyu-Begriffes. Obschon nämlich im Rigveda mehrere Götter als die höchsten bezeichnet werden, so bemerkt man doch bald, daß thatsächlich zwei an Bedeutung alle andern weit überragen: Varuna und Indra. Beide aber nehmen hinwiederum eine so unbedingt höchste Stellung ein, daß sie dieselbe unmöglich zu gleicher Zeit neben einander behaupten konnten, und in der That bekundet sich Indra bald als der Jüngere. Manche Anzeichen weisen darauf hin, „daß Indra's Stellung eine nicht in weite Vergangenheit zurückreichende Neuerung war"[2].

Vor ihm war Varuna der höchste Gott der Inder bis etwa 1400 v. Chr. „Mein, des Ksattriya (Varuna), Reich ist von Alters her, so daß mir unterstehen, dem über allem Lebenden stehenden, alle Unsterblichen; des Varuna Willen folgen die Götter; ich herrsche über das Volk der obersten Sphäre" (4, 42). Ist in diesem Liede schon angedeutet, daß die übrigen Götter ihre Macht von Varuna haben, so werden an einer andern Stelle „die Träger des Himmels" als Varunas Söhne bezeichnet (10, 10). Von Naturgöttern ist zu dieser Zeit noch keine Rede; denn dieselben hatten neben Varuna keinen Platz. „Der Himmel und die Erde, die Sonne, der Mond und die Sterne, die Morgen- und Abendröthe, die Luft und die Stürme, das Feuer und die Gewässer — sie sind alle Geschöpfe des Varuna und weiter nichts."[3]

Er aber ist der Schöpfer, „der die Erde entfaltete wie ein Schlächter die Haut, der den Luftraum ausbreitete und die Sonne an den Himmel setzte. Kraft hat er den Rennern, Milch den Kühen, den Herzen Einsicht verliehen" (5, 85). „Innerhalb dieser beiden Welthälften, o Varuna, sind alle deine theuern Geschöpfe" (7, 87). Er ist allgegenwärtig, allwissend, allweise.

---

[1] A. Ludwig, Die Anschauungen des Veda. Prag 1875. S. 46. Vgl. Die Mantra-Literatur, S. 310 ff.

[2] A. Ludwig, Die Anschauungen des Veda, S. 37. Der Name Varuna wird gewöhnlich gedeutet als der „Umhüllende" und mit dem griechischen Uranus identificirt. Ludwig protestirt gegen beides. Ihm ist Varuna der „Wollende" oder „Herrschende". Vgl. Die Mantra-Literatur, S. 314 ff.

[3] E. L. Fischer, Heidenthum und Offenbarung. Mainz 1878. S. 37.

„Er kennt der Vögel Ort, welche die Luft durchfliegen, er kennt als Meeresbewohner die Schiffe, er kennt die Monde, die zwölf mit ihren Kindern, er kennt auch den nachgebornen (Schaltmond), den Weg des Windes kennt er, unter den Menschen hat er sich vollkommene Herrlichkeit geschaffen, in unseren eigenen Häusern" (1, 25). „Mit großer Weisheit machte er alle seine Werke" (7, 86). Er ist heilig und gerecht, er hat das Sittengesetz gegeben, bestraft das Böse, belohnt das Gute und verzeiht die Sünde. „Anbetung wollen wir dir aussprechen, wie ehemals so jetzt, gewaltig Geborener, und künftig; auf dich sind wie auf einen Berg gestellt deine unerschütterlichen Gesetze, o Unbethörbarer. Wie eine Kette löse von mir die Sünde; hinweg von mir, Varuna, schaffe die Furcht, nimm mich gnädig auf, o heiliger König" (2, 28). „Laß uns nach, was unsere Väter Untreues gethan, und was wir selber in eigener Person. Wie ein Sklave will ich dienen dem Verzeihenden, sündelos ich. Weise hat die Thoren der gütige Gott gemacht, und er, der Weiseste, leitet die Weisen zum Heil" (7, 86). „Laß mich noch nicht, o Varuna, in's Haus von Lehm, o König, gehen; erbarme dich, du Mächtiger, erbarme dich. Wenn zitternd hin und her ich gehe gleich einer windgetriebenen Wolke, erbarme dich, du Mächtiger, erbarme dich. Durch meiner Einsicht Schwäche ging ich irre, o Reiner; erbarme dich, du Mächtiger, erbarme dich. Durst hat den Sänger selbst gefunden, wenn er in der Wasser Mitte stund; erbarme dich, du Mächtiger, erbarme dich. Wenn wir Menschen uns an der Gottheit versündigen, wenn deine Satzungen aus Unverstand wir übertreten, füg' uns, o Gott, in Folge dieser Sünde keine Strafe zu" (7, 89). Das ist ja des Menschen höchster Zweck, daß er, frei von Sünde, zur Anschauung Varunas gelange. „Vorwärts, vorwärts geh' auf den alten Pfaden, auf denen hinweggegangen die Väter der Vorzeit. Die Könige wirst du dann sehen, Yama (den ersten Menschen) und Varuna, den Gott. Finde die Väter und Yama, finde deine guten Thaten, gebotene und freiwillige, im höchsten Himmel. Ohne Tadel kehre zur Heimath zurück, strahlend vereinige dich mit deinem neuen Leibe" (10, 14). Die aber „Varunas Satzungen beeinträchtigen, die soll das Feuer aufzehren, das scharfzahnige, mit glühendster Flamme. Die sündhaft sind, ungesetzlich, untreu, haben an diesen tiefen Ort (der Qualen) nicht gedacht" (4, 5).

Nach alledem ist in diesem ersten vedischen Zeitraume „Varuna der Herr und der Erste . . . So sehr auch die vedischen Sänger in allen ihren Bildern von Varuna eine heilige Scheu vor seinem unerforschlichen Wesen beobachten und sich hüten, ihn durch Vermenschlichung seiner göttlichen Majestät zu entkleiden und in den Umtrieb des natürlichen, irdischen Lebens hereinzuziehen, so sind uns doch einzelne Bilder aufbehalten, welche den Gott zu schildern suchen . . . Im Naturleben ist er der Urheber der ewigen Gesetze, nach welchen die Welt lebt und welche kein Gott und kein Sterblicher anzutasten wagt . . . Die Bewunderung der nie wankenden, unverletzlichen Ordnung im Leben der Natur wie des Geistes hat die alten Frommen zur Verherrlichung des Gottes geführt, dessen Weisheit sie diese Gesetze zuschreiben, und sie können nicht satt werden, diese Unantastbarkeit, Ewigkeit und innere Wahrheit seiner Satzungen, die unerschütterlich sind, als wären sie auf einem Gebirge gegründet, zu preisen"[1].

Kurz, auf der ältesten Entwicklungsstufe der vedischen Religion ist Varuna der Eine Gott der Inder, der Schöpfer Himmels und der Erde, der Gesetzgeber der Natur und der Menschen, der Richter über Alle, der Vergelter von Gut und Bös hier und im Jenseits. Wir haben noch ziemlich klar ausgeprägten Glauben an Einen Gott mit vorwiegend ethischer Bedeutung.

Neben Varuna kann von allen himmlischen Wesen nur noch Mitra irgendwie in Betracht kommen. „Mitras Name bezeichnet den Freund. Er genießt derselben Attribute wie Varuna, erscheint aber stets nur in Gemeinschaft mit diesem, während dagegen Varuna ohne Mitra auftritt; und daraus erhellt, daß er allein der Selbständige ist und das Wesen Mitras mitbefaßt."[2] Ebenso wird Varuna in einer Reihe von Abschnitten des Rig- und in einigen des Atharva-Veda allein angerufen; Mitra aber wird beinahe ausschließlich nur zugleich mit Varuna verehrt[3]. Er verdankt seine Asurakraft dem Varuna und ist in jeder Beziehung von diesem abhängig.

Somit ist und bleibt Varuna der höchste Asura, der allein in voller Unabhängigkeit aus sich und durch sich die Fülle der Asurakraft besitzt, so daß die Bezeichnung Asura ihm fast zum zweiten Namen geworden ist. Gerade dieser Umstand zeigt aber, daß er nicht nur sachlich, sondern auch sprachlich mit dem Gotte der Iranier ein und derselbe ist, und daß wir somit in ihm eine allgemein arische und keine ausschließlich indische Gottheit erblicken müssen.

Als solche ist vielmehr Indra zu bezeichnen, der etwa 1400 v. Chr. Varuna ziemlich vollständig aus der Herrschaft verdrängt hatte. Grund zu diesen Neuerungen bildeten wahrscheinlich die Kämpfe der Inder mit den Eingeborenen um den Besitz des Gangesthales. Das Ergebniß dieses Kampfes war nicht nur ein veränderter Besitzstand unter den Menschen, sondern auch unter den Göttern. „Die Götter strenger Wahrhaftigkeit

---

[1] R. Roth in der Zeitschrift der Deutschen Morgenländischen Gesellschaft, VI. S. 70 ff.   [2] R. Roth, a. a. O. S. 74.
[3] A. Ludwig, Die Anschauungen des Veda, S. 57.

und Gerechtigkeit (Varuna-Mitra), die selbst das dem Feinde angethane Unrecht strafen, waren eben für eine Zeit blutiger innerer Fehden wenig sympathisch, und man schuf sich daher einen kriegerischen Gott, der die Thatkraft, die Unerschrockenheit, die Rücksichtslosigkeit gegen Freund wie gegen Feind darstellte."[1]

Wenn Indra in der frühesten Zeit arischer Religion überhaupt existirte, was aber sehr fraglich ist, so nahm er wenigstens eine untergeordnete Stellung ein. Er ist seinem Namen nach der Gott des Regens (indu = Tropfen) und mußte schon in dieser Eigenschaft dem Geiste des Andächtigen in Indien weit häufiger vorschweben als irgend eine andere Gottheit[2]. In den Zeiten blutiger Kämpfe aber empfahl er sich als höchsten Gott wegen seiner rücksichtslosen physischen Kraft, da er, auf den Wolken reitend, seinen Donnerkeil schleudert. „Er spaltet den Wolkenberg, mit Stärke schleudernd den Donnerkeil. Bei seinem Glanze zittert der Himmel, es zittert die Erde aus Furcht vor dem Zorne, in Erregung gerathen die starken Berge, weich werden die dürren Wüsten, es strömen die Wasser" (4, 17). „Fest fassend den Donnerkeil in seine beiden Hände, gehüllt in Kraft und Stärke, schmettert er nieder wie ein Zimmermann die Bäume, wie mit einer Axt schmettert er sie nieder" (1, 130). Ein solcher Held eignet sich natürlich vorzüglich zum Schlachtengott: „Als Krieger kämpft er mit Macht die großen Schlachten der Menschen mit seiner Stärke aus, und dann glauben sie an den glänzenden Indra, der den Tod mit dem Donnerkeile niederschleudert" (1, 55). „Darum, o Indra, rufen dich im Kampfgewühl, in der lichtschaffenden Schlacht die Helden" (1, 63). Er hat seinen Verehrern geholfen, die neue Heimath zu erobern, „er hat mit ihnen den Fluß (Yamuna) überschritten, er hat ihnen in der Zehnkönigsschlacht beigestanden" (7, 33), „er hat die starken Feinde preisgegeben, die dem Menschen (Inder) gegenüber geprahlt haben. Wie Rinder von der Weide ohne Hirten gingen sie, gedrängt ein Jeder an den Freund, wie es sich traf. Indra brach ihre sieben Burgen mit Übermacht. Die beutelustigen Anu und Druhyu sechzighundert sind entschlafen, sechstausendsechzig Helden und sechs; von den eifrigen Verehrern des Indra sind all diese Thaten vollbracht. Von Indra befehligt, sind diese wie ausgegossenes Wasser hinabgelaufen, die Feinde haben sie bis auf sehr wenige vernichtet" (7, 18).

Darum haben sich die Inder „wie Unterthanen, die sich einen König wählen, von Varuna abgewandt" und „des Reiches Oberherrlichkeit" an Indra übertragen (10, 124). So etwas kann natürlich nicht ohne heftigen Widerspruch geschehen, und wir hören in der That die altgläubigen Varuna-Verehrer Einsprache gegen den neuen Gott erheben. Nach Indra „fragen sie:

---

[1] A. Ludwig, a. a. O. S. 52 f.
[2] M. Müller, Die Wissenschaft der Sprache, II. S. 400 u. 571. — Roth leitet Indra von idh, indh „zünden", Lassen von indra „blau" ab (Indische Alterthumskunde, I. S. 766).

Wo ist er? und von ihm sagen sie: Er ist nicht" (2, 12). Doch „möge man uns auch tadeln, wenn wir Dienst dem Indra thun, in Indras Schutze wollen wir doch sein" (1, 4). „Es gibt keinen Indra, so hat der Eine und der Andere gesagt, wer hat ihn gesehen?" (8, 89) aber seine Verehrer „tragen geduldig die Verwünschung der Leute" (3, 30). An einer Stelle beklagt sich Varuna selbst über seine Zurücksetzung: „Ich, o Indra, bin Varuna, ich herrsche über alle Götter", und Indra entgegnet: „Mich hemmt keine göttliche Übermacht, mich den Unbezwungenen; wenn Tränke und Lieder mich berauscht haben, dann fürchten sich die unbegrenzten Räume"; und der Sänger gibt ihm Recht: „Als solchen kennen dich alle Welten, wie du dem Varuna dich rühmst, o Schöpfer" (4, 42). Doch der Konflikt legte sich mit der Zeit, und in einer nicht geringen Anzahl von Hymnen finden wir Varuna und Indra mit einander angerufen. Natürlich kann damit die frühere Oberherrlichkeit Varunas nicht bestehen, und allmählich sinkt er zu der Würde eines bloßen Wassergottes herunter.

Auch in dieser Periode der indischen Religion hat sich insofern ein gewisser **Monotheismus** bewahrt, als Indra der absolut höchste Gott ist, neben dem alle übrigen gar nicht in Vergleich kommen können. „Der, eben nur geboren, der erste geistige Gott, mit seiner Thatkraft die Götter schützte, vor dessen Kraft die beiden Welten zitterten durch seiner Mannhaftigkeit Größe, das, ihr Leute, ist Indra. Der die schwankende Erde gefestigt, der die wogenden Berge zur Ruhe gebracht hat, der weit ausmaß den Luftraum, der den Himmel aufbaute, das, ihr Leute, ist Indra. Von dem all dieß Vergängliche geschaffen, das, ihr Leute, ist Indra. Der die Sonne, die Morgenröthe hervorgebracht, der Führer der Gewässer, das, ihr Leute, ist Indra. Der alle, die große Sünde vollbracht, mit dem Pfeile tödtet, ehe sie es dachten, der dem Trotzenden nicht nachgibt an Trotz, das, ihr Leute, ist Indra. Der den Diensteifrigen fördert, den Flehenden, Demüthigen, das, ihr Leute, ist Indra" (2, 12). Er ist „der König über die Götter alle" (1, 174), in ihm „sind alle Götter enthalten" (3, 54), er ist „des großen Himmels und der Erde Allbeherrscher" (1, 100).

Indra hat somit das ganze frühere Machtgebiet Varunas eingenommen. Doch darf man sich diesen Herrscherwechsel nicht als einen ganz plötzlichen und sprungweise vollzogenen vorstellen, sondern „muß beachten, daß das hohe Ansehen Varunas schon während der Periode der vedischen Lieder im Abnehmen und seine Macht an Indra überzugehen im Begriffe ist, wie denn auch merkwürdiger Weise unter den Liedern des spätern zehnten Buches kein einziges an Varuna gerichtetes ist, endlich daß die spätere Zeit diese alten Götter immer mehr auf einzelne Gebiete des

Naturlebens herabsetzen mußte, und daß hierzu das keinem andern Gotte zugeschriebene Gebiet des Meeres sich am nächsten barbot"[1]. So wurde Varuna Wassergott. Die indische Religion ist eingetreten in die Periode der **Naturvergötterung**. Bei Indra selbst tritt die sittliche Bedeutung in den Hintergrund, und die unwiderstehliche Naturkraft ist sein kennzeichnendes Merkmal. Er steht in innigster Beziehung zu den Erscheinungen des Donners, des Blitzes und der fluthenden Gewässer. Er ist der Wolkenspalter, der die Wolken zwingt, den Regen zur Befruchtung der Erde herzugeben.

Neben ihm ist Hauptgegenstand der Verehrung Agni (ignis), der Gott des Feuers, der mit dem Regen in das Holz der Pflanzen aufsteigt und durch Reiben gezwungen wird, herauszutreten und sein gottesdienstliches Amt als reinigende Opferflamme zu vollziehen. Er nimmt Mitras Platz ein, der zugleich mit Varuna weichen mußte, und „in der vedischen Mythik hat er die Stellung und Eigenschaft eines priesterlichen Mittlers zwischen Göttern und Menschen, führt den Göttern die Opfer zu und führt sie zu denselben herbei, ist Beschützer der Familie und Gemeinde, Bringer der Gaben und Segnungen der Götter"[2]. Von den übrigen Gottheiten sind einige Sonnengötter, wie Vischnu, Surya, Savitar; Uschas ist die Morgenröthe mit den beiden Açvin (Reitern), d. h. dem Tagesgrauen, der Vayu und die Marut sind Luftgötter, auch Himmel und Erde wurden angerufen.

Kurz, dieser Zeitraum trägt in der Verehrung der mannigfaltigen Naturkräfte entschieden das Gepräge der Vielgötterei; doch ist es nicht leicht zu entscheiden, ob man die Naturkräfte selbst als Gottheiten betrachtete oder nur von verschiedenen Göttern beherrscht oder auch beseelt sein ließ. Wie dem aber auch sein mag, jedenfalls konnte ein solcher Glaube dem sittlichen Verhalten der Menschen keine Stütze bieten. Eine immer größere Verweltlichung war die Folge, die Götter wurden nicht mehr um Sündenvergebung und innerliche Vervollkommnung angefleht, vielmehr ging alles Trachten nur auf äußere Güter, auf Kampfestüchtigkeit, Sieg, Ehre, Reichthum, Genuß.

In diesem Zustand der Entartung ruft aber die Religion den Widerspruch des denkenden Geistes hervor. Die indischen Gelehrten begriffen das Vernunftlose der Vielgötterei und suchten darum den allen Göttern

---

[1] R. Roth, a. a. O. S. 73.
[2] Dr. K. Werner, Die Religionen und Culte des vorchristlichen Heidenthums. Schaffhausen 1871. S. 418.

zu Grunde liegenden einheitlichen Begriff wieder zur Anerkennung zu bringen. So kam man auf dem Wege philosophischen Nachdenkens allmählich zu der Einheit Gottes zurück; aber diese Einheit war vielfach nicht mehr die eines lebendigen, persönlichen Wesens, sondern eine todte, rein begriffliche, pantheistische Einerleiheit. Das allen Einzelerscheinungen zu Grunde liegende Wesen nannte man Brahma und die Verehrung desselben Brahmanismus. Damit sind wir bei dem zweiten Hauptabschnitte der indischen Religionsentwicklung angelangt.

Brahma (von der Wurzel brih) bedeutet in der ältesten Zeit hauptsächlich Gebet. „Wenn man die Masse der (Veda-) Stellen, wo vom Brahma die Rede ist, prüft, so kann man keinen Zweifel darüber hegen, daß es etwas rein Subjektives bezeichnete. Es ist immer als Produkt des religiösen Denkens zu fassen. Entfaltung, Erhebung des Geistes, Andacht, Gebet, heiliges Lied, das sind die Bedeutungsübergänge."[1] Auf diese Bedeutung weist der vedische Gott Brahmanaspati oder Brihaspati, „Herr des Gebetes", hin, der in den spätern Liedern des Veda als ein dem ursprünglichen Götterkreise fremdartiger Bestandtheil eingefügt erscheint.

Aus dem Neutrum Brahma wurde das Masculinum brahmā gebildet mit der Bedeutung „Beter", ein Name, welcher nach und nach der Priesterkaste ausschließlich zu eigen wurde. Wenn daher das Wort Brahmane im Veda vorkommt, so darf man durchaus nicht immer an einen Brahmaverehrer denken, sondern muß das Wort in dem allgemeinern Sinne „Betender" oder „Sänger" auffassen. Brahmanen waren vorhanden, ehe es einen Gott Brahma gab.

Erst nach der spätern Lehre der Brahmanen selber bezeichnet Brahma nicht mehr das Gebet oder den Betenden, sondern denjenigen, an welchen das Gebet gerichtet ist, jenes Mittelding zwischen einem persönlichen Gott und dem unpersönlichen Urgrunde der Welt, aus dem diese sich entfaltet und in den sie wieder zurückkehrt, ganz im Gegensatze zu der alten Lehre: „Einmal nur ward der Himmel, einmal die Erde geschaffen" (6, 48).

Professor A. Ludwig denkt sich den Wechsel der Bedeutung von Brahma als Gebet zu Brahma als Gott durch folgende Übergänge vermittelt: Andacht, Lied oder Gebet galt den Indern als „Opferspeise"; daher nahm Brahma mit der Zeit die Bedeutung „Opfer" an. Das

---

[1] A. Ludwig, Die Anschauungen des Veda, S. 19. Vgl. M. Duncker, Geschichte des Alterthums, 5. Aufl., III. S. 95 ff.

Opfer aber hinwiederum war nach indischer Anschauung eine die Weltordnung wesentlich bedingende und vermittelnde Macht. Kein Wunder, daß zuletzt dem Opfer die Schöpfung der Welt zugeschrieben wurde. Man dachte sich die Schöpfung als ein Opfer, durch welches sich Gott seine eigenen Vorzüge anderen Wesen mittheilend hingibt. „Dasjenige, woraus die ganze sichtbare Welt entstand, wurde als Opferspeise bei jenem urweltlichen Opfer gedacht." Aus dem Uropfer entstand die in Einzelerscheinungen aufgelöste Welt. So ward also Brahma zum Urgrund alles Seins und zu dem die ganze Welt in Eins zusammenfassenden Bande [1].

„Es wird Niemand läugnen, daß dem Begriffe dieses Gottes (Brahma), wie wir ihn aus den Schriften des epischen und nachepischen Zeitalters kennen, alle Anschaulichkeit und Lebendigkeit abgeht... Brahma ist ohne Altar und Tempel geblieben. Er steht im dunkeln Hintergrunde als der Urvater, Schöpfer, als der Allwissende und Beschützer des menschlichen Wissens und Denkens. Brahma ist nach Allem nicht ein Gebilde der dichtenden Anschauung, sondern das künstliche Erzeugniß des Denkens über das Göttliche." [2]

Der Brahmanismus zerfiel mit der Zeit in verschiedene Sekten und gab außerdem Veranlassung zur Bildung verschiedener philosophischer Schulen. Zunächst suchte die Philosophie ihre Lehren aus dem Veda selbst abzuleiten, indem sie nachwies, wie „alle vedantischen Stellen unmittelbar oder mittelbar auf das eine, von seiner Erscheinung ungetrennte Brahma hinzielen". Diese Wissenschaft heißt die Mimansa oder später Vedanta, und ihr höchster Zweck ist, zu lehren, „wie der, welcher das eigenschaftslose Brahma erkannt hat, körperlos Einheit mit dem körperlosen Brahma erreicht, während der weniger Vollendete nur in der Welt des Brahma weilt" [3].

Die Grundlehren dieser Philosophie finden wir z. B. in der Vedanta-Sara des Sabananda [4], einem Lehrbuch der Vedanta, folgendermaßen auseinandergesetzt: „Wie in Beziehung auf die Gesammtheit der Bäume Wald die Darstellung ihrer Einheit ist, oder in Beziehung auf die Ge-

---

[1] Die Mantra-Literatur, S. 298 ff.
[2] R. Roth in der Zeitschrift der Deutschen Morgenländischen Gesellschaft, I. S. 84.
[3] Vgl. M. Müller, Beiträge zur Kenntniß der indischen Philosophie. Ebendaselbst. VI. S. 5 ff.
[4] Sanskrit und deutsch von Dr. Othmar Frank. München 1835. — Vgl. Windischmann, Die Grundlagen der Philosophie im Morgenland. Bonn 1832. S. 1777 ff.

sammtheit der Gewässer See, so wird mit Beziehung auf die Gesammt=
heit derer, die mit Verschiedenheit im Bewußtlosen sind, welches in das
(durch den Verstand) wiedererscheinende Leben geht, die Einheit desselben
hergestellt" (d. h. das in seine Einzelerscheinungen zersplitterte All findet
seinen Einigungspunkt im denkenden Geiste). Die Einheit aber wird
hergestellt durch die Erkenntniß, daß „die Gesammtheit der drei Aus=
breitungen: 1) der äußern sinnlichen Leiber, 2) der innern übersinnlichen,
3) des ursprünglichen Ursache=Leibes, nur Eine mächtige Ausbreitung ist;
wie eine Gesammtheit mehrerer sich nahen Wälder innerhalb eines gewissen
Umfanges nur ein großer Wald, oder wie eine Gesammtheit von Seen,
die in einem Raume beisammen sind, nur ein großer See, so ist das der
einen Ausbreitung einwohnende Bewußtseiende auch das Bewußtseiende,
welches, indem es vom Allgeiste und vom Allmenschen unmittelbar be=
ginnt und rückwärts im Herrn beschlossen ist, nur Eines ist. Das nicht
einwohnende Bewußtseiende, welches von diesen beiden, der mächtigen Aus=
breitung und dem ihr einwohnenden Bewußtseienden, so wie es sich mit
einer glühenden Eisenkugel verhält, ungetrennt ist, ist das Auszusprechende
des großen Satzes: Dieses Ganze ist wahrhaft Brahma selbst." „Von
dem Bewußtseienden, welches dem Bewußtlosen innewohnt, entstehen die
Elementarprinzipien: erst der Äther, aus dem Äther die Luft, aus der
Luft das Feuer, aus dem Feuer das Wasser" u. s. w. „Jenes der Ge=
sammtheit einwohnende Bewußtseiende wird genannt: der maßsetzende Geist,
der das Innere des Urstoffes Bildende, das Leben" u. s. w. u. s. w.

Man sieht: trostlos wie aller Pantheismus, unerquicklich wie deutsche
Philosophie, ein Stück Hegel vor Hegel. Das All heißt hier Brahma,
dessen mannigfaltige Erscheinung die Welt ist. Wie von ihm Alles aus=
gegangen, so kehrt auch Alles in ewigem Wechselspiele zu ihm zurück.
Rein täuschender Schein (Maya) ist alles Stoffliche, ein Schattenbild
von Brahmas ewigem Bestande. Die Menschenseele aber sprüht wie ein
Funken aus dem niegewordenen Sein und ist an den Leib wie an eine
Kette gelegt. Die Befreiung von dieser Fessel, um, zum Urgrund zurück=
gekehrt und der Zahl nach eins mit ihm, in Ruhe der Seligkeit, d. h.
des ewigen Schlafes, zu genießen, das ist des Menschen höchstes Ziel.
Der Funke des Einzelwesens muß geopfert werden, um als allgemeiner
göttlicher Geist wieder aufzuflammen.

Auf Brahma wurden alle möglichen Veda=Stellen gedeutet, und zwar
oft in der sonderbarsten Weise, so z. B. Rigv. 10, 121. In diesem Liede soll
von einem Gotte Ka die Rede sein, und dieser Ka sei kein Anderer als

Brahma selbst. Ka ist das fragende Fürwort „welcher, wer". Zu diesem Worte findet sich im Sanskritlexikon von Böthlingk und Roth (2. Thl. Sp. 6) folgende Bemerkung: „Ka, m., eine Umbildung des Fragepronomens zum Namen eines obersten Gottes: der Wer, der Unbekannte. Die Benennung ist wahrscheinlich entstanden im Anschluß an den Refrain: Kasmai dewaja havischavidema (Welchem Gotte sollen wir opfern?) (Rigv. 10, 121), eines offenbar berühmten und vielgebrauchten Liedes. Die Deutung auf den Gott (Dem Gotte Ka wollen wir opfern) ist hier und in vielen anderen Fällen dem Texte aufgedrungen."

Gerade durch diese Vergewaltigungen des heiligen Textes aber rief die Vedanta-Philosophie Widerspruch hervor; denn, sagt der indische Gelehrte Madhusubana, „die Menschen, welche das letzte Endziel der Weisen nicht verstanden und meinten, daß ihre Absicht sogar auf Ansichten, die dem Veda zuwiderlaufen, ausgehen könne, haben sich in verschiedene Schulen getheilt, indem sie die Lehren der Weisen als die höchste Autorität annahmen"[1].

So entstanden die Nyaya-, Sankhya- und Yoga-Systeme. Die Nyaya-Philosophie stammt vorgeblich von Gotama und hat zum Zweck die Befreiung von allem Übel durch die richtige Erkenntniß des Wesens der Dinge. Die Sankhya-Lehre ist nach indischer Überlieferung von Kapila verfaßt und sucht hauptsächlich die Kenntniß des Unterschiedes zwischen Stoff und Geist zu vermitteln. All diese Systeme sind stark pantheistisch angehaucht, enthalten jedoch nicht selten auch Anklänge einer höhern und bessern Gotteserkenntniß[2].

Am merkwürdigsten, aber auch wohl am dunkelsten ist die Yoga-Philosophie, welche sich weniger mit begrifflichen Erörterungen beschäftigt, als vielmehr eine Anleitung zu einem guten Leben und zur Erlangung der Seligkeit gibt. Yoga übersetzt W. v. Humboldt[3] durch „Vertiefung" und sagt: „Im philosophischen Sinne ist Yoga die beharrliche Richtung des Gemüths auf die Gottheit, die sich von allen anderen Gegenständen, selbst von den inneren Gedanken zurückzieht, jede Bewegung und Körperverrichtung möglichst hemmt, sich allein und ausschließend in das Wesen der Gottheit versenkt und sich mit demselben zu verbinden strebt." Das Haupterforderniß dieser Versenkung ist die Leidenschaftslosigkeit, und diese

---

[1] Zeitschrift der Deutschen Morgenländischen Gesellschaft, VI. S. 8.
[2] Vgl. über die verschiedenen Systeme Colebrooke, Miscellaneous Essays. London 1837. Vol. I. p. 227 sqq., und M. Duncker, Geschichte des Alterthums, III. S. 228 ff., 894 ff.
[3] W. v. Humboldts Gesammelte Werke, I. S. 26 ff.

soll ihrerseits erreicht werden durch acht Mittel: Haltung, Einhaltung, Sitzen, Athemanhalten, Gefühllosigkeit, Bewegungslosigkeit, Betrachtung und Versenkung. Der Beschauende soll in einer menschenleeren, reinen Gegend auf Thierfellen und Opfergras nicht zu hoch und nicht zu niedrig sitzen, Hals und Körper unbewegt halten, den Athem hoch in das Haupt einziehen und gleichmäßig durch die Nasenlöcher aus- und einhauchen, nicht umherblicken, sondern seinen Blick gegen die Spitze der Nase richten. Wer dieses thut, sagt der Gott Krischna, und

> Wer Om! so sagend, eintönig die Gottheit nennt, gedenkend mein,
> Und dann den Körper läßt scheidend, der wandelt hin den höchsten Pfad.

Wer aber ist die Gottheit, in welche der Mensch durch die Vertiefung eingehen soll? ist sie ein persönliches oder ein unpersönliches Wesen? Humboldt nimmt an, daß an einigen Stellen von einem persönlichen Brahma, an anderen aber von dem allgemeinen unpersönlichen göttlichen Wesen die Rede sei, doch so, daß die Vereinigung mit der persönlichen Gottheit als die höchste Stufe gedacht wird, die Anbildung an das allgemeine göttliche Wesen aber nur eine Vorbedingung ist.

Über diese Unklarheit wird man sich indessen weniger wundern, wenn man bedenkt, daß die Yoga-Philosophie hauptsächlich verarbeitet ist in der Episode eines Heldengedichtes, wobei es dem Dichter natürlich weniger um eine schulgerechte Darlegung als um eine dichterisch schöne Entfaltung zu thun war. Das Heldengedicht heißt Maha-Bharata und die Episode Bhagavad-Gita. Die letztere wurde in Deutschland zu wiederholten Malen übersetzt. So von A. W. Schlegel in's Lateinische, und von Lorinser in's Deutsche. Von den achtzehn Gesängen enthält der zweite, vielleicht der schönste und erhabenste, die Grundlagen der ganzen Lehre. Es lohnt sich wohl, eine der auffallendsten Stellen hierherzusetzen.

Auf die Frage:

> Woran erkennt man den, der fest in Weisheit und Betrachtung steht?[1]

wird die Antwort gegeben:

> Wenn die Begierden alle er, die durch den Geist ihm geh'n, verläßt,
> Zufrieden selber mit sich selbst, wird fest in Weisheit er genannt.
> Weß' Geist im Leid erbebet nicht, in Lust auch ohn' Verlangen ist,
> Wer frei von Gier und Furcht und Zorn, der heißt Einsiedler festen Geists.
> Wer gänzlich ohne Neigung ist, ob Glück, ob Unglück er erlangt,
> Sich freuet nicht und hasset nicht, dessen Weisheit beständig ist.

---

[1] Die Bhagavad-Gita. Übersetzt und erläutert von Dr. F. Lorinser. Breslau 1869. S. 31 ff.

Wer, wie die Glieder ziehen ein Schildkröten allerwärts, ziehet ab
Die Sinne von der Sinne Ziel, dessen Weisheit beständig ist.
Die Sinnesdinge schwinden hin dem Menschen, der das Fasten übt;
Die große Gierabwendung deff' dann sehend, schwindet selbst die Gier
Zuweilen auch, o Kaunteja! des Mannes, der ein Weiser ist;
Stürmische Sinne reißen hin ihm mit Gewalt wohl das Gemüth,
Die alle bändigend, vertieft sitzt er, mit Mir (der Weisheit) beschäftigt ganz.
In wessen Macht die Sinne sind, dessen Weisheit beständig ist.
Dem Sinnliches Betrachtenden erzeuget Neigung sich daraus;
Aus Neigung Begierde entsteht, aus Begierde Zorn entsteht.
Aus Zorn Verwirrung wird des Geists, Gedächtnißerschütt'rung aus der;
Aus dieser Verstandesverlust, durch den er in's Verderben geht.
Wer aber durch die Sinnenwelt mit Sinnen geht ohn' Gier und Haß,
Mit unterworf'nen, ruh'gen Geists, der kommt zur Geistesheiterkeit.
Durch Heiterkeit entsteht in ihm Verlassen aller Widrigkeit;
Wer heitern Geistes ist, bei dem stellt sich sogleich Erkenntniß ein.
Dem Nichtvertieften kein Verstand, noch wird Sammlung des Geists zu Theil
Nicht Ruhe des Zerstreuten gibt's. Woher Unruhigem das Glück?
Welches Menschen Geist unterthan herumschweifenden Sinnen ist,
Deff' Weisheit reißen sie dahin, wie Wind das Schiff in Wasserfluth.
Deßhalb, Langarm'ger, welches Mannes Sinne zurückgehalten sind
Von Sinnendingen allerwärts, dessen Weisheit beständig ist.
Wie in das volle Meer, das unbewegte, einströmt überall der Wasser Menge,
So wenn einstürmen alle die Begierden, Ruhe erlangt nicht der Lernbegierige.
Welcher Mann, die Begierden all verlassend, wandelt ohne Wunsch,
Von Selbstsucht und von Hochmuth frei, der gelangt zur Beruhigung.

Ob die Yoga=Philosophie in der That so hoch steht, wie Manche sie schätzen, möge dahingestellt bleiben. Jedenfalls behielt in der indischen Philosophie thatsächlich ein unklarer Halbpantheismus die Oberhand, und gerade auf dieser pantheistischen Grundlage bauten die Brahmanen den Vorrang ihrer Kaste auf. So heißt es im Gesetzbuche des Manu, welches eine Darstellung der gesellschaftlichen Ordnung vom Standpunkte des Brahmanenthums aus enthält: Die Brahmanen seien aus Brahma's Munde hervorgegangen, die Krieger aus seinen Armen, die Gewerbetreibenden aus seinen Schenkeln, die Diener aus seinen Füßen (Gesetzbuch I, 31). Daraus wird der Schluß gezogen: „Wegen seines Ursprunges aus dem edelsten Körpertheile, ferner weil er der Erstgeborene ist und weil er die heiligen Bücher besitzt, ist der Brahmane von Rechtswegen der Herr dieser ganzen Schöpfung ... Unter allen Wesen sind die Menschen die höchsten, unter den Menschen aber die Brahmanen" (Gesetzbuch I, 93 und 96).

Gegen diese Herrschsucht erhob sich mit der Zeit ein, wie es scheint, langsam, aber nachhaltig wirkender Widerspruch unter dem Namen des

Buddhismus[1]. Die Geschichte der Entstehung dieser Lehre ist in ein unzerreißbares Netz von Sagen und Fabeln gehüllt. Als Stifter wird Gautama angegeben, den seine Anhänger Buddha, „den Weisen", nannten. Doch hatte nach der Verbreitung des Buddhismus bald jedes Land seine besondern Buddhas mit eigenen Namen und eigenthümlichen Sagenkreisen. Im zweiten Bande seiner Ausgabe der Radjatarangini untersucht M. A. Troyer die buddhistischen Nachrichten über die Zeit der Gründung des Buddhismus und kommt (S. 435) zu dem Schluß: „Aus der großen Menge von Zahlenangaben habe ich nur einundzwanzig angeführt, und diese schwanken von 3112 bis 543 v. Chr. Die ältesten gehören dem Norden, die jüngsten dem Süden Asiens an."[2] Es hat den Anschein, als ob der Buddhismus lange in und neben dem Brahmanenthum herangewachsen sei, ohne jedoch eher Beachtung zu finden, als bis er zu einer gewaltigen, unüberwindlichen Macht gediehen war. Da mußte nun allerdings ein furchtbarer Kampf entbrennen; denn wenn der Buddhismus auch von ähnlichen Grundlagen ausgeht wie der Brahmanismus, so kommt er doch zu ganz entgegengesetzten Schlüssen. Sind die Menschen nur Erscheinungsformen des allen Dingen zu Grunde liegenden Urseins, so kann zwischen den verschiedenen Kasten kein wesentlicher Unterschied bestehen; nur durch persönliche Tüchtigkeit kann sich der Eine von dem Andern unterscheiden. Daher „trat der Buddhismus auf, die ewige Gleichheit der Menschen predigend, Freiheit verkündend vom furchtbaren Zwange der Kasten. Das ganze Volk rief er auf, Antheil zu nehmen an den Interessen der gesammten Menschheit. Ohne Unterschied der Kasten errangen die geistig Würdigen die Weihen des Buddhathums; selbst Frauen waren von ihnen nicht ausgeschlossen"[3].

Das war ein Stoß in das Herz des Brahmanenthums, den man erst mit geistigen Waffen abzuwehren suchte. Bald aber ging man zu blutigen Kämpfen und Verfolgungen über, wobei von Seiten der Brahmanen die Losung gegeben wurde: „Von der Adamsbrücke bis zum Himalaya sollen die Buddhisten niedergemacht werden, so Greis wie Kind. Gemordet sei, wer nicht mordet, so herrscht der Fürst den Knechten zu."

---

[1] Vgl. Duncker, Geschichte des Alterthums, III. S. 257 ff.
[2] Nach Westergaard starb Buddha 368 oder 370 v. Chr., nach Kern 370 oder 388, nach M. Müller 477 v. Chr. Die Buddha-Legende ist sorgfältig zusammengestellt von H. Kern, Der Buddhismus und seine Geschichte. Übersetzt von H. Jacobi. Leipzig 1882. I. S. 21 ff.
[3] Benfey bei Ersch und Gruber, Art. Indien S. 20.

Die buddhistische Literatur Indiens wurde bei dieser Gelegenheit beinahe ganz vernichtet, weßhalb wir die ursprüngliche Lehre fast nur mehr aus den gemeinsamen Zügen wiederherstellen können, welche die späteren Schriftwerke bei all ihren sonstigen Verschiedenheiten bewahrt haben.

Aus dieser Vergleichung geht hervor, daß der Buddhismus eine Anleitung geben wollte zur Befreiung von dem vielfachen Uebel, welches den Menschen drückt.

Die tibetanischen Quellen geben den Gedanken des Buddha also wieder: „Wehe! diese Welt ist so beschaffen, daß sie durch Geburt, Alter, Krankheit, Tod und Wechsel des Daseins in ein großes Elend gestürzt ist . . Ach! wenn man doch ein Mittel kännte, dieser großen Masse von Elend ein Ende zu bereiten. Da dachte Buddha: Was ist denn die Ursache von Krankheit und Tod? Und er dachte, die Ursache von Alter und Tod ist die Geburt. Und es dachte Buddha wieder: Woher kommt die Geburt? und er dachte: die Geburt kommt vom Sein." So dachte er weiter, Grund des Seins sei die Empfängniß, Grund der Empfängniß die Begierde, Grund der Begierde die Sinneswahrnehmung, Grund der Sinneswahrnehmung das Gefühl, Grund des Gefühles die äußeren Eigenschaften der Dinge, Grund der Eigenschaften Name und Gestalt, Grund dieser die Erkenntniß, Grund der Erkenntniß der Gedanke, Grund des Gedankens die Unwissenheit. Also ist die Unwissenheit der Grund aller Uebel; ist sie vernichtet, dann ist allem Leid gesteuert. Der Weg hierzu ist enthalten in den vier „erhabenen Wahrheiten: der Schmerz, der Ursprung des Schmerzes, die Vernichtung des Schmerzes, der Weg zur Vernichtung des Schmerzes."[1]

Von diesen „vier edeln Wahrheiten" redet auch das Dhammapada, die älteste in der Pali=Sprache verfaßte buddhistische Sittenlehre, Vers 190 und 191. Das Dhammapada wurde von Dr. A. Weber in's Deutsche übersetzt im 14. Bande der Zeitschrift der Deutschen Morgenländischen Gesellschaft und später in's Englische von Dr. M. Müller im 10. Bande der „Sacred books of the East"[2]. Beide Gelehrten stimmen in der Ansicht überein, daß dieses Werk zu den ältesten und kostbarsten der buddhistischen Literatur gehört und die ursprüngliche Lehre noch rein und unverfälscht bietet, ja zum Theil wirkliche Aussprüche Buddha's enthält,

---

[1] Les Livres Sacrés. Herausgegeben von Pauthier und Brunet. II. S. 688 f., 709.

[2] The sacred books of the East. Edited by M. Müller. Vol. 10. The Dhammapada. Translated by M. Müller. Oxford 1881.

entweder so, wie sie aus seinem Munde hervorgegangen, oder doch wenigstens so, wie sie von seinen Schülern in metrische Form gebracht wurden. Daß die Sammlung der Sittensprüche als Ganzes nicht auf Buddha zurückzuführen sei, ist zwar sicher; doch scheint dieselbe schon im dritten Jahrhundert v. Chr. bestanden zu haben und ein Werk der großen Buddhistenversammlung in Magabha unter dem berühmten Könige Asoka im Jahre 242 zu sein. Dhamma (dhar = fir-mus) bedeutet „das Festzuhaltende". Je nachdem man nun mit Weber Paba als Vers oder mit Müller als Weg nimmt, wird auch Dhamma entweder die Lehre im subjektiven Sinne oder aber den Gegenstand dieser Lehre, Religion oder Tugend, bezeichnen. Demgemäß ist Dhammapaba entweder „Lehrspruch" oder „Tugendpfad".

Von Religion im eigentlichen Sinne des Wortes ist in dem ganzen Buche nicht die Rede; der Götter wird kaum gedacht und dann nur, um ihren Dienst als geringfügig im Vergleich zum Tugendstreben darzustellen.

So heißt es im 8. Kap.: „Einem Manne, der sich selbst bezähmt, kann selbst ein Gott seinen Sieg nicht in eine Niederlage verwandeln. Einen weisen Mann auch nur einen Augenblick zu ehren, ist besser, als dem Agni hundert Jahre in den Wäldern zu dienen. Alle Opfer, die ein Heilsbedürftiger das ganze Jahr hindurch barbringt, sind nicht ein Viertel so viel werth, als einen Rechtschaffenen zu ehren." Wohl „weht der Duft der Tugendhaften höchst angenehm vor den Göttern" (V. 56). „Den Makellosen, Einsichtigen, mit Tugend und Verstand Begabten preisen die Götter, selbst Brahma lobt ihn" (V. 230). „Den Reinlebenden, Nichtlässigen preisen die Götter allesammt" (V. 366). Aber die Götter preisen ihn, weil er weit über sie selber erhaben ist. „Des Weisen Weg erkennen weder die Götter noch die Menschen" (V. 420). „Ihn beneiden die Götter" (V. 94). Dagegen „verlangt der Weise auch nicht einmal nach himmlischen Genüssen, er freut sich am Aussterben der Begierde" (V. 187). Er strebt nur nach dem Nirvana (V. 218), und während „die bloß Guten zum Himmel eingehen, werden die Vollkommenen ganz verwehen" (V. 126). Darum ist „der Eintritt in die Strömung (des Nirvana) besser als Alleinherrschaft über die Erde, besser als der Eingang zum Himmel" (V. 178); denn der Himmel ist nur der Weg zu neuen Geburten, das Nirvana aber das völlige Ausscheiden aus dem Kreislauf der Zeitlichkeit. Am berühmtesten sind die beiden Verse 153 und 154; denn Gautama soll dieselben gesprochen haben im Augenblicke, als er die Buddha-Würde erlangte: „Suchend nach dem Baumeister des Hauses (b. h. nach dem Grunde des persönlichen Daseins), werde ich noch viele Geburten durchzumachen haben, so lange ich ihn nicht finde; und schmerzlich ist immer neue Geburt. Jetzt aber habe ich dich erschaut, Bauherr! (nämlich die Begierde). Nicht wieder sollst du das Haus bauen, all deine Stricke sind gerissen, des Hauses First (die Unwissenheit) ist zerstört. Mein Geist, zum Ewigen (Nirvana) kommend, erreichte das Auslöschen aller Begierden."

Ein anderes buddhistisches Pali=Werk: Sutta=Nipata, gehört nach Dr. Fausböll ebenfalls zu jenen Schriften, die uns über den ursprünglichen Buddhismus den zuverlässigsten Aufschluß geben. Was nach der Auffassung dieses Werkes ein wahrhaft Weiser (ein Buddha) sei, faßt Fausböll in folgende Schilderung zusammen: Buddha ist ein Hellseher im guten Sinne des Wortes, der unmittelbare Vernunftanschauung der Wahrheit hat. Er ist ein Einsiedler, der die Welt vergißt, der keine Vorurtheile hat, keiner philosophischen Schule angehört, nicht mit Worten streitet; er ist gleichmüthig, still wie das tiefe Wasser, ohne Selbstbewußtsein, ohne Sinnenthätigkeit, ohne Athem. Begierde in allen Formen ist ihm Sünde, zumal das Verlangen nach Sonderdasein. Die Begierde entspringt aus dem Körper. Daher ist Seligkeit Entkörperung. Wie eine Flamme, von heftigem Winde ausgeblasen, erlöscht und nicht mehr als seiend betrachtet werden kann, so verschwindet der Weise, von Namen und Körper erlöst, und kann nicht mehr als daseiend angesehen werden [1].

Somit ist der Buddhismus in seiner ursprünglichen Gestalt nicht eine Religion, sondern eine philosophische Anleitung zur Glückseligkeit. Der Mensch soll zur Einsicht kommen, daß die ganze Erscheinungswelt nichtig und eitel sei, eine aufsteigende und rasch verschwindende Blase auf der Oberfläche des Ewigen. Durch diese Erkenntniß soll er sich losschälen von der Begierde zu vergänglichen Gütern und die vollkommene Vereinigung mit dem Ewigen anstreben. Dieses Ewige ist im Gegensatze zur Erscheinungswelt ein Zerwehen (nirvana) alles Scheines. Ist aber dieser Gegensatz zum Schein ein wirkliches Sein oder das reine Nichts? Diese Frage harrt noch einer befriedigenden Lösung und kann vielleicht deßhalb nicht mit Sicherheit entschieden werden, weil die Buddhisten selbst sich nie eine klare Antwort auf dieselbe gegeben haben. Wenigstens macht das Lesen buddhistischer Schriften den Eindruck, als ob beide widersprechende Auffassungen friedlich neben einander hergehen. Dr. A. Bastian suchte in neuester Zeit darzuthun, daß das Nirvana „das Ding an sich", der wirkliche Untergrund aller Dinge sei. Gewöhnlich dagegen faßt man das Nirvana auf als den vollendeten Gegensatz zu jedem Sein, als das

---

[1] The sacred books of the East. Vol. 10. The Sutta-Nipata. A collection of discourses. Being one of the canonical books of the Buddhists. Translated from Pali by Fausböll. Oxford 1881. p. xiv sqq.

einfache Nichts. So M. Müller[1], Weber, Fausböll. Auch nach Forbes ist der philosophische Buddhismus reiner Atheismus und Nihilismus oder vielmehr Agnosticismus[2]. Darauf deutet auch die Benennung Nastikas (Nihilisten) hin, welcher den Buddhisten von ihren Gegnern beigelegt wurde[3].

Anders allerdings steht es um den Buddhismus als Volksreligion. Die große Menge nahm freudig die Befreiung vom Kastenwesen und andere Vortheile des Buddhismus an, ohne sich um die nihilistischen Grübeleien zu kümmern. Man übertrug einfach die alten Götter in die neue Lehre und ordnete ihnen Buddha als den höchsten über. Er wird bis heute als eine in Menschengestalt erschienene Gottheit angebetet, die Stätten, auf denen er gewandelt, gelten als Heiligthümer, seine Reliquien werden hoch verehrt, und in den Tempeln wird er abgebildet, wie er mit gekreuzten Beinen auf einem Throne sitzt. Das Nirvana wurde kurz und gut in ein Paradies nach türkischem Schnitt verwandelt und so eine Religion hergestellt, wie das Volk sie gern hatte, mit persönlichen Göttern und einer ewigen Seligkeit[4].

Der Buddha=Kult gewann seine Anhänger hauptsächlich im östlichen Asien, während er in Vorderindien selbst den Verfolgungen der Brahmanen vollständig erlag. Doch ist auch der Brahmanismus als pan=

---

[1] Vgl. Chips from a German Workshop. By M. Müller. Vol. 1. London 1867. p. 231. Kern, Buddhismus, I. S. 462 ff.

[2] British Burma. By Capt. Forbes. London 1878. p. 299 sqq.

[3] In der Revue des deux-mondes (1. August 1885) tritt E. Schuré mit großer Begeisterung für die Auffassung des buddhistischen Nirvana als einer positiven Seligkeit im höchsten und geistigsten Sinne des Wortes ein. Aber abgesehen davon, daß er nicht einmal den geringsten Versuch einer Beweisführung macht, merkt man doch etwas gar zu sehr den Zweck und wird verstimmt. „Mögen wir uns," heißt es zum Schlusse des Artikels, „auf die Gipfel des Himalaya oder auf die Höhen Galiläas stellen, wir müssen doch anerkennen, daß Buddha ein Bruder Christi und das Licht Asiens mit dem Lichte des Abendlandes eng verwandt ist." Nach so vielen verunglückten Angriffen auf das Christenthum soll also jetzt der Buddhismus als Sturmbock dienen. Nun, wir können den Erfolg ruhig abwarten. Wer den Unterschied zwischen Buddhismus und Christenthum nicht mehr zu erfassen vermag, ist gerade kein gefährlicher Gegner. Wir werden übrigens bei einer andern Gelegenheit den Buddhismus noch genauer kennen lernen und können unterdessen den Herrn Schuré und Genossen ruhig dem Buddha huldigen lassen. Wem Buddha lieber ist als der Gottmensch Christus, den können wir bedauern; aber uns zur Bekämpfung einer solchen Marotte herzugeben — das wäre mindestens Zeit- und Papierverschwendung.

[4] Vgl. M. Müller, Chips. Vol. 1. p. 233. 251. 290. M. Duncker, Geschichte des Alterthums, III. S. 363 ff. O. Peschel, Völkerkunde. 2. Aufl. Leipzig 1875. S. 289.

theistische Lehre nie volksthümlich geworden, sondern hat bei der großen Menge nur eine Erweiterung und Umgestaltung der Götterwelt herbeigeführt.

In einer uns unbekannten Zeit war nämlich Indra durch den ihm früher untergeordneten Vischnu aus seiner Stellung verdrängt worden. Doch scheint Vischnu nur im Gangesthale sich zum Range einer obersten Gottheit erhoben zu haben, während im Flußgebiete des Indus Çiva (b. h. „der Gnädige", eigentlich ein Beiname des Sturmgottes Rudra) die höchste Verehrung genoß. „Indem nun die Brahmanen das Brahmathum im Gegensatze zum Buddhismus zu regeneriren suchten, war ihr Streben darauf gerichtet, die Resultate ihrer theosophischen Spekulationen, welche während des Bruches im indischen Leben fast ganz auf ihre Schulen beschränkt gewesen waren, wieder mit den volksthümlichen Weiterbildungen des alten Brahmathums in Harmonie zu bringen. Zu diesem Zwecke stellten sie die sich fast von selbst aufbringende Lehre auf, daß Brahma, Çivas und Vischnus eins seien, eine Trimurti (Dreigestaltigkeit, Dreieinigkeit) bilden."[1] Das geschah etwa im 14. Jahrhundert n. Chr.

Die Trimurti wird dargestellt als eine Gestalt mit drei Köpfen und Einem Leibe. Der geheimnißvolle und segenbringende Name der Trimurti ist das schon erwähnte Om, in welchem die drei Töne a, u und ein Nasallaut zu Einer Silbe vereinigt sind, um die Einheit der Trimurti in ihrer Dreiheit darzustellen.

Von diesen drei Göttern ist Brahma am wenigsten, Vischnu am meisten volksthümlich geworden; an ihn knüpft sich daher auch ein reicher mythologischer Sagenkreis. Von Zeit zu Zeit soll er sich nämlich in irdische Gestalten verkörpern, um für das Wohl der Sterblichen thätig zu sein. Dieser Avataras (Niedersteigungen) werden meistens zehn angeführt. Vischnu erschien als Fisch, Schildkröte, Eber, Löwe, Zwerg, Held (zweimal), Gott Krischna (Gott der Liebe) und Buddha. Die zehnte Herabkunft wird noch erwartet, sie soll am Ende dieser Weltzeit stattfinden und eine Neuordnung aller Dinge einleiten.

Neben den drei Hauptgottheiten werden aber heutzutage von den Hindus eine zahlreiche Menge männlicher und weiblicher Götter und Halbgötter verehrt. Auch Thiere, ja selbst todte Naturgegenstände sind vom Kultus nicht ausgeschlossen. Dabei hat die indische Einbildungskraft eine Mythologie geschaffen, die nicht nur unser religiöses Gefühl abstößt, son-

---

[1] Benfey bei Ersch und Gruber, Art. Indien S. 175.

bern mit ihren wunderlichen, verzerrten Gestalten auch unsern Schönheitssinn beleidigt. Es fragt sich nur, ob dem Inder in diesen Verirrungen auch das frühere Bewußtsein von der Einheit Gottes gänzlich abhanden gekommen ist?

Professor Monier Williams hat die religiösen Übungen der Hindus im Lande selbst einer eingehenden Nachforschung unterzogen und dabei das ihm von einem Brahmanen als das beste empfohlene Rituale Brahmakarma-pustaka zu Grunde gelegt, welches am genauesten im Marathagebiete befolgt wird. Er stellt einfach den Satz auf: Die Hindus verehren Einen Gott unter verschiedenen Namen. In der That ist in den Gebeten nicht nur wiederholt die Rede von dem höchsten Wesen, das dem armen Sterblichen gnädig die Sünden verzeihen möge, sondern am Schlusse des Morgengebetes heißt es auch ausdrücklich: „Möge der Eine höchste Herr des Weltalls Wohlgefallen finden an meiner Morgenandacht."¹

Ein Missionär, der zwölf Jahre in Indien gearbeitet hat, redet in ähnlicher Weise: „Die Gelehrteren und Denkenden unter den Hindus glauben nur an Einen Gott ... Sie nennen ihn den Gott der Götter, den einzigen Herrn." Aber, sagt er, anders steht die Sache bei dem gewöhnlichen Volke. Dieses ist in den größten Götzendienst versunken und glaubt fest an die Wirklichkeit seiner zahllosen Götter und Göttinnen und würde es für eine Ketzerei halten, an dem Dasein derselben zu zweifeln². Auch auf die Reisenden pflegen die indischen Gebräuche fast ausnahmslos den Eindruck einer überaus abergläubischen und tief stehenden Vielgötterei zu machen.

So bewahrheitet sich also bei den Indern, einem der ältesten Völker, das uns auf dem Gebiete des geschriebenen Wortes begegnet, der Ausspruch M. Müllers: „Je weiter wir zurückgehen, je schärfer wir die frühesten Keime jeder Religion prüfen, desto reineren Auffassungen der Gottheit begegnen wir."³

Die Religion der Inder war ursprünglich Monotheismus, machte aber eine Entwicklung in absteigender Linie durch, indem sie beim Volke zu immer unsinnigerer Vielgötterei entartete, in den Philosophenschulen dagegen, zum Theil wenigstens, sich in Pantheismus oder Nihilismus verflachte.

---

¹ Abhandlungen des Berliner Orientalisten-Congresses, II. S. 176.
² Catholic Missions in southern India to 1865. By W. Strickland S. J. London 1865. p. 18 sqq.   ³ Wissenschaft der Sprache, II. S. 395.

Das indische Volk aber in irgend einem Zeitabschnitt als ein Volk von Pantheisten darzustellen, wäre eine arge Verdrehung des Thatbestandes. Die All=Eins=Lehre herrschte nur in Philosophenschulen, blieb aber dem Volke gerade so fremd und unverständlich, wie bei uns in Deutschland.

2. Die Iranier.

Die nahe Verwandtschaft der Iranier und Inder ist aus sprachlichen sowohl als aus mythologischen Gründen über jeden Zweifel erhaben. Verwandtschaftsnamen, Bezeichnungen einzelner Arten von Vieh, Ackergeräthen u. s. w. sind die gleichen. Ebenso ist die ursprüngliche Einerleiheit bei einer Reihe mythologischer Persönlichkeiten nicht zu verkennen; der indische Yama ist der persische Yima, der vedische Trita ist der iranische Traetaona, Soma ist Haoma als Pflanzen= und als Göttername. Vorzüglich bemerkenswerth ist, daß beide Völker sich mit demselben Namen Arya benennen [1].

Doch gehört die theologische Literatur der Iranier, wie wir sie jetzt besitzen, einer viel jüngern Zeit an als der Veda und zeigt darum auf den ersten Blick auch wenig Ähnlichkeit mit diesem.

Was dem Inder der Veda, ist dem Perser der Avesta, ein Name, über dessen Bedeutung man lange hin= und hergestritten hat. Gewöhnlich findet derselbe sich verbunden mit dem Worte Zend. M. C. de Harlez beschließt eine Abhandlung über diese beiden Ausdrücke mit dem Bemerken: „Nach alledem glauben wir uns zu dem Schlusse berechtigt, daß Zend=Avesta oder vielmehr Avesta und Zend ‚Gesetz‘ und ‚Commentar‘ bezeichnen und daß Zend=Avesta das mazdayaçnische Gesetz mit seinem Commentar ist." [2]

Der Avesta besteht aus vier Theilen: dem Vendidad, welcher eine Gesetzessammlung ist; dem Yaçna, welcher liturgische Gebete und Hymnen umfaßt; dem Vispered, einer Ergänzung des ersten Theiles des Yaçna; dem Khorda=Avesta (kleinen Avesta), welcher der Privatandacht dienen sollte und vorzüglich Lobgebete an die Genien enthält. Diese Anrufungen (Yasts) scheinen zu den jüngsten Theilen des Avesta zu gehören; während

---

[1] Fr. Spiegel, Avesta, I. S. 5 ff. M. Duncker, Geschichte des Alterthums, 7. Buch, 5. Kap.

[2] Études Avestiques. Paris 1877. p. 14. Vgl. Fr. Spiegel a. a. O. S. 45. 293, und Sacred books of the East. Vol. 4. The Zend-Avesta. The Vendidad. Translated by James Darmesteter. Oxford 1880. p. xxx.

der zweite Theil des Yaçna schon vom Vendibad vorausgesetzt wird und also wohl die älteste Abtheilung darstellt[1].

Als Verfasser des Avesta gilt bei den Persern Zarathustra, bekannter unter dem gräcisirten Namen Zoroaster. Schon Aristoteles und Eudoxus lassen den persischen Weisen 6000 Jahre vor Plato leben, Hermobor dagegen setzt ihn in's Jahr 5000 vor dem trojanischen Kriege[2]. Kein Wunder, daß wir jetzt über Alter, Geburtsort und Lebensumstände des Zoroaster so vollständig im Unwissenden sind. Früher glaubte man meistens, daß er in Baktrien seine Lehre verkündet habe; neuestens aber tritt Harlez für den Satz ein, daß wir den Ursprung der Lehren des Zoroastrismus und sogar den der Sprache des Avesta in Medien suchen müssen[3].

In einem Punkte dagegen stimmen alle Gelehrten überein: der Avesta stammt als Ganzes nicht von Zoroaster, ja überhaupt nicht von einem einzelnen Verfasser. Dafür bürgt schon die sprachliche Verschiedenheit der einzelnen Stücke. Die Parsis selbst halten an der Ueberlieferung fest, daß ihre Religionsbücher nach Alexander dem Großen aufgeschrieben wurden, und es ist gar nicht einmal unwahrscheinlich, daß es zum Theil erst nach Christi Geburt geschah. Nach Darmesteter fand die Veröffentlichung des Avesta jedenfalls nicht vor 325—330 n. Chr. statt.

Unter diesen Umständen ist es sehr wichtig darauf zu achten, was im Avesta zur ursprünglichen Glaubenslehre gehört, und was spätere Zuthat ist. Dr. Spiegel kommt durch Vergleichungen zu dem Schluß: „Nach dem bereits Gesagten wird es nicht leicht Jemandem einfallen, den Ahuramazda sammt seinen Ameschaçpentas oder den Angromainyus mit den Daevas als spätere Zuthaten anzusehen und aus dem ursprünglichen Religionssysteme des Parsismus streichen zu wollen. Diese beiden sich entgegengesetzten Mächte bilden in der That den Angelpunkt des ganzen Systems, ohne sie stürzt die ganze altiranische Religion."[4]

Der Name Gottes im Avesta ist Ahuramazda, d. h. „sehr weiser Herr", später Ormuzd, bei den Griechen meist Oromazes. Schon Plato nennt im Alcibiades die Lehre der Perser den Ormuzd-Kult des Zoroaster.

---

[1] Vgl. den Artikel von Robiou, L'Avesta et son origine, in der Revue des Questions historiques. Paris 1880. XXVII. p. 6 sqq.

[2] Vgl. die Angaben der Griechen über Zoroaster, zusammengestellt von Dr. Rapp in der Zeitschrift der Deutschen Morgenländischen Gesellschaft, XIX. S. 21 ff.

[3] Abhandlungen des Berliner Orientalisten-Congresses, II. S. 274 ff. Ihm stimmt Darmesteter bei (Sacred books of the East. Vol. 4. p. L).

[4] Zeitschrift der Deutschen Morgenländischen Gesellschaft, VI. S. 80.

Eine noch ältere Quelle sind die persischen Inschriften des Darius, Xerxes und Artaxerxes.

In der Grabinschrift Darius' I. in Nakschi-Rustam[1] heißt es: „Ein großer Gott ist Auramazba, der diese Erde geschaffen hat, der jenen Himmel geschaffen hat, der den Menschen erschaffen hat, der dem Menschen die Annehmlichkeit gegeben hat, der den Darius zum Könige gemacht hat, einen König über Viele, einen Herrscher über Viele . . . Es spricht der König Darius: All mein Werk habe ich unter dem Schutze des Auramazba gethan. Auramazba hat mir Hülfe geleistet, als ich das Werk vollendete. Auramazba möge vor Unbild mein Haus und dieses Land bewahren. Darum bitte ich den Auramazba, das möge mir Auramazba geben." Fast wörtlich dasselbe wird auf den Inschriften des Xerxes und Artaxerxes Mnemon zu Persepolis gesagt. Überall findet sich die Versicherung, „daß durch die Gnade Auramazba's dem Könige die Herrschaft, aller Sieg und alle Hilfe bei seinen Unternehmungen zu Theil geworden sei". Dem Auramazba untergeordnet sind andere himmlische Wesen, die bagas (segnende) genannt werden. Er selbst heißt „der Größte unter den bagas". Von diesen letzteren werden in der Inschrift Artaxerxes' III. namentlich erwähnt Mithra und Anahita. Auch Heerschaaren (haina) böser Geister (draugas) kommen auf den Inschriften vor[2].

Da diese kurzen Andeutungen vollständig mit den weiteren Ausführungen des Avesta übereinstimmen, so müssen wir folgern, daß die Ormuzdlehre, wenn sie auch ziemlich spät niedergeschrieben wurde, doch viele Jahrhunderte v. Chr. schon allgemein Volksreligion war; denn „nicht nur zeigt die Art, wie vom Auramazba die Rede ist, daß es ein längst in's Volk übergegangener Glaube war, nicht nur ist mit keiner Silbe von der Einführung eines neuen Kultus die Rede, sondern im Gegentheil versichert Darius, er habe seine Familie, das Heer und den Staat ganz auf den alten Fuß der Achämeniden hergestellt, wie er vor der magischen Revolution (522 v. Chr.) bestand, und den Kultus, an welchem Pseudosmerdis gerüttelt hatte, zur alten Ehre gebracht"[3].

Ja, wir können wohl noch weiter gehen und sagen: die Urbestandtheile der zoroastrischen Religion müssen aus einer Zeit herrühren, in der

---

[1] In's Lateinische übersetzt von Dr. J. Oppert. Zeitschr. d. Deutsch. Morgenl. Ges. XI. S. 183 f. Bei Fr. Spiegel, Die altpers. Keilinschriften. Leipz. 1862. S. 49 ff.
[2] Zoroastrische Studien von Fr. Windischmann. Berlin 1863. S. 121 ff.
[3] Fr. Windischmann a. a. O. S. 125. Vgl. Fr. Spiegel, Keilinschriften, S. 9.

Jranier und Juder noch Ein Volk bildeten. Außer den schon erwähnten Verwandtschaftsmerkmalen ist zunächst die Thatsache hervorzuheben, daß der höchste Gott der Jranier gerade wie jener der Jnder mit einem Beiworte benannt wird, das gleichsam einen Bestandtheil seines Namens ausmacht. Varuna ist der A s u r a mit Auszeichnung, von dem alle „asurischen Kräfte" herstammen. Der Gott der Jranier aber, dessen eigentlicher Name Mazda (der Weise oder Weisheitsspender) ist, wird fast nie ohne den Zusatz A h u r a genannt. Die Bedeutung des Wortes ist ursprünglich „Geist", und man sieht leicht, daß den beiden Bezeichnungen Asura=Varuna „allumfassender Geist" und Ahuramazda „weiser Geist" eine sehr nahe verwandte Anschauung zu Grunde liegt, zumal wenn man bedenkt, daß beiden Gottheiten eine Reihe himmlischer Ahuras zur Seite stehen, welche dem höchsten Ahura ihr Dasein verdanken. Wie ferner unter den Himmelsgeistern des Veda keiner in so inniger Beziehung zu Varuna steht, wie Mitra, so ist ganz dasselbe Verhältniß zwischen dem persischen Mithra und Ahuramazda zu beobachten. Es ist also gewiß kein zu gewagter Schluß, wenn man auf solche Gründe hin annimmt, daß die Grundbestandtheile der indischen und iranischen Religion in einer gemeinschaftlichen arischen Zeit wurzeln[1].

Doch bewahrte sich der Monotheismus in den Nachbarländern des Euphrat und Tigris länger und ungetrübter als am Ganges und Jndus.

Ahuramazda ist und bleibt der einzige Gott, „der da immer war, immer ist und immer sein wird" (Khord. Av. 14, 1). Er hat „die schönste, stärkste, verständigste Seele" (Vend. 19, 47) und den „besten Körper" (Yaç. 1, 2). Er ist der Çpentomainyu, der „Heiligdenkende" oder „mehrende Geist" (augustus) (Yaç. 56, 7), der „glänzende, majestätische" (Yaç. 22, 1), „der heiligste, weiseste" (Vend. 18, 19), „der allwissende" (Vend. 19, 85), „der reine" (Vend. 3, 1), „der gerechteste" Gott (Yaç. 33, 1), der im „obersten Himmel" wohnt (Vend. 19, 107).

Er hat Himmel und Erde erschaffen (Visp. 2, 5 u. 7) und zwar zuerst die Amescha=Çpentas, „die unsterblichen Heiligen" (Khord. Av. 17, 37), und die nicht so hoch stehenden Yazatas, „die gut Geschaffenen" (Yaç. 3, 67). Beide Klassen von Wesen sind den Engeln der Offenbarung ähnlich und werden von den Kirchenvätern mit diesen verglichen.

Unter den Yazatas ist am merkwürdigsten M i t h r a[2], der einerseits nur zu den Genien zweiter Ordnung gehört und doch andererseits mit

---

[1] Einige Gelehrte bestreiten allerdings die Jdentität von Varuna und Ahuramazda, wie Windischmann und Spiegel; andere vertheidigen sie jedoch, wie Roth, Muir, Ludwig, Hillebrandt, Justi und Darmesteter.

[2] Vgl. Eranische Alterthumskunde von Fr. Spiegel. II. Leipz. 1873. S. 77 ff.

ben höchsten Ehrentiteln ausgezeichnet wird, so daß wir annehmen müssen, er habe, ähnlich wie sein früherer unzertrennlicher Begleiter Varuna, in der späteren untergeordneten Stellung einen Theil seiner ehemaligen Auszeichnungen sich zu wahren vermocht.

„Es sprach Ahuramazda zu dem heiligen Zarathustra: Als ich den Mithra, der weite Triften besitzt, erschuf, o Heiliger, da erschuf ich ihn so verehrungswürdig, so preiswürdig, wie ich Ahuramazda selber bin" (Khorb. Av. 26, 1). Mithra ist der Genius des Lichtes, „welcher als der erste himmlische Yazata aufsteigt vor der Sonne, der unsterblichen, mit schnellen Pferden begabten; welcher zuerst mit goldener Gestalt die schönen Gipfel ergreift, dann den ganzen Ariersitz umfaßt, der nützlichste" (Khorb. Av. 26, 13). Er hat tausend Ohren, zehntausend Augen, ist stark, schlaflos, wachsam, der Beherrscher und Beaufsichtiger der ganzen lebendigen Natur (Khorb. Av. 26, 7 und 103). Seine Wagenlenkerin ist Ashis, die indische Ushas, die Göttin der Morgenröthe. Später wurde Mithra als Sonnengott oder auch einfach als vergöttlichte Sonne aufgefaßt und in einem weit verbreiteten Geheimdienste verehrt, der in Rom zur Kaiserzeit sich großen Ansehens erfreute.

Außer den himmlischen Wesen erschuf Ahura auch die irdische Welt. Daher sein gewöhnliches Beiwort „der Schöpfer" (z. B. Yac. 6, 1 u. 19, 1). In welcher Reihenfolge die Geschöpfe hervorgebracht wurden, zeigt uns das erste Kapitel des Bundehesch, einer späteren Kosmogonie, die aber mit dem Avesta vollkommen übereinstimmt und daher das gleiche Ansehen beanspruchen kann. „Von den Geschöpfen der Welt schuf Ormazd zuerst den Himmel, dann den (Genius) Vohu-Mano und, des guten Fortganges wegen, das weltliche Licht, mit welchem das gute mazdayaçnische Gesetz zusammen war", dann die übrigen Genien. „Ormazd schuf zuerst von den materiellen Geschöpfen den Himmel, dann das Wasser, dann die Erde, viertens die Bäume, fünftens das Vieh, sechstens die Menschen." Aber auch nachdem er geschaffen, erhält und regiert Ahuramazda das Weltall, theils unmittelbar, theils durch Vermittelung der anderen himmlischen Wesen. Er ist „der Heilige, der mit seiner eigenen Hand beschützet den Segen, den er geschaffen für die Guten wie für die Schlechten, der bewirkt, daß die Thaten und Gebete ihren Lohn finden, schlechten für den Schlechten, guten Segen für den Guten bei der letzten Auflösung der Schöpfung durch seine Macht" (Yaç. 42, 4 u. 5).

Ahuramazda entgegen steht der böse Geist Akem-Mano oder Drukhs. „Der in den späteren Büchern durchgängig gebräuchliche Name Angro-Mainyus, woraus Ahriman verstümmelt ist, kommt in den Liedern auffallender Weise noch gar nicht vor."[1] Ein anderer Name ist Gana-Mainyus.

---

[1] M. Haug, Zendstudien, in der Zeitschrift der Deutschen Morgenländischen Gesellschaft, IX. S. 689.

Er ist seinem ganzen Wesen nach der Widerpart Ahura's, der „schlechteste Geist" (Yaç. 30, 6), thöricht, „Übles wissend" (Vend. 19, 16). Er bewohnt die Hölle und strebt darnach, die Schöpfung Ahuramazda's zu verderben. Darum hat er jedem der guten Geister einen bösen Dâva gegenübergestellt. Durch diese Teufel ist alles Unglück in die Welt gekommen. Sie haben den ersten Mann und die erste Frau zur Sünde verführt und sie dadurch unter ihre Herrschaft gebracht. Krankheit, Tod und alles Böse leitet sich nur von ihrer Mißgunst her (Bundeh. Kap. 15). Über den Kampf zwischen den beiden Götterwelten erfahren wir Folgendes: „Ganamainyo hatte seines Späterwissens wegen von der Existenz Ormazds keine Kunde. Darauf erhob er sich aus der Finsterniß und kam zum Lichte. Als er das Licht Ormazds sah, das von den Drujas unergreifbare, da stürzte er seiner Begierde, zu schlagen, und seiner zornigen Natur wegen herbei, um zu tödten. Da sah er die Tapferkeit, Macht, Vollkommenheit (größer) als die seine und stürzte wieder zur tiefsten Finsterniß zurück und schuf viele Devs, Drujas, tödtendes Volk, und erhob sich zum Kriege. Ormazd, obwohl er allein wußte, was das Ende der Sache sei, ging doch dem Ahriman entgegen und bot ihm Frieden an und sagte: O Ahriman, sei meinen Geschöpfen hilfreich, preise sie, damit du als Belohnung dafür unsterblich, unalternd, ohne Hunger und Durst seiest. Ahriman entgegnete: Ich komme nicht her, ich will deinen Geschöpfen nicht helfen, ich will deine Schöpfung nicht loben. In keiner guten Sache will ich mit dir übereinstimmen. Deine Schöpfung will ich tödten immerfort. Alle deine Geschöpfe will ich in Feindschaft mit dir, in Freundschaft mit mir bringen. Ormazd aber sprach also zu Ahriman: Setze eine Zeit fest bis zum Kampfe, bis auf 9000 Jahre, da er wußte, daß Ahriman durch das Festsetzen dieser Zeit unwirksam sein werde. Darauf war Ahriman, der nicht sehende, seines Unverstandes wegen, mit dieser Bestimmung einverstanden, so wie zwei Männer einen Kampf festsetzen: an dem und dem Tage wollen wir kämpfen. Ormazd wußte seiner Allwissenheit wegen, daß es in diesen 9000 Jahren 3000 Jahre ganz nach dem Wunsche Ormazds hergehe, 3000 Jahre in der Mischung des Willens von Ormazd und Ahriman, daß die 3000 letzten Jahre aber Ahriman machtlos sein werde (Bundeh. Kap. 1).

Die Gläubigen und Ungläubigen bilden die großen Heere, mit denen sich Ahuramazda und Ahriman in dieser Welt bekämpfen. Ob nun schon gute Thaten ihren Lohn und böse ihre Strafe zum Theil in dieser Welt finden (Yaşt 10), so bleibt doch die vollkommene Ausgleichung dem Jenseits vorbehalten. Wenn sich nämlich die Seele vom Leibe getrennt hat (Yaşt 22, 17), so muß sie noch drei Tage und drei Nächte auf der Erde verweilen, „Heil für sich erbittend" (Yaşt 22, 2). „Wenn aber der Verlauf der britten Nacht sich zum Lichte wendet", dann erhebt sich ein wohlriechender Wind von Süden her, so angenehm, wie ihn nie der Geruch verspürt. In diesem Winde kommen der Seele ihre guten Werke entgegen, in Gestalt einer Jungfrau, einer lichten, schlanken, preiswürdigen, so schön als die schönsten Geschöpfe. An diese stellt die Seele die Frage: Was für eine Jungfrau bist bu, bie schönste, die ich je geschaut? und die Antwort ist: „Ich bin, o Jüngling, dein gutes Denken, Sprechen und Handeln", ich bin das Gesetz, das du in deinem Körper befolgt. Durch die Werke, die du gethan, bin ich so vortrefflich, so groß, so schön, so duftend, so siegreich, so leiblos. — Ebenso erscheint der Seele des schlechten Mannes ein böses Wesen, um ihm all seine Sünden vorzuhalten (Yast 22). Die Entscheidung findet Statt bei der Brücke Chinvat, über welche die gute Seele von Genien „hinübergeführt wird zu dem Paradiese, dem glänzenden, wohlriechenden der Reinen, mit allen Genüssen und allem Glanze." Die Bösen aber werden von den Dävas hinabgestoßen in die „furchtbaren Schrecken der Hölle" (Khorb. Avesta 14, 5 u. 6).

Allein dieser Zustand ist noch nicht der endgiltige, sondern dauert nur bis zu dem großen Kampfe, der dreitausend Jahre nach Zarathustra's Auftreten stattfindet. Diesem Kampfe wird das Erscheinen eines Heilandes Sosiosch und die Auferstehung der Todten vorausgehen. Daß die Auferstehungslehre altpersisch sei, kann man, wie Spiegel[1] mit Recht bemerkt, nach Yast 19, 89 nicht bezweifeln. Ahriman wird in blutiger Schlacht unterliegen und für immer besiegt sein. „Ahuramazda sagt: Wenn durch mich der Himmel ist ohne Säulen ..., wenn durch mich die Erde ist ... ohne Träger, wenn durch mich Sonne, Mond und Sterne mit leuchtenden Körpern im Luftraume schweben ..., ist das nicht schwerer gewesen, als die Todtenauferstehung machen? ... Es werden zu jener Zeit von der Erde die Knochen und vom Wasser das Blut, von den Bäumen die Haare, vom Feuer der Lebenshauch, wie sie in der Schöpfung ergriffen worden sind, zurückgefordert. Wenn die Menschen sich erheben, sowohl die, welche fromm, als die, welche gottlos sind, dann wird Jedermann von dort sich erheben, wo sein Lebenshauch von ihm gegangen ist ... Es wird die Seele den Leib erkennen: Das ist mein Vater, das ist meine Mutter, das ist mein Bruder, das ist mein Weib, da ist irgend einer meiner nächsten Verwandten ... dann wird in dieser Versammlung der Gottlose so offenbar, wie ein weißes Thier unter den schwarzen ist. In dieser Versammlung wird ... der Gottlose den Frommen jammernd fragen: Warum, als wir noch im irdischen Leben waren, hast du mir von den guten Werken, die du gethan, keine Kunde gegeben? Hierauf wird dieser Fromme ihm nicht antworten, und Jener wird vor Schmach vergehen müssen. Dann werden die Frommen von den Gottlosen getrennt, dann werden die Frommen in den Himmel und die Gottlosen hinab in die Hölle gebracht ... Wenn dann von seiner Genossin der Vater, und der Bruder von seinem Bruder, Freund vom Freund getrennt werden, dann wird Jedermann seiner Werke genießen." Doch zuletzt werden auch die Bösen durch Feuer gereinigt, und „alle Menschen werden auf einmal ihre Stimme erheben und Lobpreisungen dem Ahura und den Amesha-Çpentas darbringen"

---

[1] Avesta, III. S. lxxv. Vgl. hierzu die interessante Abhandlung Windischmann's über die Auferstehung (Zoroastrische Studien S. 231 ff.), in der zugleich das Alter dieser Lehre und die Autorität des Bundehesch nachgewiesen wird.

und es wird ihnen gesagt werden, sie sollen eingehen in den Himmel des Ahura, „bekleidet euch wieder mit euern eigenen Leibern für immerdar" (Bundeh. 31).

Nach all diesem wird man Windischmann Recht geben müssen, wenn er sagt, daß das zarathustrische System „dem mosaischen Monotheismus näher stand als irgend eine der vorchristlichen Religionen" [1]. Doch bemerkt man nicht weniger leicht die Keime der Verderbniß, die in der zoroastrischen Lehre liegen und mit der Zeit deren Zersetzung herbeiführen mußten.

Da ist vor Allem der verhängnißvolle Dualismus. Nach Yaç. 48, 4 ist allerdings der böse Geist ein Geschöpf Ahuramazda's; aber es läßt sich doch andererseits nicht verhehlen, daß sich schon im Avesta die Neigung kundgibt, den Ahriman von jedem geschöpflichen Verhältnisse zu Ormuzd loszumachen und als das aus sich seiende Böse darzustellen. Im 6. Jahrhundert schrieb Agathias im zweiten Buche seiner Geschichte Justinians über die Perser: „Sie stimmen großentheils mit den sogenannten Manichäern überein, insofern sie zwei Grundprinzipien annehmen, ein gutes, das alles Gute aus sich hervorbringt, und ein böses, das sich gerade entgegengesetzt verhält. Das gute nennen sie entweder Gott oder den Schöpfer Hormisdas, das böse und verderbenbringende trägt den Namen Ahriman." [2] Im Jahre 339 n. Chr. frug der persische König Sapor II. mehrere Christen: „Welcher Gott ist besser als Ormuzd oder stärker als Ahriman in seinem Zorn?" [3] Dieser dualistische Zug trat im Laufe der Zeit immer unverkennbarer hervor und trug so in das iranische Religionswesen einen innern Widerspruch, der alle Glaubensüberzeugung zur Unmöglichkeit macht.

Wann aber der Dualismus, d. h. die Annahme eines unerschaffenen bösen Prinzips, zuerst in die iranische Religion eingedrungen sei, ist schwer zu sagen. Doch finden sich Anhaltspunkte, die darauf hindeuten, daß derselbe zur Zeit der ältesten persischen Keilinschriften noch nicht bekannt gewesen sei; vielmehr erst in der Achämenidenzeit begonnen habe. In den Inschriften des Darius wird Angromainyus nicht erwähnt. Nach

---

[1] Zoroastrische Studien S. 132. Man vergleiche hierzu, wie die heilige Schrift (Is. 45) von Cyrus und wie die Perserkönige zu verschiedenen Malen von dem Gotte Israels reden (Dan. 6, 25 ff., und Esdr. 1).

[2] Agathiae historiarum libri quinque. Ed. Niebuhr. Bonnae 1828. p. 118.

[3] Assemani, Acta SS. Martyr. Oriental. Romae 1748. p. 227. 230.

der spätern Auffassung ist Ahuramazda nur Erschaffer, Erhalter, Wohlthatenspender; Leib, Elend und Tod kommen alle von Ahriman. „Die Gottheiten der zarathustrischen Religion beschränken ihre Thätigkeit auf das Wohlthun und überlassen es den bösen Geistern, Unglück über die Menschen zu verhängen."[1] In den Inschriften von Behistan aber heißt es: „Es spricht Darius der König: Wenn du dieses Edikt verbirgst und dem Volke nicht verkündest, da möge Auramazda dich tödten, deine Familie vergehen ... Wenn du diese Tafel oder diese Bilder siehst, sie zerstörst, mir dieselben, solange deine Familie dauert, nicht bewahrst, da möge Auramazda dich schlagen, deine Familie möge zu nichte werden; was du thust, das möge dir Auramazda zerstören."[2] Also die Thätigkeit, die später dem bösen Geiste ausschließlich übertragen wird, ist hier noch Auramazda eigen. Somit kann Ahriman seine spätere Stellung zur Zeit Darius' I. noch nicht oder doch nicht vollständig innegehabt haben[3].

Ein zweiter schwacher oder dunkler Punkt in der Lehre der Iranier ist das Wesen Ahuramazda's selber. Er besteht aus Leib und Seele, er hat Frauen und Kinder (Haç. 38, 2 und 44, 4). Sind diese Redensarten im eigentlichen oder bildlichen Sinne zu verstehen? Herodot berichtet (I, 131): „Bei den Persern ist es nicht Sitte, Bilder, Tempel und Altäre zu errichten; ja sie werfen es denjenigen, die solches thun, als eine Thorheit vor. Der Grund ist, wie mir scheint, weil sie sich die Götter nicht unter menschlicher Gestalt vorstellen, wie die Griechen." Anderswo (III, 29) erzählt er, Kambyses habe die Ägypter verhöhnt, weil sie an Götter von Fleisch und Blut glauben, die durch Eisen verwundbar seien. Sind diese Angaben richtig, so sind die obigen Ausdrücke offenbar bildlich zu verstehen. Das fordert auch die erhabene Stellung des Ahuramazda, als eines allwissenden Schöpfers aller Dinge, der mit seinen hellschauenden Augen auch den geringsten Frevel erspäht. „Nach allen diesen Beiwörtern," sagt Spiegel, „und auch nach sonstigen Anzeichen zu schließen, faßt das Avesta den Ahuramazda durchaus als ein feines, geistiges Wesen auf, zwar nicht ohne Körper, aber nicht mit einem solchen, wie ihn irdische Wesen haben, sondern mit einem so feinen, gei-

---

[1] Fr. Spiegel, Eranische Alterthumskunde, II. S. 81.
[2] Fr. Spiegel, Keilinschriften, S. 35. 37.
[3] Dieser Meinung ist auch G. Rawlinson: „Dualism proper, or a belief in two uncreated and independent principles, one a principle of good and the other a principle of evil, was no part of the original Zoroastrianism" (The five great monarchies of the ancient eastern world. 2. ed. London 1871. Vol. 2. p. 331).

stigen, daß er auch für die übrigen himmlischen Wesen unsichtbar sein kann."¹ Doch begannen die Perser mit der Zeit den Ahuramazda bildlich darzustellen und zwar in einer Weise, die kaum zweifelhaft läßt, daß sie zu dieser Darstellung babylonische Ideen oder auch vielleicht babylonische Künstler verwandten². Clemens von Alexandrien will aus Berosus wissen, die Perser hätten unter Artaxerxes II. angefangen, menschengestaltige Götter einzuführen, und unter anderen auch das Bild der Anahita aufgestellt³. So ließe sich erklären, daß der Name und die Anrufung der Anahita zum ersten Male in einer Inschrift des Artaxerxes Mnemon vorkommt⁴. Doch setzen Andere den persischen Kult der Anahita höher hinauf. Alle Kenner des iranischen Alterthums aber sind darin einig, daß diese Göttin keine ursprünglich arische, sondern eine semitische Gestalt ist, und zwar jene babylonische Mylitta, deren schändlicher Dienst mit allen altiranischen Religionsanschauungen in so grellem Widerspruch steht. Wie rein also an sich auch die Avesta-Lehre gewesen sein mag, wir sehen dieselbe im Sinken begriffen und sich nach und nach mit verderblichen Bestandtheilen zersetzen.

Die Erscheinung der Anahita legt die Frage nahe, wie weit überhaupt die Perser den Glauben an Einen Gott in ihrer ausübenden Religion thatsächlich zu wahren wußten? Darauf antwortet Windischmann: „Man kann das zarathustrische Wesen nicht treffender bezeichnen: die Lehre von Einem großen Gott, dem Schöpfer Himmels und der Erde, und daneben doch eine Menge von Baga's und Yazata's, hinter deren Wirksamkeit und Kultus der große Gott zurücktritt."⁵ Schon in den Inschriften wird Ahuramazda wiederholt bezeichnet als „der größte der Götter (bagas)"; die Bitte kehrt häufig wieder: „Möge Auramazda sammt den Göttern mich beschützen", und einmal: „Auramazda, Anahita und Mithra mögen mich schützen."⁶ Im Avesta zählt Ahura sich selbst zu den Genien, wenn er von „uns Amescha-Cpentas" spricht (Yast 1, 36); anderswo ist er „der größte der Yazatas" (Yast 17, 16). Obschon also theoretisch festgehalten wird, daß die Genien Geschöpfe des Ahuramazda sind, so werden sie doch in Wirklichkeit mit ihm auf eine Stufe gesetzt.

---

¹ Fr. Spiegel, Eranische Alterthumskunde, II. S. 24.
² Vgl. Fr. Spiegel a. a. O. S. 25.
³ Clement. Alex. Cohort. ad Gentes, cp. 5. Migne, Patrolog. Graec. tom. 8. col. 167. ⁴ Fr. Spiegel, Keilinschriften, S. 65.
⁵ Fr. Windischmann, Zoroastrische Studien, S. 134 f.
⁶ Fr. Spiegel, Keilinschriften, S. 45. 57. 65.

Außerdem trugen die Achämeniden kein Bedenken, wenigstens aus politischer Klugheit den Göttern der unterjochten Völker ihre Huldigung darzubringen, wie z. B. Cyrus in einer babylonischen Inschrift seinen Sieg über Babylon der Gnade des Merodach, des Schutzgottes der Stadt, zuschrieb. Dieser Zug zum Polytheismus wurde immer stärker. So wurden zur Zeit der Christenverfolgungen unter Sapor die Christen „als Verächter der Götter" angeklagt, die da lehrten, „man müsse nur Einen Gott verehren, keineswegs aber die Sonne und das Feuer anbeten". Ein zum Christenthum bekehrter Perser aber hebt ausdrücklich hervor, von jetzt ab wolle er nur Einen Gott verehren. Dafür wurde ihm sein Haupt abgehauen und im Tempel der Anahita zum abschreckenden Beispiel aufgestellt[1]. Nach alledem dürfte kaum ein Zweifel obwalten, daß im Verlaufe der Zeit bei den Persern der praktische Polytheismus die abstrakte Erkenntniß von der Einheit Gottes überwucherte. Im Avesta selbst sind der mythologischen Züge für die einzelnen Wesen, die man verehrte, nur sehr wenige. Alle guten und nützlichen Dinge werden vielmehr noch als Wirkungen des Ahuramazda und in ihren Beziehungen zu ihm betrachtet. So ist das Feuer der Sohn Ahuramazda's (Yaç. 1, 38), der dasselbe benutzt, um den Ahriman zu bekämpfen (Vend. 8, 250), die Sonne sein Auge (Yaç. 1, 35) u. s. w., so daß, wer diese Wesen verehrte, im Grunde deren Schöpfer und Herrn selber verehrte.

Später aber trat der Schöpfer immer mehr hinter dem Geschöpf zurück. Zur Sasanidenzeit wurde von allen Bewohnern des persischen Reiches durch einen königlichen Erlaß vom Jahre 348 für die Sonne Anbetung, für Wasser und Feuer bloß Verehrung gefordert. Die Christen aber, welche behaupteten, die Sonne sei nur ein Geschöpf und kein Gott, wurden zum Tode verurtheilt. „Dieses starke Hervortreten des Sonnenkults, in welchem die Sonne häufig an die Stelle des höchsten Gottes tritt, ist ein Zeichen, daß die Sasanidenzeit den Standpunkt der ethischen und geistigen Begriffe vom Wesen des Göttlichen nicht mehr in jener Reinheit der frühern Zeit festzuhalten vermocht hat, ein Zeichen der Veräußerlichung der persischen Religion."[2]

Anknüpfend an die großentheils von außen her eingedrungenen mythologischen Bestandtheile bildeten sich in Persien verschiedene Sekten, von denen die der Zervaniten die bemerkenswertheste ist. Zruana

---

[1] Assemani, Acta SS. Martyr. Oriental., p. 95. 112. 181.
[2] R. Rapp in der Zeitschrift der Deutschen Morgenländischen Gesellschaft, XIX. S. 72.

akarana kommt schon im Avesta vor und bedeutet die „unendliche Zeit". Wahrscheinlich ist dieser Begriff babylonischen Ursprungs und ein Ableger des sogen. „alten Bel". Man glaubte vielfach, mit Hinweisung auf diese Gottheit die iranische Religion als eine pantheistische bezeichnen zu dürfen. Allein „wer von den Urkunden des Avesta selbst Einsicht nimmt, der wird nicht läugnen können, daß Zrvana akarana keine sehr hervorragende Rolle im iranischen Kultus haben könne. Am wichtigsten scheint mir, daß er bei der ganzen Opferceremonie, zu der alle möglichen Gottheiten und Genien herbeigerufen werden, gar keine Stelle hat"[1]. „Zrvana akarana ist ein späterer störender Eindringling, der innerhalb des Parsismus nicht einmal zur vollständigen Anerkennung gekommen ist."[2] Der Bundehesch aber und die späteren Schriften fassen das Wort als ein Attribut des Ormuzd auf. Sogar bei den Zervaniten spielt Zrvana eine mehr theoretische Rolle, während der Kultus dieser Sekte hauptsächlich in einer Verehrung der Gestirne bestand, die man als gute Geister betrachtete.

Wir müssen somit sagen, daß die iranische Religion trotz ihrer ursprünglich so hohen geistigen Gestaltung manche Schwächen in sich aufgenommen hatte, die sie jeder tiefern Erfassung unzugänglich machten und sie darum allmählich ihres veredelnden Einflusses beraubten. Die üppige Sittenlosigkeit am Hofe der letzten Achämeniden und die Nachahmung derselben im Volke war die Fäulniß, welche das Perserreich im Innern zerfraß, so daß es bei dem ersten Anstoße von außen machtlos zusammenbrach. Persische Sittenlosigkeit bei vielem Religionsgepränge wurde sprüchwörtlich; und es war ja gerade diese moralische Erschlaffung der Perser, auf welche Alexander seinen Eroberungsplan aufbaute.

Nach der Zerstörung des Reiches durch die Araber wanderten die der Religion Zoroasters treu gebliebenen Parsen aus und ließen sich zum großen Theil an der Westküste Vorderindiens nieder. Von dort wird uns über die heutigen Parsis mitgetheilt: Ihre Religion scheint auf den ersten Anblick nur unversöhnliche Gegensätze zu enthalten, „da ein Theil mit aller Zähigkeit an ihren alten Gewohnheiten und Überlieferungen festhält, ein anderer sich der modernen europäischen Kultur anzupassen bestrebt ist, während ein dritter unschlüssig in der Mitte schwankt und

---

[1] Fr. Spiegel, Avesta, II. S. 217. Vgl. M. Duncker, Geschichte des Alterthums, IV. S. 120 f.

[2] Fr. Spiegel in der Zeitschrift der Deutschen Morgenländischen Gesellschaft, VI. S. 79.

auf Reformen zur Wiederherstellung ihrer alten ursprünglichen Religion bringt. Äußerlich oder dem Namen nach hängen indessen alle zusammen und wollen „Zoroasterianer", Anhänger und Verehrer Zoroasters sein, wie sie in dem bekannten Parsi=Grundsatz aussprechen: ‚Ein Parsi kann Alles thun und dulden, nur Eines nicht — apostasiren von der Lehre Zoroasters.' Die Lehre Zoroasters ist aber gerade der Punkt, der im Leben der heutigen Parsis unklar und dunkel ist. Faktisch besteht die von den heutigen Parsen in Bombay beobachtete Lehre in einem äußern Ceremonienwesen, in äußeren Reinigungen, in Gebeten und Opfern von Wohlgerüchen u. dgl.; außerdem aber haben sie auch viele Hindu=Gebräuche angenommen, die in manchen Beziehungen den Grundlehren Zoroasters widersprechen, wenigstens insofern sie von der großen Masse sogen. ortho= doxer Parsis ausgeübt und verstanden werden. Es ist gar kein Zweifel vorhanden, daß das gewöhnliche Volk in Abgötterei, Naturdienst und Aberglauben versunken ist" [1].

Fassen wir auch hier das Resultat unserer Untersuchungen kurz zusammen:

Die iranische Religion ist in ihrem innersten Wesen Monotheismus, der aber in seiner Geschichte in einem Pro= zeß steten Sinkens begriffen ist [2].

3. Die Griechen.

Der Gang der Untersuchung führt uns weiter nach Westen und zeigt uns dort ein Volk, welches seine Beziehungen zu den orientalischen Stammesverwandten so ziemlich vergessen hat. In der Geschichte und Sage der Griechen würden wir wohl kaum die nöthigen Anhaltspunkte finden, die uns auf ihre ursprüngliche Heimath hinweisen. Im Gegen= theil, wenn ein Asius von Samus sagt: „Dem göttergleichen Pelasgus entsproßte auf hochbelaubtem Gebirge die schwarze Erde, damit der Sterb= lichen Geschlecht sei" [3], so ist damit ziemlich klar angedeutet, daß das Ge= dächtniß an die Einwanderung aus Asien im Volke erloschen war.

Da kommt uns die Sprachforschung zu Hilfe und läßt uns keinen Augenblick darüber im Zweifel, daß wir hier einen Zweig der indo=

---

[1] Katholische Missionen. Freiburg 1874. S. 118 f.
[2] Eingehend behandelt diese Frage über den ursprünglichen Monotheismus der Iranier F. Robiou in dem schon citirten Artikel der Revue des Questions histo= riques, XXVII. p. 51 ss.   [3] Pausanias VII. 1, 4.

germanischen Völkerfamilie vor uns haben. Wörter für Vater, Mutter, Bruder, Rind, Schaf, Pferd, Hund, Haus, Thüre, Mühle, Schiff, Ruder, ferner Pronomina, Präpositionen, grammatische Endungen, alle diese und andere Bezeichnungen sind dem Griechischen und Sanskrit gemeinsam. Hieraus läßt sich nicht nur auf die Verwandtschaft im Allgemeinen, sondern auch im Besondern auf den Grad der Kultur schließen, den diese Völker vor ihrer Trennung erreicht hatten, und, was für uns viel bedeutsamer ist, auf die uranfängliche Gleichheit ihrer religiösen Ideen; denn auch die Sprache der Mythologie weist uns unverkennbar auf den gemeinsamen Ursprung hin.

Dadurch indessen unterscheidet sich dieses westliche Volk von seinen östlichen Brüdern, daß es in einer viel spätern Periode der Entwickelung in die Geschichte eintritt. Wir sehen das praktische Leben ebenso gut wie das theoretische Wissen bereits in einer Weise ausgebildet, die uns nur schwache Spuren der Entstehung aus früheren Zuständen erkennen läßt. Die Religion ist längst vollendeter Polytheismus, und das Wesen der Gottheit ist mit einem mythologischen Schleier umwoben, durch welchen die eigentliche Idee nur mehr unklar durchschimmert. Die Phantasiegebilde und den tiefer liegenden Gedanken zu unterscheiden, ist unsere Aufgabe. Nicht die Geschichte der einzelnen Göttergestalten interessirt uns, sondern das Wesen dessen, was der Grieche „Gott" nannte. Die Mythologie kommt nur als Unterlage der Theologie in Betracht. Es ist nämlich offenbar, daß der Grieche den Gottesgedanken schon irgendwie entwickelt haben mußte, ehe er Himmel, Sonne u. s. w. Götter nennen konnte, und erst dadurch, daß jener Begriff auf einen Gegenstand angewandt wurde, dem ein derartiges Prädikat nicht zukommen konnte, entstand Abgötterei. „Eine mythologische Religion setzt ebenso eine vernünftige Religion voraus, wie ein kranker Körper einen gesunden ... Die Mythologie hat in das Gebiet der alten Religion hinübergegriffen, sie hat ihr zu Zeiten fast die Lebensluft geraubt, und dennoch können wir durch das üppige giftige Unkraut der mythischen Phraseologie hindurch noch immer einen Blick auf jenen Stamm gewinnen, um welchen dasselbe wuchert und an dem es sich hinaufwindet, und wir sehen dann ein, daß es ohne diesen Stamm nicht einmal jenes Schmarotzerleben fristen könnte, welches man fälschlich für eine freie und unabhängige Lebensfähigkeit gehalten hat."[1]

---

[1] M. Müller, Wissenschaft der Sprache, S. 388 f.

Bei unserer Untersuchung müssen wir naturgemäß eine doppelte Periode unterscheiden, die uns gleichsam das Kindes- und Mannesalter der Hellenen darstellt. Wir setzen nämlich voraus, daß in Griechenland ein vorolympischer Titanen-Kult nicht existirt hat; denn der Sturz des Titanenreiches ist nach Nägelsbach „nicht das Bild einer geschichtlich vor sich gegangenen Glaubens- und Kultusänderung, sondern dichterische Motivirung des Regiments der Olympier"[1], indem der Dichter die Entstehung seiner Götterwelt, wenn nicht endgiltig erklären, so doch weiter in die dunkle Vergangenheit zurückversetzen wollte. Darum brauchen wir das Reich des Kronos keiner näheren Betrachtung zu unterziehen, sondern beginnen mit der Religion des Volkes, wie wir diese hauptsächlich aus den Werken der Dichter kennen lernen, und wenden uns dann zu den Religionssystemen, die wir in den zahlreichen Schriften der beiden bedeutendsten Philosophen niedergelegt finden.

Also zuerst die Religion des griechischen Volkes. Was denkt ein homerischer Mensch sich, wenn er das Wort „Gott" ausspricht? Die Antwort lautet: Er denkt sich ein **übermenschliches persönliches Wesen, das er aber in seiner Vorstellung nicht über alle menschliche Beschränktheit zu erheben vermag.** Die Gottheit ist die potenzirte Menschheit, nach der guten wie nach der schlimmen Seite.

Wie die Menschen, sind die Götter mit Leiblichkeit bekleidet, aber an Größe und Herrlichkeit der Gestalt überragen sie weit die Erdensöhne. Als Ares unter dem Steinwurf der Athene zusammenbrach, da „bedeckte er im Fall sieben Morgen Landes" (Jl. 21, 407). Poseidon erhebt seine Stimme, „wie wenn neuntausend oder zehntausend Männer aufschrieen, zum Kampf anrennend" (Jl. 14, 148).

---

[1] Nägelsbach, Nachhomerische Theologie. Nürnberg 1857. S. 102. Ebenso Preller, Griech. Mythologie. I. Bd. 2. Aufl. Berl. 1860. S. 5. 37. Doch ist diese poetische Motivirung nicht so aufzufassen, als ob die Dichter vollständig neue Göttergestalten ersonnen hätten; vielmehr benutzten sie die schon längst vorhandenen Typen, um dieselben in ein geordnetes System zu verweben, das vorher entweder gar nicht oder doch nicht in dieser Klarheit existirte; nicht Götter, sondern „die Theogonie haben Homer und Hesiod den Griechen gemacht" (Herod. 2, 53). Dabei bleibt es aber immerhin wahr, daß nicht Kronos und Uranos, sondern Zeus und die Olympier specifisch griechisch sind, und daß sie allein von jeher das Object des eigentlich hellenischen Kultus bildeten. In der Gesammtheit der indogermanischen Götterwelt aber kennen wir Zeus und Uranos, d. h. Dyu und Varuna(?), bereits als verschiedene Prosopen derselben Gottheit (vgl. Uranos, Okeanos und Kronos, von M. A. Strobl. München 1875).

3. Die Griechen.

Wegen ihrer Leiblichkeit bedürfen die Götter des Schlafes und der Nahrung: „Also nunmehr so Götter wie reisige Männer schliefen die ganze Nacht" (Jl. 2, 1—3). Freilich die Himmlischen „essen kein Brod und trinken keinen funkelnden Wein" (Jl. 5, 341), sondern sie nähren sich von Nektar und Ambrosia (Od. 5, 196 ff.). Ambrosia heißt wörtlich „Unsterblichkeit", so daß wir schon an diesem Beispiele sehen, wie die griechische Phantasie es liebt, innere Eigenthümlichkeiten des göttlichen Wesens durch rein äußere Attribute zu bezeichnen; denn gerade weil sie Ambrosia genießen und keine irdische Speise, sind nach homerischer Auffassung die Götter „blutlos und unsterblich" (Jl. 5, 342).

Da jedes körperliche Wesen an einen bestimmten Raum gebunden ist, so müssen folgerichtig die Götter auch ihre Wohnsitze haben: Poseidon zu Ägä, wo ihm in den Tiefen des Sundes ein goldener, schimmerreicher, unvergänglicher Palast erbaut war (Jl. 13, 21), Ares „der Menschenvertilger" und sein Sohn Phöbus, „beide aus Thrakien kommen sie" (Jl. 13, 301). Für die Mehrzahl der Götter „prangt ein schöner Palast auf den steigenden Höhen des Olympus" (Jl. 11, 77). Dort „sind sie in Zeus' Palast, des Olympiers, alle versammelt" (Od. 1, 27).

Wenn also die Götter in ihrer Seinsweise so beschränkt sind, wie steht es mit ihrem Wissen und Können?

„Alles wissen die Götter" (Od. 4, 379). Aber allzu wörtlich darf man das nicht nehmen; denn die Götter sind eben doch nicht allgegenwärtig, sondern müssen sich von einem Orte zum andern bewegen. Freilich ist ihnen die räumliche Entfernung ein geringeres Hinderniß als den Erdenbewohnern wegen ihrer außerordentlichen Schnelligkeit. So durcheilt Athene „das unendliche Land wie im Schwung anwehender Winde" (Od. 1, 97); und Hermes „fährt über die Woge der flüchtigen Möve vergleichbar" (Od. 5, 51). Immerhin aber ist mit dem räumlichen Gebundensein eine Beschränkung des Wissens unvermeidlich. Zeus kann ein Gewölk um sich verbreiten „strahlend von Gold, nie würde selbst Helios hindurch spähen" (Jl. 14, 344), der sonst doch gerade Alles sieht und Alles hört. Daher sehen wir denn auch die Götter einander hintergehen und überlisten, und Here muß sich auf's Spähen verlegen, wenn sie die Rathschläge ihres Gemahls erfahren will (Jl. 1, 541 bis 550). Ja selbst was die Menschen thun, erfahren die Olympier nicht immer sogleich, sondern oft erst durch Mittelspersonen. Helios z. B. hört erst von der Nymphe Lampetia, daß die Gefährten des Odysseus seine Rinder geschlachtet hatten (Od. 12, 374).

Ganz ähnlich verhält es sich mit der Macht der Götter.

Auch in dieser Beziehung wird uns versichert: „Zeus gibt das Eine und versagt das Andere, wie er's im Herzen beschließt; denn er kann Alles" (Od. 14, 445—446). Allein dieses Alles-Können ist in der mythologischen Praxis nur ein Viel-, über menschliche Kraft hinaus sehr Viel-Können und ist bemessen nach der Stellung der Einzelnen im Götterstaate und nach ihrer physischen Kraft. Selbst Zeus, der doch Menschen und Götter an Macht weit überragt (Jl. 8, 27), kann nicht alles, was er will (Jl. 14, 53), sondern im Grunde beschränkt sich die Allmacht darauf, daß die Götter auch das Schwerste mit großer Leichtigkeit vollbringen. Darum begegnen wir oft ähnlichen Ausdrücken wie: „Das that er sehr leicht, da er ja ein Gott ist" (Jl. 20, 444).

So wenig gelingt es dem Dichter, die **Unvollkommenheiten des leiblichen Daseins** bei den Göttern wegzudenken, daß Leib und Qualen diesen so gut wie den Menschen nahen.

Hephästus martert mit seinem Feuer den Flußgott Xanthus (Jl. 21, 380), Zeus droht den Göttern mit Schlägen (Jl. 8, 12) und züchtigt sie wirklich (Jl. 19, 256), Aphrodite klagt: „Heftig schmerzt mich die Wunde, die mir ein sterblicher Mann schlug" (Jl. 5, 36), und ihre Mutter Dione tröstet sie: „Dulde du, liebes Kind, und fasse dich, herzlich betrübt zwar; viele der Unsrigen, die olympische Gemächer bewohnen, dulbeten Gram von den Menschen" (Jl. 5, 382 ff.).

Vermag aber die Mythologie ihre Gottheiten wenigstens frei zu halten von **sittlichen Schwächen**? Der Versuch wird wohl gemacht: „Nicht schmähliche Thaten lieben die seligen Götter, sondern Gerechtigkeit ehren sie und billige Werke" (Od. 14, 83). Indessen auch in diesem Gebiete kommen die Unsterblichen thatsächlich über die allermenschlichsten Natürlichkeiten kaum hinaus. Was ihr Interesse, ihre Liebe, ihr Mitleid erregt, dem sind sie geneigt, und mag es noch so niedrig und schlecht, was aber ihren Neid oder ihre Rachsucht reizt, dem sind sie entgegen, und mag es noch so gut und heilig sein. Die olympische Moral ist zu bekannt, um einer weitern Erörterung zu bedürfen.

Was nun das **Verhältniß der Götter zur Welt** anbelangt, so werden sie nirgends als Schöpfer derselben bezeichnet. Die Welt ist da, und die Götter schalten mit derselben wie mit ihrem Eigenthum.

Wogen, Winde und Wolken stehen immer zu ihrem Dienste bereit; ja unaufgefordert gerathen dieselben ihrer Gebieter wegen in Aufruhr (Jl. 14, 392). Daher erzitterte die Erde, als die Götter auf einander losrannten, und der weite Himmel ertönte wie Trompetenstöße (Jl. 21, 387). „Kronion sprach's und winkte mit den dunklen Brauen, und die ambrosischen Locken wallten vom unsterblichen Haupte des Herrschers, und er erschütterte den großen Olympus" (Jl. 1, 529—531).

Dieser Macht über die Natur bedienen sich die Götter zum Schutz oder zum Verderben der Erdenbewohner; denn der homerische Mensch erkennt in den Göttern die Lenker des Geschickes der Einzelnen sowohl wie der Völker. „Zeus selbst, der Olympische, vertheilt Glück unter die Menschen, die wackeren und die bösen, wie es ihm gefällt, ohne Ausnahme" (Od. 6, 188). So wird denn folgerichtig alles Bedeutende, der Heereszug der Griechen, der Erfolg des Kampfes, die Zerstörung Trojas u. s. w. den Göttern zugeschrieben. Darum beten die homerischen Menschen in allen wichtigen Anliegen und bringen Opfer; „denn alle Menschen bedürfen der Götter" (Od. 3, 45). Diese erhören die Gebete und greifen so häufig ein, daß sie die eigentliche Triebfeder der epischen Handlung werden.

Vergleichen wir nun all diese Citate, so läßt sich nicht läugnen, daß der griechische Gottesbegriff auffallende Widersprüche enthält. Die Gottheit ist allmächtig und kann nicht Alles, ist allwissend und weiß nicht Alles, ist heilig und begeht Ungerechtigkeiten, ist selig und voll von Kummer und Leid. Wie wollen wir das reimen? Nun wir werden unterscheiden müssen zwischen dem Gott, wie er dem religiösen Bewußtsein der Griechen vorschwebt, und dem Gott, wie er in der Mythe auftritt. Sollen uns theoretisch die Eigenschaften der Götter angegeben werden, so sind diese heilige, gerechte, allwissende, unsterbliche Beherrscher der Welt, aber die dichterische Erzählung vermag sie nicht auf dieser Höhe zu erhalten, sondern läßt sie immer wieder zu außerordentlichen Menschen herabsinken. So „stellt sich denn jederzeit ein Widerspruch des menschlichen Glaubens von den Göttern mit der Wirklichkeit der im Epos handelnd eingeführten Gottheit heraus. Die Menschen Homers denken besser von ihren Göttern, als diese sind; es ist die Erscheinung derselben der Vorstellung, die sich der Mensch von ihnen bildet, durchaus nicht angemessen. Die Sehnsucht, das Bedürfniß des Menschen nach einer Gottheit, die nicht Bein von seinem Bein und Fleisch von seinem Fleische ist, reicht weiter als sein Vermögen, diesem Bedürfniß Befriedigung zu verschaffen"[1]. Diesem Ausspruch Nägelsbachs stimmt Max Müller bei, wenn er sagt: „Wenngleich Homer seine Götter in ihrer mythologischen Erscheinung als schwach, leicht zu täuschen und durch die niedrigsten Leidenschaften zu verführen darstellt, so sind sie dennoch in der ehrwürdigen Sprache der Religion mit fast all den Eigenschaften begabt, welche wir einem göttlichen und vollkommenen Wesen beilegen. Jener Ausruf, welcher, wenn auch nur gleichsam parenthetisch eingefügt, doch in vielen Reden des Odysseus den Grundton angibt, ‚die Götter wissen ja Alles‘, offenbart uns mehr von dem wirklichen Gefühl der unzähligen Millionen, unter denen die Idiome der Sprache zur Reife herangewachsen, als all die Erzählungen von den durch die List der Juno

---

[1] Nägelsbach, Homerische Theologie. 2. Aufl. Nürnberg 1861. S. 88.

dem Jupiter oder durch Mars dem Vulkan gespielten Streiche zusammengenommen. In entscheidenden Augenblicken, wenn das menschliche Herz bis in seine Tiefen aufgeregt wird, scheinen die alten Griechen Homers plötzlich alle gelehrten und mythologischen Metaphern wegzuwerfen und in die allgemeine Sprache der wahren Religion zurückzufallen."[1]

Somit haben wir gesehen, daß der homerische Mensch, d. h. das griechische Volk überhaupt das Walten überirdischer persönlicher Mächte anerkennt, und es erübrigt noch die Frage nach dem **Verhältniß der einzelnen Göttergestalten zu einander**; denn weil es in dem Begriffe der griechischen Gottheit liegt, sich in eine Menge von Göttern zu spalten, so müssen wir diese Gliederung auch kurz berücksichtigen.

Daß nun selbst zur Zeit des ausgebildetsten Polytheismus Zeus der oberste, ja in gewissem Sinne der einzige wirkliche Gott für die Griechen war, ergibt sich schon aus dem ihm so oft beigelegten Attribut: „Vater der Götter und Menschen". In der That, die übrigen Götter sind selbst in ihrem Dasein nicht unabhängig von Zeus. In Bezug zunächst auf Zeus und Here „zeigt sich die wohl allgemein geltende Annahme, daß sich dem Dichter die höchste Gottheit in der Doppelgestalt von Zeus und Here darstelle, vollkommen begründet"[2]. Diese beiden Götter bildeten augenscheinlich ursprünglich eine Einheit, traten aber beim Dichter so sehr auseinander, daß unter Umständen selbst die Einigkeit ganz bedeutende Störungen erfahren kann. Immerhin jedoch vermag Here nichts ohne oder gegen den Willen des Zeus auszurichten, so daß offenbar dieser selbst es ist, der in seiner Gemahlin herrscht.

Dasselbe ist der Fall rücksichtlich der Brüder des Zeus, Poseidon und Hades, die im Meere und in der Unterwelt regieren. Beide erkennen bereitwillig ihre Unterordnung unter den Gott des Himmels an und werden vom Dichter mit ihm identifizirt (z. B. Jl. 9, 457 und 569). Athene stellt sich durch Abkunft und Thätigkeit sofort als eine aus Zeus herausgeborene Seite seines Wesens, als seine Doppelgängerin dar. Apollo ist wesentlich ein Organ, der Mund des Zeus; Ares, Hephästus, Aphrobite, Artemis, Hermes sind seine Kinder. Somit beruht ihr Wesen nicht auf ihnen, sondern ist ein Ausfluß des seinen. Die verschiedenen Göttergestalten repräsentiren im Grunde nur verschiedene Thätigkeiten des einen höchsten Prinzipes. „In dieser Zurückfüh-

---

[1] M. Müller, Wissenschaft der Sprache, II. S. 389 f.
[2] Nägelsbach, Homerische Theologie, S. 102.

rung göttlicher Thätigkeiten auf Zeus als deren Urquell verräth sich deutlich eine der homerischen Weltanschauung eingepflanzte **monotheistische Tendenz.**"[1]

Es fragt sich nur: Ist diese Tendenz das Bestreben, sich aus einem niedern Standpunkte emporzuarbeiten oder aber einen frühern höhern Standpunkt zu behaupten? An und für sich ist natürlich Beides möglich, über den Thatbestand aber kann uns nur die frühere Geschichte der griechischen Religion Aufklärung bieten. Wenden wir uns zur Periode der Pelasger, so ist hier nicht viel Erkundigung einzuholen; denn die Quellen fließen spärlich und lassen uns zudem schon einen wenn auch weniger ausgebildeten Polytheismus erkennen, der sich von dem homerischen hauptsächlich durch eine geringere Vermenschlichung der Götterwesen unterscheidet. Anders gestaltet sich die Sache, wenn wir den engen Kreis des Hellenenthums überschreiten und an der Hand der Sprachwissenschaft unsere Forschungen auf die ältesten Vertreter des indogermanischen Stammes ausdehnen.

Die Griechen bildeten mit den Indern ursprünglich ein Volk und hatten mit denselben die gleiche Religion. Wirklich ist Zeus ja von dyu durchaus nicht verschieden, und beide decken sich vollständig mit theos[2] und deva, dem allgemeinen Namen für die Gottheit. Daraus folgt, daß wir keine Erklärung annehmen können, die nicht auch auf die Inder und Perser anwendbar wäre. Bei diesen herrschte anfänglich Monotheismus, der erst später zum Polytheismus herabsank, und mithin **ist auch die monotheistische Tendenz in der griechischen Religion eine Rückerinnerung an den frühern Zustand.** „Zeus strahlte klar und rein als der wahre Gott der Griechen, ehe er sich in das Gewölk der olympischen Mythologie hüllte, und an mancher Stelle, wo theos gesagt ist, können wir es ohne Bedenken mit Gott (statt ein Gott) übersetzen."[3]

Daraus ist auch erklärlich, daß Zeus stets ein panhellenischer Gott war und blieb, während die übrigen Götter mehr lokaler Natur waren.

---

[1] Nägelsbach, Homerische Theologie, S. 113. Auch nach Preller (Griechische Mythologie, I. S. 85) verräth die griechische Götterwelt „einen vernehmlichen Zug zum Monotheismus".

[2] Nach Georg Curtius (Grundzüge der griechischen Etymologie. 3. Aufl. Leipzig 1869. S. 466 f.) ist die Verwandtschaft von theos mit dyu allerdings nicht sicher; doch stimmen die meisten Autoritäten seinen Zweifeln nicht bei.

[3] M. Müller, Wissenschaft der Sprache, S. 390.

Die Äolier verehrten den Poseidon, die Dorier den Apollo, die Jonier die Athene, den Zeus kannte jeder griechische Volksstamm, jedes griechische Dorf. Er war den Griechen keine Naturkraft, war ihnen auch mehr als bloß der personifizirte Himmel, er war ihnen der einzige wahre Gott über alle Götter. Sehen wir nun, wie sich der griechische Gottesbegriff in den nachhomerischen Zeiten entwickelt.

Zunächst mehren sich die Göttergestalten, allegorische Wesen, unter denen besonders die Nemesis hervortritt, werden häufiger, zwischen Götter und Menschen schieben sich als Mittelwesen Dämonen und Heroen ein, auch der bei Homer kaum vorhandene Kult der Todten nimmt an Ausdehnung zu. Der Götterdynastien gibt es mit der Zeit drei, und der Stammhalter der ersten, Uranus, hat den Oceanus aus der Würde des Urvaters verdrängt. In der Titanendynastie taucht zum ersten Male die Gestalt des Prometheus auf, und mit ihm eine neue Lehre über das ehemalige Verhältniß der Erdenbewohner zu den Himmlischen. Der monotheistische Zug in der Stellung des Zeus tritt bisweilen sehr stark hervor [1].

Einige Male ist von der Schöpfung die Rede, wie Hesiod. opp. 109: „Das goldene Geschlecht der Menschen schufen (ποίησαν) zuerst die unsterblichen Bewohner der olympischen Paläste"; 126: „zum zweiten schufen darauf das viel geringere silberne Geschlecht, die Bewohner der olympischen Paläste, dem goldenen an Gestalt und Geist nicht gleich"; 142: „der Vater Zeus schuf als drittes das eherne Geschlecht der redenden Menschen, dem silbernen durchaus nicht ähnlich"; 155: „aber nachdem die Erde auch dieses Geschlecht bedeckt, schuf der Kronide Zeus das vierte auf der vielernährenden Erde, ein gerechteres und besseres, das göttliche Geschlecht der Heroen, die Halbgötter genannt werden." Doch dieses sind nur vereinzelte Anklänge, die zudem nur auf Menschenschöpfung deuten, während der Begriff der Schöpfung im Allgemeinen nicht zum Durchbruch kommt.

Wohl aber sind die Götter Weltregierer. Ihre Macht und ihr Wissen wird immer mehr der sinnlichen Beschränktheit entkleidet. „Die Götter wissen Alles, da sie ewig sind." „Die Götter sind ewig und sehen Alles und können Alles." [2] „Sitzend hoch auf heiligen Sitzen, wirkt der göttliche Geist gleichwohl Alles vollendend von dort aus." [3]

---

[1] Nägelsbach, Nachhomerische Theologie, S. 423 ff.
[2] Xenoph. Cyrop. 1, 6. 46; 8, 7. 22.   [3] Aeschyl. Suppl. 100 sq.

Zugleich mit dieser Anschauung beginnt die Lehre von einer göttlichen Weltordnung nach ewigen Gesetzen sich zu entwickeln. „Ach, wär' es Loos meines Lebens, rein zu wahren fromme Scheu bei jedem Wort und jedem Werke, treu den Urgesetzen, die, in den Höhen wandelnd, in Äthers himmlischem Gebiet, stammen aus dem Schooße des Vaters Olympos, nicht aus sterblicher Männer Kraft geboren. Niemals wiegt sie in Schlaf stumme Vergessenheit, es belebt sie mächtig ein Gott, der nie altert."[1] Darum spricht Antigone zu Kreon: „Nicht so mächtig acht' ich, was du befahlst, daß dir der Götter ungeschriebenes ewiges Gesetz sich beugen muß, dir dem Sterblichen; denn heute nicht und gestern erst, nein, alle Zeit lebt dieses; Niemand weiß, von wannen es erschien."[2]

Der Strafgerechtigkeit der Götter kann kein Böser entrinnen: „Wenn ihr dort die Götter ehret, mißachtet hier auch nicht die Macht der Götter und vergesset nie: Sie sehen, wo sich fromm bewährt ein Sterblicher, sie sehen das Thun der Bösen, und für Frevel ja gab's auf der weiten Erde kein Entrinnen noch."[3] „Wenn Einer mit den Göttern in Krieg geräth (es ist von falschen Schwüren die Rede), so weiß ich nicht, wie er schnell genug fliehen, oder an welch verborgenen Ort er entrinnen, oder an welch festen Platz er entweichen könnte; denn allenthalben ist er den Göttern unterthan, und allenthalben beherrschen dieselben gleicherweise Alles."[4] Ja nicht selten müssen Viele für den Frevel Einiger leiden. „Oft büßt eine ganze Stadt für einen bösen Mann, der sündigt und Unbilliges sinnt. Ihnen aber sendet vom Himmel ein großes Übel der Kronide, Hunger und Pest zugleich, zu Grunde gehen die Völker, die Weiber gebären nicht, es mindern sich die Familien, zuweilen auch richtet er ihr gewaltiges Heer zu Grunde oder die Veste oder straft auf dem Meer ihre Schiffe. O Könige, denket auch ihr an diese Strafe; denn nahe unter den Menschen wandelnd, beobachten die Unsterblichen, wie jene einander bedrücken mit falschem Urtheil, unbekümmert um der Götter Wissen. Die Dike, eine Jungfrau, ist des Zeus Tochter, herrlich und den Göttern ehrwürdig. Wenn Jemand sie ruchlos mißachtend verletzt, geht sie sofort zum Vater Zeus, dem Kroniden, und klagt der Menschen ungerechten Sinn, damit das Volk büße die Thorheiten der Könige, die, Verderbliches sinnend, durch schlechte Urtheilssprüche das Recht verdrehen. Das bedenket, o Könige, und bessert euern Sinn, Ge-

---

[1] Sophocl. Oed. R. 846 sqq., übersetzt von Donner.
[2] Sophocl. Antig. 451 sqq.   [3] Sophocl. Oed. Col. 272 sqq.
[4] Xenoph. Anab. 2, 5. 7.

schenkeverschlinger, und lasset durchaus ab von ungerechten Urtheilen. Sich selbst wirkt Böses der Mann, der einem Andern Böses bereitet, und ein schlechter Anschlag ist für den Erfinder am schlimmsten. Alles sieht Zeus und bemerkt Alles."[1] Zwar „züchtigt Gott nicht immer auf der Stelle, denn das ist eine menschliche Strafart; aber die Strafe Gottes ist sicher"[2].

Der strafenden Gerechtigkeit der Götter entspricht die belohnende: „Die Recht gewähren den Fremden und den Bürgern und nichts Billiges unterlassen, diesen blüht die Stadt und die Völker sprossen in ihr. Friede ist auf der männernährenden Erde, und keinen schrecklichen Krieg sendet ihnen der weitblickende Zeus, und niemals ist Hungersnoth unter gerechten Menschen und Verderben. Bei Gelagen genießen sie die ersorgten Werke. Ihnen trägt die Erde viel Lebensunterhalt, und Eicheln bringt hoch auf den Bergen die Eiche, am Abhange wohnen die Bienen, die wolligen Schafe tragen schwer an ihrem Vließ. Es gebären die Weiber den Eltern ähnliche Kinder, an Gütern ist Überfluß. Nicht werden sie auf ihren Schiffen gefährdet, und Frucht trägt ihnen der ergiebige Acker."[3]

Auch die Vorstellung wird wohl zum Ausdruck gebracht, daß der auf dieser Welt unbestraft gebliebene Frevler seine Strafe im Jenseits findet. „Jeder wird seinen gerechten Lohn empfangen; denn groß ist der Orkus, nach Sterblichen verlangend unter der Erde, und mit gedenksamem Geiste schaut er Alles."[4] Im Ganzen aber ist die Ansicht der Griechen über das andere Leben sehr schwankend, und wir finden so ziemlich alle Meinungen vertreten, von der einfachen Läugnung der Unsterblichkeit bis zu Hindeutungen auf eine ewige Glückseligkeit[5].

Hatte, wie aus der bisherigen Darstellung hervorgeht, die nachhomerische Theologie einzelne Schritte zum Bessern gethan, so ist im Allgemeinen ein steter Verfall zu konstatiren. Es währte nicht lang, bis man die bildlichen Darstellungen der Götter und den dargestellten Gegenstand nicht mehr klar zu unterscheiden vermochte. So erzählt Pausanias, das Heiligthum zu Alalkomene sei seit der Zeit verlassen worden, als Sulla das Bild der Göttin Athene aus demselben geraubt hatte,

---

[1] Hesiod. opp. et dies 240 sqq.   [3] Lys. 6, 20. 33.
[2] Hesiod. opp. et dies 225 sqq.   [4] Aeschyl. Eum. 270 sqq.
[5] Vgl. einerseits Isocr. 12, 260 und andererseits die Oden Pindars. Dazu Nägelsbach, Nachhomerische Theologie, S. 396 ff., und Edm. Spieß, Entwicklungsgeschichte der Vorstellungen vom Zustande nach dem Tode. Jena 1877. 11. Kap.

und als Grund gibt er an: „weil es der Gottheit beraubt war". Derselbe berichtet: „In Sparta sieht man dem Tempel des Hyposthenes gegenüber eine alte Bildsäule des Enyalius in Fesseln. Die Spartaner hegen nämlich in Betreff dieses Bildes dieselbe Meinung wie die Athener rücksichtlich der sogen. ungeflügelten Nike. Jene halten dafür, Enyalius werde sie nie verlassen, da er in Fesseln liege; diese glauben, die Nike würde immer bei ihnen bleiben, da sie keine Flügel habe."[1]

So kam der Volksglaube allmählich dazu, daß er in den hölzernen und steinernen Göttern die wirklichen zu finden vermeinte. Dieß hatte natürlich oft bittere Täuschung zur Folge, und unter Umständen entschloß man sich lieber, die Mächtigen dieser Erde zu seinen Schutzgöttern zu machen. So hat uns Athenäus einen Hymnus auf Demetrius Poliorketes, den Sohn des Königs Antigonus von Macedonien, aufbewahrt, in dem es heißt: „Sei gegrüßt, du Sohn des mächtigsten Gottes Poseidon und der Aphrodite. Die anderen Götter sind entweder weit weg oder haben keine Ohren, oder existiren nicht oder stehen in gar keiner Gemeinschaft mit uns. Dich aber sehen wir gegenwärtig, nicht in Holz und nicht in Stein, sondern wahrhaftig; zu dir drum flehen wir."[2]

Doch sind derartige Auswüchse ebenso wenig allgemein, wie verschiedene pantheistische oder nihilistische Richtungen in den oberen Regionen. Die Masse des Volkes blieb bei der alten Zeus-Religion, entstellte dieselbe aber durch immer größere Zersplitterung der Götter und immer sinnloseren Polytheismus.

Spuren reinerer Gotteserkenntniß finden wir indessen zu allen Zeiten, und an diese Spuren anknüpfend, suchten schon frühe begabte Geister zu einem höhern religiösen Bewußtsein durchzubringen. Zuerst waren es dichtende Philosophen, wie Orpheus, Linus, Musäus, in deren Gesängen wir schwache Versuche einer wissenschaftlichen Theogonie und Kosmogonie erkennen. Aber je mehr die Nation zu selbstbewußter Einsicht heranreifte, desto mehr fühlte sie sich unbefriedigt bei dem Gedanken an die olympische Götterwelt überhaupt, die bei allem idealen Gepräge doch so stark menschliche Seiten zeigte. Die Widersprüche und Thorheiten der Volksreligion forderten das philosophische Denken zum Kampfe heraus. Dabei konnte es geschehen, daß man sich begnügte, diese Absurditäten nachzuweisen, und zur bloßen Negation vorbrang, wie dieß vielfach bei den Sophisten der Fall war; oder aber man

---

[1] Pausan. 9, 33; 3, 15. [2] Athen. 6, 253.

versuchte positiv etwas Besseres an die Stelle der früheren Irrthümer zu setzen. Ein Beispiel dieser letzten Richtung haben wir an Anaxagoras aus Klazomenä (um 500 v. Chr.), der den letzten Grund der Weltordnung in einem reinen, selbstständigen, von der Welt unterschiedenen Geiste fand[1]. Die Lehre der Sophisten aber gipfelt in dem berühmten Satze des Protagoras aus Abdera (um 440 v. Chr.): „Der Mensch ist das Maß aller Dinge", d. h. absolute Wahrheit gibt es nicht, sondern was Jeder für wahr hält, das ist wahr. „Was die Götter anbelangt, so kann ich nicht sagen, ob sie existiren oder nicht; denn Vieles hindert uns, das zu wissen, die Dunkelheit der Sache und die Kürze des menschlichen Lebens."[2]

Es würde uns zu weit führen, wollten wir dieses Ringen des griechischen Geistes nach wissenschaftlicher Erkenntniß in seinem ganzen Verlaufe verfolgen. Das Resultat des Prozesses liegt vor uns in der sokratischen Philosophie im weitesten Sinne des Wortes, und diese Philosophie hinwiederum können wir auffassen als einen Baum, den wir am füglichsten und leichtesten nach seinen Blüthen und Früchten beurtheilen. Seine schönste Blüthe aber ist Plato, seine vollreife Frucht ist Aristoteles. In der Lehre dieser Männer haben wir nicht sowohl die Ideen und das System Einzelner, sondern ein Werk, an dem der hellenische Geist seit Jahrhunderten gearbeitet, und das ihm nach den größten Anstrengungen endlich gelungen ist. „Die alten Platoniker und Peripatetiker wußten recht wohl, daß sie in Plato und Aristoteles Ausdruck und Gipfel einer ganzen philosophischen Zeit hatten. Kein großer Geist steht allein in seiner Zeit, wie nicht leicht ein Berg auf weiter Ebene sich erhebt; die Kraft von Tausenden hat in jeder großen historischen Erscheinung sich verzehrt, der Größte oder Glücklichste nennt das Werk nach seinem Namen."[3]

Beginnen wir mit dem „Griechen aller Griechen", mit Plato. Es ist wohl wahr, daß dieser aristokratische Philosoph keinen so unmittelbaren Einfluß auf seine athenischen Landsleute gewann wie die volksthümliche Erscheinung des Sokrates; aber seine Bedeutung war dafür um so nachhaltiger; denn die Erhabenheit platonischer Gedanken und die Schönheit platonischer Darstellung übt bis heute noch auf viele Geister einen mächtigen Zauber aus, so daß wenig philosophische Systeme sich

---

[1] Aristot. Metaph. 1, 3. [2] Diogenes Laërt. 9, 51.
[3] Jos. Görres, Mythengeschichte der asiatischen Welt. Heidelberg 1810. S. XXIII.

eines ähnlichen Erfolges erfreut haben. Ist somit die philosophische Bedeutung Platos nicht zu leugnen, so ist doch von der andern Seite seine Lehre über das Dasein und Wesen Gottes so bekannt, daß wir uns mit einer kurzen Skizzirung derselben begnügen können.

Plato bestreitet mit aller Energie die Vorstellungen des Volkes über das Wesen der Gottheit. Homer und Hesiod, sagt er, sind sehr zu tadeln, daß sie so unsinnige Götterfabeln erdacht haben, gerade wie ein Künstler Tadel verdient, der einen Gegenstand kopiren soll und anstatt der Kopie eine Karikatur liefert. Dichter, welche den Göttern menschliche Schwächen zuschreiben, sollte man in einem guten Staate gar nicht dulden (Rep. 377 ff.). Es ist zwar nicht möglich, den volksthümlichen Götterglauben ganz abzuschaffen, weil nicht Alle der reinern Erkenntniß fähig sind; denn „den Schöpfer und Vater der Welt zu finden, ist schwer; wenn man ihn aber auch gefunden, so ist es unmöglich, ihn Allen zu verkünden" (Tim. 28). Deßhalb muß für die Mehrzahl der Bürger der alte Volksglaube beibehalten, aber doch von unmoralischen Zuthaten gereinigt werden (Rep. 376 ff.).

Was Plato selbst von den herrschenden Mythen denkt, deutet er mit beißender Ironie im Timäus an: „Über Wesen und Entstehen der übrigen (der Volks-) Götter zu reden, ist mir zu schwer. In dieser Beziehung müssen wir jenen glauben, welche früher darüber gesprochen haben, da die ja Nachkommen der Götter sind, wie sie sagten, und ihre Vorfahren doch wohl gekannt haben müssen. Sprößlingen der Götter darf man unmöglich den Glauben versagen; denn Mittheilungen über Familienverhältnisse muß man Anstands halber schon Vertrauen schenken" (Tim. 40).

Also für die Götter der Mythe hat Plato keine Beweise, wohl aber für den „Schöpfer und Vater des All". Zunächst ist es die vielgestaltige Bewegung des Universums, die ihren letzten Grund nicht in der starren Materie haben kann, sondern nothwendig auf ein lebendes, sich selbst bewegendes Wesen, eine „Seele", zurückgeführt werden muß. Ein höchstes Vernunftwesen steht über der Welt und theilt allen Himmelskörpern ihre Bewegungen mit (Ges. 893 ff.).

Wenn wir ferner die Ordnung betrachten und die Zweckmäßigkeit, die im Weltall herrscht, so müssen wir daraus auf einen „königlichen Geist" schließen, der Allem gegenwärtig ist und Alles nach seiner Weisheit lenkt (Phil. 30). Wenn es darum auch den Anschein hat, als ob diejenigen, welche sich mit der Astronomie beschäftigen, gottlos werden müßten, indem sie Alles aus nothwendig wirkenden Ursachen und nicht aus der Leitung des nur Gutes bezweckenden göttlichen Willens herleiten, so muß doch bei tieferem Eindringen gerade das Umgekehrte geschehen, indem es dann klar wird, daß die leblose Materie nur durch das Walten eines höheren Geistes mit solch zutreffender Gesetzmäßigkeit zu wirken vermag (Ges. 967).

Auch kann die Materie ihrer Natur nach nicht aus sich sein; denn das Weltall „ist sichtbar und tastbar und hat einen Körper. Alles Sinnenfällige aber, das vermittelst der Sinnenerkenntniß lediglich der Meinung zugänglich ist (nicht dem wahren Wissen), offenbart sich als etwas Werdendes und Gewordenes. Das Gewordene aber muß nothwendig aus irgend einem Entstehungsgrund geworden sein", also einen Schöpfer haben (Tim. 28). Noch aus anderen Gründen beweist Plato das Dasein Gottes. Doch es ist für unsern Zweck nicht nöthig, alle Beweise hier zusammenzustellen und zu prüfen. Es genügt uns, Platos Meinung in dieser Sache zu wissen.

Fragen wir nun, welches die Eigenschaften Gottes sind, so wird uns geantwortet: Gott ist einer (Polit. 296), ein reiner Geist; nur „weil wir Gott nicht sehen und nicht klar aufzufassen vermögen, darum dichten wir ihm einen Leib an" (Phädr. 246): natürlich, wenn schon die Seele in ihrem reinen Zustande durchaus körperlos ist (Phädr. 67), also um! so viel mehr die Gottheit; Gott ist ewig (Tim. 37), von ihm gilt kein „war" oder „wird sein", sondern nur ein „ist" (Tim. 38); er ist unsichtbar und kann nur von dem denkenden Geiste erfaßt werden (Tim. 28); er kann sich nicht verändern, weder zum Bessern, da er schon alle Vollkommenheit besitzt, noch zum Schlechtern, da dieses seiner Natur widerstrebt; er ist wahrhaftig und kann weder sich noch Andere betrügen; er ist ganz gut, und die Ursache alles Guten und nur des Guten (Rep. 379); er ist das höchste, selbstgenügsame Wesen (Phädr. 100), das Maß aller Dinge (Ges. 716); aus neidloser Güte hat er die Welt zu seinem möglichst getreuen Nachbild gemacht (Tim. 29 ff.) und lenkt dieselbe auf das Weiseste (Ges. 902) durch seine Alles vermögende Macht (Ges. 715); seiner Allwissenheit ist nichts verborgen (Ges. 901); er straft die Bösen und belohnt die Guten (Ges. 716); kurz, er ist ein unendlich vollkommener Geist (Rep. 381), das Höchste im Reich der Erkenntniß (Rep. 517). Doch eben weil er so vollkommen ist, darum vermögen wir arme Menschen uns nur analoger und bildlicher Redeweisen zu bedienen, wenn wir von ihm sprechen, und man darf sich nicht wundern, daß die Aussagen auch der Weisesten nicht selten unklar und widerspruchsvoll sind (Tim. 29).

Mithin läßt sich in Platos Philosophie die Überzeugung von der rein geistigen, absolut vollkommenen, persönlichen, frei waltenden Existenz Gottes nicht verkennen, eines Gottes, zu dem man um Hilfe flehen kann, ja an den jeder vernünftige Mensch sich in allen wichtigen Anliegen mit der Bitte um Beistand wenden sollte (Ges. 893; Tim. 27). Der platonische Gott handelt gerade wie der christliche nach dem ewigen Gesetze, das nicht über ihm steht, sondern im innersten Wesen seiner unendlich heiligen Natur begründet ist. Wie der christliche Gott, wenn er schaffen will, Alles gut machen muß, so auch der Gott Platos. Wie weit aber Plato bis zum eigentlichen Begriff der Schöpfung vorgedrungen, läßt sich allerdings schwer sagen; denn man kann weder annehmen, daß er das Dasein einer ewigen Materie neben Gott gelehrt, noch daß er die Welt schlechthin als Geschöpf Gottes und die ewige Materie bloß als den leeren Raum aufgefaßt habe, ohne mit anderen klar ausgesprochenen Ansichten seines Systems in Widerspruch zu treten[1]. Jedes Citat, das der einen Meinung günstig scheint, läßt sich wohl durch ein anderes entgegengesetztes kraftlos machen, so daß wir in diesem Falle von dem Begriff der Schöpfung am besten einfach abstrahiren.

Also abgesehen von der Schöpfung, untersuchen wir kurz das Verhältniß der Idee Gottes zur Idee des Guten. Beide sind identisch. Wie nämlich im Reiche der sichtbaren Dinge die Sonne mit ihrem Lichte Alles überstrahlt und allem Sichtbaren seine Sichtbarkeit verleiht, so existirt auch in der Welt des wahrhaft Seienden (der ewigen Ideen) Eine Idee, die jedem Denkbaren seine Wahrheit, jedem Denkenden seine Denkkraft gibt. Das ist die Idee des Guten, die Ursache der Erkenntniß und der mit dem Verstande erfaßbaren Wahrheit. Schwer ist diese Idee zu begreifen; wer sie aber einmal erkannt, der muß sagen, daß sie die Ursache alles Rechten und Schönen ist. Nicht nur alle Wahrheit, sondern auch alles Sein rührt von ihr her, während sie selbst an Würde jede andere Wesenheit überragt (Rep. 508 f. 517). Da nun Gott die höchste Ursache von Allem ist (Rep. 597), so ist die Idee des Guten von Gott nicht verschieden.

Das Gute an und für sich ist gewiß ein unpersönlicher Begriff, und daher lassen sich leicht aus dem platonischen System Aussagen über dasselbe herausreißen, die einer pantheistischen Deutung fähig sind. Von der andern Seite aber kann nur Voreingenommenheit in dem persönlichen Gott, von dem Plato an so vielen Stellen nicht nur in den mehr populären, sondern auch in den streng wissenschaftlichen Dialogen redet, einen deus ex machina erblicken. Wollen wir bei Plato Pantheismus voraussetzen, so müssen wir ihn vieler evidenter und ganz unnöthiger Widersprüche mit sich selber zeihen. Fassen wir ihn aber in theistischem Sinne auf, so lassen sich alle Dunkelheiten befriedigend lösen. Das Richtige dürfte Zeller getroffen haben: „Plato redet oft genug in persönlicher Weise von der Gottheit, und wir haben kein Recht, darin nur eine bewußte Anbequemung an die religiösen Vorstellungen zu sehen. Auch alles das, was er über die Vollkommenheit Gottes, über die göttliche Vorsehung, über die Fürsorge der Götter für die Menschen sagt, macht durchaus

---

[1] Vgl. Die Philosophie der Griechen, von Dr. E. Zeller. 2. Theil. 3. Aufl. Leipzig 1875. S. 603 ff. Zeller vertheidigt die Auffassung der Materie als „bloßer Form der Materialität, der Form des räumlichen Daseins und der Bewegung".

nicht den Eindruck, als ob er dabei philosophische Ideen mit Bewußtsein in eine ihm selbst fremd gewordene Sprache übersetzte, sondern den, daß er den religiösen Glauben selbst theile und im Wesentlichen für wohlbegründet halte. Aber er macht nirgends einen Versuch, diese religiösen Vorstellungen mit seinen wissenschaftlichen Begriffen zu vermitteln und die Vereinbarkeit beider nachzuweisen . . ., sondern beruhigt sich bei dem allgemeinen Gedanken, daß beide dasselbe besagen. Die Schwierigkeiten, welche dieser Gleichsetzung so verschiedenartiger Dinge im Wege stehen, scheint er nicht bemerkt zu haben, wie dieß ja so manchem Philosophen vor und nach ihm begegnet ist." [1]

Wegen dunkler Ausdrücke Plato für einen Pantheisten ausgeben zu wollen, wäre gerade so ungerecht, als ihn für einen Polytheisten zu halten, weil er so oft von Göttern redet. Er thut dieß, wenn er sich auf den Standpunkt der gewöhnlichen Leute stellt, um diesen durch Anbequemung an ihren Sprachgebrauch verständlich zu werden (z. B. Ges. 893 ff.).

Ferner bezeichnet er die Gestirne als Götter. Um nämlich die Gesetzmäßigkeit ihrer Bewegungen zu erklären, legt er ihnen Seelen bei und bezeichnet diese als die edelsten und vernünftigsten aller geschaffenen Wesen, aber trotzdem sind diese eben doch „nur Geschöpfe Gottes", „sichtbare und geschaffene Götter", wie es im Timäus (40) heißt. Diese „Götter" läßt Plato vom Weltbildner also anreden: „Göttersöhne, deren Bildner ich bin, als der Vater von Werken, die, durch mich entstanden, auch nur durch meinen Willen unzerstörbar sind; denn alles, was gebunden wurde, kann auch aufgelöst werden. Allein eine gutgefügte, vortreffliche Bildung auflösen, wäre vom Bösen. Deßhalb seid ihr zwar, weil ihr geworden, nicht unsterblich und schlechterdings unauflöslich; aber ihr sollt nicht zerstört werden und das Todesgeschick nicht kosten, weil ihr an meinem Willen ein besseres und stärkeres Band habt, als jene Bänder sind, durch die ihr bei euerem Entstehen zusammengefügt wurdet" (Tim. 40).

Im Gegensatze zu diesen geschaffenen Göttern sind die Ideen die wahren und ewigen Götter. Da jedoch auch sie sich in ihrer Wechsel-

---

[1] E. Zeller, Die Philosophie der Griechen. 2. Theil. 1. Abth. S. 600 f. Ähnlich sagt Zeller in seinem Grundrisse der Geschichte der griechischen Philosophie (Leipzig 1883), S. 139: „Platos eigene Religion ist jener philosophische Monotheismus, für welchen die Gottheit mit der Idee des Guten, der Vorsehungsglaube mit der Überzeugung, daß die Welt das Werk der Vernunft und das Abbild der Idee sei, die Gottesverehrung mit der Tugend und Erkenntniß zusammenfällt, und in demselben Sinne sind auch seine populären Äußerungen über Gott oder die Götter gehalten."

beziehung zu einander und in ihrer Wirksamkeit als bedingt erweisen und ihr Sein von der Idee des Guten empfangen (Phäd. 97), so sind sie unter allen Umständen nicht unabhängig von dieser zu denken. Im Übrigen ist das Verhältniß der Ideen zu Gott in der platonischen Philosophie so unklar, daß der Streit darüber heute noch nicht beendet ist. Darum können wir diese Frage ebenso außer Acht lassen, wie die nach der Natur der Dämonen, da aus den Äußerungen Platos nicht einmal ersichtlich ist, ob er selbst an solche Zwischenwesen glaubte.

Was die menschliche Seele anbelangt, so ist diese nach Plato von Gott ausgegangen und kehrt auch zu Gott wieder zurück. Nach dem Tode findet ein Gericht statt; alle, die außergewöhnlich rein und gottgefällig gelebt haben, gelangen zu einem unkörperlichen Dasein, dessen Schönheit mit Worten nicht zu beschreiben ist. Die mittelmäßig Guten haben noch eine Läuterung zu bestehen und empfangen dann den Lohn für ihre Verdienste. Strenger sind schon die Strafen jener, die große Verbrechen begangen, aber noch während ihres Lebens bereut haben. Die unverbesserlichen Sünder vollends werden in die Hölle gestoßen und nie daraus erlöst werden (Phädr. 111 f.).

Wie jedoch alle hierher gehörigen Mythen und die Seelenwanderungslehre des Plato zu erklären und mit einander zu vereinbaren sind, das dürfte sich nicht so leicht bestimmen lassen. Ernst war es dem Philosophen jedenfalls mit der Lehre von der Unsterblichkeit, die an den verschiedensten Stellen ausführlich bewiesen wird. Ebenso wird sich seinem Glauben an die Vergeltung im Jenseits eine dogmatische Bedeutung durchaus nicht absprechen lassen, da er diese Lehre wiederholt als seine eigene wohlbegründete Meinung vorträgt (Rep. 612 ff. Phädr. 107).

Im Zusammenhange hiermit steht die Anweisung, das ganze Streben des Menschen müsse ein Ringen nach Entkörperung, eine stete Vorbereitung auf den Tod sein; denn der Körper ist es, der uns an der vollen Erreichung unseres höchsten Gutes, der möglichsten Ähnlichkeit mit Gott, hindert (Theät. 176). Zwar erblickt Plato schon das wahre Glück in diesem Leben in der Ausübung der Tugend (Rep. 353), aber zugleich schaut er in derselben das einzige und sichere Mittel, zur Vereinigung mit Gott und darum zur vollendeten Glückseligkeit zu gelangen; denn der tugendhafte Mensch ist schon während seines Lebens ein Freund Gottes und ein Gegenstand seiner Liebe und seiner Segnungen, und er wird nach dem Tode seines Lohnes sicher nicht verlustig gehen (Rep. 612 ff.).

Irreligiosität aber ist widersinnig und unsittlich und darum mit den härtesten Strafen zu belegen (Ges. 901 ff.).

Die platonische Philosophie ist also durch und durch religiös. Getragen von einer erhabenen Ahnungskraft, schwingt sie sich hinauf zur Welt der Ideale, um in dem höchsten und schönsten derselben die letzte Ursache alles Seins, den Grund der Ordnung, die Quelle der Wahrheit, das letzte Ziel unseres Strebens zu finden. Plato ist ein Geist, der durch seine gewaltige Größe alle griechischen Gottesleugner mitsammen weit aufwiegt, und dieser Geist bezeugt uns, daß nur Unverstand oder Bosheit eine Wahrheit bestreiten kann, die sich dem mehr reflexionslosen Denken des gewöhnlichen Mannes ebenso leicht ergibt, wie sie sich dem Philosophen stets als letzte Konsequenz alles logischen Denkens unabweislich aufdrängt.

Ist die mit Mythen und Metaphern verblümte Lehre Platos der Erklärung bedürftig und sogar widersprechender Erklärungen fähig, so spricht uns die ruhigere und einfachere Darstellung seines Schülers Aristoteles um so mehr durch ihre Klarheit an. Bei dem „Meister aller, die wissen", nimmt die nüchterne Kunstsprache die Stelle der Mythen ein; es verschwindet die dichterische und rhetorische Darstellung, und der Gedanke tritt im Gewande der trockensten Prosa auf. Steigt Plato von der Höhe der allgemeinen Idee herab zur Betrachtung der einzelnen Thatsachen, so steigt Aristoteles umgekehrt von den gegebenen Thatsachen hinauf zur Höhe der allgemeinen Idee. Plato ist aprioristisch und deduktiv, Aristoteles vorwiegend aposterioristisch und induktiv. Platos Anschauungen sind oft höher und erhabener, des Aristoteles Beweisführungen sicherer und gründlicher. Natürlich müssen sie sich bei ihrer entgegenkommenden Methode in der Mitte oft begegnen, und nur je nachdem der Eine mehr oder minder herab-, der Andere mehr oder minder hinaufkommt, bleiben sie auch in ihrer Lehre mehr oder minder von einander geschieden. An dem Dasein eines überweltlichen, persönlichen Gottes hat Aristoteles so wenig wie Plato gezweifelt, und seine Beweisführungen sind zum Theil dieselben.

Auch er schließt von dem Vorhandensein der Bewegung auf eine letzte Ursache derselben; denn wollte man kein erstes bewegendes, unbewegtes Prinzip annehmen, so müßte man Ein Bedingtes aus dem andern erklären bis in's Unendliche. Das ist aber widersinnig (Phys. 8, 5). So kann z. B. nicht das Fleisch aus der Erde, die Erde aus der Luft, die Luft aus dem Feuer u. s. w. entstehen ohne Ende. Existirt kein absolut Erstes, das keiner Ursache bedarf, so besteht in der ontologischen Ordnung überhaupt keine Ursache, da alles Bedingte nur Ursache werden kann durch ein Absolutes, das die Bedingung verwirklicht; und in der logischen Ordnung besteht keine Wissenschaft, da wir in einer unendlichen Reihe nie zu einem letzten Grunde kommen können; zu wissen aber glauben wir erst dann, wenn wir die letzten Gründe erkannt haben. Darum ist es klar, daß es ein letztes Prinzip gibt, und die Ursachen der Dinge nicht in's Unendliche gehen (Metaph. 2, 2).

Sodann läßt sich nicht leugnen, daß wir in der Natur eine ähnliche **Zweckmäßigkeit** wahrnehmen, wie in einem gut geordneten Heere (Metaph. 12, 10); ohne ein ewiges, übersinnliches, unveränderliches Wesen wäre aber eine solche Ordnung unmöglich (Metaph. 11, 2). Ordnung setzt nämlich einen Zweck voraus, und zwar zuletzt einen höchsten Zweck, der nicht mehr um eines andern willen da ist. Hebt man diesen Zweck also auf, so bleibt keine Vernunft mehr in der Natur der Dinge (Metaph. 2, 2).

Ein weiterer Beweis für das Dasein Gottes ergibt sich aus dem Satze, daß **die Wirklichkeit ihrer Natur nach früher sein muß, als die Möglichkeit**; denn das Mögliche wird wirklich durch die Vermittlung eines andern Wirklichen, wie Einer gebildet wird durch die Vermittlung eines andern Gebildeten. Da nun alles Materielle und Werdende seiner Natur nach potenziell ist, so muß all diesem eine reine Wirklichkeit als Ursache vorausgehen (Metaph. 9, 8 u. 12, 6).

Auch hält Aristoteles dafür, daß die Bewegung ewig sei, und schließt daraus folgendermaßen: Die Bewegung kann nicht entstehen und nicht vergehen, da sie immer war. Wenn jedoch ein bewegungsfähiges Wesen existirt, ohne in Aktualität überzugehen, so findet natürlich keine Bewegung statt. Eine Substanz aber, die potenziell ist, kann aus sich nicht zur Wirklichkeit übergehen. Also muß ein Prinzip existiren, dessen Wesen Aktualität ist (Phys. 8, 6).

Dem Sinne nach gleich, wenn auch der Form nach verschieden, ist die populäre Beweisführung, die uns Cicero aus einem verlorenen Dialoge des Aristoteles erhalten hat: „Gesetzt, es gebe Leute, die immer unter der Erde gewohnt hätten in guten und prächtigen Behausungen, welche geschmückt seien mit Bildsäulen und Gemälden und mit allem ausgestattet, was den für glücklich Gehaltenen in reichem Maße zu Gebote steht; gesetzt ferner, die seien nie auf die Erde gelangt, hätten aber durch ein dunkles Gerücht vernommen, es gebe eine Gottheit und Göttermacht. Da auf einmal öffnen sich ihnen die Schlünde der Erde, und sie können heraufsteigen aus ihren verborgenen Sitzen zu den von uns bewohnten Gefilden. Wenn die so plötzlich die Erde und die Meere und den Himmel sähen und die Größe der Wolken, und der Winde Macht erkännten, und zur Sonne aufblickten und deren Größe und Schönheit und Wirksamkeit wahrnähmen, daß sie den Tag schafft, indem sie ihr Licht über den ganzen Himmel ergießt, und wenn dann die Nacht die Länder in Dunkel hüllte,

und sie schauten nun den ganzen Himmel mit Sternen besäet und ge=
schmückt und das wechselnde Licht des zu= und abnehmenden Mondes und
all der Gestirne Auf= und Niedergang und ihren ewig gleichen und un=
veränderlichen Lauf, wenn sie das sähen, wahrlich dann würden sie
glauben, daß es Götter gebe und daß dieß alles der Götter gewaltiges
Werk sei." [1]

Gott also ist es, von dem Himmel und Erde abhängen, er ist ewig und
ungeworden (Metaph. 12, 6), er bewegt, ohne bewegt zu werden, er existirt
mit Nothwendigkeit, so daß er Nichtsein und Anderssein ausschließt. Er lebt
beständig ein Leben der vollendetsten Seligkeit. Sein Erkennen ist das
höchste und beste. Was unsere Vernunft Großes zu besitzen scheint, das
kommt der göttlichen Intelligenz in weit höherem Maße zu. „In der Gott=
heit ist Leben; denn die Thätigkeit des Erkennens ist Leben, und Erkennen
ist Thätigkeit. Reine und absolute Thätigkeit ist ihr bestes und ewiges Leben.
So sagen wir, daß Gott ist ein lebendes, ewiges, bestes Wesen, und daß
Leben und ununterbrochene, ewige Dauer ihm zukommt; denn das ist das
Wesen Gottes." Über alle Materie ist Gott erhaben, unräumlich, untheil=
bar, unzeitlich, unbegrenzt, leidenslos, unveränderlich (Metaph. 12, 7), er ist
ein einiges und einziges Prinzip (Metaph. 12, 8), bei ihm sind Denken und
Gedachtes nicht verschieden, sondern er ist das Denken seiner selbst die ganze
Ewigkeit hindurch (Metaph. 12, 9); er ist allmächtig, denn „mit Recht sagt
Agathon: Gott kann Alles, nur nicht Geschehenes ungeschehen machen" (Eth.
Nikom. 6, 2); er ist allweise, „denn Gott und die Natur thun nichts ver=
gebens" (De coel. 1, 4); „es hat zwar auch Gott die Fähigkeit, minder
Gutes zu thun, er ist aber nicht minder gut, weil er das nur wäre, wenn
er das minder Gute wirklich auswählte" (Top. 4, 5); er ist allgegenwärtig,
„denn was Heraklit zu seinen Besuchern gesagt haben soll, die sich scheuten,
ihm zu nahen, weil sie ihn in einem Bäckerhause sitzen sahen, um sich zu
wärmen (er hieß sie nämlich ohne Scheu hinzutreten, denn, sagte er, auch
hier sind unsterbliche Götter), dasselbe müssen wir bei der Naturforschung
beobachten. Alles müssen wir ohne Ekel behandeln, da in allen Naturdingen
Gott gegenwärtig ist" (De part. anim. 1, 5). Wir sagen freilich, daß die
eigentliche Wohnung Gottes der Himmel ist (De coel. 1, 9), weil er dort
seine Wirksamkeit am meisten äußert (Phys. 8, 10).

Gott ist die einzige Ursache von allem, was existirt, dem
Vergänglichen sowohl als dem Ewigen (Metaph. 11, 2), er ist das erste und
vorzüglichste Prinzip (Metaph. 11, 7). Die erste Ursache aber ist diejenige,
die den Dingen das Sein verleiht (Metaph. 4, 1). Er konnte zwar den
Geschöpfen kein unveränderliches Sein gewähren, darum „gab er dem Uni=
versum seine Fülle, indem er eine ewige Zeugung schuf" (De gen. et cor.
2, 10), also anstatt des beständigen Seins ein beständiges Werden. „Als

---

[1] Cicero, De nat. deor. 2, 37.

darum Jemand (Anaxagoras) die Behauptung aufstellte, wie den lebenden Wesen, so wohne auch der Natur ein vernünftiger Geist inne als Ursache der Welt und ihrer ganzen Ordnung, da kam er mir vor wie ein Nüchterner gegenüber den bedachtlosen Reden der Früheren" (Metaph. 1, 3). Gott ist also der einzige Herr aller Dinge, der, wie der Feldherr das Heer und der Familienvater das Hauswesen, so die Natur mit Weisheit ordnet und das gesammte Sein nicht schlecht regiert (Metaph. 12, 10); er ist unser größter Wohlthäter; denn wie die Eltern für die Kinder, so ist er für uns die Ursache der Existenz (Eth. Nikom. 8, 14).

Gott ist auch der Grund der moralischen Ordnung, und deßhalb ist von den Dingen, ohne die ein Staat nicht bestehen kann, „an erste Stelle zu setzen der Kult der Gottheit und das Priesterthum" (Polit. 7, 8). Wenn ein Mensch der ihm von Gott verliehenen Vernunft folgt und in diesem Sinne ein wahrhaft Weiser ist, so wird er auch glücklich sein; denn „ein solcher muß Gott überaus theuer sein. Sorgen nämlich die unsterblichen Götter für die Menschen, wie dieß ja der Wahrheit gemäß ist, so müssen sie doch wohl die größte Freude an dem haben, was das Beste und ihnen am meisten verwandt ist (das ist aber die Vernunft), und sie müssen allen, welche die Vernunft lieben und hochschätzen, Belohnungen und Gnaden verleihen, da solche Menschen eben das thun, was den Göttern lieb ist, indem sie sich fleißig in sittlich guten Handlungen üben. Das gerade ist aber Weisheit. Also wird der Weise am meisten von Gott geliebt und ist in dieser Beziehung der Glücklichste" (Eth. Nikom. 10, 9).

Daß Aristoteles an dieser Stelle sagt, Gott liebe die Vernunft am meisten, darf uns nicht wundern; denn da die Seele immateriell ist und mithin nicht aus der Materie hervorgehen kann, „so erübrigt nur, daß sie von Außen komme und etwas Göttliches sei" (De anim. gener. 2, 3). Weil aber die Seele ein unkörperliches, geistiges Wesen ist und somit rein geistige Thätigkeiten hat (De anima 3, 4 sqq.), so kann sie auch vom Leibe getrennt werden und muß nach dem Tode fortbestehen (De anima 1, 1). Wie sich übrigens Aristoteles die Fortdauer im Jenseits vorstellt, ist aus seinen noch vorhandenen Schriften nicht klar, so daß wir uns an dieser Stelle auf weitere Erörterungen nicht einlassen können.

Aus dem Gesagten geht indessen deutlich genug hervor, wie thöricht es ist, den Aristoteles zum Materialisten oder Pantheisten stempeln zu wollen. Ganz richtig sagt F. A. Lange: „Der Gegensatz gegen den Materialismus gipfelt in Plato, den hartnäckigsten Widerstand gegen materialistische Anschauungen leistete das aristotelische System" und „dieser (pantheistischen) Anschauung steht bei Aristoteles eine transcendente Gottesidee gegenüber"[1]. Lange als kritischer Materialist ist hier gewiß eine unverdächtige Autorität.

---

[1] Geschichte des Materialismus. 2. Aufl. Iserlohn 1873. 1. Buch. S. 44. 64.

Ziehen wir unsere Schlüsse:

Das Griechenthum, welches nach Aller Geständniß in vorchristlicher Zeit in natürlichen Dingen die höchste Bildungsstufe erreicht hat, glaubt mit solcher Zähigkeit an das Dasein persönlicher Götter, daß kaum irgend ein Grieche die Existenz Gottes einfachhin zu leugnen wagte. Dieses Volk zeigt trotz der starken Entstellung seiner religiösen Ideen eine ausgeprägte monotheistische Tendenz als Rückerinnerung an einen frühern Standpunkt. Die größten hellenischen Geister haben den Gottesbegriff in einer Weise entwickelt, daß man ihre Lehre trotz aller anklebenden Mängel mit Recht als eine Art Christenthum vor Christus bezeichnet hat.

4. Die Römer.

Da die römische Theologie (nicht Mythologie) mit der griechischen vollkommen identisch, und die römische Philosophie fast nur ein Ableger der griechischen ist, so genügt es, dieselbe mit wenigen Worten zu berühren.

Zeus stellte sich den Römern vorzüglich unter der Idee des „himmlischen Vaters", Jupiters, dar. Die häufig vorkommende Nebenform Diespiter müßte uns alle etwa noch obwaltenden Zweifel an der vollkommenen Gleichheit dieses Gottes mit dem „Vater Zeus" benehmen. Jupiter ist der höchste Gott Himmels und der Erde, „welcher der Menschen und Götter Geschicke, welcher Meer und Land und Welten lenkt zu jeder Zeit. Nichts ist größer als er, nichts ihm ähnlich oder vergleichbar"[1]. Von ihm stammen Götter und Menschen[2]; er ist Aller König[3]; er verursacht Regen (J. pluvius), Blitz, Donner (J. fulgurator, tonans), kurz alle Naturerscheinungen[4]; er ist der Beschützer des Hauses und der Familie (J. penetralis) und als Jupiter Optimus Maximus der eigentliche Gott des römischen Staates, vor dessen Ansehen und Verehrung alle anderen himmlischen Mächte weit zurücktreten müssen, so daß der schon bei den Griechen beobachtete monotheistische Zug hier viel deutlicher und schärfer hervortritt.

Die weibliche Seite der gleichen Gottheit erscheint in der Femininform Juno (= Diuno). Diese Göttin, „die da Königin ist über die Himmlischen, des Jupiter Schwester und Gemahlin"[5], fällt sachlich mit

---

[1] Horat. Od. 1, 12. Vgl. Virgil. Aen. 1, 229 sq. Buc. 3, 60 sq.
[2] Virgil. Aen. 1, 254.   [3] Ibid. 1, 65.
[4] Horat. Od. 1, 12.   [5] Virgil. Aen. 1, 46 sq.

Here zusammen. Die beiden obersten Himmelsgötter der Römer wurden von den alten Latinern unter dem Namen Janus (= Dianus) und Diana verehrt und ihrem Namen ganz entsprechend als Lichtgottheiten aufgefaßt[1]. „Janus-pater wurde im Lateinischen ebenso wie Jupiter als ein Wort gebraucht. Er wurde auch Junonius und Quirinus genannt und war, soweit wir urtheilen können, eine zweite Personifikation des Dyu, des Himmels, jedoch mit besonderer Beziehung auf das Jahr. Der Monat Januar verdankt ihm seinen Namen."[2] Aus seiner Stellung wurde er, wenn man so sagen darf, durch den kapitolinischen Jupiter verdrängt und mußte sich mit der Würde eines Gottes der Zeitdauer und des glücklichen Beginnes der kriegerischen Unternehmungen begnügen, dessen Tempel nur geschlossen wurde, wenn nirgendwo Krieg war[3]. Diana wurde besonders Jagdgöttin, „die dem Wilde feindliche Jungfrau"[4], und vergleicht sich der griechischen Artemis.

Von den übrigen Göttern entspricht Neptun dem Poseidon, Minerva der Pallas Athene, Vulcan dem Hephästus, Venus der Aphrodite, Mercur dem Hermes, Mars dem Ares, Saturn dem Kronos. Auf die anderen übermenschlichen Wesen hier näher einzugehen, lohnt sich um so weniger der Mühe, als die Zahl derselben sehr groß ist und sich leicht als eine Mischung aus den Religionen der verschiedensten unterjochten Völker herausstellt.

Die Religion war in Rom so sehr Staatssache, daß ein echter Römer schon aus Patriotismus derselben nicht entbehren konnte. Wenn auch ein Lucrez bis zur ausgesprochensten Gottesleugnung fortschritt, wenn auch sonst vielfach Zweifel an den Götterfabeln und selbst an der Richtigkeit der Argumente für das Dasein Gottes überhaupt auftauchten, so konnte trotzdem praktische Religionslosigkeit so wenig durchbringen, daß jener Cotta, der alle Beweise für die Existenz der Götter so unerbittlich angreift, sich doch ausdrücklich vor dem Verdacht wahrt, als verwerfe er die von den Vorfahren überkommenen religiösen Überzeugungen: „Ich werde dieselben immer vertheidigen und habe sie immer vertheidigt, und kein Gelehrter oder Ungelehrter wird mich je durch Worte von der von

---

[1] „Der Dienst des Janus muß in Italien ebenso alt als weit verbreitet gewesen sein" (Heidenthum und Judenthum von Joh. Jos. Ign. Döllinger. Regensburg 1857. S. 489).

[2] M. Müller, Wissenschaft der Sprache, II. S. 419. Vgl. Preller, Römische Mythologie. 2. Aufl. Berlin 1865. S. 148—164.

[3] Horat. Od. 4, 15. [4] Ibid. 1, 12. 22 sq.

unseren Altvordern überlieferten Meinung in Betreff des Kultes der unsterblichen Götter abwendig machen."[1] So dachten die meisten römischen **Philosophen**, als deren bedeutendster Vertreter bekanntlich **Cicero** gilt. Dieser interessirt sich in seiner Philosophie ganz besonders für die Frage nach dem Dasein Gottes und sagt mit Beziehung hierauf an einer für uns sehr bemerkenswerthen Stelle: „Der hauptsächlichste Beweis für die Existenz der Götter scheint der zu sein, daß kein Volk so uncivilisirt, kein Mensch so ungebildet ist, um aller Idee von den Göttern baar zu sein. Manche hegen zwar thörichte Meinungen, wie die Unvollkommenheit des Menschen das mit sich bringt; daß es aber überhaupt Göttermacht und Götterwesen gibt, darin sind Alle einig. Verabredung oder Übereinkunft der Menschen kann an diesem Umstand nicht schuld sein, auch nicht in Unterweisungen oder Gesetzen hat diese Überzeugung ihren Halt gefunden, nein, wo immer sich eine Übereinstimmung aller Völker findet, da darf man nur an ein Naturgesetz denken."[2]

An dieser Ansicht hielten alle Römer mit zäher Energie fest, überzeugt, daß ohne den Glauben an eine göttliche Vorsehung und Vergeltung Treue und Redlichkeit und alle gesellschaftliche Ordnung zum Fall kommen müsse[3]. Daher läßt der Römer die weltbeherrschenden und weltordnenden Mächte nie aus den Augen. Alle jene Mannestüchtigkeit, der die Tiberstadt ihre Größe verdankte, wurzelte zu nicht geringem Theil in dem religiösen Ernste, der das ganze private und öffentliche Leben umspannte. Aber freilich auch hier ist ein beständiges Sinken der Religion nicht zu verkennen. Schon in der sogen. klassischen Zeit war die alte Einfachheit in einen bunten Synkretismus ausgeartet, der alle denkenden Geister abstieß. Noch später geht Alles in ein ankommandirtes Ceremoniell auf ohne jede zu Grunde liegende Überzeugung; mußten ja doch auf Kommando selbst die elendesten Kaiser als Götter verehrt werden. Eine solche Religion war kein genügendes Band mehr für das kolossale Römerreich, das Staatsgebäude ging mit der schwindenden Gottesfurcht immer mehr aus den Fugen und bildete bald in seinen Trümmern das letzte Erinnerungszeichen an eine im Glauben der Völker längst untergegangene Götterwelt.

War aber diese Götterwelt seit der Gründung der Stadt Rom ebenso schon vorhanden, wie sie mit dem Römerreiche zu Grunde ging, oder

---

[1] Cicero, De nat. deor. 3, 2.   [2] Cicero, Quaest. Tusc. 1, 13.
[3] Cicero, De nat. deor. 1, 2.

hatten die Römer auch als Römer im Anfange noch eine reinere und bessere Gotteserkenntniß? Bei den klassischen Schriftstellern finden wir nur ein Bild des in vollster Blüthe stehenden Polytheismus; sie behandeln die Götter Roms, als ob dieselben immer vorhanden gewesen wären und als ein nothwendiger Bestandtheil zum römischen Staatswesen gehörten. Etwas anders lautet jedoch eine Stelle, die uns der hl. Augustin aus den Antiquitates des M. Terentius Varro erhalten hat.

Varro war anerkanntermaßen für seine Zeit und für viele Jahrhunderte nach ihm der bedeutendste Kenner der römischen Alterthümer. Im zweiten Theile der Antiquitates (rerum divinarum libri XVI) „hatte Varro jedenfalls das umfassendste und gründlichste Werk über die italischen und altrömischen Religionen geliefert" [1].

„Dieser überaus scharfsinnige und gelehrte Schriftsteller," so berichtet Augustin, „spricht sich dahin aus, daß nach seiner Meinung nur diejenigen begriffen haben, was Gott ist, die annehmen, er sei eine Seele, welche die Welt durch eine planmäßige Bewegung regiert. Demgemäß ... gestehe und erkläre er, müsse man nur einen Gott ehren ... Er sagt auch, die Römer hätten über 170 Jahre ihre Götter ohne Bildnisse verehrt, und, fügt er hinzu, wenn diese Sitte sich erhalten hätte, so würde die Götterverehrung reiner geblieben sein. Als Zeugen für seine Meinung führt er das jüdische Volk an, und er trägt kein Bedenken, zum Schlusse zu sagen, diejenigen, welche zuerst Götterbilder öffentlich aufgestellt, hätten bei ihrem Volke die Gottesfurcht vermindert und den Irrthum vermehrt; denn, meint er nicht ohne Grund, das Grobsinnliche an den Götzenbildern führt zur Verachtung der Götter. Wenn er aber nicht sagt, jene hätten den Irrthum eingeführt, sondern sie hätten ihn vermehrt, so deutet er damit an, daß auch schon ohne Götzenbilder Irrthum vorhanden gewesen sei. Da er also einerseits sagt, nur diejenigen hätten begriffen, was Gott ist, die ihn für eine Seele halten, welche die Welt regiert, und da er andererseits glaubt, die Religion erhalte sich reiner ohne Götzenbilder, wer sieht da nicht, wie nahe er der Wahrheit gekommen ist!" [2]

Hier haben wir also ein Zeugniß, daß 170 Jahre lang in der Stadt Rom keine Götzenbilder verehrt worden seien. Diese reinere Kultusform führen alte Kirchenschriftsteller auf den König Numa Pompilius zurück. So schreibt Clemens von Alexandrien: „Numa, der König

---

[1] C. F. Bähr, Geschichte der römischen Literatur. 3. Ausg. Karlsruhe 1845. II. S. 31. [2] Augustinus, De civitate Dei IV. 31.

der Römer, verbot, ein menschen- oder thiergestaltiges Bild eines römischen Gottes aufzustellen. Darum pflegte man während der ersten 170 Jahre bei Tempelbauten kein Bildniß zu meißeln oder zu malen; denn Numa hatte ihnen aus der Geheimlehre überliefert, man könne das Höchste nicht anders als nur mit dem Geiste erfassen."[1]

Damit stimmt die Angabe der alten Klassiker, Numa habe dem römischen Volke Religion und Gesittung geschenkt und es angeleitet, die Himmelsgottheit (numen coeleste) zu verehren[2]. Indessen hier kommen wir auf ein Gebiet, wo Sage und Geschichte kaum mehr von einander unterschieden werden können. Das Gesagte möge darum genügen, um zu zeigen, daß in Rom die Erinnerung an eine bessere religiöse Vergangenheit nicht ganz erloschen war.

5. Die Kelten.

Im Jahre 389 v. Chr. machten die Römer in sehr unangenehmer Weise Bekanntschaft mit einem nordischen Volke, in welchem sie wohl schwerlich mehr einen Stammverwandten ahnten. Es waren „senonische Gallier", die unter ihrem Anführer Brennus die Stadt Rom stürmten. Brennus ist ein keltisches Wort und bedeutet König.

Zu jener Zeit und wohl noch ein halbes Jahrhundert später scheint die Elbe die Grenze zwischen Kelten und Germanen gebildet zu haben. Wenigstens läßt ein Reisender, der um 340 v. Chr. etwa bis zur Mündung der Eider kam, das Keltenland sich bis zur Elbe erstrecken[3]. Der Umstand, daß bei dem Vorrücken der westarischen Stämme von Asien nach Europa die Kelten immer am weitesten westlich vorgeschoben waren, läßt schon darauf schließen, daß ihre Wanderung früher erfolgt sein muß als die der Germanen und Slaven. Das wird auch durch den Zustand der keltischen Sprache bestätigt, die in ihren Eigenthümlichkeiten sich weit mehr vom Germanischen unterscheidet als das Slavische, obschon kein Zweifel darüber besteht, daß diese drei Sprachen eine engere Gruppe des Indogermanischen bilden. Man nimmt an, daß schon etwa 2000 v. Chr. die Kelten bis zum äußersten Westen Europas gekommen waren.

Zur Zeit der Römer gab es Kelten in Gallien und Belgien, in

---

[1] Clemens Alexandr. Strom. I. 15.
[2] Vgl. C. Krieg, Der Monotheismus und das Heidenthum. Mainz 1880. S. 205 ff.
[3] Vgl. Deutsche Urzeit, von Wilh. Arnold. 2. Aufl. Gotha 1880. S. 26.

Britannien (England), Caledonien (Schottland) und Hibernien (Irland), in Spanien, in Italien, in den Alpen- und Donauländern, in Illyrien und in Kleinasien. Bisher nahm man, gestützt auf das Wort Cäsars: Qui ipsorum lingua Celtae, nostra Galli appellantur, ziemlich allgemein an, daß die Gallier und Kelten ein und dasselbe Volk seien. Die Richtigkeit dieser Annahme wird aber entschieden bestritten von Lemière, nach welchem die Kelten und Gallier zwei durchaus verschiedene Völker wären. Die Kelten hätten früher mit den Thrakern, Illyriern und Pelasgern Ein Volk gebildet. Dieses Volk hätte sich in unvordenklicher Zeit in zwei Hälften geschieden, eine östliche, trakisch-illyrische, und eine westliche pelasgisch-keltische. Die Pelasger-Kelten seien die Urbewohner von Europa. Dagegen seien die Gallier ein skythisches Nomadenvolk, welches in späterer Zeit über die Kelten hergefallen sei und dieselben tributpflichtig gemacht habe, ohne aber auf ihre geistige Kultur einen Einfluß zu üben[1].

Wie sich das auch verhalten mag, uns interessiren hier die Kelten nur insofern, als sie ein in sich abgeschlossener und klar unterschiedener Theil der indogermanischen Völkerfamilie sind und als solcher eine eigene Religion hatten. Gegenwärtig sind die einzigen Überbleibsel der einst so weit verbreiteten keltischen Sprache das Kymrische und das Gädhelische. Zum Kymrischen gehört die Sprache von Wales, das vor Kurzem ausgestorbene Cornische und das Armoricanische in der Bretagne; zum Gädhelischen das Irische, das Gälische auf der Westküste von Schottland und der Dialekt der Insel Man.

Mit unserer Kenntniß der altkeltischen Religion ist es nun ziemlich schlimm bestellt. Zwar steht es fest, daß die alten Kelten Götter verehrt haben, ja daß die Religion und deren Priester einen sehr wichtigen Bestandtheil des öffentlichen und Privatlebens bildeten. Aber die Bedeutung der einzelnen Götternamen und das ganze System der religiösen Anschauungen sind bis jetzt in ein nahezu undurchbringliches Dunkel gehüllt. Der Grund hiervon ist einerseits die Spärlichkeit der wirklich echten und zuverlässigen Geschichtsquellen und andererseits der Umstand, daß man seit dem Anfang des 17. Jahrhunderts aus Schriftwerken der christlichen Zeit, den Dichtungen der Taliesin und dem „Mysterium der Barden"[2], die

---

[1] Études sur les Celtes et les Gaulois. Par L. M. Lemière. Paris 1881. p. 366 sqq. 411 sqq.

[2] Über Taliesin und die Barden vgl. Das alte Wales, von F. Walter. Bonn 1859. S. 301 ff.

man zuversichtlich als einen getreuen Spiegel der altheidnischen Anschauungen ansah, ein ganz falsches und willkürliches Bild der keltischen Religion entworfen hat.

Man behauptete nämlich, daß diese Religion wesentlich verschieden gewesen sei von allen anderen Formen des Heidenthums, rein von jedem Götzendienst, frei von mythologischen Verirrungen, nur leise angehaucht von fremdem Polytheismus, dabei aber immer festhaltend an der Lehre von der Einheit Gottes und der Unsterblichkeit der Seele, kurz mindestens ebenbürtig der altjüdischen Religion.

Von diesen Träumereien ist man allerdings gründlich zurückgekommen. Leflocq, einer der besten Kenner der keltischen Alterthümer, versichert, daß ein kritisches Studium der Quellen nothwendig zu ganz entgegengesetzten Ergebnissen führe. „Für jeden, der ihre Aussagen ohne Voreingenommenheit anhören will, bezeugen (die wirklich echten Denkmäler), daß die Religion der Gallier Polytheismus war; sie erwähnen ihre Gottheiten, beschreiben deren Eigenschaften und geben zuweilen auch die Namen an ... Wir wissen genug, um versichern zu können, daß die Nationalreligion der Gallier sowohl in ihrer hieratischen Form wie in ihrer volksthümlichen Entwicklung in einer Vielgötterei bestand, ähnlich der anderer heidnischer Völker des Alterthums"[1].

Nach allen Ergebnissen moderner Forschung muß man zugestehen, daß Cäsar die Religion der Kelten im Wesentlichen richtig skizzirt hat. Wir wollen darum zuerst hier die Aussagen des römischen Feldherrn und einiger anderen alten Schriftsteller zusammenstellen und damit die spärlichen Angaben keltischer Quellen vergleichen.

Cäsar berichtet uns Folgendes: „Das gallische Volk ist im Allgemeinen sehr eifrig in seinen religiösen Gebräuchen. Wenn deßhalb Jemand an einer schweren Krankheit darniederliegt oder sich in Kampf und Gefahr befindet, dann pflegen sie Menschenopfer darzubringen oder zu geloben; ihre Opferpriester sind die Druiden. Sie glauben nämlich, durch kein anderes Opfer lasse die Gottheit sich zur Erhaltung eines Menschenlebens erweichen als durch die Darbringung eines andern Lebens. Darum haben solche Opfer auch eine Stelle in ihrer Staatseinrichtung. Zuweilen machen sie kolossale Götzenbilder aus Weidengeflecht, deren Inneres sie mit Menschen füllen; dann zünden sie ringsum ein Feuer

---

[1] Études de Mythologie celtique. Par Jules Leflocq. Paris 1869. p. 12 sq.

an und bringen so die Menschen zum Tode. Sie glauben, daß die Hinrichtung von Dieben, Räubern und sonstigen Missethätern den unsterblichen Göttern lieber ist. Sind aber keine solche Menschen vorhanden, so lassen sie sich auch herbei, Unschuldige hinzurichten. Als Gott verehren sie vorzüglich den Merkur; seine Bildnisse finden sich zahlreich, ihn halten sie für den Erfinder aller Künste, ihn für den Führer auf Wegen und Wanderungen, ihm schreiben sie den größten Einfluß auf Erwerb und Handel zu. Nächst ihm verehren sie den Apollo, Mars, Jupiter und die Minerva, in deren Auffassung sie so ziemlich mit den übrigen Völkern übereinstimmen: Apollo vertreibt die Krankheiten, Minerva führt in Handwerk und Kunst ein, Jupiter herrscht im Himmel, Mars lenkt die Kriegsgeschicke. Diesem Letztern geloben sie meistens vor der Schlacht die gesammte Kriegsbeute; die Thiere, welche sie erbeuten, schlachten sie dann, die übrigen Sachen legen sie auf einen Haufen zusammen. In manchen Städten kann man Berge von solchen Gegenständen auf geweihten Plätzen sehen. Es kommt auch nicht leicht vor, daß Jemand das Gelübde zu verletzen wagt und etwas von der Beute für sich behält oder etwas von dem Geopferten wegnimmt. Auf einen solchen Frevel ist eine qualvolle Hinrichtung als Strafe gesetzt. Der gemeinsame Stammvater aller Gallier ist nach ihrer eigenen Aussage Dis (der Gott der Nacht); so laute die Überlieferung der Druiden. Deßhalb berechnen sie die Zeit nicht nach Tagen, sondern nach Nächten, und lassen ihre Geburtstage sowie die Monats- und Jahresanfänge mit der Nacht beginnen."[1]

Von den Menschenopfern reden die alten Schriftsteller häufig. So sagt Diodorus Siculus im fünften Buche seiner Bibliotheca von den Galliern: „Ihre grausame Gemüthsart zeigen sie auch bei ihren ruchlosen Opfern. Sie halten nämlich die Verbrecher fünf Jahre in Gefangenschaft, pfählen sie dann zu Ehren der Götter und verbrennen sie nebst anderen Opfern auf einem gewaltigen Scheiterhaufen. Ebenso gebrauchen sie die Gefangenen als Schlachtopfer für die Götter. Einige schlachten auch zugleich mit den Menschen die im Kriege erbeuteten Thiere, oder verbrennen sie, oder vernichten sie auf irgend eine andere Weise."

Als andere Arten zu opfern bezeichnet Strabo (4. Buch) Durchbohrung mit dem Schwerte, Erschießung mit Pfeilen und Kreuzigung. Von diesen Opfern singt Lucanus:

---

[1] De bello Gallico, l. 6. c. 16—18.

> Et quibus immitis placatur sanguine diro
> Teutates horrensque feris altaribus Hesus,
> Et Taranis Scyticae non mitior ara Dianae [1].

Wir sehen, während Cäsar von Merkur, Mars, Minerva spricht, nennt Lucanus als Götter Teutates, Hesus und Taranis. Lucan gibt uns eben die keltischen Namen, während Cäsar die am meisten entsprechenden römischen dafür setzt. Welche keltischen Bezeichnungen aber den betreffenden römischen entsprechen, zeigen hauptsächlich die späteren Inschriften, in denen zu dem römischen Namen der keltische hinzugefügt wird, z. B.:

> Marti Camulo
> Ob Salutem Tiberi
> Claudi Caesaris Cives Remenses
> Templum constituerunt [2].

Aus dieser Inschrift ergibt sich, daß der keltische Gott, den die Römer Mars nannten, mit seinem einheimischen Namen Camulus heißt. Auf ähnliche Weise lassen sich die keltischen Benennungen für die übrigen Gottheiten nachweisen, und durch Zuhilfenahme der Sprachvergleichung ist auch die Möglichkeit geboten, Einiges über den Charakter der einzelnen Göttergestalten zu erfahren. Indessen bleibt doch das Meiste innerhalb der Grenzen wohlbegründeter Vermuthungen. Auch ist zu bemerken, daß dieselbe Gottheit oft verschiedene Namen trug, je nach den verschiedenen Rücksichten, unter denen man sie betrachtete, oder den verschiedenen Gegenden, in welchen man sie verehrte.

Obschon Cäsar sagt, die Kelten hätten den Merkur hauptsächlich verehrt, so wissen wir doch gerade über diese Verehrung sehr wenig. Nur soviel ist sicher, daß der keltische Merkur nicht wie der ältere römische ausschließlich Handelsgott war (Mercurius = Deus mercaturae), sondern daß er als Gott der Künste und Wissenschaften galt. Auf seinen Bildnissen, die sich am Rhein und an der Mosel zahlreich fanden, trägt er häufig den Beinamen Visucius. Dieses Wort dürfte eine Ableitung von der indogermanischen Wurzel vid sein, die im deutschen „wissen" wiederkehrt und auch im Keltischen in verschiedenen Bildungsformen vorhanden ist. Demgemäß wäre Visucius „der Weise" und dann folgerichtig synonym mit Ogmius, dem keltischen Gotte der Beredsamkeit. Schon Toland sagt, Ogmius bedeute „gelehrt" oder „Beschützer der Gelehrsam-

---

[1] Pharsalia, l. l. v. 445 sqq.
[2] Historiens des Gaules, t. 1. Paris 1869. p. 144.

keit"¹. Es ist allerdings richtig, daß Lucian den keltischen Ogmius mit Herkules identifizirt: „Den Herakles nennen die Kelten in ihrer Landessprache Ogmios"; aber von der andern Seite sagt er doch ausdrücklich, daß der keltische Herkules ganz und gar nicht den römischen Begriffen entspreche. „Sie stellen den Gott auf eine ganz ungewöhnliche Weise dar. Er ist ihnen nämlich ein ganz abgelebter Greis, kahlköpfig; die wenigen Haare, die er noch hat, sind ganz grau, er ist runzelig und vollständig gebräunt, wie alte Seefahrer ... Er schleppt eine große Menschenmenge nach, die alle am Ohr gefesselt sind, die Fesseln aber sind zarte Ketten aus Gold oder Elfenbein ... Trotzdem folgen Alle ohne Widerstreben mit großer Bereitwilligkeit und Freude." Als Lucian sein Befremden über diese Darstellung äußerte, erklärte ihm ein gebildeter Gallier, dieser Ogmius sei der Gott der Beredsamkeit, die im Alter ihre höchste Blüthe erreiche, die goldenen Ketten bedeuteten die süße Macht des Wortes, und weil diese von der Zunge auf das Ohr wirke, darum sei das eine Ende der Kette an der Zunge des Ogmius, das andere an den Ohren der Gefangenen befestigt². Dem innern Wesen nach entsprach also Ogmius dem Merkur, dem facundus nepos Atlantis; in der Bekleidung dagegen war er dem Herkules ähnlich, da er wie dieser ein Löwenfell trug. Daher nennt ihn Cäsar Merkur, Lucian aber Herkules. Diese doppelte Benennung nöthigt uns nicht, an zwei verschiedene Götter zu denken; im Gegentheil glaubt Jubainville durch Inschriften und bildliche Darstellungen sich zu dem Schlusse berechtigt, „daß der Merkurius Visucius der Inschriften identisch ist mit dem Ogmios des Lucian, den M. de Longpellier auf den gallischen Münzen wiedererkannte, und daß derselbe Ogmios, den Lucian mit Herkules in Verbindung bringt, kein Anderer ist als der Merkur, den Cäsar im sechsten Buche über den gallischen Krieg erwähnt"³.

„Nächst dem Merkur verehren sie Apollo." Der keltische Name für Apollo ist Belenus. Daß dieser Name einen Sonnengott bezeichne, wurde zwar immer anerkannt; aber die Etymologie war und ist dunkel. Aus Verlegenheit ließ man einfach den semitischen Baal zu den Kelten kommen und dort Belenus heißen. Es ist wahrscheinlich, daß die Sanskritwurzel g'val zu Grunde liegt, welche Feuer, Glanz bedeutet. Die ursprüngliche Form wäre dann gewesen Balanos, welches sich später in Belenus, Balinus, Bilinus abschwächte. Fälschlich wurde zuweilen Bel-

[1] A critical history of the Celtic Religion. By John Toland. London (ohne Jahreszahl). p. 72.   [2] Historiens des Gaules, t. 1. p. 695 s.
[3] Revue archéologique. Vol. 26. Paris 1873. p. 97.

linus geschrieben. In all diesen Formen kommt das Wort auf Münzen, in Inschriften und Eigennamen vor. Tertullian (Apol. 24) bezeugt die Verehrung des Belenus in Noricum. Im Irischen bedeutet Beal, Bealan die Sonne, von deren Kultus der hl. Patrick nach seinen eigenen Aufzeichnungen die Irländer zur Verehrung der einzig wahren Sonne Jesus Christus bekehrte[1]. Apollo wird auf den Inschriften auch als Grannus bezeichnet. Grannus ist entstanden aus Grian, einem andern keltischen Worte für Sonne. Apollo Grannus war der Gott der Heilquellen. Nach ihm wurde Aachen Aquae Granni benannt[2]. Das stimmt mit der Angabe Cäsars, Apollo sei bei den Galliern ein heilbringender, krankheitverscheuchender Gott. „Dieser Apollo," sagt Crazannes, „war eine bevorzugte Lieblingsgottheit unserer Väter; und wären von ihnen auch keine anderen Denkmäler zu seiner Ehre errichtet worden, so würde schon die so häufige Wiederholung seines Bildes auf den einheimischen Münzen die Thatsache bestätigen. Die Bewohner von Großbritannien hatten die gleiche Verehrung für diesen Gott, wie die Gallier . . . Eben weil er (Apollo) eine einheimische Schutzgottheit der Gallier war, pflegten unsere Vorfahren ihn so häufig darzustellen mit so großer Verschiedenheit in Bezug auf seine Attribute, seine Symbole und seine Benennungen . . . Belenus oder Bellenus, Abellio oder Abelio, Helioulgmouni, Teotani, Sir u. s. w."[3]

Ähnlich wie der Kult des Apollo war auch der des Mars sehr verbreitet. Dieser Gott trug je nach den verschiedenen Gegenden, in denen er verehrt wurde, mannigfache Titel: Mars Ventius, Mars Leherennus, besonders aber Mars Camulus und Belatucardus. Der bemerkenswertheste Name ist Toutatis oder Teutates. Dieses Wort wurde verschieden gedeutet, je nachdem man es als eine Zusammensetzung ansah oder nicht. Leflocq neigte zu der erstern Annahme und glaubte in Teuta-tes den Dyauspitar der Indier und den Jupiter der Lateiner wiederzufinden. Eine sorgfältige Vergleichung der verschiedenen keltischen Dialekte, sagt er, habe ihn überzeugt, daß der erste Bestandtheil des Wortes Teutates die Wurzel div enthalte, und daß uns mithin in demselben die allgemeine indogermanische Gottesbezeichnung vorliege[4]. Leider wurde

---

[1] The History of Ireland. By Th. Moore. Paris 1835. Vol. 1. p. 21.
[2] Maury in der Revue archéol. 1860. Vol. 1. p. 59 sqq. Vgl. den Artikel über Belenus von Jubainville in Vol. 25 (1873). p. 195 sqq.
[3] L. c. Vol. 1 (1860). p. 391 sqq.
[4] Études de Mythologie Celtique, p. 19 s.

Leflocq durch den Tod verhindert, die Beweise für seinen Satz beizubringen. Man hat gegen seine Aufstellung eingewendet, da die Form Div im Keltischen vorkomme, so sei das Bestehen einer Form Teut nicht wahrscheinlich. Dieser Beweis ist jedenfalls nicht durchschlagend, da auch z. B. im Griechischen Zeus, Deios, Theos neben einander sich finden. Andere Gelehrte betrachten Teutates nicht als ein Kompositum, sondern als eine Ableitung von Tuta = Tauta von der Wurzel tu, welche „Macht" bedeutet. Dieses Wort findet sich in vielen europäischen Sprachen für Stadt, Volk, Land, Gemeinde, also ungefähr mit dem Werthe des lateinischen civitas [1]. Daher könnte Toutatis einfach heißen der „Mächtige" oder auch der „Stadtgott" oder „Volksgott" [2].

Den Namen des Gottes Esus hat man bald für identisch gehalten mit dem armoricanischen Worte euzus, welches „schrecklich" bedeutet, und darauf den Vers Lucans bezogen: Horrens feris altaribus Hesus; bald hat man an eine Ableitung von der Wurzel as = sein gedacht; bald hat man es mit dem gothischen Worte hais, „Leuchte", in Verbindung gebracht, bald wieder andere etymologische Versuche angestellt. Nicht unwahrscheinlich ist der Zusammenhang des Namens mit der Wurzel is, die in allen indogermanischen Sprachen vorkommt in Ableitungen mit der Bedeutung Wunsch oder Gegenstand des Wunsches [3]. Wie also z. B. im Etruskischen aesar Gott heißt, so würde auch Esus einfach Gott bezeichnen als den Gegenstand unseres Wunsches, als denjenigen, dessen Gunst man zu erlangen sucht, an den man sich mit seinen Wünschen wendet [4].

Taranis gibt sich durch seinen Namen als Donnergott kund und ist wohl jene Gottheit, die Cäsar Jupiter nennt. Außer den bisher angeführten gibt es noch eine Menge anderer Götternamen. Aber da die Bedeutung der Namen oft ebenso ungewiß ist wie die Antwort auf die Frage, ob wir es nur mit mannigfachen Benennungen desselben Wesens oder mit verschiedenen Wesen zu thun haben, so können wir dieselben füglich übergehen.

Nur das Eine sei noch erwähnt, daß das keltische Pantheon auch Göttinnen zählte, von denen besonders Sirona und Belisana bekannt sind. Jene ist das weibliche Seitenstück zu Apollo Grannus und

---

[1] Vergleichendes Wörterbuch der indogermanischen Sprachen. Von A. Fick. 2. Aufl. Göttingen 1871. S. 365.
[2] Vgl. Revue archéol. Vol. 26 (1873). p. 289 sqq.
[3] Vgl. Fick a. a. O. S. 22.
[4] Revue archéol. Vol. 21 (1870). p. 408 sqq.

wie dieser Gottheit der Heilquellen. On hat die Bedeutung „Wasser", Sir möglicherweise „heilsam". Belisana von demselben Stamme wie Belenus ist die Minerva des Cäsar.

Über die Art und Weise, wie die Kelten ihre Götter verehrten, ist uns außer dem Gesagten wenig bekannt. Den Umstand, daß dieselben in den ältesten Zeiten keine Tempel bauten, suchte man durch die Behauptung zu erklären, die Kelten hätten eine so hohe und reine Anschauung von der Gottheit gehabt, daß sie glaubten, dieselbe dürfe in keinem Tempel verehrt werden. Diese Erklärung ist natürlich ein Phantasiegebilde. Der Grund ist viel einfacher: die alten Kelten bauten keine Tempel, weil sie keine bauen konnten. Als sie mit dem Fortschritte der Kultur diese Kunst lernten, übten sie dieselbe auch aus.

Die späteren kosmogonischen Sagen der Druiden hatten einen pantheistischen Beigeschmack, indem Hu zugleich das Urelement aller Dinge, der Herr der Schöpfung, der Ordner der menschlichen Gesellschaft ist. Er ist als Sonnengott dem Wechsel unterworfen, stirbt und ersteht wieder. Sein Kampf gegen den Winter wurde durch Umzüge und Lieder gefeiert.

Daß die Kelten an die Unsterblichkeit der Seele glaubten, ist bekannt; doch war dieser Glaube entstellt durch eine sonderbare Seelenwanderungslehre, die auch noch in den Gedichten des Taliesin eine große Rolle spielt.

6. Die Deutschen und Skandinavier.

Bei den Griechen gaben die Dichter der heidnischen Vorzeit uns Aufschluß über die Religion ihres Volkes. Nicht so bei den Deutschen. Wohl schien die Sonne Homers seit den ältesten Zeiten auch über den Wäldern unseres deutschen Vaterlandes, aber von den Blumen der Poesie, die unter ihren Strahlen erblühte, ist nur Spärliches auf unsere Tage gekommen. So stehen uns kaum mehr unmittelbare schriftliche Erkenntnißquellen des Glaubens unserer Vorfahren zu Gebote. Aus den Angaben fremder Schriftsteller, aus den Überresten von Denkmälern, Opfersteinen und Götterbildern, aus den Sagen und Märchen, wie sie im Volksmunde fortleben, mußte die deutsche Mythologie mühevoll wiederhergestellt werden.

Besser erging es der skandinavischen Dichtung, deren Bruchstücke, von isländischen Geistlichen aufgezeichnet, in den beiden Eddas sich bis heute erhalten haben. Die wichtigsten Theile dieser Sammlung beziehen sich auf nordische Götter, Helden und ihre Thaten. Gewiß ist nun, daß „der Grundstoff aus Deutschland, das Wort im weitesten Sinne genommen, herüberkam, und wahrscheinlich in Liedern, die in der Darstellungsweise den nordischen ähnlich waren", so „daß der Norden von unseren Vorfahren empfing, was er uns rettete" (Grimm). Trotzdem aber ist das nordische Religionssystem nicht in dem Sinne das unsere, daß die ältere Edda uns die ursprüngliche Glaubensform unserer Vorfahren böte; vielmehr beurkunden besonders die theogonischen und kosmogonischen Partien sich selbst als jüngere spekulative Producte, wie sie nie und nirgends aus der Naturwüchsigkeit des Volkes hervorkeimen. Dieß gestehen auch die bedeutendsten Forscher auf diesem Gebiete, wie Grimm und Simrock, gerne zu.

Die älteste Religion der Deutschen kennen wir im Grunde; denn in eben dem Maße, als es feststeht, daß Inder und Germanen zu derselben Völkerfamilie gehören, der sie ja selbst ihre Namen liehen, in dem gleichen Maße ist es auch gewiß, daß beide Völker mit allen ihren übrigen Brüdern uranfänglich Einen Gott und Eine Religion hatten. Dyu war zu jener Zeit das höchste Wesen für alle Indogermanen. Gar kein Wunder darum, wenn die Erinnerung an die älteste Gottheit bei den Deutschen noch um so weniger erloschen ist, je näher ihre Geschichte den frühesten Perioden liegt.

Die altehrwürdigsten literarischen Denkmäler unserer Sprache sind die Runeninschriften. In diesen aber geht kein einziger Name auf Odin oder sonst einen Gott. Nur T = Tyr (nord. = altd. Zio = ags. Tiv = goth. Tius = sskrt. dyu) ist als einziger Gottesname ein höchst feierliches, überaus heiliges Zeichen. Beim Einritzen der Siegrunen auf das Schwert mußte Tyr zweimal genannt werden, und da diese Rune sich mit den nöthigen lautlichen Abänderungen bei den verschiedensten Stämmen findet, so ist damit der Zio-Kult als die früheste allgemeine Form der Gottesverehrung auch aus den deutschen Denkmalen selbst erwiesen[1].

Mit Tius ist höchst wahrscheinlich jener Tuisco zusammenzustellen, von dem Tacitus erzählt: „Die Germanen feiern in ihren alten Liedern, welche bei ihnen die einzige Form der geschichtlichen Überlieferung und Urkunden bilden, den erdgebornen Gott Tuisco und seinen Sohn Mannus als die Ur- und Stammväter ihres Volkes."[2] Mannus ist das sans-

---

[1] Deutsche Mythologie, von Jakob Grimm. 2. Ausg. 1. Bd. Göttingen 1844. S. 181.

[2] De mor. Germ. 2. Nach einer andern Lesart müßte übersetzt werden: „Sie verehren den Gott Tuisco und seinen erdgebornen Sohn Mannus" (cfr. ed. Oberlini, p. 7).

kritische Manu, jener Name, den der Mensch sich zum Unterschiede von allen übrigen Dingen der sichtbaren Welt mit Recht beilegt, indem er sich als „Denker" bezeichnet. Von Manu wurde das althochdeutsche mennisc, Mensch, abgeleitet, welches soviel bedeutet wie Sohn des Man. Tuisco aber kann leicht als eine sekundäre Form von Tius mit unveränderter Bedeutung aufgefaßt werden. „Warum wurde nun aber Tuisco Mannus' Vater genannt? Einfach darum, weil es einer der ersten Artikel in der uralten Glaubenslehre der Menschheit war, daß sie in einem oder dem andern Sinne einen Vater im Himmel hatten. Daher wurde Mannus der Sohn des Tuisco genannt, und dieser Tuisco war, wie man weiß, ursprünglich der arische Gott des Lichtes." So. M. Müller[1] in Übereinstimmung mit Zeuß und Grimm.

Was man von dieser Erklärung auch halten mag, soviel steht fest, daß Tyr ehemals das unserem „Gott" entsprechende Appellativum war. Noch in der Edda findet sich der Plural tivar für „Götter". Überdieß zeigt sich in vielen dichterischen Ausdrücken, wie sigtyr, „Siegesgott", reidartyr, „Wagengott" u. a., jener allgemeine Sinn, der das Wort für alle Gottheiten, zumal die höheren, gerecht macht[2]. Selbst als der Kult des Tyr gegen andere Götter schon bedeutend zurückgetreten war, hielten einige Stämme an ihrem alten Gotte fest, so die Schwaben, die deßhalb als Ziowari, „Zio-Verehrer", gekennzeichnet wurden[3].

Ein letztes Andenken an Tyr haben wir in dem Worte Dienstag (altd. ziestag, nord. tysdagr, engl. Tuesday). „Es ist der Tag des altdeutschen Gottes Zio. In Altbayern, wo gerade zistag nicht vorkommt, zeigt sich von dem 13. Jahrhundert an ertag, erihtag, erehtag, erchtag, erichtag, erntag. In Beziehung darauf wird in der Deutschen Mythologie 182. 183 eine zweite Benennung des Gottes Eor, Ear, Er nachgewiesen, und zwar durch eine Rune, die bald Ziu, bald Aer, Ear, Eu, Eo heißt."[4] Eresburg und ähnliche noch heute bestehende Namen hängen offenbar mit Er zusammen.

In seiner Appellativbedeutung ging aber Tyr schon frühzeitig verloren und ward durch ein Wort von ganz räthselhafter Bedeutung ersetzt. Es gibt mancherlei Etymologien des Wortes Gott, aber keine befriedigt vollständig. „Gott" von „gut" abzuleiten, liegt sehr nahe und würde dem Sinne vollkommen entsprechen. Allein beide Wörter laufen in allen Jahr-

---

[1] Wissenschaft der Sprache, II. S. 422 ff.   [2] Grimm S. 176 ff.
[3] Vgl. Simrock, Mythologie. 2. Aufl. S. 291 ff.
[4] Wilh. Grimm im deutschen Wörterbuche, II. Sp. 1120.

hunderten, soweit man sie verfolgen kann, in einer Weise neben einander her, daß an eine Ableitung des einen aus dem andern oder an eine Zurückführung auf eine gemeinsame Quelle wohl kaum zu denken ist. Eine Vergleichung mit dem persischen choda wäre wohl annehmbar, aber unnütz, da die Etymologie dieses Wortes selbst nicht klar ist. Auch hat man Gott mit dem gothischen Neutrum Plural guda in Verbindung gebracht, das „fügende, ordnende Mächte" bezeichnet haben soll. An die Sanskritwurzel khut, „zeugen", würde das gothische guth für Gott erinnern und auf die Idee des Schöpfers führen. Also etwas Sicheres scheint hier nicht zu ermitteln, und wir müssen uns für jetzt begnügen, zu wissen, daß unsere Vorfahren Gott kannten und mit diesem Namen „jenes geheimnißvolle Etwas benannten, das sie nur durch heilige Ehrfurcht schauten"[1].

Durch welchen Prozeß geschah es nun, daß Tyr aus seiner hohen Stellung verdrängt wurde und zum Schlachtengott herabsank? Auch das ist uns verborgen. Möglicherweise war der ältere Name des Kriegsgottes Ear = Ares, und weil dieser Gott in den frühesten kriegerischen Zeiten den Deutschen besonders theuer war, so blieb die allgemeine Gottesbezeichnung Tyr an ihm haften.

In der ausgebildeten Mythologie steht Wuotan (nord. Odin) an der Spitze der Götterwelt. Er ist der geistigste Gott unseres Alterthums, unter allen übrigen Göttern leuchtet er hervor[2]. Er ist der Inbegriff von Heil und Seligkeit, die Fülle alles Wünschbaren. Daher heißt er selbst der „Wunsch" und ist das, was wir Ideal nennen würden[3]. Er ist die allburchbringende, schaffende, bildende Kraft, er verleiht den Menschen und allen Dingen Gestalt und Schönheit, von ihm geht die Erfindung der Schrift und die Dichtkunst aus, von ihm die Lenkung des Krieges und Sieges, dann auch Fruchtbarkeit der Felder und alle höchsten Güter und Gaben zusammen[4], er sendet und vertreibt die Krankheiten[5]. Seine Wohnung ist Walhalla. Dort sitzt er auf seinem Thron und überschaut alle Welten und der Menschen Thun, und weiß alle Dinge, die geschehen[6]. Zwei Raben, Huginn und Muninn, d. h. Gedanke und Erinnerung, sitzen ihm auf den Achseln und raunen ihm in's Ohr, was sie bei ihrem Fluge durch die weite Welt erspäht und gehört haben. Zwei Wölfe, Freki und Geri, liegen ihm zu Füßen, begleiten ihn als

---

[1] Tacit. Germ. 3.   [2] Grimm S. 146.   [3] A. a. O. S. 126.
[4] A. a. O. S. 121.   [5] A. a. O. S. 138.   [6] A. a. O. S. 124.

streitbare, tapfere Thiere in den Kampf und stürzen sich auf die Leichen[1]. Ihm gehören alle im Kampfe gefallenen Edeln; diese, „die Einherier alle in Odins Saal, streiten Tag für Tag. Sie kiesen den Wal und reiten vom Kampf heim, mit Asen Ael zu trinken und Sährinmirs satt sitzen sie friedlich beisammen"[2]. Der Saal ist „heller als die Sonne mit Gold auf Gimils Höhen. Da werden werthe Fürsten wohnen und ohne Ende der Ehren genießen"[3]. Die Bösen aber kommen in einen Saal „der Sonne fern in Nastrand, die Thüren sind nordwärts gekehrt. Gifttropfen träufeln durch das Getäfel; aus Schlangenrücken ist der Saal gewunden. Im starrenden Strome stehen und waten Meuchelmörder und Meineidige"[4].

Wuotan ist somit der Gesetzgeber und Wächter der natürlichen und moralischen Ordnung, er ragt an der Spitze alter Königsreihen, er ist das Haupt des Götterstaates. Darum war sein Kult auf Bergen und in heiligen Hainen durch alle deutschen Gaue verbreitet, doch so, daß seine Verehrung nicht immer und nicht in allen Gegenden überwog[5]. Besonders zur Zeit der Ernte wurden ihm Getreideopfer dargebracht, damit er den Feldern Fruchtbarkeit verleihe, und noch heute ist das Andenken hieran nicht ganz aus dem Volksglauben entschwunden[6]. Doch erfahren wir aus Tacitus, daß auch Menschenopfer an seinen Altären fielen[7].

In der Edda wird Tyr als Odins Sohn dargestellt; allein obschon er ihm so untergeordnet erscheint, fällt er doch auch wieder ganz mit ihm zusammen. Beide lenken Schlacht und Krieg, von dem Einen wie von dem Andern geht der Ruhm des Sieges aus[8]. Tyr ist wie Odin schlachtenlustig, Wölfe und Raben begleiten jenen wie diesen in den Kampf. Wie Wuotan einäugig, so ist Tyr einhändig, weil er nur einer Partei den Sieg verleihen kann[9].

Schwer ist auch der dritte Gott der deutschen Mythologie von Wuotan völlig zu unterscheiden; denn ist dieser schon der Herr und Walter der Naturerscheinungen, so kann Donar (altf. Thunar, agf. Thunor, altn. Thorr) nur als seine personifizirte Theilthätigkeit aufgefaßt werden. Donar ist die durch Wetterstrahl und rollenden Donner sich ankündigende Gottheit. Wenn er auf rasselndem Wagen durch die Lüfte fährt, oder wenn

---

[1] A. a. O. S. 184. [2] Vafthrudhismal 41, übersetzt von Simrock.
[3] Völuspa 63. [4] Völuspa 44 sq. [5] Grimm S. 146.
[6] A. a. O. S. 143. 231. [7] De mor. Germ. 9. [8] Grimm S. 178.
[9] A. a. O. S. 133. 134. 187. 188. Simrock deutet anders: „Tyr ist einarmig, weil er das Schwert ist, das nur eine Klinge hat, gerade wie Odin seiner Natur nach einäugig ist, weil der Himmel nur ein Auge hat, die Sonne" (Mythologie, S. 294).

er zornig in seinen rothen Bart bläst, dann dröhnt es mit feurigem Zucken weithin durch die Wolken. In seiner Hand trägt er einen Steinhammer, den er vom Himmel schleudert, so daß derselbe tief wie der höchste Kirchthurm in den Erdboden fährt, um erst nach sieben Jahren wieder auf der Oberfläche zu erscheinen[1]. Die derbe, sinnliche Kraft, die bei Donar so stark in den Vordergrund tritt, muß ihn einzelnen Stämmen besonders empfehlen, und so ist er in der That der eigentliche Landesgott der Norweger. Seine Tempel und Bildsäulen sind in Norwegen und Schweden die häufigsten. Donars Hammerzeichen segnete, wie später das christliche Kreuz, und der einschlagende Blitz galt für die glückliche, einweihende Vorbedeutung eines Unternehmens[2]. Gleich Wuotan wurde Donar auch als Vater aufgefaßt, er ist vieler Völker Großvater, und als solcher wohnt er in Wäldern und Felsen und auf den Gipfeln der Berge, häufig durch das Schleudern des Blitzkeiles seine Nähe kündend[3].

Ein fernerer Gott ist Baldr (ahd. Paltar, ags. Baldäg). Dieser Phol oder Pol, wie er in einem Merseburger Zauberspruche heißt, hat den gleichen Namen wie der etruskische Apul (Apollo) und wie der keltische Beal oder Belenus[4]. Er ist der Gott des Lichtes und soll der Sage nach von dem blinden Gotte Hödr arglos zu Tode getroffen worden sein, so daß er allbeweint in die Unterwelt fahren mußte. Vorzüglich wurde er in Thüringen und Bayern verehrt[5].

Ganz die gleiche Gottheit wie Phol ist Fro (altn. Freyr, goth. Frauja). Der Name bedeutet „Herr". Auch er ist ein Gott des Lichtes und der Fruchtbarkeit, der um Regen und Sonnenschein und um friedliche, gedeihliche Zeiten angefleht wird[6]. Freyr besaß einen Eber, dessen Goldborsten die Nacht gleich dem Tage erhellten, der mit Pferdesschnelligkeit rannte und des Gottes Wagen zog. In Freyrs Kultus erscheinen darum auch Opfer von Sühn-Ebern.

Außer diesen Göttern, die sich mit völliger Bestimmtheit bei allen oder den meisten deutschen Stämmen nachweisen lassen, gibt es noch eine Menge anderer, deren Spur kaum mehr zu verfolgen ist, und die ihrer geringern Wichtigkeit wegen hier übergangen werden können.

Auch Göttinnen finden wir in der deutschen Mythologie. Dieselben sind hauptsächlich gedacht als umziehende, einkehrende Göttermütter,

---

[1] Grimm S. 151. 161. 163.   [2] A. a. O. S. 165. 167.
[3] A. a. O. S. XVII.   [4] A. a. O. S. 208.
[5] A. a. O. S. 204. 209.   [6] A. a. O. S. 193.

von denen das menschliche Geschlecht die Geschäfte und Künste des Ackerbaues wie des Haushaltes erlernt: spinnen, weben, säen, ernten u. s. w.

Die größte unter den weiblichen Gottheiten war ursprünglich wohl Hel (d. h. die Verborgene), die Göttermutter, die später als Göttin des Todes und der Unterwelt (Hölle) einen mehr grausenhaften Charakter erhielt. Eine jüngere Form der Hel ist Freya, aus deren Vervielfältigung die Walküren, wie aus der Hel die Nornen entstanden. Die Mutter Erde wurde unter dem Namen Narthus verehrt, deren Zug durch die Länder Tacitus (Germ. 40) beschrieben hat. Im Süden Deutschlands tritt an ihre Stelle Frau Bertha, ebenfalls eine umziehende, sorgsame Mutter und strenge Beaufsichtigerin des Haus- und Hofwesens; in Mitteldeutschland heißt die Göttin Holba. — Von Riesen, Zwergen u. dgl. zu reden, gehört nicht zu unserer Aufgabe. Ebenso ist die Sage von dem zukünftigen Untergang und der Auferstehung der Götterwelt („Götterdämmerung") mehr ein Bestandtheil der Mythologie als der Theologie unserer Vorfahren.

Die Deutschen verehrten ihre Götter durch Gebete und Opfer. Doch wurden die letzteren wohl nur selten und erst später in künstlich erbauten Heiligthümern, Anfangs aber im Schatten heiliger Haine dargebracht; sie bestanden in Früchten, Thieren und Menschenopfern.

Außer Götzenbildern hatte man auch Sinnbilder der Götter: den Speer Wuotans, den Hammer Donars, das Schwert Zius u. s. w. Den Dienst der Götter versahen Priester und Priesterinnen.

Am meisten bedeutsame Züge der Ähnlichkeit lassen sich wohl zwischen germanischer und griechischer Götterwelt entdecken: die Annahme der Götterspeise, des übermäßigen Wachsthums, der Gestalt, des Wanderns und Verwandelns, der Beinamen, des Zornes und Frohmuthes, der Plötzlichkeit des Erscheinens und der Erkennbarkeit des Verschwindens, der Sprache, Ämter, Sitze, Diener u. s. w., das alles sind Züge, welche die Verwandtschaft der deutschen und griechischen Mythologie auf das Klarste darthun [1].

Auch darin, sagt Grimm, gleichen sich beide, daß sie uns die monotheistische Form als die ursprüngliche zeigen, „aus deren Schooß dem kindlichen Alterthum leicht sich Vielgötterei entwand. Dieß Verhältniß ergeben alle Mythologien, die unsrige, dünkt mich, vorzüglich klar"; „alle Götter müssen zuletzt insgesammt für Ausflüsse eines höchsten, einzigen gelten" [2].

---

[1] Grimm S. 293—314. [2] A. a. O. S. xliv.

Simrock hält diese Annahme ebenfalls für begründet. „Der Glaube an den einigen Gott lag allen heidnischen Religionssystemen zu Grunde." In der deutschen Mythologie ist es Wuotan, „der von der Allmacht und Geistigkeit des alten einigen Gottes am meisten bewahrt oder in sich aufgenommen hat". „Wer versuchen wollte, die Götter aus einer einzigen Quelle herzuleiten, hätte von dem Himmelsgotte Tyr (Zio) auszugehen."[1] So weist uns in der ganzen indogermanischen Welt Alles immer wieder zurück auf jenen Dyaus, den wir schon bei den Indern als den einzigen ursprünglichen Gott der ganzen großen Völkerfamilie kennen lernten.

7. Die Slaven.

Den letzten Zweig der indogermanischen Völkerfamilie, den wir noch zu betrachten haben, pflegt man gewöhnlich mit dem Worte Slaven zu bezeichnen. Über Ursprung und Bedeutung dieses Wortes herrscht Meinungsverschiedenheit. Einige halten Slovan, Andere Slav für ursprünglich und leiten es demgemäß von Slovo, „Wort", oder Slava, „Ruhm", ab. Als Slaven bezeichnen wir die Russen, Bulgaren, Illyrier (Serben, Kroaten, Slovenen), die Polen, Böhmen, Lausitzer u. s. w. Sprache, Sitte, Religion und Kultur lassen in all diesen Stämmen unzweifelhaft Indogermanen erkennen.

Die slavische Mythologie hat Ähnlichkeit mit der deutschen, ist aber viel weniger durchforscht und klargelegt als diese. Bei Weitem das Ausführlichste dürfte bis jetzt Hanusch geliefert haben, der selbst folgende Worte eines slavischen Gelehrten anführt: „Die Mythologie unserer Vorfahren liegt bis auf den heutigen Tag brach ... Wenn man die Bemühungen Chobakowskis und die Arbeiten Safarjks ausnimmt, so ist alles irrig, was bisher über die slavische Mythologie geschrieben wurde."[2]

Im 6. Jahrhundert berichtet Prokop: „Die Slaven erkennen einen einzigen Gott, der den Blitzstrahl sendet, als den Herrn aller Dinge an, und ihm bringen sie Ochsen dar und Opfer aller Art. Ein blindes Schicksal kennen sie nicht und schreiben ihm keine Gewalt über die Sterb-

---

[1] Simrock, Mythologie, S. 3. 184. 334. Die kategorische Gegenerklärung Tieles (Kompendium der Religionsgeschichte, S. 220) kann dagegen nichts verschlagen, da derselbe überhaupt im Widerspruch mit den Quellen die ganze Entwicklungsgeschichte der indogermanischen Religionen auf den Kopf stellt.

[2] Die Wissenschaft des slavischen Mythus, von Dr. J. J. Hanusch. Lemberg 1842. S. 73. Der angeführte Gelehrte ist Thaddäus Bulgarin (Geschichte Rußlands. Deutsch von H. v. Brackel. 1. Bd. Riga 1839. S. 413).

lichen zu, sondern wenn sie von Krankheiten ergriffen oder in die Schlacht ziehend den Tod nahe glauben, dann versprechen sie, falls sie der Gefahr entrinnen, Gott sogleich ein Opfer für ihre Lebensrettung darzubringen. Der Gefahr entronnen, opfern sie, was sie versprochen haben, in der Überzeugung, daß sie ihre Rettung mit dem Opfer erkauft haben. Sie verehren auch Flüsse und Nymphen und einige andere Geister und opfern ihnen insgesammt, und bei diesen Opfern weissagen sie." [1]

Ähnlich erzählt im 12. Jahrhundert Helmold: Trotz der vielen göttlichen Wesen, denen sie Felder und Wälder, Leid und Freud zuschreiben, wissen sie doch, daß Ein Gott im Himmel ist, der die anderen beherrscht, glauben aber, daß dieser allmächtige Gott sich nur um den Himmel kümmert und die übrigen Geschäfte den untergeordneten Göttern zuweist [2].

Bei den Ostslaven hieß der höchste Gott Perun, litthauisch Perkunas, lettisch Perkons, bei den Preußen Perkunos, bei den Polen Piorun, bei den Böhmen Peraun. Er entspricht in mancher Beziehung dem deutschen Donar und war, wie dieser, Gott des Blitzes. Doch meint Hanusch, zu dieser Stellung sei Perun erst mit der Zeit herabgesunken; früher sei er aber der einzige Vertreter der Gottesidee bei den Russen gewesen [3]. Sein Bildniß stand in Kiew auf einem Hügel von mehreren anderen Götzen umgeben. Es war von Holz geschnitzt, der Kopf silbern, der Bart golden; die Hände trugen eine Keule, Mjölnir, ein Wort, welches man mit den russischen Ausdrücken für Hammer und Blitz, Molot und Molnija, vergleichen kann. Diese mit Rubinen und Karfunkeln verzierte Keule sollte wohl den Donnerkeil vorstellen. Vor dem Bilde brannte ein immerwährendes Opferfeuer, Thiere und auch Menschenopfer wurden dargebracht [4]. Doch bezweifelt man, ob die Menschenopfer auch in früheren Zeiten schon im Gebrauch waren; zur Zeit der Einführung des Christenthums sind dieselben sicher verbürgt.

Die Livländer pflegten beim Beginne des Frühlings ein Fest zu feiern, wobei nach der Überlieferung folgendes Lied gesungen wurde: „Vater Perkons, deine Kinder führen ein fehlerloses Opferthier zu deinem Altare. Send, o Vater, deinen Segen über den Pflug und über das

---

[1] Prokopios, De bello Gothico, III. 14. Ed. Dindorf p. 334 sq.
[2] Helmold, Chronica Slavorum, I. 83.
[3] Hanusch, a. a. O. S. 261.
[4] Ph. Strahl, Geschichte des russischen Staates. 1. Bd. Hamburg 1832. S. 19.

Korn. Möge goldenes Stroh mit großen wohlgefüllten Ähren sich binsengleich erheben. Vertreibe alle schwarzen Hagelwolken zu den großen Mooren, den Wäldern und den weiten Wüsten, wo sie die Menschen nicht erschrecken, und gib Sonnenschein und Regen, mild fallenden Regen, daß die Halme gedeihen."[1]

Bei den westlichen Slaven hat sich der Name des Donnergottes in verschiedenen volksthümlichen Redensarten erhalten. In Weißrußland hört man bis heute Zornesausbrüche wie: „Perun schlage dich!" und die Slovaken fluchen: „Möge Parom dir seine Zähne zeigen", d. h. der Blitz dich treffen[2].

Nach Ralston war übrigens Perun nicht der älteste Gott der Ostslaven, sondern Svarog, der dem indischen Varuna entspräche. Er war eine Lichtgottheit, und die Sonne und das Feuer galten als seine Söhne, jene unter dem Namen Dazhbog, dieses unter dem Namen Ogon. Eine andere Bezeichnung für Dazhbog war Khors[3].

Die westlichen und baltischen Slaven scheinen einer Art Manichäismus gehuldigt zu haben. Die gute Gottheit nannten sie Belbog, „weißen Gott" oder „Lichtgott", das böse Wesen Cernobog, „schwarzen Gott" oder „Geist der Finsterniß"[4]. Bog, die slavische Bezeichnung für Gott, scheint mit der Wurzel bag, „segnen", zusammenzuhängen, so daß die Slaven das höchste Wesen als das „segnende" bezeichneten. Karamsin schreibt über diesen Glauben: „Inmitten ihres thörichten Aberglaubens hatten die Slaven eine Vorstellung von einem einzigen und allmächtigen Gotte, für den der unermeßliche Himmel mit seinem Sternenglanze einen seiner Größe würdigen Tempel bildete. Dieser Gott beschäftigt sich nur mit himmlischen Angelegenheiten, während er die Regierung der Welt den niederen Göttern anvertraut hat. Sein Name war Belbog. Ihm errichtete man keine Tempel, in der Überzeugung, daß die Sterblichen nicht mit ihm verkehren könnten, sondern in ihren Nöthen zu den niederen Göttern ihre Zuflucht nehmen müßten... In Verlegenheit, wie sie Unglück, Krankheit und alle Übel, welche das Menschengeschlecht treffen, mit der Güte dieser Beherrscher der Welt vereinigen sollten, schrieben sie das Böse einem besondern Wesen, dem ewigen Feinde der Menschen, zu,

---

[1] W. R. S. Ralston, Slavonic Mythology. London 1872. p. 89. Hauptsächlich nach slavischen Liedern und Sagen bearbeitet.

[2] L. c. p. 90.   [3] L. c. p. 85.

[4] Hanusch, a. a. O. S. 149 f.

dem sie den Namen Cernobog gaben. Ihm brachte man Opfer dar, um ihn zu besänftigen."[1]

Unter den wohlthätigen Göttern stand am höchsten Svatovit. Seine Würde ist eine so hohe, daß alle anderen Götter gegen ihn zurücktreten und er oft schlechthin als Gott erscheint. Auf Rügen stand sein Bildniß in übermenschlicher Größe, mit vier Köpfen, nach allen Himmelsgegenden schauend, während er in Stettin als Triglav dargestellt wurde, d. h. als eine Figur mit drei Häuptern unter einem Hute[2].

Von den übrigen slavischen Göttern sind noch bemerkenswerth: Radegast, der Gott der Gastfreundschaft, und Prove, der Gott der Gerechtigkeit, in dessen heiligem Haine das Gericht abgehalten wurde. Außerdem sind aber viele andere slavische Götternamen bekannt, jedoch ihre Bedeutung ist zweifelhaft. Die einzige Trägerin der Wurzel dyu im Slavischen scheint Dievana zu sein, eine Jagdgöttin wie die römische Diana, doch wird das Wort auch anders abgeleitet. Möglich ist, daß der slavische Tur derselbe ist mit dem nordischen Tyr[3].

„Zum Unglück," sagt Bulgarin, „sind alle alten Überlieferungen vom Schöpfungsmythus und der ganze sittliche Sinn der alten russischen Slaven im Dunkel der Jahrhunderte verschwunden, und nur schwache Strahlen derselben spiegeln sich noch in den Märchen, Gebräuchen und dem Aberglauben des gemeinen Volkes."[4]

Doch ist der gleiche Schriftsteller der Meinung, daß der Glaube der Slaven ehedem höher gestanden habe und erst später so tief gesunken sei. Ebenso spricht Karamsin von einer frühern reinern Religion und einer nachmaligen Zeit blinden Aberglaubens[5].

Wir haben die Länder durchwandert, in denen Laute indogermanischer Zunge tönten und tönen, und überall fanden wir den Glauben oder Überreste des Glaubens an den Vater, der im Himmel wohnt und für uns, seine Geschöpfe und Kinder, väterlich sorgt; und zwar finden wir diesen Glauben um so reiner, je höher wir in das Alterthum hinaufsteigen. In diesem Sinne können wir das Wort M. Müllers unterschreiben: „Als wir zum ersten Mal den Namen Jupiter hörten, wie ihn Homer oder Ovid zu einem leisenden Ehemann entwürdigt hatten, hatten wir keine Ahnung von den heiligen Reliquien, die in diesem unheiligen Schreine

---

[1] M. Karamsin, Histoire de l'empire de Russie. Vol. 1. Paris 1819. p. 101.   [2] Hanusch, a. a. O. S. 151. 183.   [3] Hanusch, a. a. O. S. 26 f.
[4] Bulgarin, a. a. O. S. 420.   [5] Karamsin, l. c. p. 122.

verborgen lagen. Wir werden dieselbe Erfahrung wieder und wieder machen, wenn wir die Tempel der alten Religionen durchforschen: der Grund, auf dem wir stehen, ist heiliges Land. Tausende von Jahren sind verflossen, seitdem die arischen Völker sich trennten, um nach Nord und Süd, nach Ost und West zu wandern; sie haben seitdem jedes seine eigene Sprache geformt, seine eigene Nationalität entwickelt, seine eigene Lebensanschauung und Philosophie gebildet; sie haben Tempel gebaut und sie wieder niedergerissen, sie sind alle älter, weiser und, es mag sein, besser geworden; wenn sie aber das, was uns allen das Höchste und Theuerste ist, darstellen, wenn sie in demselben Worte ihr Staunen und ihre Liebe ausdrücken, das Endliche und das Unendliche umfassen wollen, so können sie doch nur dasselbe thun, was einst ihre Väter gethan, als sie zum Himmel emporschauten und dort das Walten eines Wesens spürten, das in fernster Ferne ihnen nah, in nächster Nähe ihnen fern war; sie können nur dieselben Worte verbinden und heute wie vor tausend Jahren das alte arische Gebet in der Form wiederholen, in der es ewig bleiben wird: Vater unser, der du bist im Himmel."[1]

Jawohl, was unsere Vorfahren im Anfange durch Gottes Gnade besessen, was sie aber in ihrem gefallenen Zustande nicht rein und ungetrübt zu erhalten vermochten, sondern immer und überall durch unsinnigen Aberglauben entstellten, das hat uns der Erlöser in ursprünglicher Schönheit und Lauterkeit wiedergeschenkt. Seine Lehre ist in der Beziehung eine rein menschliche, daß dieselbe den tiefsten Bedürfnissen der menschlichen Natur entspricht; denn die Menschenseele kann nie den Vater im Himmel ganz vergessen und ist insofern eine anima naturaliter christiana.

---

[1] Einleitung in die vergleichende Religionswissenschaft, von M. Müller. Straßburg 1874. I. S. 156 f.

II. Die Völker des semitischen Sprachstammes.

Zur semitischen Sprachfamilie zählt das Aramäische, Kanaanitische, Arabische. Aramäisch sprachen die Babylonier und Assyrier, kanaanitisch die Phönizier und Hebräer, arabisch die Bewohner der arabischen Halbinsel. Wir werden mithin der Reihe nach die Religion der Assyrier und Babylonier, der Phönizier und der Araber untersuchen. Daran schließen wir die Besprechung der altägyptischen Religion, ohne uns ein Urtheil über den Verwandtschaftsgrad des Altägyptischen und Semitischen zu erlauben; denn in Betreff dieser Frage weichen die Meinungen der Gelehrten ganz bedeutend von einander ab. Der berühmte Ägyptologe Brugsch schreibt: „Es steht mir fest, daß die altägyptische Sprache, d. h. die älteste Gestaltung derselben, im Semitischen wurzelt, und daß wir von hier aus alle jene Erscheinungen zu erklären haben, welche sonst ohne jede Auflösung bastehen würden ... Im Voraus kann ich es weissagen, daß die Sprachforschung eines Tages erstaunt sein wird über das enge Band der Verwandtschaft, welches die ägyptische Sprache mit ihren semitischen Schwestern zusammenknüpft, und über die mir jetzt schon feststehende Thatsache, daß alle eine gemeinsame Mutter haben, deren Ursitz an den Ufern des Euphrat und Tigris zu suchen ist."[1] In einem ganz verschiedenen Sinne redet ein anderer tüchtiger Ägyptologe. Le Page Renouf sagt: „Ein paar ägyptische Wörter lauten allerdings sehr ähnlich wie semitische mit derselben Bedeutung. Aber die Gesammtzahl der Wörter im ägyptischen Wörterbuche, die einen Schein von Ähnlichkeit mit dem Arischen oder dem Semitischen haben, stellt sich nach der nöthigen Auslese als äußerst gering heraus ... Diejenigen, welche vom Ägyptischen reden, als ob es im Semitischen wurzele, oder die sagen, seine Grammatik sei semitisch, müssen diesen Worten eine Bedeutung beilegen ganz ver-

---

[1] Hieroglyphisch-demotisches Wörterbuch, von H. Brugsch. Leipzig 1867. I. S. IX.

schieben von jener, welche dieselben im Munde eines tüchtigen Fachgelehrten haben ... Sie denken offenbar an einzelne Eigenthümlichkeiten und vergessen andere viel wichtigere. Es würde unter solchen Umständen gerade so leicht sein, Verwandtschaften mit dem Finnischen oder Polynesischen zu entdecken."[1]

Bei solcher Verschiedenheit der Ansichten müssen wir uns natürlich jedes Urtheils bescheiden. Wir fügen den Semiten lediglich deßhalb die Ägypter an, weil sich ein geeigneterer Platz nicht wohl finden läßt, weil man bis jetzt diese beiden Völker zusammenzustellen pflegte, und weil, wenn auch nicht die sprachliche, so doch die geschichtliche Beziehung beider eine enge ist.

Die Quellen, aus denen wir bei der nun folgenden Darstellung schöpfen müssen, sind nicht Religionsbücher, wie bei den Indern oder Persern, sondern Inschriften, Denkmäler, Münzen, Berichte von Geschichtschreibern u. dgl. Auf Bestimmtheit und Anschaulichkeit kann daher hier nicht in dem Maße Anspruch erhoben werden wie bei der Besprechung der Religion jener Völker. Dazu kommt, daß die Entzifferung dieser Inschriften und Denkmäler zum Theile Aufgabe einer noch sehr jungen Wissenschaft ist, deren einzelne Leistungen im Verlaufe der Zeit zweifelsohne mannigfache Berichtigungen und Umgestaltungen erfahren werden. Wir müssen deßhalb die Einzelheiten mit all der Zurückhaltung wiedergeben, mit welcher die Vertreter der Wissenschaft dieselben aufgenommen wissen wollen. Doch gehört der Gegenstand, welcher für uns die Hauptsache bildet, nicht zu diesen zweifelhaften Fragen. Daß die Semiten und die Ägypter eine Religion hatten und persönliche Gottheiten verehrten, darüber kann auch nicht ein Schatten von Zweifel bestehen. Ungewiß ist dagegen sehr oft der eigenthümliche Charakter der einzelnen Gottheiten, sowie der Ursprung und die Entwicklung des Religionssystems. Wir werden suchen, dasjenige vorzuführen, was bis jetzt als am meisten gesichert gelten kann.

1. Die sogenannten Turanier Mesopotamiens.

Die Inschriften, welche uns hauptsächlich über die Religion der ältesten Bewohner Mesopotamiens und der Nachbarländer Aufschluß geben, werden wegen der eigenthümlichen Gestalt der Schriftzeichen Keil-

---

[1] Lectures on the Origin and Growth of Religion. By P. Le Page Renouf. London 1880. p. 55 sq.

inschriften genannt. An der Entzifferung derselben hat sich erst unser Jahrhundert mit Erfolg versucht. Man hatte aber noch nicht lange angefangen, diesen Inschriften seine Aufmerksamkeit zuzuwenden, als man die Entdeckung machte, daß manche derselben drei verschiedene „Alphabete" enthielten. Bei genauerer Untersuchung stellte sich dann weiter heraus, daß die verschiedenen „Alphabete" auch verschiedene Sprachen ausdrückten, und daß es mithin in Persepolis, Babylon u. s. w. dreisprachige Inschriften gebe. Eine der berühmtesten oder vielmehr einfachhin die berühmteste und wichtigste derselben ist die von Heinrich Rawlinson abgeschriebene und erklärte Inschrift von Behistan (Bagastana, zwischen dem 47. und 48. Länge- und 34. und 35. Breitegrad), in welcher Darius I. seine Waffenthaten verherrlicht. Diese Inschrift enthält drei Spalten, deren erste in altpersischer Sprache geschrieben ist. Dieselbe wurde in's Deutsche übersetzt und erklärt von Fr. Spiegel [1]. Die dritte, stark beschädigte Spalte enthält denselben Bericht in assyrischer Sprache. Dieser Text wurde von Jul. Oppert eingehend untersucht, ergänzt und mit hebräischer Umschrift und französischer Übersetzung versehen [2].

In welcher Sprache aber ist die zweite Spalte geschrieben? Es ist, antworten die Gelehrten fast einstimmig, „die Sprache der nicht-arischen Meder oder der Skythen im weitesten Sinne dieses Wortes, d. h. jener zahllosen tatarisch-finnischen Völker, welche das Innere Asiens bewohnten ... Oppert vermuthete zuerst, daß diese Sprache das Idiom der Skythen darstellen könne. H. Rawlinson hatte denselben Gedanken, und M. Norris schloß sich vollständig an. Heutzutage scheint es sicher, daß dieses Idiom die Sprache der unter dem Namen Skythen oder Turanier zusammengefaßten tatarisch-finnischen Völkerschaften ist, welche auch die nicht-arischen Meder einschließen, ohne daß man ganz genau alle einzelnen Stämme angeben könnte, welche in jenen entlegenen Zeiten zusammenwohnten und dieselbe Lebensweise hatten". So Joachim Menant [3].

Andere haben dagegen entschiedenen Widerspruch gegen die turanischen Meder erhoben. „Den turanischen Medern sprechen wir nach dem Vorgange von Max Duncker jede Wirklichkeit ab," sagt P. Delattre, S. J., in einer von der königlichen Akademie von Belgien gekrönten Abhandlung

---

[1] Die altpersischen Keilinschriften, S. 2 ff. 75 ff.
[2] Expédition scientifique en Mésopotamie. Paris 1863. Tom. 2. chap. 5. p. 198 sqq.
[3] Les écritures cunéiformes. 2ᵉ éd. Paris 1864. p. 6. 135.

über das Volk und das Reich der Meder[1]. Er hält das vorgebliche Turanisch für die Sprache der Bevölkerung von Anshan, und dieses hinwiederum für einen Theil von Elam oder Susiana auf dem linken Tigrisufer. Andere, wie Guyard und Halevy, gehen noch weiter und behaupten, die zweite Spalte der dreisprachlichen Inschriften enthalte reines Assyrisch, nur in anderen Schriftzügen.

Mit Bestimmtheit kann also die Frage bis jetzt nicht beantwortet werden, welcher Völkerfamilie die sogen. Turanier angehörten. Desto bestimmter dagegen läßt sich die andere Frage beantworten, ob dieses Volk, welchem Stamme es auch angehören mag, eine Religion gehabt und Götter verehrt habe.

Es sind allerdings nicht die medischen, sondern die mesopotamischen Turanier, mit denen wir uns hier wegen ihrer Beziehung zu den semitischen Assyriern und Babyloniern zu beschäftigen haben, jene Turanier, welche man als das Volk von Akkad oder Sumer zu bezeichnen pflegt. Von diesem akkadischen Volke haben die semitischen Bewohner Mesopotamiens ihre Keilschrift überkommen. Wir haben also ein sehr altes Kulturvolk vor uns, dessen Name schon im zwölften Jahrhundert v. Chr. nur mehr im Gedächtnisse lebte. Diese alten Bewohner von Akkad, oder nach einer andern, wahrscheinlichern Annahme von Sumer, hatten ihren Erben aus dem semitisch-kuschitischen Stamme mit ihrer Schrift auch ihre Bücher, ihre Wissenschaft, kurz das ganze Besitzthum ihrer Civilisation hinterlassen und so durch Babylon auf die Entwicklung ganz Vorderasiens einen mächtigen Einfluß ausgeübt. Noch im 8. Jahrhundert v. Chr. gab es in manchen Bibliotheken chaldäischer Städte eine Anzahl heiliger akkadischer Bücher, welche der priesterlichen Wissenschaft zur Grundlage dienten. König Sargon I. (721—704 v. Chr.) ließ diese Bücher sammeln und mit Übersetzungen versehen, und seine Nachfolger setzten das Werk fort. Später besorgte Assurbanipal (667—647 v. Chr.) eine Abschrift der akkadischen Schriften, welche sich hauptsächlich in der Bibliothek zu Erech befanden. Die abzuschreibenden Thontäfelchen waren damals schon so alt, daß die Abschreiber oft die alterthümlichen Schriftzeichen nicht mehr verstanden. In diesem Falle behielten sie einfach die vorgefundenen Zeichen bei, während sie das Übrige in die damals übliche Schrift umsetzten. Manchmal schrieben sie auch zu Stellen, die nicht mehr leserlich waren,

---

[1] Le peuple et l'empire des Mèdes. Bruxelles 1883. p. 7. Vgl. über die Keilinschriften zweiter Gattung, von Dr. A. D. Mordtmann (Zeitschrift der Deutschen Morgenländischen Gesellschaft, XXIV. S. 76 ff.).

die Bemerkung „verwischt" hinzu. Ein Theil dieser Abschriften wurde von Layard entdeckt und befindet sich jetzt im Britischen Museum. Unter den Abschriften sind zahlreiche Hymnen zu Ehren der Hauptgötter, so daß wir hier wiederum ein zuverlässiges Zeugniß über die Religion eines bedeutenden Volkes in den ältesten Zeiten der Geschichte haben[1].

Aus diesen Hymnen, die wegen ihrer Ähnlichkeit mit dem Rigveda „chaldäischer Veda" genannt wurden, geht hervor, daß die ältesten Dynastien als ihre Hauptgottheit den Uruki, Ur oder Aku (assyrisch Sin), d. h. den Mondgott betrachteten. Sein Name findet sich als Bestandtheil in zahlreichen Eigennamen wieder. Nach ihm wurde die Hauptstadt des Landes einfach Ur genannt; es ist das jene Stadt, aus welcher Abraham auf Gottes Geheiß auswanderte.

An diesen Mondgott ist einer der besterhaltenen Hymnen gerichtet. Wir geben denselben im Auszug nach der Übersetzung von Friedr. Delitzsch[2], wobei zu bemerken, daß die Assyrier für das akkadische an ur ki „Gott, der die Erde erleuchtet", den Namen Nannaru, „Erleuchter", eingesetzt haben.

„O Herr, Führer der Götter, welcher im Himmel und auf Erden allein erhaben;
Vater Nannar, Herr der himmlischen Heerschaaren,
Vater Nannar, Herr von Ur, Führer der Götter,
Vater Nannar, Herr der Krone, Schöpfer,
Vater Nannar, der die Herrschaft majestätisch vollführt;
Barmherziger Erzeuger von Allem, der bei den lebenden Wesen eine hellglänzende Wohnung aufrichtet;
Vater, Erbarmer, Wiederbringer, dessen Hand des ganzen Landes Leben erhellt;
Vater, Erzeuger der Götter und Menschen, der du die Wohnung erhöhst und gründest Alles, was gut ist;
Der du zur Herrschaft berufst, das Scepter verleihst, der bis in ferne Tage das Schicksal bestimmt;
Fürst, Thatkräftiger, dessen Herz weit ist und Niemanden nachträgt;
Herr, der entscheidet die Entscheidung über Himmel und Erde.
Im Himmel wer ist erhaben? Du allein bist erhaben!
Auf Erden wer ist erhaben? Du allein bist erhaben!
Dein Befehl wird im Himmel verkündet, die Engel des Himmels werfen nieder ihr Antlitz.

---

[1] Nach Fr. Lenormant, Les premières civilisations. Paris 1874. Vol. 2. p. 147 sqq.

[2] Im Anhang zu H. Delitzschs Übersetzung der chaldäischen Genesis von G. Smith. Leipzig 1876. S. 281 ff.

Dein Befehl wird auf Erden verkündet, die Engel der Erde küssen den Boden.

Dein Befehl ergehet auf Erden, so wächst das Gras;

Dein Befehl läßt im Schwange gehen Wahrheit und Recht.

O Herr, im Himmel an Herrschaft, auf Erden an Leitung unter den Göttern, deinen Brüdern, hast du nicht deines Gleichen.

König der Könige, der keinen Richter über sich hat,

Deinem Tempel sei gnädig,

Der Stadt Ur sei gnädig! …"

Nächst dem Mondgotte Uruki wurde der Sonnengott Ub (assyrisch Samas) am meisten verehrt; er war Stadtgott von Larsam und von Sippar. Er wird angerufen als „Herr, Erleuchter der Finsterniß, barmherziger Gott, der aufrichtet den Gebückten (?), schützet den Schwachen. O Gott, es blicken zu dir auf und freuen sich die weithinwohnenden Menschen. Du bist der Gerechte im Himmel, der Beständige; du bist, der Acht hat auf die Satzung der Länder. Die Gerechtigkeit erhebet ihr Haupt, du bist der höchste Richter des Himmels und der Erde." [1]

Die Akkadier hatten aber außer Uruki und Ub noch eine Menge anderer Götter [2]. Jedoch sind die an dieselben gerichteten Hymnen in einem sehr mangelhaften Zustande auf uns gekommen. Überdieß werden uns die einzelnen Gottheiten bei den Babyloniern und Assyriern wieder begegnen. Es möge darum das Mitgetheilte genügen, um zu zeigen, daß auch das alte, nicht-semitische Volk, welches auf die späteren Weltreiche Mesopotamiens einen so bedeutenden Einfluß ausübte, unbedenklich in die Reihe der Zeugen für das allgemeine Gottesbewußtsein eingefügt werden kann.

2. Die Assyrier und Babylonier.

Da die Assyrier und Babylonier die ersten Vertreter des Semitismus sind, die uns begegnen, so legt sich ganz von selbst die Frage nahe, welches Wort wohl im Semitischen diejenige Stellung einnehme, die Dyu im Indogermanischen behauptet. Hatten überhaupt die semitischen Stämme eine gemeinsame und nur Eine Allen gemeinsame Gottesbenennung? Wenn ja, so müssen wir den Schluß wiederholen, den wir früher gemacht haben. Wir sagten: Inder, Griechen, Römer u. s. w. haben Einen gemeinsamen Namen für Gott. Da aber nach den Gesetzen der Sprach-

---

[1] Delitzsch, a. a. O. S. 284 f. Lenormant, Les premières civilisations. II. p. 165.

[2] Dieselben sind besprochen bei Lenormant l. c. p. 169 sqq.

wissenschaft dieses Wort nicht bei jedem Volke unabhängig entstanden, sondern vielmehr nur einmal gebildet worden ist, so müssen alle diese Völker dasselbe aus einem gemeinsamen Heiligthume mitgebracht haben. Ist diese Beweisführung zutreffend, so muß man auch gestehen, daß, falls der gleiche Grund sich bei den Semiten vorfindet, der Schluß kein anderer sein kann.

Nun aber steht es außer allem Zweifel, daß es Ein Wort gab, mit welchem alle Semiten die Gottheit bezeichneten. Dieses Wort ist El, babylonisch Ilu, arabisch Allah u. s. w. Mögen auch andere Gottesbezeichnungen weit verbreitet gewesen sein, so war doch das Wort El allein zu allen Zeiten und bei allen semitischen Völkern als Gottesname (sei es nun als nomen appellativum oder als nomen proprium) bekannt; ja nirgendwo war die Erinnerung ganz erloschen, daß El ehemals der einzige Gott der Väter war.

In Betreff dieses „den Assyriern, Kanaanäern und Himjariten (Arabern) von ältester Zeit her gemeinsamen Gottesnamens" bemerkt Friedr. Delitzsch[1], „daß die älteste erreichbare Namensform gewiß das durch ein und ein halbes vorchristliches Jahrtausend hindurch zu verfolgende babylonisch-assyrische Ilu ist, welches nur in ganz besonderen Fällen Eigenname eines speziellen Gottes ist, sonst stets wie hebräisch El allgemein ‚Gott' bedeutet". Schon früher hatte Movers gesagt: „El ist zuerst oberste und einzige Gottheit, gewiß der El Eljon (höchster El) des Melchisedech, wohnend über der sichtbaren Welt als Lichtwesen in den ätherischen Regionen, aber auch ein in sichtbarer Gestalt gütig zu den Menschen sich herablassendes Wesen, sie belehrend und durch sein geschriebenes Gesetz Anweisung gebend zum frommen Leben ... Dieß ist der El Schaddai (der Allmächtige), wie ihn die Genesis bekannt macht ... Seine Verehrung erhielt sich in den Familien der israelitischen Patriarchen, während sie durch die Entstehung des chaldäischen Zabäismus (Sterndienst) und durch die Verbindung mit dem syrischen Naturdienst immer mehr bei den verwandten Volksstämmen getrübt ward ... Will man also nach allen geschichtlichen Analogien urtheilen und etwa das Verhältniß der persischen und assyrischen, der germanischen und nordischen Religion vergleichen, so wird man schon von vornherein zu der Annahme sich bestimmen lassen, daß die höchste Gottheit aller anderen semitischen Völker, El, ursprünglich dieselbe war, welche auch von den Israeliten

---

[1] Wo lag das Paradies? Leipzig 1881. S. 165.

verehrt wurde. Wie kann aber hier noch ein Zweifel obwalten, da er überall denselben Namen führt? ..."[1]

Dem El entspricht im Akkadischen An mit derselben Bedeutung „Gott". Dafür wird aber sehr oft Dingir (Dimmer), „mächtiger Richter", gesetzt. So heißt z. B. die Hauptstadt des Landes assyrisch Bab-Ilu, akkadisch Ka-Dingirra. Beides bedeutet „Pforte Gottes", so daß Babylon im Sinne seiner Bewohner ganz vorzüglich eine Gott geheiligte Stätte war, bevor der Schrecken über Gottes Gericht es als eine „Stadt der Verwirrung" erscheinen ließ[2]. Allerdings sagt E. Schrader in seinem Buche „Die Keilinschriften und das Alte Testament" zu der Stelle 1 Mos. 11, 9, Babel dürfe nicht übersetzt werden: „Heiligthum Gottes", als ob „Gott" ein Appellativum sei, sondern „Heiligthum des Ilu", nämlich einer besondern babylonischen Gottheit, die neben vielen anderen verehrt wurde. Aber der Beweis, daß in späteren Zeiten El neben Bel aufgezählt wird, ist unstichhaltig; denn weil das später so war, muß es nicht nothwendig immer so gewesen sein. Im Gegentheil, da wir mit ziemlicher Wahrscheinlichkeit annehmen können, daß die Vielgötterei erst mit der Sprachverwirrung ihren Anfang genommen hat, so war Babel doch wohl ursprünglich nicht die Stadt eines aus vielen Göttern, sondern die Stadt Gottes schlechthin. Zudem sagt Friedr. Delitzsch: Der Name Babel „bedeutet ‚Pforte Gottes'. Daß nicht etwa ‚Pforte Els' (d. h. eines einzelnen Gottes) zu übersetzen ist, wird durch die Schreibung des Namens hundertfach bestätigt"[3].

Wenn also der Name Babels selbst uns auf einen ehemaligen Monotheismus zurückweist, so ist doch damit nicht gesagt, daß die Assyrier und Babylonier auch noch zu irgend einer geschichtlichen Zeit als Monotheisten auftreten. Im Gegentheil thun alle Keilinschriften das Vorhandensein eines sehr ausgedehnten Polytheismus kund, doch so, daß durchschnittlich zwölf Götter als „groß" bezeichnet werden. Unter diesen stand eine Menge anderer Götter, denen sich die Igigi oder Engel des Himmels und die Anunaki oder Engel der Erde und zuletzt eine große Schaar theils guter, theils böser Geister anschlossen[4].

---

[1] Die Phönizier, von Dr. F. C. Movers. Bonn 1841. I. S. 313 f.

[2] Vgl. „Stimmen aus Maria-Laach", Bd. VI. S. 123. Andere vertheidigen die biblische Deutung des Wortes als die ursprüngliche und das Bab-Ilu als eine spätere Umdeutung. So Vigouroux, La Bible et les découvertes modernes. 3e éd. Paris 1881. Tom. 1. p. 311 sqq.   [3] Wo lag das Paradies? S. 213.

[4] Smith, Chaldäische Genesis, S. 53 f.

Wie ist dieses Pantheon entstanden? Um die Lösung dieser Frage zu finden, muß man sich erinnern, daß an den Ufern des Euphrat und Tigris nicht immer große Weltreiche bestanden. Es gab eine Zeit, wo das Land in kleine, unabhängige Reiche getheilt war. Jedes derselben hatte seine Hauptstadt und jede Hauptstadt ihre eigene Gottheit. So bestanden eine Menge verschiedener Religionen neben einander, verschieden insoweit wenigstens, als die Gottheit unter verschiedenen Namen verehrt wurde. Inwieweit ober wie lange aber dabei noch der Begriff von der Einheit oder Einzigkeit Gottes gewahrt wurde, läßt sich nicht mehr entscheiden. Doch scheint zu allen Zeiten, von denen uns die Inschriften überhaupt Nachricht geben, die Religion schon auf die Stufe eines gewissen Naturdienstes, und zwar vorzüglich des Sterndienstes, heruntergesunken zu sein, indem jede Stadt ein besonderes Gestirn, immer aber als persönlich gedachte Gottheit, verehrte.

So findet sich in dem geographischen Verzeichnisse, welches Friedr. Delitzsch seinem Buche über das Paradies als Anhang beigegeben, zu jeder bedeutenden Stadt die Bemerkung: Stadtgottheit war der und der Gott; z. B.: „Stadtgottheit von Sippar war Samas, der Sonnengott", „Stadtgottheit von Agade war die Göttin Anunitum, d. i. Istar als Morgenstern", „Stadtgottheit von Babylon war Merodach", „Stadtgottheit von Borsippa war Nebo" u. s. w.

Es kann nun nach den Worten der Bibel (Gen. 10, 10. 11) kein Zweifel darüber bestehen, daß die Kultur in Mesopotamien von Süden nach Norden, von Babylonien nach Assyrien fortschritt. In Folge dessen fand eine Vereinigung der einzelnen Lokalgottheiten statt; doch behielten diejenigen Gottheiten, welche in den Städten des Südens verehrt wurden, immer eine bevorzugte Stellung und traten in dem spätern, ausgebildeten Polytheismus an die Spitze des Pantheons. Als die erste Stadt scheint im höchsten Alterthume Erech gegolten zu haben. Daher blieb auch die dort verehrte Gottheit Anu immer zu oberst in der Reihe der Götter und wird bei der Aufzählung fast immer zuerst genannt. Wie sodann die Städte Nippur und Eridu den nächsthohen Rang einnahmen, so bildeten auch ihre Gottheiten Bel und Ea mit Anu stets die oberste Trias im babylonischen Göttersystem. Dabei war Ilu immer noch im dunkeln Hintergrunde als der über allen Göttern thronende und ursprünglich einzige Gott; in der praktischen Ausübung der Religion aber blieb er fast ganz unbeachtet und wurde durch andere Gottheiten verdrängt[1].

---

[1] Manuel d'histoire ancienne de l'Orient. Par F. Lenormant. 3e éd.

So bildete sich also die babylonische Götterwelt durch kriegerische oder friedliche Eroberungen, indem mit dem Ansehen der Stadt auch das ihrer Gottheit sank oder stieg. Nicht bloß die Menschen, sondern auch die Götter theilten sich in Sieger und Besiegte, in Herrscher und Beherrschte. In diesem Sinne droht im Alten Bunde Gott der Herr nicht bloß Ägypten und dem Pharao, sondern auch dessen Göttern mit einer Heimsuchung (Jer. 46, 25), nicht bloß Babylon soll erobert, sondern auch Bel zu Schanden gemacht und Merodach überwunden werden (Jer. 50, 2). Diese Anschauung war auch bei den heidnischen Semiten allgemein, nur mit dem Unterschiede, daß diese die fremden Götter nicht vernichteten, sondern in ihre und ihrer eigenen Götter Dienstbarkeit nahmen. Daher erklärt sich der Vorrang der einen Gottheit vor der andern. Ferner betrachtete man die Götter der Pflanzstädte als die Söhne der in der Mutterstadt verehrten Götter, und so kam zu der Idee der Rangstufen auch die der Verwandtschaft der Götter. Später brachten die Priester all das in ein geordnetes System, und die babylonische Mythologie mit ihren Götter- und Sagenkreisen war fertig. In der ausgebildeten Mythologie hat jeder Gott einen besondern Wirkungskreis und eine seinem Wirkungskreise entsprechende Natur; alle Götter werden überdieß auf einen gemeinsamen, unpersönlichen Ursprung, eine Art Chaos, zurückgeführt.

Diese Theogonien sind nicht immer und überall gleich, sondern verschieden je nach den verschiedenen Priester- oder Philosophenschulen. Oft gehen die Götter unmittelbar aus dem Urwesen hervor, oft muß das Chaos selbst erst verschiedene Entwicklungen durchmachen, bevor es die höchste Göttertrias hervorbringt, oft wird das Chaos als ein Einzelwesen, oft als zwei, ein männliches und ein weibliches Wesen, aufgefaßt. So gehen nach dem babylonischen System An, Bel, Ea unmittelbar aus dem Tiamat hervor. Nach dem assyrischen Systeme waren zuerst Apsu und Tiamat, aus denen Assur und Seruya hervorgehen; und von diesen stammen Anu, Bel, Ea. Eine Menge solcher Kosmogonien und Theogonien hat Lenormant zusammengestellt [1].

Wie sehr aber auch diese, oft höchst wunderlichen Spekulationen über das Entstehen der Götter- und Menschenwelt von einander abweichen mochten, so war doch die Religion der Mesopotamier so gut wie ihre

---

Paris 1869. Tom. 2. p. 182, und The five great Monarchies. By G. Rawlinson. 2. Ed. London 1871. Vol. 2. p. 114 sqq.

[1] Lenormant, Les origines de l'histoire. Paris 1880. Tom. 1. p. 493 sqq.

ganze übrige Kultur im Wesentlichen dieselbe. Babylonien und Assyrien stellen keine zwei in ihrer geistigen Entwicklung geschiedene Völker dar, ja eigentlich nicht einmal zwei Reiche. War die Hauptstadt Ninive, so hieß das Reich Assyrien; war sie Babylon, so hieß das Reich Babylonien. Am vollkommensten war wohl die Übereinstimmung in der Sprache und den religiösen Anschauungen zwischen dem Norden und dem Süden.

Nur die einzige Gottesbezeichnung A s s u r ist den Assyriern ausschließlich eigenthümlich. Nach Lenormant und Anderen ist Assur nur ein anderer Name für Ilu, da er wie dieser weit erhaben ist über alle Götter, ja eigentlich der einzige Gott unter den Göttern. Er ist „der große Herr", „der König aller Götter", „der zu oberst über die Götter herrscht". Er wurde immer vor allen Göttern angerufen. Sieg, Macht und Glück wurden ihm zugeschrieben; alle Kriege wurden nur unternommen, um seinen Dienst auszubreiten, und darum wurden nach gewonnener Schlacht sofort seine Sinnbilder aufgestellt. Nach dem Gotte wurden Land und Volk benannt; die Assyrier heißen in den Inschriften „Diener des Assur", ihre Feinde „Assurs Feinde". Weil aber Assur durchaus mit keinem sichtbaren Naturdinge in Verbindung gebracht, sondern als ein rein geistiges Wesen aufgefaßt wurde, darum baute man ihm keine Tempel und Altäre, sondern betrachtete den Dienst aller Götter als an letzter Stelle auf Assurs Ehre hinzielend.

Dieser Gottesname bot zu vielen wissenschaftlichen Räthseln Veranlassung. Wurde das Land, bezw. die alte Reichshauptstadt, zuerst nach der Gottheit, oder die Gottheit zuerst nach dem Lande benannt? Das Letztere halten manche Assyriologen für das Unwahrscheinlichere, besonders weil damit die ideographische Bezeichnung An Hi, d. h. „guter Gott", für Assur nicht stimme. Wenn also Assur als Gottesbezeichnung das Ursprüngliche ist, was bedeutet der Name? Oppert sagt, eben das ideographische Zeichen beweise, daß Assur „gütig" bedeute[1]. Dem stimmt Schrader bei, der das Wort mit dem hebräischen ashar in Verbindung bringt. Friedr. Delitzsch gibt zwar zu, daß die Ableitung des Wortes „noch nicht ganz durchsichtig" sei, ist aber der Meinung, der Name Assur habe zuerst das Land und später die Gottheit bezeichnet, weil derselbe mit hoher Wahrscheinlichkeit als „bewässerte Ebene" oder ähnlich gedeutet werden müsse, was keinen passenden Gottesnamen abgebe. Andere, wie

---

[1] Journal Asiatique, 1865. Tom. 6. p. 330.

z. B. G. Rawlinson, sagen: Assur war ein Sohn Sems, wurde später von seinen Nachkommen vergöttert und als Begründer des Reiches und der alten Hauptstadt, welche nach ihm benannt war, an die Spitze der assyrischen Götter gestellt. Allein dieser Erklärung fehlt jedenfalls eine feste Grundlage, da in der heiligen Schrift (Gen. 10, 22) nicht gerade gesagt ist, Sem habe einen Sohn gehabt, der Assur hieß, sondern nur, die Assyrier seien Nachkommen Sems. Manche Namen des zehnten Kapitels der Genesis werden jedenfalls nur Völker-, nicht Personennamen sein[1], wie z. B. Mizraim, mag dieses Wort nun einfach „Land", oder „eingeengtes Land", oder „befestigtes Land" bedeuten. So kann man auch mindestens nicht mit Bestimmtheit behaupten, Assur sei an obiger Stelle der Bibel Name einer einzelnen Person. Lenormant und Andere halten Assur für ein und dasselbe mit dem arischen Asura und nehmen also ein Hinüberspielen einer indogermanischen Benennung und Idee in die semitische Götterwelt an. Einigermaßen möchte diese Annahme darin eine Bestätigung finden, daß Assur bei den Assyriern und Ahuramazda bei den Persern durch das gleiche Symbol, eine in einem geflügelten Ringe thronende menschliche Gestalt, dargestellt werden.

Wenn somit die Herkunft und Bedeutung des Namens Assur ungewiß ist, so steht doch fest, daß diese Gottheit ausschließlich in Assyrien und sonst nirgendwo in Mesopotamien verehrt wurde. Die übrigen Götter dagegen sind den Assyriern mit den Babyloniern gemein. Wir wollen die hauptsächlichsten derselben hier kurz zusammenstellen.

Anu ist der Gott des Himmels oder eigentlich des Weltganzen und erscheint als das thätige Prinzip alles Entstehens. Ihm wurde, nach einer bei vielen Völkern sich wiederholenden Mythenbildung, Anatu als passives Prinzip gegenübergestellt. Anu und Anatu sind ein Ehepaar mit zahlreicher Nachkommenschaft. Zu ihren Söhnen gehören: der Gott der Wüste, der Gott der Luft, der Gott des Feuers u. s. w. Ihre bekannteste Tochter ist Istar (Mylitta), welche später als Venusstern aufgefaßt wurde. Als Morgenstern ist sie Kriegsgöttin, als Abendstern Göttin

---

[1] Schon der hl. Augustin hat die gleiche Bemerkung gemacht (De civit. Dei 16, 3): „Commemorantur, quos genuit, non tamquam singuli homines, sed nationes septem. . . Unde colligitur . . . septuaginta duas gentes tunc fuisse, non homines. . . . Propterea multorum filii non sunt commemorati, quia gentibus aliis nascendo accesserunt, ipsi autem gentes facere nequiverunt." Ähnlich sagt Bigourour (La Bible et les découv. mod. I. 276): „Le mot d'Assur ne désigne pas un homme, mais un pays." Vgl. Lenormant, Les origines de l'histoire. II. p. 310 sqq.

der Liebe. Der Kult, dessen Gegenstand sie in letzterer Beziehung war, ist einer der abstoßendsten Züge des babylonischen Heidenthums. Die in den verschiedenen Städten verehrten Istars wurden mit der Zeit als verschiedene Göttinnen aufgefaßt. So reden die Keilinschriften von der „Istar von Erech" und der „Istar von Akkad" als von zweien — ein Beispiel von der Vermehrung der Götter durch Lokalisirung. Auch der Sonnengott Samas hatte eine Tochter Istar, die zuweilen als ein und dieselbe mit der Tochter Anus angesehen wird.

Bel ist der Weltbildner und der Lenker der menschlichen Geschicke. Seine Verehrung überwog mit der Zeit die aller anderen Gottheiten, und er wurde als die Nationalgottheit des ganzen Landes angesehen. Er wird gepriesen als „Vater der Götter", als „Herr der Länder", als „Schöpfer des All". Seine Gemahlin war Beltis (auch Mylitta genannt und mit Istar identifizirt), „die große Göttin", „die Mutter der Götter". Sie ist eine Kriegsgöttin und zugleich Göttin der Fruchtbarkeit, ähnlich wie Ceres oder Demeter.

Der dritte Gott ist Hea, der Gott des Meeres und der Tiefe überhaupt, dessen Verehrung aber nicht sehr verbreitet war. Sein Weib heißt Davkina. Ihr Sohn ist Merodach, der Schutzgott der Stadt Babylon, der später selbst als Bel aufgefaßt und hoch verehrt wurde.

An die erste Trias schloß sich eine zweite an: Sin, der Mondgott, Samas, der Sonnengott, Bin, Gott der Luft und des Firmamentes. Dann kommen die Planetengötter und zuletzt noch eine Menge niederer Gottheiten, deren Namen nicht einmal alle sicher sind.

Man darf sich aber nicht vorstellen, als ob die Mythologie auch selbst in Bezug auf die obersten Götter etwas Festhehendes und Unwandelbares gewesen sei. Im Gegentheil sind die einzelnen Personen des Pantheons so unbestimmt, daß sie oft in einander verschwimmen. So ist Beltis bald das Weib des Bel und die Mutter des Ninip, eines Kriegsgottes; bald ist sie die Frau des Ninip, bald auch die des Assur. Oft ist der eine Gott der höchste, oft der andere; viele werden als Vater und König der Götter gepriesen. So wird von Merodach gesagt: „O Herr, du bist erhaben; wer kommt dir gleich, Merodach, unter den Göttern, so viele ihrer sind!" Wiederum heißt es von Bel: „O Herr, dessen Macht keiner gleichkommt, Herr der Erde, der Menschheit und der Geister!" Dann wieder ist Sin „der Herr der Götter des Himmels und der Erde König der Götter", so daß Friedr. Delitzsch gerade mit Rücksicht auf die, an Sin gerichteten Lieder glaubt, von „einem monotheistischen Zug" reden zu können, „welcher sich durch das scheinbar labyrinthische Pantheon der babylonischen Völker klar verfolgbar hindurchzieht; ganz frei von jeglichem die oder jene Stadt als solche bevorzugenden Partikularismus geht der Glaube an ‚Einen Gott über alle Götter' durch die babylonischen Priestergesänge hindurch"[1]. Es ist eben hier dieselbe Erscheinung wie bei anderen Völkern zu beobachten: auch inmitten des ärgsten Polytheismus bleibt das wahre Gottesbewußtsein in etwa lebendig, und die natürliche Überzeugung von dem Einen Gott kann durch das Unkraut der Mythologie wohl überwuchert, aber nie gänzlich erstickt werden.

So hatten die Babylonier trotz all ihrer religiösen Verirrungen doch noch wahre Religion in irgend einem Grade, ja sie waren in ihrer Art sehr religiös. Das beweist beinahe jedes Bild und jede Inschrift, welche der Forschertrieb unseres Jahrhunderts aus den Trümmern der uralten Städte Mesopotamiens zu Tage gefördert hat.

Da sind vor Allem zahlreiche Loblieder auf die Götter, Bitt-, Buß-, Dankgebete u. s. w. Einiges wurde schon oben angeführt. Andere Proben theilt Kaulen[2] mit, z. B. folgendes Bittgebet:

> „Gott, du mein Schöpfer,
> Meine Arme ergreife,
> Meines Mundes Hauch leite,
> Meine Hände regiere,
> O Herr des Lichtes!"

Ein Bußgebet:

„O mein Herr, meiner Sünden sind viele, meine Vergehen sind groß,
Und der Götter Zorn hat mich getroffen mit Trübsal,
Mit Krankheit und mit Bekümmerniß.
Ich fiel, aber Keiner streckte aus seine Hand;
Ich stöhnte, aber Keiner trat näher;
Ich schrie laut auf, aber Niemand hörte es.
O Herr, laß deinen Diener nicht sinken,
In den Wassern der tosenden Fluth ergreife seine Hand,
Die Sünden, die er begangen, wandle du in Gerechtigkeit!"

Aber auch in Schriftstücken, welche durchaus nicht religiöser Natur waren, finden sich fast stets Erwähnungen der Götter. So in den geschichtlichen Inschriften, z. B. in der berühmten Inschrift von Khorsabad, in welcher König Sargon seine Thaten der Nachwelt verkündet. Dieselbe beginnt:

---

[1] Wo lag das Paradies? S. 164.
[2] Assyrien und Babylonien. Freiburg 1882. S. 145 ff.

„Palast Sargons, des großen Königs, des mächtigen Königs, Königs der Heerschaaren, Königs von Assyrien, Stellvertreters der Götter zu Babylon, Königs von Sumer und Akkad, Günstlings der großen Götter. Die Götter Assur, Nebo und Merodach haben mir die Herrschaft über die Völker verliehen. Stolz auf meinen makellosen Namen, habe ich der Gottlosigkeit den Krieg erklärt. Ich habe die Heiligthümer von Sippar, Nippur, Babylon und Borsippa wiederhergestellt. Ich habe die von den Menschen begangenen Übertretungen der ehrwürdigen Gesetze wieder gut gemacht. Ich habe vereinigt die Kronen von Kalhu, Kalneh, Erech, Rata, Larsa, Bari, Kisig, Wohnsitz des Gottes Laguba ... Die großen Götter haben mich glücklich gemacht durch ihre beständige Zuneigung; sie haben mir über alle Könige die Ausübung der Oberherrschaft verliehen; sie haben ihnen allen Gehorsam auferlegt ... Ich habe die Länder der Aufrührer mit Schrecken erfüllt und habe ihre Unterwerfung gefordert in den Sinnbildern der vier Elemente ..." [1]

Auch in den an den König oder hohe Beamte gerichteten offiziellen Briefen findet sich nach der Anrede stets eine Anrufung der Götter, deren Zahl je nach der Wichtigkeit des Briefes zwischen zwei und sechzehn schwankt; z. B. „Nebo, Merodach, mögen sie dem Könige, meinem Herrn, gnädig sein". „Bel, Nebo, Istar von Ninive, Istar des Tempels Kibimuri, mögen sie dem König, meinem Herrn, günstig, gnädig und geneigt sein u. s. w." „Hieraus," sagt P. Straßmaier S. J. mit Recht, „können wir abnehmen, daß die alten Assyrier ihre Götter häufig anriefen und ihnen alles Glück im täglichen Leben wie in kriegerischen und politischen Unternehmungen zuschrieben." [2]

Eine andere Art der Bethätigung ihrer Frömmigkeit zeigten die Assyrier und Babylonier in der Bildung der Eigennamen, welche zum größten Theile Zusammensetzungen mit dem Namen einer Gottheit sind. So bedeutet Asur-ah-ibbina = Asarhabdon „Asur schenkte einen Bruder"; Asur-bani-habal = Sarbanapal „Asur schuf den Sohn"; Sin-ahi-irib = Sennacherib „Sin gab der Brüder viele"; Nabu-kuburri-usur = Nebukadnezar „Nebo schirme die Krone"; Bil-sar-usur = Baltassar „Bel schirme den König" u. s. w. [3]

---

[1] Grande inscription du palais de Khorsabad. Publiée et commentée par M. M. Jules Oppert et Joachim Ménant (Journal Asiatique, 1863. Tom. 1. p. 6 sqq.).

[2] Some notes on the Assyrian and Babylonian Gods (The Month, 1879, June. p. 363 sqq.).

[3] Die assyrisch-babylonischen Keilinschriften, von E. Schrader (Zeitschrift der Deutschen Morgenländischen Gesellschaft, 1872. XXVI. S. 115 ff.).

Doch ließ man es nicht bloß bei Worten und Gebeten bewenden. Zahlreiche und großartige Tempel wurden den Göttern erbaut, ihre Bildsäulen in denselben aufgestellt und mit kostbaren Weihgeschenken verziert. In der eben erwähnten Abhandlung von P. Straßmaier bezieht sich bei Weitem der größte Theil der Inschriften auf die Erbauung oder Wiederherstellung von Tempeln. „Nana, seiner Herrin, hat Likbagas, der mächtige Mann, der König von Ur, der König des Landes Akkad, ihr Haus gebaut." — „Hammurabi, der mächtige König, König von Babylon, König der vier Völker, hat Bitparra, den Tempel der Sonne, in der Stadt Larsa gebaut." Ja, manche babylonische Könige nahmen die Erinnerung an die von ihnen erbauten oder wiederhergestellten Tempel in ihre Königstitel auf und nannten sich Erbauer oder Wiederhersteller des und des Tempels.

Mancherlei Gaben und Opfer wurden in den Tempeln dargebracht und auf den Altären niedergelegt. Die Darbringung von Thieropfern ist in den Abbildungen wiederholt dargestellt. Am vorzüglichsten aber scheinen die Weihrauchopfer gewesen zu sein. Vor dem Bilde des Bel im Tempel zu Babylon stand ein goldener Altar, auf welchem am Feste des Gottes tausend Pfund Weihrauch verbrannt wurden.

Feierliche Umzüge fanden statt, bei welchen die Statuen der Götter und Göttinnen getragen wurden. Die Darstellung einer solchen Prozession ist in einem Relief von Nimrud enthalten, auf welchem je vier Männer eine Bildsäule tragen[1]. So prächtig waren diese Feierlichkeiten, daß der Prophet die gefangenen Juden ermahnte, doch ja ihre Herzen dadurch nicht einnehmen zu lassen (Bar. 6, 3 ff.).

Das sind einzelne Züge aus dem religiösen Leben der alten Bewohner Mesopotamiens, wie sie uns in bildlichen Darstellungen und Inschriften aufbewahrt worden. Wenn wir nun auch dem Gesagten zufolge die Entwicklung der babylonischen Religionsanschauungen nicht mit solcher Bestimmtheit verfolgen können wie bei anderen Völkern, so nehmen doch sowohl Assyriologen wie Geschichtschreiber im großen Ganzen eine stets zunehmende Verwirrung und Verderbniß der Religion und Sittlichkeit an. So glaubt G. Rawlinson, daß die jüngere Form der babylonischen Religion sich von der ältern durch „some advance of corruption" unterscheide[2], und ebenso redet P. Straßmaier von „a downward progress"

---

[1] Vgl. Vigouroux, La Bible et les découv. mod. Tom. 4 nach p. 308.
[2] Rawlinson, The five great Monarchies. III. p. 25.

und „degradation". Soviel ist gewiß: das babylonische Pantheon wurde mit der Zeit immer bevölkerter, Götter und Göttersagen mehrten sich, und besonders wurden in der spätern Zeit die Stätten jenes Kultus stets reichlicher, durch welchen Babylon seinen Namen für immer in der Geschichte gebrandmarkt hat, bis es mitten im Taumel seiner Lust vom Verberben erreicht und für seine Schandthaten gezüchtigt wurde. Babylon verschwand mit der Zeit aus dem Völkerleben, aber sein Zeugniß für das allgemeine Gottesbewußtsein legt es bis heute beredt und unwidersprechlich ab.

3. Die Phönizier.

Babel und Assur waren die Großmächte der alten Welt, welche in jenen frühesten Zeiten der Geschichte die Völker weit und breit mit Waffengewalt unter ihre Botmäßigkeit brachten. Nicht minder bedeutend, aber ganz verschiedener Natur war der Einfluß, den ein anderer semitischer Stamm von der Küste des Mittelmeeres her ausübte. Die innere Einrichtung der kleinen unabhängigen phönizischen Staaten ließ einen Despotismus gleich dem innerasiatischen unmöglich aufkommen und schloß darum auch jede staatliche Gewaltmaßregel gegen fremde Völker völlig aus. Dafür aber entfalteten die Kräfte der Einzelnen ein um so regeres Leben, und vom Handelsgeiste getrieben brachte der phönizische Kaufmann zugleich mit seinen Waaren mannigfachen geistigen Samen in entfernte Länder. Allerdings haben Tyrus und Sidon und ihre Pflanzstädte einen bessern Begriff von ihrem Handelsgeschick und ihrer künstlerischen Fertigkeit als von ihren sittlichen Eigenschaften der Nachwelt hinterlassen. Fides Punica sagte der Römer, um den äußersten Grad von verschmitzter Treulosigkeit zu bezeichnen. Nicht minder berüchtigt sind verschiedene Arten des religiösen Kultus, welche von Phönizien aus durch Handel und Kolonisation über fast alle Länder der alten Welt verbreitet wurden.

Die Religion, welche wir jetzt besprechen wollen, war durchaus nicht auf den schmalen Küstensaum am mittelländischen Meere beschränkt. Sie war vielmehr mit unwesentlichen Abweichungen die Religion aller phönizischen Kolonien, aller Kanaaniten, aller Stämme, die Syrien im weitesten Sinne des Wortes bewohnten. „Solche Verbreitung ihres Götterkultes feiern die Phönizier in ihren Mythen, in denen Astarte mit Recht die ganze Welt durchwandert, Bel-Saturn überall da, wo Semiten wohnten, ein Königreich und Regentenhaus gründet, Herakles über das Mittelmeer ober Ägypten nach Libyen bis an die Säulen semitische Volksstämme führt oder selbst als Archaleus seinen Tempel in Gades gründet, Athene von Phönizien her nach Attika wandert und der weise Taaut in dem gelehrten Ägypten sein Königthum erhält."[1]

Indessen, soweit es sich um semitisch redende Völker handelt, ist die Gemeinsamkeit der religiösen Anschauungen nicht bloß auf phönizischen Handelsverkehr, sondern auf die ursprüngliche Stammeseinheit zurückzuführen. Seine Wurzeln hat das phönizische Pantheon nicht nur mit dem der Syrier im Allgemeinen, sondern auch mit dem der Babylonier gemeinsam. Der Unterschied zwischen der phönizischen und babylonischen Religion bestand hauptsächlich darin, daß in jener die Göttergestalten noch viel weniger scharf markirt und hierarchisch abgetheilt waren als in dieser, so daß sie häufig mit einander verwechselt wurden. Ferner tritt die astronomische Seite des Kultus mehr in den Hintergrund, während der wollüstige und blutbürstige Zug sich abstoßend hervordrängt. Da in dieser Beziehung der phönizische Götzendienst mit dem aller Kanaaniten zusammenfällt, so ist es nicht erforderlich, die einzelnen Stämme getrennt zu behandeln. Durch Hinzufügung oder Weglassung von ein paar Namen läßt sich das Bild des phönizischen Kultus leicht in das jeder anderen kanaanitischen oder syrischen Religion verwandeln.

Wie in den späteren Zeiten Babylons, so bildete auch bei den Phöniziern Baal den Mittelpunkt des ganzen Kultus. Die Bedeutung und hohe Stellung Baals erhellt sowohl aus den Angaben der heiligen Schrift, in welcher dem Dienste Jehovas so oft der Baals-Dienst der Kanaaniten gegenübergestellt wird, als auch aus dem Umstande, daß die Griechen und Römer in Baal ihre höchste Gottheit wiedererkannten und ihn einfach als Zeus oder Jupiter bezeichneten. Sein Charakter ist ein siderischer, er ist Sonnengott. Darum legt ein Dichter dem von seinem indischen Zuge in Tyrus einkehrenden Bacchus folgende Worte an Baal in den Mund: „Du mit dem Sterngewande bekleidet, Weltgebietender, Helios, des sterblichen Lebens weitschallender Hirte, der du in kreisender Bahn deinen Lauf vollendest und den Sohn der Zeit, das zwölfmonatliche Jahr, hinrollend Kreis fortwälzest auf Kreis ... Du allleuchtendes Auge des Äthers, bringst mit vierspännigem Wagen den Winter nach dem Herbst, führest den Sommer herbei, wandelst den Frühling. Unhaltbar weicht, durch deine Feuergeschosse verfolgt, die Nacht, wenn du, sichtbar an der

---

[1] Movers, Die Phönizier. Bonn 1841. I. S. 54 f.

Höhe, deine Rosse, die hochtragend den Nacken das Silbergeschirr ziehen, zum Laufe mit der Geißel forttreibst."[1]

Baal heißt „Herr" und war gewiß in der ältesten Zeit nur eine andere Bezeichnung für El. Daher wird er auch später noch oft einfach El oder El Eljon, „höchster Gott", oder Baal Samim, „Himmelsherr", genannt. Zuerst wurde dann der Name von Gott auf die herrlichsten Werke Gottes, auf die Gestirne und besonders auf die Sonne, übertragen. Die Sonne war den Phöniziern sowohl wegen ihrer majestätischen Schönheit als wegen ihrer lebenspendenden Kraft zugleich Bild und Träger göttlicher Eigenschaften. Dann aber spaltete sich die Gottheit weiterhin nach ihrer schaffenden und zerstörenden Seite in gute und schädliche, oder nach ihrer aktiven und passiven Seite in männliche und weibliche Wesen.

Darin stimmt die phönizische Religion mit der babylonischen überein; eigenthümlich ist ihr dagegen das starke Vorwalten geographischer Beziehungen bei der Bildung neuer Göttergestalten. So gelten Baal-Peor, Baal-Hermon, Baal-Zor und Baal-Tars als verschiedene Baalim, obschon doch die Namen weiter nichts besagen als Baal, insofern er auf verschiedenen Bergen oder in verschiedenen Städten verehrt wurde. Mit Recht sagt Lenormant, diese Art des götterbildenden Prozesses trete nirgendwo so klar hervor wie in Phönizien[2].

Wie in Babylon dem Bel die Beltis, so steht in Syrien dem Baal die Baaltis zur Seite. Ihr Beiname ist Aschera, was etwa „die Gütige" bedeutet. Sie wurde besonders in schattigen Hainen und auf grünenden Wiesen verehrt, weil sie die Göttin der hervorbringenden Natur war. Aus diesem Grunde waren ihr auch Thiere heilig, welche sich durch Schönheit oder Fruchtbarkeit auszeichneten, wie Fische, Tauben, Ziegen. Ihr Sinnbild waren hohe, gerade Säulen, welche ebenfalls Ascheren hießen. Sie wurde durch denselben greulichen Kult der Ausschweifung verehrt wie die Mylitta in Babylon. Die Derketo der Philister ist bloß dem Namen nach von Baaltis verschieden; nur war sie mehr Wassergöttin und wurde deßhalb mit einem Fischleib abgebildet. Ihr Gemahl war Dagon, d. h. Fischgott[3].

Obschon aber Baal der Gott der Naturkräfte überhaupt war, so wurde er doch unter diesem Namen hauptsächlich als wohlthätige Kraft

---

[1] Movers, Die Phönizier. I. S. 182 f.
[2] Lenormant, Manuel d'histoire ancienne. III. p. 127.
[3] Vgl. Duncker, Geschichte des Alterthums. I. S. 328 ff.

aufgefaßt. Die Vertreter der verderblichen Mächte waren Moloch und Astarte.

Moloch heißt „König". Er wird unter verschiedenen Namen verehrt, die „Feuerkönig", „Feuerherr", „Gottesfeuer" bedeuten. Er ist das Feuer als verzehrendes, aber auch zugleich als heiligendes und reinigendes Element. Er wurde oft dargestellt als ein knieender Mensch mit einem Stierkopfe, in dessen glühenden Rachen Knaben und Mädchen als Opfer hinuntergerollt wurden. Um so angenehmer war dem Gotte dieses Opfer, je vornehmer die Kinder und je größer der Schmerz ihrer Eltern war. Diese Hingabe des Theuersten hatte einen doppelten Sinn: Zuerst sollte der Gott dadurch besänftigt und sein Zorn von Allen auf Einzelne abgelenkt werden. So ist es bekannt, daß die Karthager glaubten, die Belagerung ihrer Stadt durch Agathokles sei bem Zorne des Moloch zuzuschreiben, weil sie diesem so lange keine vornehmen Kinder mehr geopfert hätten. Zweihundert der edelsten Knaben wurden deßhalb dem Moloch zur Sühne als Speise gegeben. Von der andern Seite aber glaubte man, daß die Kinder durch das Feuer nur von der sterblichen Hülle befreit und mit der Gottheit zu unsterblichem Leben vereinigt würden. Deßhalb pflegte man den Tag der Kinderopfer als ein großes Freudenfest zu begehen [1].

Der weibliche Gegenpart, aber nicht die Gemahlin des Moloch, ist Astarte, im Grunde ganz dieselbe Gottheit, nur durch das Geschlecht unterschieden [2]. Sie war eine jungfräuliche Göttin, die durch Ehelosigkeit und Entmannung geehrt wurde. Auch Blut floß an ihren Altären, und besonders angenehm war ihr das Opfer einer reinen Jungfrau. Ihre Priester pflegten sich unter rasenden Geberden den Leib zu zerschneiden und blutig zu zerschlagen. Bei den Philistern wurde sie hauptsächlich als verderbenbringende Kriegsgöttin verehrt. Ihr ist der Mond heilig, wie der Aschera der Venusstern.

Doch dachten sich die Phönizier die belebenden und die zerstörenden Götter durchaus nicht als völlig von einander geschieden. Vielmehr drückten sie die Einheit derselben dadurch aus, daß sie die wohlthätigen und verderblichen Seiten zu neuen Persönlichkeiten zusammenfaßten. Eine solche Persönlichkeit ist Melkart, der Schutzgott von Tyrus. „Unser Herr Melkart, Baal von Tyrus," heißt es in einer Inschrift. Melkart

---

[1] Movers, Die Phönizier. I. S. 327 ff.
[2] Götzendienst und Zauberwesen bei den alten Hebräern, von Dr. Paul Scholz. Regensburg 1877. S. 259 ff.

ist der Gott, der die schädlichen Naturmächte überwindet, den grausamen Unhold Typhon (die Personifikation aller physischen und moralischen Übel in der Welt) bekämpft, Wasser und Meere von allen typhonischen Wesen säubert, die Meerenge von Gibraltar erschließt und sich dort die beiden Säulen Kalpe und Abyle errichtet. Demgemäß ist es nicht zu verwundern, daß die Griechen in ihm ihren Herakles erblickten. Sein im Glanze des Goldes erstrahlender Tempel in Tyrus war sehr alt und wurde von den Fremden hoch bewundert. Weil aber Melkart der Gott der im Winter ersterbenden und im Frühling neu erstehenden Sonne war, so baute man ihm auch Gräber, welche seine Ruhestätten bis zum Wiedererwachen waren.

Andererseits verleugnet Melkart doch auch die Natur des Moloch nicht. Auf seinen Altären wurde das ewige Feuer unterhalten, er erscheint häufig in Verbindung mit dem weiblichen Moloch, bei seinem Kulte fanden Kasteiungen und Blutsühnungen statt, wilde Thiere wurden ihm dargebracht, ja selbst Menschenopfer verschmähte er nicht. Diese Doppelnatur wurde mythisch dargestellt durch den Kampf der feindlichen Brüder Usov und Hypsuranius, die nur die verschiedenen Seiten des Melkart repräsentiren [1].

Wie Baal und Moloch wurden auch Aschera und Astarte zu einer Persönlichkeit verschmolzen. Es war dieß die Astarte von Tyrus, die aus einer jungfräulichen Göttin des Verderbens zu einer heitern Göttin geworden war, welcher man durch das Laster diente. Dieser Astarte war darum auch nicht der Mond, sondern der Planet Venus heilig. Die Mythe erzählt: „Astarte habe auf ihren Reisen durch die Welt einen vom Himmel gefallenen Stern (Venus) gefunden und ihn der heiligen Insel Tyrus geweiht, womit deutlich genug auf eine dem Begriff dieser Göttin ursprünglich fremde und erst später hinzugekommene Vorstellung hingewiesen wird." [2]

Im Grunde ganz derselbe Gott wie Melkart war Adonis, d. h. „Herr". Adonis ist der Gott des Frühlings, welcher im Juni, wenn die Gluthwinde anfangen zu wehen und allen Pflanzenwuchs ersticken, durch den bösen Feuergott getödtet wird. Ebenso wenn im Herbste durch den strömenden Regen der Adonisfluß anschwoll und von der Erde geröthetes Wasser führte, dann war Adonis im Gebirge auf der Jagd

---

[1] Movers, Die Phönizier. I. S. 395 ff.
[2] Art. Phönizien bei Ersch und Gruber. S. 388 f.

getödtet worden, und sein Blut färbte die Wellen. Heulen und Weh=
klagen erfolgte im Lande über den Tod des Gottes, man jammerte mit
der Göttin Baaltis um den verlorenen Adonis, während im Frühjahr
über seine Auferstehung allgemeiner Jubel herrschte. Adonis heißt auch
Thammuz, d. h. „der (von der Baaltis) Getrennte", in Damaskus hieß
er Hadad oder Hadad=Rimmon, auf Cypern Kyris, und außerdem trug
er noch viele andere Beinamen[1].

Die Lokalgötter der verschiedenen phönizischen Städte wurden später
zu einem System zusammengefaßt. Diese Götter, sieben an der Zahl,
hießen Kabirim, „Mächtige", denen noch der Esmun, d. h. „der
Achte", hinzugefügt wurde. Diese acht Götter galten besonders als Be=
schützer der Seefahrer, und deßhalb wurden ihre Bilder auf dem Vorder=
theil der Schiffe eingeschnitzt. Sie hießen auch Sabykskinder oder Pätaken.
Ihr Kult war ein Geheimdienst, der sich von Phönizien nach vielen an=
dern Ländern ausbreitete. Es gab übrigens außer den bisher erwähnten
noch eine ganze Menge untergeordneter Gottheiten, deren Aufzählung aber
für unsern Zweck keine Bedeutung haben würde.

Es kann nun nach dem Gesagten gewiß kein Zweifel darüber be=
stehen, daß die Religion der Phönizier als eine Naturreligion, d. h. als
eine Vergötterung und Verehrung der Naturkräfte bezeichnet werden muß.
Aber es wäre sehr weit gefehlt, wenn man das so auffassen wollte, als
ob die Phönizier unpersönliche Wesen verehrt, also im Grunde doch gar
keine Religion im eigentlichen Sinne des Wortes gehabt hätten. Vielmehr
war ihnen der Begriff der persönlichen Gottheit mit den unpersönlichen
Erscheinungen der sichtbaren Welt in irgend einer Weise verbunden, über
welche sie sich allerdings nie genauere Rechenschaft ablegten. Die Gott=
heit ist ihnen halb in die Natur versenkt, halb über dieselbe erhaben,
aber immer ein Wesen, das mit Verstand und Willen ausgerüstet ist, zu
dem man beten, das man beleidigen, das man versöhnen kann, von dem
man Abwendung von Übeln und Zuwendung von Gnaden hofft.

Niemand hat wohl die phönizische Religion gründlicher durchforscht
als Movers, auf dessen Untersuchungen bis heute noch die Gelehrten sich
hauptsächlich stützen. Er ist aber weit entfernt, in dem abstrakten All
den Gegenstand dieser Religion zu erblicken, sondern behauptet vielmehr,
„daß die mythische Ansicht von den Gottheiten, wornach sie nicht sowohl
abstrakt als Kräfte, sondern als persönliche Wesen und zwar in mensch=

---

[1] Movers, Die Phönizier. I. S. 191 ff.

lichen Formen gedacht wurden, in der phönizischen Religion durchaus
vorwalte", und er bemerkt mit Recht, in allen heidnischen Religionen
schwankten die beiden Auffassungen der Gottheit, als einer die Natur
beherrschenden Persönlichkeit und als einer mit der Natur identischen
Kraft, beständig ineinander[1]. Wäre die heidnische Religion nicht in irgend einer Weise Vergötterung der Geschöpfe, so wäre sie keine abgöttische
Religion; wäre sie aber die Verehrung unpersönlicher Wesen, so wäre
sie überhaupt keine Religion.

Derselbe Gelehrte findet auch in der phönizischen Religion ein beständiges Hinabsinken von einem höhern Standpunkt auf einen niedrigern.
„Wenn sie (die phönizische Religion) von Alters her uns als Vergötterung
der Natur, ihrer Kräfte und Gesetze erscheint, so sind wir doch weit entfernt, sie und damit alle Religion des Semitismus für Naturreligion
von Haus aus zu erklären. Dieß war die phönizische ebenso wenig ursprünglich wie die hebräische. Wir werden an seinem Orte den Spuren
nachgehen, die sich namentlich in dem Entwicklungsgange der Ideen vom
Baal oder El bedeutsam hervordrängen, und es wird sich zeigen, daß
der Gott des monotheistischen Hebraismus der höchste Gott auch aller
übrigen Stämme der Semiten war und blieb, daß jedoch der Naturdienst
die reinere Gottesidee einer älteren Religionsstufe allmählich verdunkelt,
aber nie auch in der phönizischen Religion völlig vertilgt hat."[2] Die
Stufen der Entartung waren nach Movers folgende: Von der Verehrung
des wahren Gottes zur Verehrung der Natur, zur Zersplitterung des
göttlichen Wesens in den einzelnen Naturkräften, zur Anthropomorphi-
sirung, zur Mythologie und damit zu allen Thorheiten und Greueln des
Heidenthums[3].

Wollen wir nun noch kurz die verschiedenen Weisen zusammenstellen,
wie die Phönizier ihre Götter ehrten, so finden wir wieder eine große
Ähnlichkeit mit den Babyloniern. Zunächst zeigt schon die Bildung
mancher Orts- und Personennamen die große Verehrung, die
besonders Baal genoß. Es genügt, an die bekannten Namen: Abherbal,
Hasdrubal, Hannibal, Heliogobal, ferner Baalath, Baal Hermon, Baal
Thamar, Baalbek u. s. w. zu erinnern.

Die Phönizier bauten ihren Göttern zahlreiche Tempel, womöglich
auf Bergen, sonst auf künstlichen Anhöhen. Gold und kostbare Steine

---

[1] Movers, Die Phönizier. I. S. 149 ff.   [2] A. a. O. S. 168.
[3] Vgl. Art. Phönizien bei Ersch und Gruber. S. 381 ff.

wurden babei nicht gespart. In dem innersten Heiligthum, zu welchem nur die Priester Zutritt hatten, standen die Bilder der Hauptgötter. In feierlichen Prozessionen wurden die Bilder an hohen Festen umhergetragen. Der Zudrang der Fremden war oft ein sehr starker, da die Kolonien Abgesandte mit reichen Opfergeschenken schickten, und auch sonst Schaaren von Pilgern herbeiströmten, um Gelöbnisse zu erfüllen und Gnaden zu erflehen.

Zahlreich war die Tempel-Dienerschaft, welche in eigentliche Priester und Hierobulen, d. h. niedere Tempel-Diener und -Dienerinnen, geschieden war. Ein Theil derselben hatte die Tempelmusik zu besorgen, welche bei manchen religiösen Feiern eine große Rolle spielte und oft darauf angelegt war, die Zuhörer in Begeisterung und heilige Raserei zu versetzen.

Weihrauchopfer wurden auch in den innersten Tempelräumen dargebracht, blutige Opfer aber nur am Eingange. Zuweilen waren bei einem einzigen Opfer mehrere hundert Priester beschäftigt. Ein bestimmter Antheil von den Opfergaben gehörte den Priestern. Von den Menschenopfern und anderen Kulthandlungen war schon oben die Rede[1].

Knechtische Furcht vor der Gottheit und ungezügelte Lust bildeten die hervorstechenden Eigenschaften der phönizischen Religion, die darum abstoßender und widerlicher erscheint als die Religion irgend eines andern gebildeten Volkes. Und doch ist auch diese Religion ein Zeugniß für das unabweisbare Bedürfniß des Menschenherzens, über sich einen höchsten Herrn und Gebieter anzuerkennen, von dem man sich abhängig weiß, auf den man seine Hoffnung setzt, zu dem man seine Zuflucht nimmt, der allein im Stande ist, unserm Wünschen und Verlangen zu genügen, kurz, der all den Unzulänglichkeiten abhelfen muß, welche wir in uns selbst und der uns umgebenden Natur allenthalben entdecken.

4. Die Araber.

Südlich an die Kanaaniten stoßen die Völker Arabiens, welche schon seit den frühesten Zeiten in viele unabhängige Stämme getheilt waren, an deren Spitze der Reichste, Tapferste oder Aelteste als Anführer stand.

Berühmt geworden sind die Araber besonders seit dem Auftreten Mohammeds, des Stifters des Islam. Wir werden uns indessen mit

---

[1] Vgl. Art. Phönizien bei Ersch und Gruber S. 417 ff.

dieser Religion hier nicht beschäftigen; denn daß die Moslems Einen höchsten Herrn Himmels und der Erde verehren, ist weltbekannt. Auf dem Teppich, der ihr größtes Heiligthum, die Kaaba in Mekka, bedeckt, ist ihr religiöser Wahlspruch eingestickt: „Kein Gott ist außer Gott, und Mohammed ist Gottes Prophet." Der Koran aber beginnt mit den Worten: „Gelobt sei Gott, der Herr des Weltalls, der gnädige, der barmherzige" u. s. w. Die Anhänger Mohammeds können wir also ohne weitere Untersuchung als Zeugen für das allgemeine Gottesbewußtsein anführen.

Es handelt sich hier nur um die Religion der vor-islamischen Araber. Viel wissen wir über dieselbe gerade nicht; denn die mosleminischen Schriftsteller hüten sich, über den „Zustand der Unwissenheit", wie sie die vormohammedanische Zeit nennen, allzu viele Worte zu verlieren.

Schon lange vor Mohammed war die Kaaba in Mekka der Hauptsitz des arabischen Kultus. Dort waren die 360 Götzen sämmtlicher Stämme aufgestellt. Das vornehmste unter diesen Götterbildern aber war H u b a l, eine menschliche Figur aus rothem Stein mit einer goldenen Hand, die sieben Pfeile hielt.

Doch war bei den Arabern noch das Bewußtsein lebendig, daß Hubal nicht von Anfang an der Gott der Kaaba war, sondern von Norden her eingeführt, erst allmählich zu seiner hohen Stellung gelangte [1].

Wer aber war der ursprüngliche Gott der Araber? Die Antwort auf diese Frage kann nicht zweifelhaft sein, wenn man Abraham als Stammvater der Araber anerkennt; denn „damit ist zugleich die Annahme gegeben, daß in früherer Zeit der **M o n o t h e i s m u s, u n d z w a r d e r a b s o l u t e, n i c h t d e r r e l a t i v e,** in Arabien geherrscht haben müsse. Wie lange er sich in seiner ursprünglichen Reinheit erhalten, in welcher Zeit eine Trübung dieses monotheistischen Gottesbewußtseins eingetreten sei, wird sich historisch nicht mehr bestimmen lassen, da alle wirklich geschichtlich beglaubigten Anhalte hierfür fehlen" [2].

Nur die eine Thatsache steht fest, daß alle arabischen Überlieferungen und alle arabischen Geschichtschreiber behaupten, der Kultus des Allah sei von Ismael nach Arabien gebracht worden und habe mithin seit den ältesten Zeiten dort bestanden. So erklärt sich auch, warum in den Inschriften aus dem siebenten und achten Jahrhundert v. Chr. so häufig

---

[1] Osiander, Studien über die vor-islamische Religion der Araber (Zeitschrift der Deutschen Morgenländischen Gesellschaft. VII. S. 498 f.).

[2] L. Krehl, Die Religion der vor-islamischen Araber. Leipzig 1863. S. 5.

Zusammensetzungen mit Allah als Eigennamen vorkommen. Gerade die Verehrung Allahs wollte Mohammed wieder herstellen; und schon vor ihm hatte sich eine Sekte gebildet, welche die Aufgabe verfolgte, die von Ismael überkommene Religion von den späteren götzendienerischen Zuthaten zu säubern. Der Gott Ismaels aber war kein anderer als der in den Inschriften des steinigen Arabiens häufig erwähnte El oder Al[1].

Darum warf auch Mohammed seinen Landsleuten nicht vor, daß sie Gott nicht gekannt hätten, sondern daß sie ihm Genossen gaben, da doch Gott keine Genossen haben kann, sondern Alles von ihm geschaffen ist (Sure 7, 189 ff.).

Zu diesen Genossen Gottes machten die Araber vorzüglich die Gestirne. Die Kinder der Wüste hatten an den Himmelsleuchten die sichersten Wegweiser auf ihren unstäten Fahrten; der südliche Glanz der Sternenwelt mußte einen gewaltigen Eindruck auf ihr empfängliches Gemüth machen, und die Überzeugung von dem großen Einfluß der Himmelskörper auf die Erde konnte den Zug zum Sterndienst nur vermehren. So nahm der Polytheismus in Arabien einen astronomischen Charakter an, wie das überhaupt in Vorderasien so vielfach der Fall war. Sterndienst herrschte ja auch am Euphrat und Tigris, wie in Syrien und Phönizien. Aber, sagt Lenormant, „in dieser Klasse von so offenbar verwandten und so klar gekennzeichneten Religionen war die arabische die gröbste, ungebildetste, durch den Aberglauben des Volkes am meisten entstellte; wie sich das übrigens bei dem Kulturzustande der arabischen Bevölkerung naturgemäß erwarten läßt"[2]. Daher mahnt Mohammed: „Zu den Wundern Gottes gehören Tag und Nacht, Sonne und Mond; bete also weder die Sonne noch den Mond an, sondern Gott, der sie geschaffen hat" (Sure 41, 37).

Die Sonne wurde unter verschiedenen Namen, als Bil, Raman, Yathaa u. s. w., verehrt; ihrer äußern Erscheinung nach aber war sie die Göttin Shams. Die Sonne war eben unter allen Gestirnen das herrlichste und einflußreichste und wurde darum Anfangs als Sitz und Erscheinungsform der Gottheit, später aber als die vorzüglichste, das ganze Naturleben beherrschende Gottheit selber aufgefaßt. Der Gott Dusara oder Dulsara bei den nabatäischen Arabern ist auch wohl nur eine Bezeichnung für die Sonne[3].

---

[1] Vgl. F. Lenormant, Manuel d'histoire ancienne de l'Orient. III. p. 351. 385.   [2] Lenormant, l. c. p. 350.
[3] Krehl, a. a. O. S. 45. 53.

Neben der Sonne wurde der **Mond** unter dem Namen **Sin** verehrt, ferner die übrigen Gestirne, jedoch in der Weise, daß jeder Stamm ein Gestirn oder auch mehrere zu seiner besondern Schutzgottheit auserkor. So der Stamm Tasm die Hyaden, denen man regenbringende Kraft zuschrieb; die Stämme Lahm und Gubam den Jupiter als eine wohlthätige, den Menschen Glück bringende Macht. Den Canopus sah man im Gegentheil als verderblich an und führte auf seinen Einfluß ansteckende Krankheiten und schlimme Kälte zurück; daher seine Verehrung bei dem Stamme Tajji [1].

Der Planet Venus hatte einen Tempel in Sanaa, der Hauptstadt Yemens. Dieser Tempel hieß Beit Ghomban und trug die Inschrift: „Ghomban, wer dich zerstört, wird dem Tode verfallen sein." Der Kalif Othman zerstörte ihn und wurde später ermordet, was die Araber als eine Erfüllung dieser Drohung deuteten [2]. Weil von einigen Stämmen der Sirius besonders verehrt wurde, so hebt der Koran eigens hervor, daß Gott auch der Herr des Sirius sei (Sure 53, 50). Der Saturn, der Merkur, die Plejaden u. s. w. waren ebenfalls Gegenstände des Kultus.

Indessen an diesen Gestirngöttern hatten die Araber mit der Zeit nicht mehr genug. Sie verehrten Genien, Heroen und Gegenstände der sichtbaren Natur, besonders Bäume und Steine. Die großartigste, an den ärgsten Fetischismus grenzende Vielgötterei, die sich hieraus entwickelte, war im Anfange in dem Maße nicht vorhanden, da bei manchen Gottheiten nachgewiesen werden kann, daß sie im Beginne nur eine örtlich beschränkte Verehrung genossen. Jeder Stamm, jeder Ort, ja jede Familie hatte ihre besonderen Schutzgeister. Vielfach wurde derselbe Gegenstand hier unter diesem Namen, dort unter jenem verehrt. Nach und nach aber wurden den verschiedenen Namen auch verschiedene Bedeutungen untergeschoben, diese Wesen zu einem Kultus vereinigt, und so entstand jenes gewaltige Götterheer, das schon Pocock in seinem Specimen historiae Arabum vor uns aufmarschiren läßt. Es ist aber um so weniger der Mühe werth, diese Aufzählung hier zu wiederholen, als vielfach außer dem Namen der Götter nichts auf uns gekommen ist.

Der Koran spricht von „Engeln", welche die Heiden unter dem

---

[1] Ebdſ. S. 9—25.
[2] Observations sur le Mahométisme, traduites de l'anglais de G. Sale (bei Pauthier, Les livres sacrés. I. p. 470).

Namen Benat-Allah, „Töchter Gottes", anriefen, und nennt als solche Allat, al Uzza und Manat (Sure 53).

Allat ist eine Femininform zu Allah und bedeutet einfach „die Göttin". Sie wurde verehrt in Taif, wo Mohammed ihren Tempel zerstören ließ, trotzdem die Einwohner ihn flehentlich baten, ihnen doch ihr Heiligthum, wenigstens noch für einige Zeit, zu belassen. Man glaubt, daß Allat Mondgöttin war; doch war ihr auch die Palme heilig[1].

Eine Mondgöttin war auch al Uzza (die Gewaltige), deren Tempel in Nahlah stand. Im Innern desselben war der heilige Baum Samura (eine Akazie), dessen getrockneter Saft als Amulet galt. Mohammed sandte den Halib Ebn Walid aus, den Baum umzuhauen und das Gebäude zu zerstören. Die Tempelpriesterin stürzte heraus mit aufgelösten Haaren, die Hände über das Haupt erhoben, laut schreiend. Halib hieb auf sie ein, bis sie todt war; dann sprach er: „O Uzza, ich verleugne dich, nicht preise ich dich; ich habe ja gesehen, wie Allah dich erniedrigt hat." Als Mohammed den Erfolg der Sendung hörte, rief er aus: „Das ist al Uzza! Und nimmer wird sie wieder göttlich verehrt werden."[2]

Die dritte unter den großen Göttinnen der alten Araber war Manat. Ihr Idol war ein großer Stein, der im achten Jahre der Hedschra von Saad Ebn Zaid umgestürzt wurde. Den Namen leitet man von einer Wurzel ab, die „opfern" bezeichnet, und deutet ihn auf die Opfer, die in ihrem Heiligthum dargebracht wurden.

Die Götzen Wadd und Suwah, Jagut, Jahuk und Nasr haben nach dem Koran (Sure 71, 22 f.) schon zur Zeit Noes bestanden, gingen dann nach der Erzählung arabischer Schriftsteller in der Sündfluth zu Grunde, wurden aber vom Teufel wieder gefunden und verschiedenen Stämmen zur Verehrung gegeben.

Indessen wichtiger als diese Fabeln ist für uns die Thatsache, daß die Araber immer an dem Gedanken festhielten, alle diese niederen Götter seien nur Söhne oder Töchter des Einen großen Gottes, den sie bald einfach Allah (Gott), bald Alla taala (den höchsten Gott), bald El Ga. (den erhabenen Gott) nannten, so daß bedeutende Forscher mit Recht schon hieraus auf die Ursprünglichkeit des Monotheismus auch bei den Arabern geschlossen haben[3].

---

[1] Osiander, a. a. O. S. 480 ff.   [2] Ebdf. S. 484 ff.
[3] Vgl. Werner, Religionen und Kulte. S. 177 ff.

5. Die Völker Kleinasiens.

Die Abkunft der verschiedenen nicht-griechischen Völkerstämme, welche im Alterthume Kleinasien bewohnten, war und ist zum Theil noch Gegenstand wissenschaftlicher Streitfragen. Dagegen kann kein Zweifel darüber obwalten, daß die Religion vieler dieser Stämme ein entschieden semitisches Gepräge trug. Dieß ist der Grund, weßhalb wir hier das Wenige zusammenstellen wollen, was wir über diese Religion wissen. Wir werden uns einfach darauf beschränken, kurz wiederzugeben, was Movers, Duncker [1] und Andere schon längst gesammelt haben, da neue Entdeckungen auf diesem Gebiete seither nicht gemacht wurden und auch wohl so bald nicht zu hoffen sind. Für die Belegstellen verweisen wir darum einfach auf diese beiden Geschichtschreiber.

Die nächsten Nachbarn der Syrier nach Nordwesten hin waren die Kiliker. Ihre Sprache war das Phönizische, welches auch noch zur Zeit, als längst griechische Kolonien das ganze Land bedeckt hatten, gesprochen wurde, wie die Münzen aus jener Zeit beweisen. Ebenso war die Religion ihrem innersten Wesen nach phönizisch. Dio Chrysostomus gibt als Hauptgötter Herakles, Perseus, Apollo, Athene an. Herakles heißt auf den Münzen „Baal von Tarsus" (der Hauptstadt des Landes), und seine Darstellung ist ganz die des olympischen Zeus; er ist also der höchste Gott. Andere Münzen geben die Umschrift „San". Es ist dieß der assyrische Feuergott Samban, „der Mächtige", dem ebenso wie dem Baal der Planet Saturn heilig war. Als wohlthätiger Gott bezwingt er die verheerenden Wirkungen der Sommersonne; und da der Löwe das Symbol dieser zerstörenden Sonnengluth war, so wurde der Gott als Löwentödter dargestellt [2]. Daher nennen ihn die Griechen Herakles. Baal, Melkart, San, Herakles ist also bei den Kilikern der Idee nach dieselbe Gottheit. Movers sagt, der Perseus des Dio sei bestimmt der assyrische Gott. Das Fest des San wurde gerade wie das des Melkart in Syrien begangen und dauerte fünf Tage. Apollo ist Baal Chamman, der Kriegsgott (Usov); ein ihm heiliges Schwert wurde unter Feierlichkeiten im Kydnos gewaschen. Athene ist die Astarte von Tyrus.

Auf die Kiliker folgten weiter an der Küste die Solymer, von denen berichtet wird, daß sie die phönizische Sprache und Religion hatten.

---

[1] Movers, Die Phönizier. I. Bd. 1. Kap. Duncker, Geschichte des Alterthums. 2. Buch. 15. u. 16. Kap.

[2] Vgl. Lenormant, Manuel d'histoire ancienne. II. p. 184 s.

Nach Plutarch verehrten sie hauptsächlich den Saturn, also den Baal. Sie verschwanden aber schon frühzeitig aus der Geschichte.

Der nächste semitische Stamm waren die Karer, welche zuerst die Inseln und Küsten des Mittelmeeres, besonders Kreta, bewohnt hatten, aber durch die dorische Völkerwanderung nach Karien verdrängt worden waren. Sprache, Sitten, Religion kennzeichnen sie als Verwandte der Phönizier, wie denn ihr Land selbst zuweilen Phönizien genannt wurde. Nach den Berichten der Griechen hätten die Karer den Zeus, sowie eine kriegerische und eine lebenspendende Aphrodite verehrt. Zeus hatte den Beinamen Chrysaor, was im Kabirensystem der Name Baals war. Der karische Osogo war der phönizische Usov. Sein Tempel war in der Stadt Mylassa, wo sich auch ein Heiligthum des Zeus befand. Der einheimische Name dieses Zeus war griechischen Nachrichten zufolge Labrandeus von Labrys, welches das karische Wort für Streitaxt gewesen sein soll. Das Bild des Gottes trug eine Doppelaxt. Dieser Gott hieß ebenfalls Arselus, welches das semitische Chars-El, „Gottes Beil", ist. Auch der Baal von Tars trug dieses Doppelbeil. Die Karer feierten die Adonien, zerschnitten sich bei Opferfesten mit Messern und hatten überhaupt echt phönizische Religionsgebräuche.

Die nördlichen stammverwandten Nachbarn der Karer waren die Lyder. Ihr Hauptgott war Sandon, von dem genau dieselben Mythen umgingen, wie anderswo von Baal-Herakles. Seine Gemahlin ist die grausame Omphale, d. h. die Astarte, während Blatta die phönizische Aschera war und durch denselben Kult wie diese geehrt wurde. Andere Götter waren Jarbanos, ein Flußgott, zugleich König des Landes, und Tmolos, ein Berggott. Im Allgemeinen ist die religiöse Anschauung der Lyder derjenigen der Assyrier näher verwandt als irgend einer andern.

Nach alter Sage waren Kar, Lydos und Mysos Brüder, woraus hervorgeht, daß diese drei Völker sich als zum selben Stamme gehörig betrachteten und daß mithin die Myser auch Semiten waren. Sie verehrten den Gott Smintheus, der von den Griechen Apollo genannt wird. Er beschützte die Felder gegen die Mäuse, daher der Name; denn Sminthos heißt Feldmaus. Das scheue Thier scheint als Symbol irgend einer dem Lichtgotte feindlichen Gewalt gegolten zu haben. Man könnte den Smintheus mit dem Baal Zebub der Philister vergleichen. Auf dem Berge Ida wurde eine Göttin der Fruchtbarkeit, eine Aschera verehrt. In Mysien spielt bekanntlich die Sage vom Tantalus, der seinen

Sohn geschlachtet und den Göttern zum Mahle vorgesetzt hatte; ebenso die Sage vom Hylas, den die Nymphen dem Herakles raubten, den aber die Myser aufzusuchen und zurückzubringen versprochen hatten; daher das jährliche Fest der Aufsuchung des Hylas.

Das östliche Kleinasien war nach Herodot von Syriern bewohnt, die aber von den Persern Kappadoker genannt wurden. Diese waren ebenfalls ein semitisches Volk mit durch und durch semitischen Sitten und Gebräuchen. Sie verehrten den Gott Men und die Göttin Ma oder Mene. Die letztere hatte ein berühmtes Heiligthum in der Stadt Komana. Zweimal im Jahre wurde hier der Göttin zu Ehren ein feierlicher Umzug gehalten, bei welchem Männer und Weiber in eine Art Verzückung oder vielmehr Raserei geriethen und sich selbst zerfleischten. Der Kult der Ma war überhaupt ähnlich dem der kriegerischen Astarte, hatte jedoch auch, besonders in Komana, die Elemente des Ascherabienstes in sich aufgenommen. Ma war eben wie die Astarte eine Zwittergottheit, verderblich und lebenspendend, männlich und weiblich zugleich. Men und Mene erscheinen auf den Münzen als ununterschieden, ein männliches Weib oder ein weiblicher Mann. Bald wird Mene als die Tochter des Herakles von Tyrus bezeichnet, bald selbst Baal genannt. Weil sie aber vorzugsweise als Kriegsgöttin verehrt wurde, so waren ihre Hierodulen bewaffnete Jungfrauen. Aus diesen Hierodulen ist die griechische Sage von den Amazonen, den mannlosen Heldenweibern, erwachsen, deren Wohnsitz die Griechen um so mehr nördlich verlegten, je mehr sie mit dem Innern Kleinasiens bekannt wurden, ohne das Volk der Amazonen zu finden. Zuletzt mußten die Amazonen zu den Skythen, unter deren Namen man eben Alles vereinigte, was man sonst nicht unterzubringen wußte.

Die übrigen nichtgriechischen Völker Kleinasiens waren zwar keine Semiten, aber ihre Religion hatte so starken semitischen Einfluß erfahren, daß wir dieselbe füglich hier besprechen können.

Da ist vor Allem das große Volk der Phryger, welches die Mitte Kleinasiens bewohnte. Es ist eine uralte Überlieferung, daß die Phryger thrakischer Abkunft waren und von Europa nach Kleinasien eingewandert seien. Sitte und Sage zeigen in der That die größte Übereinstimmung zwischen Thrakern und Phrygern, ebenso die auf uns gekommenen sprachlichen Überreste [1].

---

[1] Vgl. Lenormant, Les origines de l'histoire. II. p. 366 ss.

Als hervorstechendster Zug erscheint in der Religion der Phryger die Verehrung der **Kybele**, der Göttin des einsamen Waldgebirges. Die Klüfte und Höhlen, die Felsen und Gipfel der Berge waren ihr besonders heilig, Löwen und Pardel und andere wilden Thiere waren ihre Lieblinge. Sie war die Mutter Natur und Allgebärerin, sie die Urheberin des Wein= und Ackerbaues, die Begründerin von Städten und Burgen. Auf dem Berge Dindymon lag der heilige Fels Agdos, nach welchem die Göttin selbst **Agdistis** hieß. Die Sage von der Agdistis und dem **Attis** ist der modifizirte Adonismythus. Der Kult ist darum auch ganz ähnlich, nur viel wilder; mit tobender Musik, mit wildem Geschrei, mit brennenden Fackeln durchzogen die Verehrer der Göttin Wälder und Gebirge, verwundeten und verstümmelten sich gegenseitig. Von ihren wilden Tänzen hießen die Diener der Kybele Korybanten. Weil Kybele den von der Hera verfolgten **Bacchus** oder **Dionysos** in Schutz genommen hatte, wurde sein Kult mit dem ihrigen verbunden, weßhalb das Korybantenwesen auch zum Bacchusdienste gehört. Wenn wir damit vergleichen, was Plutarch erzählt, die Phryger glaubten, ihr Gott schlafe im Winter und erwache im Sommer, und ferner, der Kul= tus bestehe bald in traurigen Klagen, bald in ausgelassener Lust, so ist klar, daß semitische Elemente sich reichlich in die Religion der Phryger eingedrängt hatten. Von der andern Seite ist die Verehrung des Wein= gottes und die Feier der „großen Mutter" auf den Bergen ein echt thrakischer Zug. Weniger Genaues wissen wir über den Dienst des „phrygischen Zeus", welcher **Manes** oder wohl auch **Papas** hieß. Manes soll auch zugleich der erste König des Landes gewesen sein.

Ein anderes indogermanisches Volk, welches sich im Süden Klein= asiens zwischen semitische Stämme eingeschoben hatte, waren die **Lykier**. Sie verehrten den Sonnengott, welchen die Griechen **Apollon Lykeios** nannten. Es ist nicht sicher, ob dieser Name, wie gewöhnlich geschieht, von Lykos, „Wolf", abzuleiten ist, weil der Wolf ein Sinnbild dieses Gottes war; vielmehr scheint er ursprünglich mit dem Wort Lyr, „Licht", zusammenzuhängen. Wegen der eifrigen Verehrung des Sonnengottes wurden die Bewohner des Landes von den Griechen Lykioi genannt, da sie ursprünglich Termilen hießen. Ein berühmtes Orakel des Apollo war in der Stadt Patara, welche in der Verehrung dieses Gottes fast mit dem Heiligthume von Delos wetteifern konnte. Lykisch ist die Sage von dem Sonnenhelden **Bellerophon**, welcher die Chimära tödtete und die Solymer besiegte. Die zahlreichen Grabdenkmale der Lykier geben Zeugniß von der großen Sorgfalt des Volkes für die Todten; in den Inschriften wird der Zorn der Götter herabgerufen über Jeden, der die Gräber zu verletzen wagt.

Ein letztes indogermanisches Volk Kleinasiens waren die Armenier, über deren ursprüngliche Religion wir aber nur soviel wissen, daß dieselbe im Allgemeinen mit der iranischen identisch war. Wenn es einmal gelingt, die zahlreichen Keilinschriften des Landes mit Sicherheit zu entziffern, dürfen wir auch auf genauere Aufschlüsse über den armenischen Glauben und Kultus hoffen. Von seiner Zeit bemerkt Strabo, daß die Armenier die Kriegsgöttin Anahita am meisten verehrten, welche damals auch eine Hauptrolle in der Religion der Iranier spielte.

Auf den Inseln des Mittelmeeres war phönizischer und späterer griechischer Kult mit einander verschmolzen. Auf Cypern herrschte ein weit berüchtigter Mylittadienst, nach der Sage von dem Priesterkönige Kinyras begründet. Von hier aus verbreitete sich der Kult nach Westen, weßhalb die Aphrodite bei den Griechen auch Kypris hieß und nach griechischer Sage auf Cypern geboren sein soll. Von Kreta berichten verschiedene Überlieferungen aus dem Alterthume, daß die Insel von Kanaaniten kolonisirt worden sei. Die Richtigkeit dieser Aussage bewährt sich durch den Kultus. Vor der ehernen Statue des Sonnengottes Tallaios wurden Menschenopfer dargebracht. Der kretische König Minos ist ebenfalls nichts Anderes als ein Sonnenheld, und der kinderfressende Minotaurus erinnert sofort an Baal Moloch. An den Dienst des Moloch knüpft auch wohl die Sage von dem ehernen Talos, der dreimal des Tages um die Insel lief, die an den Strand Verschlagenen in seine Arme nahm und an seine glühende Brust drückte, bis sie verbrannten. Der kretische Zeus wurde hauptsächlich mit Rücksicht darauf verehrt, daß er auf der Insel von Rhea geboren worden. Auch zeigte man das Grab des Zeus, der als Sonnengott im Winter starb. Es war eben Zeus und Apollo und Dionysus und Helios im Grunde dieselbe Gottheit. Die gleiche Gottheit wurde als Saturn auch auf Rhodus verehrt, wo man zur Zeit der ärgsten Sommerhitze ihm einen Menschen opferte. Der rhodische Koloß ist offenbar ein Idol des Moloch.

Ähnlich könnte man die Spuren phönizischen Einflusses auf vielen anderen Inseln nachweisen. Doch das Gesagte mag genügen. Es kommt ja für uns nicht darauf an, die einzelnen Sagen und Mythen vorzuführen, sondern nur, einigermaßen zu zeigen, wie die vielen einander oft so fremden Züge in der Religion gewisser Volksstämme erklärt werden können. Es fand eben eine synkretistische Vereinigung indogermanischer und semitischer Elemente statt, und diese Verschmelzung bedeutete im Allgemeinen eine Verschlechterung, indem gerade diejenigen Bestandtheile, welche dem verdorbenen Menschen am meisten gefielen, am liebsten aus anderen Religionen herübergenommen wurden. „Jam pridem Syrus in Tiberim defluxit Orontes", klagte ein Juvenal in dieser Beziehung.

6. Die Ägypter.

Die Ägypter waren das bedeutendste Kulturvolk Afrikas. Von Asien her in das Nilthal eingedrungen, entwickelten sie dort, von Norden nach Süden fortschreitend, eine geistige Regsamkeit, deren Früchte wir in den Wunderwerken der Pyramiden und Obelisken, in den Riesengestalten der Sphinxe und den übrigen gewaltigen Bauwerken ebenso gut bewundern wie in den zahlreichen schriftlichen Aufzeichnungen, die sich in keinem Lande der Welt aus so hohem Alterthume bis auf unsere Tage erhalten haben.

Während die ältesten Sanskrit-Handschriften nur einige Jahrhunderte zählen, während alle Klassiker-Manuskripte dem christlichen Zeitalter angehören, während wir von keinem einzigen Stück des Neuen Testaments mehr den Urtext haben, besitzen wir dagegen ägyptische Papyrus-Rollen, die viele Jahrhunderte oder auch Jahrtausende vor Christus geschrieben wurden[1]. In einem Lande mit ganz trockenem Klima wurden diese Schriftwerke in hermetisch verschlossenen Gefäßen, oft tief im Felsen und noch dazu bedeckt von dem Wüstensande, unter den allergünstigsten Umständen aufbewahrt, die sich nur denken lassen. In dieser Beziehung steht darum die auf uns gekommene ägyptische Literatur ganz einzig da.

Von den vielen tausend Texten, die man bis jetzt entdeckt hat, sind aber äußerst wenige, die nicht auch einen religiösen Inhalt haben. Le Page Renouf erzählt, ein mathematischer Papyrus des Britischen Museums sei ihm oft deßhalb aufgefallen, weil derselbe einen so wenig religiösen Charakter zur Schau trage, erst ganz am Ende würden Gebete um gutes Wetter und einen hohen Nilstand erwähnt; ein anderer Papyrus dagegen, der über Heilkunde und Heilmittel berichte, enthalte so viele Gebete und fromme Vorschriften, daß er einfachhin als ein religiöses Buch gelten

---

[1] Nach G. Ebers (Über das hieroglyphische Schriftsystem. Berlin 1871. S. 5) sind die Papyrus zum Theil an 4000 Jahre alt.

könne[1]. So zeigt sich, wie wahr Herodot (II, 37) sagen konnte: „Die Ägypter sind überaus gottesfürchtig, mehr als alle anderen Menschen."

Gewiß ist uns also bei der großen Zahl der schon entzifferten Inschriften und Papyrus-Rollen ein reiches Material zur Kenntnißnahme der ägyptischen Religion geboten. Allein wenn man bedenkt, daß die verschiedenen Schriftwerke oft Hunderte und Tausende Jahre von einander liegen, so sieht man leicht ein, wie nöthig es ist, Altes und Neues wohl von einander zu sondern; denn obschon die religiösen Einrichtungen der Ägypter von Anfang bis zu Ende die gleichen waren, so mußte doch die Auffassung des Glaubensinhaltes im Laufe der Zeit mannigfachen Veränderungen unterliegen.

Welcher Art diese Veränderungen waren, von welchen Überzeugungen sie ausgingen, welche Übergänge sie durchmachten, zu welchen Endergebnissen sie führten, das können uns am besten die Ägyptologen von Fach sagen, die seit Champollion mit solchem Eifer und nicht selten mit einer solchen Fülle von Geist und Wissen die Geschichte und Kultur der Bewohner des Nilthales durchforscht haben. Le Page Renouf sagt, kein Gelehrter habe ein größeres Recht, in der Frage nach der ursprünglichen Form der ägyptischen Religion gehört zu werden, als M. E. de Rougé, da die Thatsachen, auf die derselbe sich stütze, in der Hauptsache unanfechtbar seien.

De Rougé war aber seinerseits der festen Überzeugung, daß in Ägypten der Monotheismus das Ursprüngliche gewesen sei, und durch unermüdlich fortgesetzte Studien fand er sich in dieser Anschauung immer mehr bestärkt[2]. Schon im Jahre 1851 hatte er sich in diesem Sinne ausgesprochen in einer Notice sur les monuments égyptiens du Louvre[3]. Im Jahre 1860 schrieb er: „Die Einheit eines höchsten Wesens, das aus sich selbst ist, ... die Schöpfung der Welt und aller lebenden Wesen, welche diesem höchsten Gott zugeschrieben wird, die Unsterblichkeit der Seele ... das ist der tiefe und ständige Gehalt, der dem Glauben der Ägypter eine sehr ehrenwerthe Stellung unter den Religionen des Alterthums sichern muß."[4] Im Jahre 1869 sprach er sich also aus: „Niemand hat noch die Grundbedeutung der vorzüglichsten Stellen

---

[1] P. Le Page Renouf, Lectures on the Origin and Growth of Religion as illustrated by the Religion of ancient Egypt. London 1880. p. 27.
[2] Revue des questions historiques, Oct. 1878. p. 458.
[3] 4ᵉ éd. Paris 1865. p. 103.
[4] De Rougé, Etudes sur le Rituel funéraire. Paris 1860. p. 8 sq.

in Zweifel gezogen, vermittelst deren wir im Stande sind zu bestimmen, was das alte Ägypten über Gott, die Welt und den Menschen gelehrt hat. Ich sage Gott, nicht Götter. Die erste Eigenthümlichkeit dieser Religion ist ein sehr entschiedener Ausdruck der Einheit: Gott, Einer, Einzig und Allein, keine Anderen mit ihm ... Er hat Alles gemacht und ist allein nicht gemacht. — Die klarste, einfachste, genaueste Auffassung."[1]

Ebenso entschieden redet Robiou: „Der ursprüngliche Glaube der Ägypter an einen einzigen Gott ist eine Thatsache, die heutzutage von der Wissenschaft laut ausgesprochen wird."[2]

Der gleichen Meinung sind Grébaut, Lenormant und Andere. Le Page Renouf schreibt: „Es ist unzweifelhaft wahr, daß die höher stehenden Bestandtheile der ägyptischen Religion nicht das verhältnißmäßig späte Ergebniß eines Entwicklungsprozesses oder einer Abhebung aus den gröberen sind. Die höheren Theile sind erweisbar alt, und die letzte Stufe der ägyptischen Religion, wie sie den griechischen und lateinischen Schriftstellern, Heiden oder Christen, sich darstellte, war bei weitem gröber und verdorbener."[3]

Man darf aber diese Aussprüche der Ägyptologen nicht so auffassen, als ob sie sagen wollten, es lasse sich irgendwie ein geschichtlicher Zeitraum nachweisen, sei es aus den Denkmälern oder den Papyrus, in welchem die Ägypter einen einzigen Gott mit Ausschluß anderer Götter verehrt hätten. Nein, sie wollen nur sagen, neben aller Vielgötterei fänden sich in den ägyptischen Glaubenslehren sehr deutlich monotheistische Gedanken ausgesprochen; da aber der Polytheismus in stetem Wachsthum begriffen sei, so müßten die monotheistischen Spuren sich aus einer frühern, besseren Anschauungsweise herübergerettet haben; ein Schluß, an dem sicher nach den Gesetzen der Logik Niemand rütteln kann.

Das älteste ägyptische Manuskript, das wir besitzen, dürfte wohl der Papyrus Prisse sein. Derselbe wurde geschrieben mehrere hundert Jahre, bevor Moses geboren war. Es ist aber diese Handschrift kein Original, sondern sie selbst bezeichnet sich am Schlusse als eine Ab-

---

[1] De Rougé in den Annales de la Philosophie chrétienne. Tom. 20. p. 327.

[2] F. Robiou, Histoire ancienne des peuples de l'Orient. Paris 1862. p. 163. Tiele läßt natürlich auch die ägyptische Religion von Anfang an Fetischismus und „Animismus" sein und erklärt die Annahme eines ursprünglichen Monotheismus für „gänzlich verkehrt". [3] Le Page Renouf, l. c. p. 91.

schrift. Der Verfasser lebte also noch viel früher; und er hinwiederum bezeugt, daß er nur die Lehren der Vorfahren überliefern wolle [1].

Das Werk Ptahhoteps (denn so nennt sich der Verfasser) ist eine Sammlung von Sittensprüchen, die große Ähnlichkeit mit einigen Abschnitten des biblischen Spruchbuches haben. Doch ist die Übersetzung nur zum Theil gelungen; denn die überaus alterthümliche Sprache hat an vielen Stellen bis jetzt allen Erklärungsversuchen getrotzt. Was uns aber von dem Schriftstück erschlossen ist, enthält sehr bemerkenswerthe Aufschlüsse über die damaligen ägyptischen Anschauungen. „Die abstrakte Auffassung der Gottheit," sagt Chabas, „kommt häufig im Texte vor, als ob der Verfasser den Begriff der göttlichen Einheit und Untheilbarkeit gehabt hätte." Z. B.: „Geliebt von Gott ist der Gehorsam; der Ungehorsam wird gehaßt von Gott." „Ein im Dienste Gottes gelehriger Sohn wird glücklich sein in Folge seines Gehorsams, er wird alt werden und zu Gunst gelangen." „Ein guter Sohn ist eine Gabe Gottes."

Daneben kommt der Name Osiris als einziger Gottesname vor. Die Osiris-Mythen waren dem Verfasser schon bekannt, so daß das Alter derselben außer allem Zweifel steht. Die klassischen Schriftsteller berichten daher mit Recht, daß Osiris der älteste Gott der Ägypter sei.

Osiris ist unstreitig auch die Hauptgottheit des sogen. Todtenbuches, des wichtigsten Denkmales zum Studium der altägyptischen Religion.

Der Name „Todtenbuch" stammt von Lepsius und bezeichnet eine Sammlung von Texten, die erst mündlich überliefert, dann aber schon in sehr frühen Zeiten aufgezeichnet wurden. Zahlreiche Mumien tragen größere oder kleinere Auszüge aus diesem Buche bei sich, einzelne Stellen finden sich auf den Mumien selbst, auf Särgen, Gräbern, Bildsäulen u. s. w.

Das vollständigste, bis jetzt aufgefundene Exemplar ist der von Lepsius herausgegebene 57 Fuß lange Turiner Papyrus. Derselbe enthält 165 Kapitel, von denen die vier letzten als spätere Zuthaten angesehen werden. Dagegen sind gerade einige der ältesten Abschnitte ausgelassen. Der Papyrus ist sicher nicht älter als die 26. Dynastie und stammt so-

---

[1] Le plus ancien livre du monde. Par M. Chabas (Revue archéologique, Avril 1858. p. 1—25).

mit aus einer Zeit, wo das Abschreiben sehr handwerksmäßig betrieben wurde. „Die Gemälde und Vignetten scheinen die Hauptrolle zu spielen, der Schreiber hat oft Worte, Sätze, halbe Kapitel vollständig ausgelassen; er scheint keinen andern Zweck verfolgt zu haben, als seine Seiten überhaupt zu füllen; denn wenn die Arbeit bei Gelegenheit einer Leichenfeier einmal gekauft und in's Grab gelegt wurde, so sollte sie ja nie mehr dem Blicke eines lebenden Menschen ausgesetzt werden. Dazu bildete das Umschreiben aus einer Schriftart in die andere eine neue Quelle von Ungenauigkeiten. So ist das schöne hieroglyphische Exemplar von Turin voll von Fehlern, die hinlänglich beweisen, daß der Abschreiber nach einem Cursiv=Manuskript arbeitete. Seine geübte Feder setzte dasselbe leicht in schöne Hieroglyphen um; aber dieser ausgezeichnete Schönschreiber war kein Gelehrter. Man bemerkt leicht, daß jene Zeichen, die in der Cursivschrift einander zum Verwechseln ähnlich sehen, gerade diejenigen sind, die zu Irrthümern Veranlassung gaben." [1]

Um nun diesem Übelstande abzuhelfen, hat E. Naville gegen achtzig Manuskripte verglichen und die verschiedenen Lesarten zur Zeit der 17. bis 20. Dynastie zusammengestellt, wobei er jedoch bemerkt, daß es wohl noch längere Zeit dauern dürfte, bis der Sinn des ganzen Buches vollständig klargelegt würde, „bis wir uns Rechenschaft geben können über so Manches, was uns auf den ersten Blick kindisch oder als das Erzeugniß einer ungeordneten Einbildungskraft vorkommt. Es verhält sich mit dem Todtenbuche wie mit den heiligen Büchern des Morgenlandes überhaupt. Neben glänzenden und selbst rührenden Stellen finden sich Wiederholungen und Weitschweifigkeiten ohne Ende" [2].

Durch Vergleichung der zahlreichen Handschriften läßt sich übrigens leicht herausfinden, was ältern und neuern Ursprunges ist. Zudem haben die Arbeiten bedeutender Ägyptologen doch auch schon manches Sichere zu Tage gefördert. Samuel Birch hat, freilich schon vor etwa 30 Jahren, den ganzen Turiner Text in's Englische übersetzt [3]. De Rougé hat in den schon erwähnten Études die Überschriften und das 17. Kapitel übersetzt. Einzelne Stellen sind von verschiedenen anderen Gelehrten erläutert worden.

---

[1] Études sur le Rituel Funéraire. Par E. de Rougé. p. 7.
[2] Abhandlungen des Berliner Orientalisten=Congresses. III. S. 8.
[3] Im fünften Bande von Bunsens Egypt's place in Universal History, translated from the German by Ch. H. Cottrel. With additions by Sam. Birch. London 1867.

Zuerst bietet uns das Todtenbuch den großen Vortheil, das auf den ersten Blick ganz ungeheuer scheinende ägyptische Pantheon wesentlich vereinfachen zu können, indem es uns belehrt, daß nicht jeder neue Name auch eine neue Gottheit bedeutet. So zählt Kapitel 142 nicht weniger als 156 Namen auf, die alle dem Osiris beigelegt werden. Die späteren Hauptgötter Amon und Ptah nehmen noch eine wenig bedeutende Stellung ein. Alle Gottheiten lassen sich überhaupt in der ältesten Zeit auf die zwei Gruppen Osiris mit seiner Familie und Ra mit seiner Familie zurückführen[1]. Diese beiden Gestalten aber gehen wieder so vielfach in einander über, daß wir uns schließlich nicht wundern, wenn sie an einigen Stellen für identisch erklärt werden.

Im Kap. 17, Vers 22 (nach be Rougé) heißt es: „Osiris kam nach Tattu, dort fand er die Seele des Ra. Sie vereinigten sich und wurden eine Seele aus zwei Hälften." Das soll doch wohl, mythologisch ausgedrückt, nichts Anderes heißen, als Ra und Osiris seien im Grunde nur Einer.

Neben dieser Andeutung, daß alle Götter im Grunde doch nur Ein Gott sind, kommen zahlreiche Stellen vor, in denen einfachhin von Gott die Rede ist. Überhaupt würden wir in dem Todtenbuche wohl manche tiefe und wahre Gedanken finden, wenn uns nur der rechte Sinn all der bildlichen Ausdrücke erschlossen wäre, die für uns bis jetzt ebenso unlösbare Räthsel sind, wie sie es höchst wahrscheinlich Jahrhunderte lang für die Ägypter selbst waren. Wenn die Rede ist von himmlischen Katzen, Kühen, Stieren u. dgl., wenn Osiris zugleich als Vater, Bruder, Gemahl und Sohn der Isis bezeichnet wird, so kommt uns das abgeschmackt vor; sobald wir aber durch den bildlichen Schleier den einfachen Gedankengehalt erschauen könnten, so würden wir nur allbekannte Wahrheiten auf eine für unsern Geschmack etwas sonderbare Weise ausgedrückt sehen.

So beginnt das Todtenbuch mit den Worten: „O Stier von Amenti, ewiger König!" Menti oder Amenti ist der Aufenthaltsort der Seligen (dieser Ort wird auch personifizirt); „Stier" ist ein ganz gewöhnlicher Name für die Gottheit, um ihre Schöpfungskraft, ihre Macht und ihren Schutz zu bezeichnen. Daher können wir den Sinn der Worte auch so wiedergeben: „Schöpfer und Beherrscher des Himmels, ewiger König."

---

[1] Le Page Renouf, l. c. p. 88.

6. Die Ägypter.

Dieser König des Himmels wird wiederholt bezeichnet als „Haupt der großen Götter" (Kap. 1), als „Schöpfer, der sich selbst geschaffen" (Kap. 15), dessen „größtes Geschöpf" auf dieser Welt die Seele ist (Kap. 9), der „größer ist als die Götter", die „geschaffen sind vom Schöpfer der Götter" (Kap. 15). Er ist der „Herr des All", vor dem „sich tief beugen die Götter" (Kap. 78). Er ist der „Einzige" (Kap. 115), der „Schöpfer des Himmels, der Schöpfer der Wesen, der den Göttern das Dasein gegeben" (Kap. 79).

Das wichtigste von allen Kapiteln ist wohl das siebzehnte, das gleichsam einen kurzen Abriß der ägyptischen Glaubenslehre darstellt. Das hohe Alter dieses Kapitels ist durch den Umstand verbürgt, daß es sich schon auf einem Sarge der elften Dynastie findet. In diesem Abschnitt sagt „der große Gott, der im Amenti wohnt", von sich selbst: „Ich bin der Verborgene, der den Himmel gemacht hat, der alle Wesen geschaffen hat. Ich bin der große Gott, der aus sich selbst ist. Ich bin gestern und kenne morgen, der seines Gleichen nicht hat unter den Göttern, Herr der großen Wohnung (des Himmels), oberster König der Götter. Ich bin das Gesetz für Dasein und Wesen."

Man glaube übrigens nicht, daß nur im Todtenbuche solche Ausdrücke vorkommen. Im Gegentheil sind dieselben in der ganzen ägyptischen Literatur sehr gewöhnlich. In einem von Chabas übersetzten, etwa dem 17. Jahrhundert v. Chr. angehörigen Hymnus auf Osiris wird von diesem Gott unter Anderm gesagt:

„Herr der Ewigkeit, König der Götter, vielnamiger, gestaltungsreicher, genießend der Seligkeit, größtes der Wesen, ausgezeichneter Herr der Götter, schön und liebenswürdig. Wer ihn sieht, spendet ihm Ehre mit Liebe. Alle, die von ihm erhört worden sind, preisen seinen Namen auf's Höchste. Er hat mit seiner Hand diese Welt gemacht, ihre Wasser, ihren Luftkreis, ihre Pflanzen, alle ihre Heerden, alle ihre Vögel, alle ihre Fische, alle ihre Kriechthiere und ihre Vierfüßer. Gut ist sein Wille und sein Wort; ihn loben die großen Götter, ihn lieben die kleinen Götter. Die Götter erkennen ihn an als den allgemeinen Herrn. Von ihm wird die Welt gerichtet. Himmel und Erde sind vor seinem Angesichte. Alle beten seine Güte an; groß ist seine Liebe zu uns. Das Böse entweicht, und die Erde trägt Frucht in Frieden unter ihrem Herrn. Die Gerechtigkeit steht fest unter ihrem Herrn, der das Unrecht bedroht."[1]

Alles deutet darauf hin, daß der allgemeine Begriff der Gottheit (nutar) in den ältesten Zeiten Ägyptens einfach an den Namen Osiris

---

[1] Revue archéologique, Mai 1857. p. 68 sqq.

(Afiri) geknüpft erscheint und daß es eine Zeit gab, wo Osiris der einzige Gott aller Ägypter war. Ähnlich also, wie ein Hebräer gesagt haben würde: Jahve allein ist El, so hätte ein Ägypter jener Zeit gesagt: Osiris allein ist Nutar. Nach Diodorus Siculus (Bibl. hist. I, 2) und Manetho war Osiris der älteste Gott Ägyptens; Herodot (II, 42) bezeugt, daß seine Verehrung allgemein war im ganzen Lande; und Chabas bemerkt hierzu, daß mit diesen Angaben die ägyptischen Denkmäler vollständig übereinstimmen[1]. De Rougé weist darauf hin, daß in dem Todtenbuche Ra dem Osiris untergeordnet erscheint[2]; und da andererseits, wie schon bemerkt, in den ältesten Urkunden auf diese zwei Gottheiten alle anderen sich zurückführen lassen, so ist dieß wiederum ein Fingerzeig für die ursprüngliche hohe Stellung des Osiris. So sagt auch Ebers von dem Osiriskult: „Er muß uralt genannt werden; der in seinen Kreis gehörende Mythus (Inhalt und Name), wie ihn z. B. Plutarch bringt, ist aber zum Theil importirt worden und hat sich verhältnißmäßig spät erst im neuen Reiche fixirt."[3] Übrigens ist es für uns weniger wichtig, zu wissen, welchen Namen die Gottheit zuerst bei den Ägyptern gehabt, als daß überhaupt die ägyptischen Denkmäler auf einen frühern Monotheismus hinweisen. Dieß Letztere wird aber von den bedeutendsten Ägyptologen als unzweifelhafte Thatsache anerkannt.

Die Entwicklung des Monotheismus zum Polytheismus ging in Ägypten ungefähr auf die gleiche Weise vor sich wie bei anderen Völkern. Die erste Entartungsstufe war **Naturvergötterung**, und zwar **Sabäismus**. Die Sonne vor Allem wurde theils als Sinnbild, theils als Sitz der Gottheit, theils selbst als Gottheit betrachtet. Wann diese Umwandlung eintrat, ist schwer oder gar nicht zu entscheiden. Robiou meint, zur Zeit, als die Redaktion des Todtenbuches begonnen wurde, sei von einer naturalistischen Auffassung des Osiris noch keine Rede gewesen[4]. Le Page Renouf verlegt mit de Rougé den Prozeß in die vorgeschichtliche Zeit[5].

War aber dieser Prozeß einmal eingeleitet, so führte er unmittelbar zur **Mythenbildung**. Osiris als Sonne ist das Kind von Himmel

---

[1] L. c., Juill. 1857. p. 193.   [2] Études sur le Rituel. p. 76.
[3] 'Ägypten und die Bücher Moses', von G. Ebers. Leipzig 1868. S. 287 f. Nach Duncker (I. S. 50 ff.) dagegen sind „die Gestalten des Osiriskreises jüngern Ursprungs".   [4] Revue des questions historiques, Oct. 1878. p. 485.
[5] „From or rather before, the beginning of the historical period, the pure monotheistic Religion passed through the phase of Sabeism" (Origin and Growth of Religion. p. 90).

und Erde, Nut und Seb, die Morgenröthe Isis ist seine Schwester und Gemahlin, die Abenddämmerung Anpu ist sein Sohn, der den eigenen Vater verschlingt. So mehrten sich die Gottheiten durch Personifizirung der einzelnen Naturerscheinungen und Naturkräfte.

Nehmen wir dazu noch die auch in Ägypten klar erkennbare Vermehrung der Gottheiten durch Vereinigung der Lokalgötter zu einem Pantheon, so wird uns die später so große Zahl der himmlischen Wesen begreiflich. Das ganze Land Ägypten, sowohl das obere wie das untere, war zur leichtern Verwaltung in Bezirke eingetheilt, welche man mit dem griechischen Worte Nomen zu bezeichnen pflegt. „Ein jeder Nomos der beiden Ägypten bildete von alten Zeiten her einen Staat im Staate. Politisch für sich abgeschlossen, beruhte die Macht der einzelnen auf dem Ansehen und der Verwandtschaft ihrer Nomarchen mit den herrschenden Königshäusern und auf der Verschwägerung der Familien von Nomarchen benachbarter Gaue. Den Mittelpunkt der Nomen bildete die Metropolis, in welcher die Nomarchen und die Lokalnumina ihren Sitz hatten. Diese politische Abgeschlossenheit wurde vermehrt, ja ging vielleicht ganz und gar hervor aus der Verschiedenheit der religiösen Kulte und damit verbundener theologischer Meinungsverschiedenheiten der betreffenden Priesterkollegien, denen beständig daran liegen mußte, das Ansehen des Nomarchenhauses bis zur Königswürde gesteigert und damit die Nomosgottheit an die Spitze der übrigen ägyptischen Götter gesetzt zu sehen. So konnte es nicht fehlen, daß religiöse Eifersucht bald auf das politische Feld übertragen wurde und die Erhebung und der Sturz der Nomosgottheiten mit dem Wechsel einzelner Königshäuser verbunden war. Davon gibt die ägyptische Denkmalgeschichte mehr als ein Beispiel, mehr als ein sprechendes Zeugniß."[1] Nur Osiris behielt bei allem Wechsel als Nationalgottheit von Gesammtägypten seine hohe Stellung und wurde mit dem jedesmaligen höchsten Gotte in nahe Verbindung gebracht oder einfach mit ihm identifizirt. Er bleibt, wie es in einer Inschrift aus Karnak heißt, „der König aller Nomen"[2].

Brugsch zählt die verschiedenen Gaue mit ihren zugehörigen Gottheiten auf. Da heißt es z. B.: Gau Nubien, Nomosgott Chnum Ra (Kneph); Gau Apollinopolites, Gott Hub; Gau Latopilites, Göttin Suben; Gau Phathirites, Gott Mentu; Gau Koptites, Gott Min; Gau Tentyrites, Göttin Isis u. s. w.

---

[1] Die Geographie des alten Ägyptens, von H. Brugsch. Leipzig 1857. I S. 180.   [2] A. a. O. S. 145.

Nun aber waren unter den Nomoshauptstädten drei von hervorragender Bedeutung, und so geschah es hier wie in Babylonien, daß die Götter dieser drei Städte später an der Spitze des ägyptischen Pantheons stehen.

Vor allen übrigen Theilen des Landes war Unterägypten durch seine Lage so bevorzugt, daß es nothwendig auch politisch von hervorragender Bedeutung wurde. In Folge dessen nimmt die Gottheit seiner Hauptstadt einen entsprechenden Rang in der Ordnung der Götter ein. „An der Spitze der ägyptischen Götter als ihr erster und ältester steht der uralte, ehrwürdige Ptah von Memphis. Er wird der Weltenschöpfer genannt, von dem die Keime und zugleich die Gesetze und Bedingungen alles Werdens ausgingen. Er, der ‚Uranfängliche‘, ist auch unter den Lichtgöttern der früheste und wird der Schöpfer des Eies genannt, aus dem, nachdem er es zerschlagen, Sonne und Mond hervortraten. Ptah bedeutet der ‚Eröffner‘ und Ptah Sokar Osiris, der die Nekropole von Memphis beherrscht und dessen Name sich in dem des Ortes Sakkara erhalten hat, verleiht der untergegangenen Sonne und dem verstorbenen Menschen die Bedingungen zu ihrem neuen Aufgang und zur Auferstehung zum ewigen Leben jenseits des Grabes." [1] Weil Ptah Schöpfer der Welt ist, wird er dargestellt als ein Töpfer, der ein Ei auf der Töpferscheibe vor sich hat; dazu die Inschrift: „Der Weber der Anfänge, bewegend das Ei der Sonne und des Mondes." Dem Ptah war der Skarabäus heilig, ein Käfer, der eine Mistkugel vor sich herzurollen pflegt. Die Ägypter hielten diese Kugel für das Ei des Käfers und sahen darum in dem Thiere ein Sinnbild des Ptah. In Folge dessen wurde der Gott nicht selten abgebildet als eine Menschengestalt, die anstatt des Kopfes einen Skarabäus auf den Schultern hatte. Der große Tempel des Ptah war nach ägyptischer Überlieferung vom Könige Menes zugleich mit der Stadt Memphis erbaut worden. Auf seine Ausschmückung richteten die Herrscher stets ihr Augenmerk, auch selbst die späteren aus der thebanischen Dynastie. Von diesen wurde auch der Tempel wieder hergestellt und zu neuem Glanze erhoben, nachdem die Hyksos ihn zerstört hatten. Die Stadt Memphis selbst hieß mit ihrem heiligen Namen Hakaptah, „Haus der Verehrung des Ptah", oder einfach Haptah, „Haus des Ptah", gräcisirt Hephaistopolis [2]. Die großen Feste des Ptah wurden Hebifeste

---

[1] Ägypten in Bild und Wort, von G. Ebers. Stuttgart 1879. I. S. 138.
[2] Brugsch, a. a. O. S. 236.

ober Panegyrien genannt, und der Gott selbst „Herr der Panegyrien". Von Ptah heißt es in einer Inschrift, die in Folge ihres hohen Alters kaum mehr leserlich ist:

„Er brachte die Götter hervor, er machte die Städte und ordnete die Provinzen ... Alles kommt von ihm. Das göttliche Wort ist gemacht für die, welche es lieben, und für die, welche es hassen; es gibt Leben den Gerechten, bringt Tod den Ungerechten. Von ihm (Ptah) kommt das Werk der Hände, das Gehen der Füße, das Sehen der Augen, das Hören der Ohren, das Athmen der Nase, die Stärke des Herzens, die Kraft der Hand, Thätigkeit in Körper und Mund all der Götter und der Menschen und aller lebenden Wesen, Einsicht und Sprache; was immer im Herzen ist, was immer auf der Zunge ist."[1]

Solche und ähnliche Ausdrücke hat man wohl in pantheistischem Sinne gedeutet, als ob Ptah das Chaos sei. Nichts aber, sagt Robiou, kann verkehrter sein[2]. In einem andern Hymnus wird Ptah angeredet:

„Heil dir, großer Gott, der seine Gestalt verbirgt ... Vater aller Väter und aller Götter ... O Gott, Bauherr der Welt, du bist ohne Vater, durch dein eigenes Werden erzeugt; du bist ohne Mutter, geboren durch die Wiederholung deiner selbst ... Himmel und Erde gehorchen den Geboten, die du gegeben; sie wandeln den Weg, den du ihnen vorgezeichnet hast; sie überschreiten nicht den Pfad, den du ihnen angewiesen. O laßt uns preisen den Gott, der das Himmelsgewölbe errichtet, und der die (Sonnen-) Scheibe hinfahren läßt am Himmel, der die Götter und die Menschen und alle ihre Geschlechter gemacht hat, der gemacht hat die Länder und Gegenden und die große See in seinem Namen ‚es entstehe die Erde'."[3]

Wurde in Unterägypten die Gottheit hauptsächlich mit Rücksicht auf ihre schöpferische Thätigkeit verehrt, so war in Oberägypten Amon, „der Verborgene", Gegenstand der Anbetung. Amons Sitz war die große Stadt Pamen, „Haus des Amon". Da die Griechen in Amon ihren Zeus erblickten, so übersetzten sie den Namen mit Diospolis, „Zeusstadt". Der gewöhnliche Name Theben ist nach Lepsius entstanden aus Ap, mit dem Artikel Tap. So hieß ein einzelnes Heiligthum des Amon; das Wort wurde aber auch im Plural zur Bezeichnung der Stadt gebraucht. „Daher die Griechen, natürlich ohne den Artikel mit abzuwandeln, sich in der Regel des Plurals Thebai bedienten."[4] Nach Brugsch dagegen

---

[1] Le Page Renouf, l. c. p. 220. Wegen des Zustandes der Inschrift ist es nicht ganz sicher, ob die Worte an Ptah oder an einen andern Gott gerichtet sind.

[2] Revue des questions histor., Oct. 1878. p. 471.

[3] Le Page Renouf, l. c. p. 223.

[4] Briefe aus Ägypten, von R. Lepsius. Berlin 1852. S. 272.

ist Theben wahrscheinlicher aus Tepe, wie die Stadt im Volksmunde hieß, entstanden.

Amon hatte zahlreiche Tempel in Theben; doch war das bedeutendste Heiligthum in jenem Theile der Stadt gelegen, welcher Karnak hieß. „An diesen Tempel knüpft sich die ganze Geschichte des ägyptischen Reiches seit der Erhebung der Amonsstadt zu einer der beiden Landesresidenzen. Alle Dynastien wetteiferten in dem Ruhme, zur Erweiterung, Verschönerung oder Wiederherstellung dieses Nationalheiligthums das Ihrige beigetragen zu haben." Von einem einzelnen Pfeilersaale dieses Tempels sagt Lepsius [1]: „Es ist unmöglich, den überwältigenden Eindruck zu beschreiben, den jeder erfährt, der zum ersten Male in diesen Wald von Säulen tritt und aus einer Reihe in die andere wandelt zwischen den von allen Seiten bald ganz, bald theilweise hervortretenden hohen Götter- und Königsgestalten, die auf den Säulen abgebildet sind. Alle Flächen sind mit bunten theils erhabenen, theils vertieften Skulpturen bedeckt." Die Hauptanlage des Tempels hatte eine Länge von 1170 Fuß, die Erweiterungen mitgerechnet würde dieselbe nahezu an 2000 Fuß betragen haben.

Zahlreiche Bitt- und Lobgebete an Amon sind uns erhalten. So das Gebet Ramses' II. zur Zeit großer Gefahr:

„Wer denn bist du, o mein Vater Amon? Vergißt ein Vater seines Sohnes? Sicher erwartet ein schlimmes Loos denjenigen, der sich deinem Willen widersetzt; aber gesegnet ist, der dich kennt; denn alle deine Thaten gehen hervor aus einem Herzen voll Liebe. Ich rufe dich an, mein Vater Amon! Schau auf mich inmitten vieler mir unbekannter Völker. Alle Nationen sind vereint gegen mich, und ich bin allein; kein Anderer ist mit mir. Meine Soldaten haben mich verlassen, keiner meiner Reiter hat auf mich geschaut; und wenn ich sie rief, hat keiner auf meine Stimme gehört. Aber ich glaube, daß Amon mir mehr werth ist als eine Million Soldaten, als hunderttausend Reiter, und zehntausend Brüder und Söhne alle zusammengenommen. Das Werk mancher Menschen ist nichts, Amon wird obsiegen über sie." [2]

In allen Hymnen tritt gerade Amon, um die Worte Lauths zu gebrauchen, „mit stark monotheistischer Färbung auf" [3].

Viel mehr naturalistisch gefärbt ist die dritte Hauptgottheit Ägyptens: Ra von Heliopolis oder On. Ra ist Sonne und Sonnengott zugleich;

---

[1] A. a. O. S. 273 f.   [2] Le Page Renouf, l. c. p. 227 sq.

[3] Manetho und der Turiner Königs-Papyrus, von F. J. Lauth. München 1865. S. 51.

er fährt am Himmel daher auf einer Barke, sein Gegner ist Apap, die Dunkelheit, welche als eine Schlange gedacht wird. Da die Katze dem Ra heilig ist, so wird der Kampf zwischen Licht und Dunkelheit oft versinnbildet durch eine Katze, welche mit einem Schwerte eine Schlange tödtet. Ra in seinen beiden Hauptformen: Harmachis, die Morgensonne, und Tum, die Abendsonne, wurde in der Verbindung Tum-Harmachis verehrt[1]. Die Könige Ägyptens nannten sich „Sohn des Ra", weil der König in Ägypten war, was der Ra am Himmel. In einem Hymnus auf Ra heißt es:

„Anbetung dem Gotte Ra ... Ruhm dir ... göttliches Kind, das jeden Tag aus sich selbst geboren wird. Ruhm dir, der du leuchtest in den Gewässern des Firmamentes, um das Leben zu geben. Er hat alles erschaffen, was in den himmlischen Abgründen existirt. Preis dir, o Ra. Er ist es, der wacht, und dessen Strahlen den Reinen das Leben bringen. Preis dir, der die göttlichen Wesen in ihrer Gesammtheit gemacht hat. Verborgenes Wesen, nicht bekannt sind seine Bahnen. Preis dir! Wenn du wandelst in den oberen Regionen, beben die Götter, die sich dir nahen, vor Freude."[2]

Auf den Denkmälern erscheint Ra gewöhnlich als eine menschliche Gestalt mit einem Sperberkopfe.

Außer diesen drei höchsten Göttern genossen noch eine ganz besondere Verehrung der Nilgott Kneph, der „Herr der Wasserspenden und Überschwemmungen", und Thot (Tehuti), ursprünglich der Mondgott. Weil aber der Mond Zeitmesser ist, so galt Thot als Erfinder der Meßkunst, der Rechenkunst und aller Kunst überhaupt. Er ist der ägyptische Hermes, der Begründer der Schrift und der Verfasser der heiligen Bücher.

Weiterhin aber gab es in jeder Stadt noch eine Reihe anderer niederer Götter, bei deren Verzeichniß die Neunzahl häufig wiederkehrt. Auch die Inschriften selbst reden von „der großen Neunheit der Götter", doch werden die Götterpaare immer als eine Gottheit betrachtet. Diese Neunheit war z. B. in Theben: 1. Mentu, die Morgensonne, 2. Atum, die Abendsonne, 3. Mu, der Sohn des Ra, 4. Seb und Nut, 5. Osiris und Isis, 6. Suti und Nephtis, 7. Horus und Hathor, 8. Sebak, 9. Tenen und Anjit[3]. Andere Listen liefern die Inschriften von Memphis[4] oder die Königsreihen des Manetho[5].

---

[1] Ebers, Ägypten in Bild und Wort. I. S. 213.
[2] Zeitschrift der Deutschen Morgenländischen Gesellschaft, 1850. S. 375.
[3] Brugsch, Geographie des alten Ägyptens. I. S. 179.
[4] A. a. O. S. 237. [5] Lauth, Manetho, S. 42.

Seit Oberägypten, besonders nach der Vertreibung der Hyksos, einen Vorrang über Unterägypten gewann, trat auch Amon an die Spitze des gesammten Pantheons. Es geschah dieß aber nicht durch eine völlige Verdrängung der unterägyptischen Götter aus ihrer Stellung, sondern vielmehr durch eine Verschmelzung Amons mit denselben. Vorzüglich tritt dieser Gott von jetzt ab als Amon Ra auf und vereinigt die Titel und Vorzüge der übrigen Götter in sich, so daß alle Götter Ägyptens nur mehr als Eigenschaften seiner allumfassenden Majestät erscheinen[1].

Diese Verschmelzung zeigt sich in dem Hymnus des Papyrus Anastasi, welchen Lauth übersetzt hat[2]. Es mögen einige Stellen hier folgen:

„O Einer, einziger, ehrwürdiger Gott ... Der Anfang der Existenzen im Urbeginn ist Amon, welcher geworden in der Vorzeit, unkund ist sein Auftauchen, nicht war ein anderer Gott vor ihm, der sein Wesen zeugte ... Die Götter und Göttinnen alle erstanden nach ihm. Das Werden der Götter all datirt von seinem Anfang ... Drei waren der Anfang der Götter all: Amon, Ra und Ptah. Verborgen war sein Name als Amon. Er ist die Ewigkeit, und die Unendlichkeit ist Ptah, ihre Städte errichtete Ra."

Wie also die Vielheit der Götter zum Theil dadurch entstanden, daß man die Eigenschaften und Beziehungen der Gottheit in verschiedenen Wesen personifizirt hatte, so war es die nie ganz erloschene Überzeugung von der Einheit Gottes, welche diese Wesen in einander übergehen und vollständig mit einander verschmelzen ließ.

Von der andern Seite aber vermochte man mit der Zeit immer weniger die Gottheit von den sichtbaren Naturgegenständen zu unterscheiden, in denen man jene als wirkend dachte. So wird der Nil mit Amon, Ra, Ptah und anderen Göttern identifizirt und dann gepriesen als „Bringer der Nahrung, großer Herr der Vorräthe, Schöpfer aller guten Dinge. Herr der Schrecken und der höchsten Freuden, Alles ist vereint in ihm ... Er läßt alle Wünsche in Erfüllung gehen und ermüdet nicht ... Er wird nicht geschaut, er hat weder Diener noch Opfergaben, er wird nicht in Heiligthümern angebetet, seine Wohnung ist nicht bekannt. Es findet sich kein Altar von ihm mit gemalten Bildern. Es gibt kein Haus, das ihn fassen könnte. ... Unbekannt ist er im Himmel, er offenbart nicht seine Gestalten. Vergebens sind alle Vorstellungen."[3]

---

[1] Ebers, Ägypten in Bild und Wort, II. S. 272.
[2] Moses der Ebräer, von F. J. Lauth. München 1868.
[3] Le Page Renouf, l. c. p. 223 sq.

6. Die Ägypter.

Besonders waren es die **Gestirne**, mit denen man die Götter in Verbindung brachte. Anfangs dachte man sich die Himmelskörper noch als Sitze der Götter und Vermittler ihrer Wirkungen. So lesen wir in dem eben erwähnten Leydener Papyrus Anastasi:

„Ausgedehnt wie der Länder Raum (bist du, Amon-Ra), indem du machst deinen Zeit-Gang, den täglichen, Schöpfer des Standpunktes der Gestirne. Tage und Nächte sind gelegt in seine Hände; erneuernd dich am Tage durch Wiedergeburt, bist du beim Weichen der Nacht in deinem Tag. Es blicken empor zu seinem Auge die Sehenden, alle Gesichter erheben den Blick, sie wetteifern im Betrachten seiner Herrlichkeit. Kein Weg ist leer von ihm bis zu den Schranken der Welt. Es eilen die Gestirne, seit er geschaffen die Sterne; sein Auge bringt die Erde in's Licht, sein Nichtleuchten in Abend. Die Ausdehnung des Himmels, des Wassers, der Unterwelt, die Häupter in jeder Richtung wenden auf ihn die Gesichter; alle Gesichter richten sich auf ihn von Menschen und Göttern, indem sie sprechen: Ausgedehnter!"

Stets mehr und mehr aber verschmolzen die Götter und ihre Werke in Eins, die Gestirne selbst wurden vergöttlicht; es entstand der **Astralkult**. Vor Allem schrieb man den Planeten eine große Einwirkung auf alle Dinge in Raum und Zeit zu und verehrte demgemäß in ihnen mit Hinzurechnung der Erde die acht höchsten Gottheiten:

Amon, Ra, Osiris waren von da ab sehr oft nur verschiedene Namen für die Sonne, wie wir schon oben gesehen. Isis ist der Mond, dargestellt als löwenköpfige Göttin mit dem Scepter, oder mit der Mondscheibe auf dem Kopfe, Ursache der Fruchtbarkeit, Gemahlin des Osiris, die mit ihm Ägypten regiert. Merkur ist der Gott **Thoth** mit dem Ibiskopfe. Mars wurde dargestellt als Gott mit einer Geißel und einem birnförmigen Helme. Saturn als verderblicher Stern war Typhon oder Set. Jupiter war auch Amon wie die Sonne, weil er wie diese als eine wohlthätige, wenn auch minder mächtige Gottheit galt. Venus war Nephthys. Außerdem gab es Zodiakalgötter.

Ferner huldigten die Bewohner des Nilthales, besonders in späteren Zeiten, dem **Heroenkulte**, indem sie sowohl die Götter zu Menschen, als die Menschen zu Göttern machten. So sind nach dem Turiner Königs-Papyrus die Götter zugleich die ersten Herrschergeschlechter in Ägypten. Umgekehrt wurden die geschichtlich beglaubigten Könige nach ihrem Tode nicht selten unter die Götter versetzt. In Memphis z. B. finden sich „Tempel einzelner vergötterter Könige und deren Frauen, besonders aus der Ptolemäerfamilie, die sich auf manchen Monumenten nachweisen lassen ... Es scheint, daß der dritte Ptolemäer, Euergetes I., diesen Kult in Memphis gründete. Nachweisbar sind Priester der Euergeten, Philopatoren und Epiphane und ein Dienst der Arsinoe II. Philadelphos in ihrem Heiligthume und deren Schwester Philothera."[1]

So sanken also die Gottheiten mit der Zeit immer mehr von ihrer hohen Stufe herunter. Aus ihren unsichtbaren Regionen traten sie hinüber in das Gebiet der Natur und gelangten dann in die Gesellschaft der Menschen.

Die ganze Degradation, die so ein Götterwesen bei den Ägyptern durchmachen konnte, tritt uns am deutlichsten vor Augen in der Gestalt des Osiris. Anfangs war dieser der absolute Gott, der Schöpfer Himmels und der Erde. Mit der Zeit steht er auch als weltlicher Herrscher an der Spitze einer Königsdynastie. Von der andern Seite aber wird er mit seinem bedeutsamsten Geschöpfe, der Sonne, identifizirt, und in dieser sowohl wie in jener Eigenschaft tritt ihm die Isis als Gemahlin gegenüber, einmal als Urkönigin, dann als Mondgöttin. Aber auch diese Stellung war nicht dauernd, sondern die beiden Gottheiten wurden zum Nil und zur Erde, wobei die durch die Überschwemmung des Nil bedingte Fruchtbarkeit Ägyptens durch die Ehe zwischen Osiris und Isis symbolisirt wurde. Auf der untersten Stufe sodann wurde der Stier Mnevis auch Osiris, indem man dafür hielt, daß die Seele des Osiris ihm innewohne.

Damit kommen wir zu einer neuen Seite des ägyptischen Götterglaubens, zum Thierkult. Herodot sagt (II. 65): „Ägypten ist nicht gar reich an Thieren; alle aber, die sich dort befinden, gelten als heilig." Man hat schon die mannigfachsten Erklärungsversuche gemacht, um diese tiefste Stufe der Religion mit den erhabenen Anschauungen zu reimen, von denen die Ägypter ursprünglich ausgingen und die sich auch später nie ganz verloren. Am einfachsten, glaubten Manche, ließe sich die Sache erklären, wenn man in den dunkeln Urbewohnern des Landes die ersten Träger des Thierdienstes suche. Später habe dann der herrschende Stamm diesen Dienst zwar nicht unmittelbar angenommen, aber doch geduldet. Daraus erkläre sich, warum auf den frühesten Monumenten, die ja dem herrschenden Stamm angehören, noch keine Spur von Thierkult zu entdecken sei. In die Länge habe dieses bloße Nebeneinander nicht bestehen

---

[1] Brugsch, Geographie des alten Ägyptens, II. S. 238.

können, die Apotheose der Thiere sei nicht ohne Einwirkung auf die Religion der Gebildeten geblieben. Allein sicher ist nur, daß der Thierkult in den ältesten Zeiten lange nicht die Ausdehnung hatte wie später, sondern daß er sich um so mehr entwickelte, je mehr die Religion ihrem innern Verfalle entgegenging. Prächtige Tempel erhoben sich zu Ehren der heiligen Thiere, kostbare Speisen wurden ihnen geopfert, glänzende Feste gefeiert. Sie wurden gebadet, gesalbt, reich geschmückt, auf schwellenden Kissen gebettet, die Luft, welche sie athmeten, mit Wohlgerüchen erfüllt. Die verstorbenen Thiere wurden einbalsamirt und in kostbaren Sarkophagen beigesetzt, und so finden sich noch jetzt z. B. im Leydener Museum Mumien von Krokodilen, Katzen, Ibis, Schlangen u. s. w. Nach Diodors Behauptung kostete die Bestattung des Apis über 300 000 Mark. Wer ein heiliges Thier tödtete, wurde selbst zum Tode verurtheilt. Traf daher Jemand zufällig ein todtes Thier, so blieb er klagend stehen und betheuerte den Vorübergehenden, daß er das Thier schon todt gefunden habe.

Lieder zu Ehren der heiligen Thiere sind bis auf den heutigen Tag erhalten, so z. B. das Gebet an die Tempelkatze von Heliopolis:

„O du weise Katze! Dein Kopf ist der Kopf des Sonnengottes. Deine Nase ist die Nase des Thoth, des zweimal großen Herrn von Hermopolis. Deine Ohren sind die Ohren des Osiris, welcher die Stimme aller hört, die ihn anrufen. Dein Mund ist der Mund des Atmu, des Herrn des Lebens; er hat dich bewahrt vor allem Schmutze. Dein Herz ist das Herz des Ptah" u. s. w.

Nunmehr blieben noch jene Göttertypen zu betrachten, die in das Nilland erst eingeführt oder doch wenigstens durch fremden Einfluß stark geändert wurden. Dieß Gebiet ist indessen noch zu wenig geklärt und zu weitschichtig, als daß eine eingehendere Untersuchung zweckentsprechend wäre. Deßhalb mag es genügen, die hierher bezüglichen Resultate der Forschungen Ebers'[1] wiederzugeben:

Der Isis- und Osiris-Mythus ist zwar, wie bereits gesagt, ägyptischen Ursprunges, wurde aber durch mancherlei Umgestaltungen dem phönizischen Adonis-Mythus ähnlich gemacht und mit ihm in Verbindung gebracht. Ausländischen Einflüssen ist es auch zuzuschreiben, daß Typhon an die Stelle der Schlange Apepi trat.

Aus dem phönizischen Glaubenskreise entlehnt ist Astarte, in hiero-

---

[1] Ägypten und die Bücher Moses', S. 237 ff.

glyphischer Schreibweise Astarot. In späterer Zeit ward dieselbe so sehr ägyptisirt, daß man sie dem Thoth zur Gemahlin gab. Auch Isis-Hathor nahm durch den Einfluß der Kolonisten im Delta allmählich in ihr Wesen all diejenigen Eigenschaften auf, welche die phönizische Theologie namentlich der Astarte und Aschera beilegte.

Zu den ältesten ägyptischen Verehrungswesen gehört Set. Zur Zeit, als von den Phöniziern der Baalkult eingeführt wurde, übertrug man auf Set die Eigenschaften der Baalim. Seiner ursprünglichen Bedeutung nach aber war er Kriegsgott. Gerade diese Eigenschaft wird es gewesen sein, welche zuerst die sogen. Hyksos veranlaßte, den Set aus dem reichen Pantheon der Ägypter zu entnehmen und ihren Gott nach demselben zu benennen. Die Ägypter bezeichneten dann alle männlichen Gottheiten der Bewohner des Nordostens mit seinem Namen und legten ihm seit seiner Adoption durch die Eindringlinge feindliche Eigenschaften bei. Hier fand mithin ein ähnlicher Prozeß statt wie bei den Jraniern, als sie die Devas der Inder zu bösen Wesen herabwürdigten. Wie ferner die Phönizier in Melkart von Tyrus den freundlichen Baal und den feindlichen Moloch verschmolzen, so wurde auch von den Ägyptern in Set-Horus das freundliche und feindliche Prinzip in seiner Versöhnung dargestellt. Wie Set allein als feindliches Element die Rolle des Typhon übernehmen mußte, so wurde Set-Horus an der Deltaküste der den Seefahrern günstige Gott. Er heißt „Herr des mittelländischen Meeres" und amtirt ebenfalls in der Götterwelt als Schiffsherr, indem er es ist, der die Sonnenbarke lenkt.

So läßt es sich also nicht leugnen, daß Verschmelzungen ägyptischer und phönizischer Religionsvorstellungen und Herübernahmen von Bräuchen und Festen stattgefunden haben.

Zum Schluß wäre noch etwas von der für die ganze Religion des Nilthales so bedeutsamen Seelenlehre der Ägypter zu sagen. Doch verweisen wir hierfür auf das sechste Ergänzungsheft der „Stimmen aus Maria-Laach", in welchem dieser Gegenstand behandelt worden ist[1].

In Bezug auf die Semiten haben wir also ähnlich wie bei den Indogermanen gesehen: Alle Völker semitischer (und ägyptischer) Zunge kennen persönliche Götter. Findet sich bei semi-

---

[1] Das Zeugniß des Menschengeschlechtes für die Unsterblichkeit der Seele, von J. Knabenbauer, S. J. Freiburg 1878. S. 9 ff.

tischen Völkern auch ein noch so entwickelter **Polytheismus**, so deuten doch sichere Spuren darauf hin, daß dieser ein Abfall von früherem **Monotheismus** ist.

Pantheismus bei irgend einem semitischen Stamme als ursprüngliche oder überhaupt als Volksreligion anzunehmen, ist ebenso der Vernunft wie der Geschichte zuwider.

Nirgendwo findet eine aufsteigende, sondern überall eine **abwärts gehende Entwicklung** statt, von den reinsten Gottesideen bis zur schrecklichsten Entstellung der Religion.

III. Einige weniger bekannte Völker des Alterthums.

Außer den bisher besprochenen Völkern erwähnen die alten Schriftsteller noch manche andere, von denen sie aber kaum mehr als den Namen und einige fabelhafte Geschichten mitzutheilen wissen. Es wäre darum nutzlos, all diese Völker hier aufzuzählen. Nur ein paar derselben mögen kurz erwähnt werden, weil wir wenigstens die eine oder andere zuverlässigere Nachricht über dieselben besitzen.

Zunächst kennen die Alten zwei Stämme, die, räumlich weit von einander getrennt, denselben Namen trugen. Es sind dieß die Iberer, die östlichen am Kaukasus, im heutigen Georgien wohnhaft, und die westlichen in Spanien. Die älteste Geschichte des östlichen Iberiens ist aber in völliges Dunkel gehüllt. Strabo erzählt, das Volk sei in vier Kasten getheilt gewesen: die der Könige, die der Priester, die der Krieger und Ackerbauer, die der Leibeigenen und Handwerker. Im Kultus und in der Lebensweise hätten sie Ähnlichkeit mit den Armeniern und Medern gehabt[1]. Zur Zeit, als das Volk zum Christenthume bekehrt wurde, huldigte es dem Dienste des Ormuzd, da nach den Kirchengeschichtschreibern ein Heiligthum dieses Gottes durch die Christen zerstört wurde[2]. Von den Iberern soll das Christenthum zu den Armeniern gekommen sein. Nach Strabo sind diese Iberer aus Spanien nach dem kaukasischen Isthmus eingewandert; Andere lassen umgekehrt einen Theil der östlichen Iberer nach Spanien ziehen; ein Zusammenhang zwischen den beiden Iberien wurde aber ehedem fast allgemein angenommen. Auch in neuerer Zeit suchten Gelehrte die Stammeseinheit zu beweisen; aber als sicher erbracht wird der Beweis nicht angesehen[3].

---

[1] Vgl. Iberia bei Ersch und Gruber.
[2] Döllinger, Geschichte der christl. Kirche. I. Bd. 2. Abth. S. 93 f.
[3] Die Einwanderung der Iberer in die pyrenäische Halbinsel, von G. Phillips. Wien 1870. S. 12 ff.

Ebenso wenig ist man bis heute über die Frage schlüssig geworden, woher und auf welchem Wege die West-Iberer nach Spanien gekommen seien. Man hat dieselben aus den Polargegenden und aus Ägypten, aus Amerika und aus Asien einwandern lassen; bald sollen sie auf dem Landwege, bald über das Meer eingerückt sein. Ebenso ist die Bedeutung des Wortes Iberien unsicher; Einige deuten es als Westland, Andere als Fluß- (Ebro-) Land. Über die den Iberern eigenthümliche Kultur läßt sich deßhalb schwer etwas mit Bestimmtheit sagen, weil schon früh keltische Bestandtheile vom Norden und phönizische vom Süden her mit den einheimischen Sitten der ersten uns bekannten Bewohner Spaniens sich zu einem einheitlichen Ganzen verschmolzen hatten. So ist, wenn die Alten von einem Tempel des Herakles auf dem Vorgebirge Cuneus sprechen, damit offenbar keine Nachricht über eine spezifisch iberische Gottheit gegeben. Das Bemerkenswertheste, was sich aus den verschiedenen Berichten über die Eigenthümlichkeiten der Iberer als solcher herausfinden läßt, hat W. v. Humboldt[1] zusammengestellt. Jedoch sagt auch er: Es „wechseln die Nuancen der Ähnlichkeit und Verschiedenheit zwischen den Iberern und iberischen Kelten dergestalt ab, daß auch die sorgfältigste Vergleichung bei weitem nicht so viel Aufschlüsse über ihre gegenseitige Eigenthümlichkeit liefert, als nöthig wäre, um den Grad der Verschmelzung beider Nationen mit einiger Sicherheit beurtheilen zu können". Zwar bemerkt Plinius, daß gerade in den gottesdienstlichen Übungen die Verschiedenheit der Abkunft sich gezeigt habe; allein worin diese Verschiedenheit im Einzelnen bestanden habe, erfahren wir nicht. Die Geographen und Geschichtschreiber berichten von Opfern aller Art, z. B. von dem Opfer von Böcken zu Ehren des Mars, von Menschenopfern, von Weissagungen aus der Beobachtung der Eingeweide des Opferthieres u. s. w. Aber diese Züge finden wir in der Religion vieler andern Völker wieder.

Trotzdem können wir ohne Bedenken annehmen, daß die Religion der Iberer manches für Römer und Griechen Auffällige bot. Das geht aus den kurzen Andeutungen der Schriftsteller mit Gewißheit hervor. So erzählt Strabo, Einige sprächen den Iberern allen Glauben an die Götter ab und sagten, daß dieselben in den Vollmondnächten vor den Thüren mit ihren ganzen Familien einem namenlosen Gotte zu Ehren religiöse Tänze und andere Feierlichkeiten veranstalteten. Zu dieser kurzen

---

[1] W. v. Humboldts gesammelte Werke. Berlin 1841. II. S. 158 ff.

Notiz macht Humboldt die Bemerkung: „Beider Ausdrücke, des Ableugnens aller Religion und des namenlosen Gottes, bedienen sich die Alten auch bei anderen Nationen, und es läßt sich wohl einzig daraus schließen, daß sie der wahren Gottesverehrung dieser Völker unkundig waren, zugleich aber doch auch, daß bei denselben gar nicht oder nicht auffallend Vielgötterei stattfand." Man will einen Hinweis auf Gestirndienst in den spanischen Münzen gefunden haben, welche nicht selten die Abbildung des Mondviertels und Sterne in ihrem Gepräge zeigen. Auf späteren Münzen erscheint auch Herakles, die Victoria, eine Sphinx u. dgl. mit iberischer Umschrift [1]. Strabo berichtet von gewissen Steinhaufen, die zu gottesdienstlichen Übungen, vielleicht als Altäre, benützt worden seien. Von einem der Gottheit geheiligten Berge erzählt Justin. Aristoteles berichtet die iberische Sitte, um das Grabmal eines Kriegers so viel Spieße zu stecken, als er Feinde umgebracht. Doch man sieht leicht, daß all diese vereinzelten Nachrichten sich zu keinem einheitlichen Ganzen zusammenfügen lassen. Nur das ist über allen Zweifel erhaben, daß auch die Iberer nicht ohne religiöse Anschauungen und ohne Gottesverehrung waren.

Ein Gegenstand großer Neugierde für die Alten waren jene Stämme, welche nördlich von Griechenland wohnten. Wir reden hier nicht von den **Makedoniern** und **Thrakern**, deren Religion, wie bekannt, im Wesentlichen mit der griechischen übereinstimmte. Der Kultus war wohl etwas wilder und orgiastischer als in Griechenland selbst, besonders in der eigenthümlichen Art des Dionysosdienstes, was sich aus der Natur des Landes und der geringern Bildungsstufe seiner Bewohner erklären läßt. Ebenso ist es sehr natürlich, daß die kriegerischen Thraker auch den Gott des Krieges, den Ares, ganz vorzüglich verehrten. Dabei bleibt aber die wesentliche Gleichheit mit der griechischen Religion bestehen, weßhalb wir diese Völker hier nicht weiter berücksichtigen.

Alles aber, was nördlich von den Thrakern saß, war den Griechen das große Volk der **Skythen**; doch unterschieden sie die Skythen im engern Sinn des Wortes, die **Skoloten**, von den noch weiter nördlich wohnenden, fast ganz unbekannten Völkern. Von dem Volke der Skoloten spricht Herodot im vierten Buche seiner Geschichte; aber nach seiner gemüthlichen Weise flicht er in wahrhaft lyrischer Unordnung die Erzäh-

---

[1] Über den iberischen Stamm der Indiketen, von G. **Phillips**. Wien 1871. S. 12 ff.

lung von allerlei möglichen und unmöglichen, kaum oder gar nicht zur Sache gehörigen Dingen in seine Darstellung ein.

Es handelt sich eigentlich darum, den Krieg des Darius gegen die Skythen zu beschreiben. Das gibt Veranlassung, erst verschiedene Sagen aus der frühern Zeit des skythischen Volkes mitzutheilen (§ 1—12). Diese Sagen führen uns zu den weit wohnenden Issedonen und Arimaspen, „einäugigen Männern". Weil aber Aristeas hier des Herodot Gewährsmann ist, so müssen wir auch etwas über die Schicksale des Aristeas vernehmen, zumal diese recht wunderbar sind (§ 13—17). Dann kehren wir wieder zu den Skythen zurück und schauen uns etwas die Geographie des Landes an (§ 18—20), kommen aber bald zu den Grenzen und machen einen Ausflug zu den Sarmaten und Budinen, Thyssageten und Jyrken — Nomadenstämmen, die sich von dem Ertrage der Jagd nähren (§ 21—23). Nördlich von diesen wohnen die Argippäer, alle kahlköpfig, Mann wie Weib, gutmüthig, von Milch und Baumfrüchten lebend. Weiter sind die Skythen nicht gekommen; doch haben sie von den Kahlköpfen gehört, daß in den ferneren Gegenden Menschen mit Ziegenfüßen wohnen, und noch weiter nach Norden solche, die sechs Monate schlafen. Herodot glaubt's aber nicht (§ 23—25). Wir sind unterdessen zum zweiten Male bei den Issedonen und Arimaspen, was Veranlassung gibt, eine Betrachtung über die große Kälte im Norden anzustellen; den Schnee haben die Skythen mit Federn verwechselt (§ 26—31. § 30 ist eine Digression über die Frage, warum in Elis keine Maulesel gedeihen). Darauf werden die Hyperboräer abgehandelt (§ 32—35) und allgemeine geographische Bemerkungen über die Gestalt der Erde, über Asien, Afrika und Europa eingeflochten (§ 36—45). Dann zurück nach Skythien, dessen Flüsse und Fruchtbarkeit besprochen werden (§ 47—58). Hierauf erfahren wir genaue Einzelheiten über die Sitten der Skythen (§ 59—82). Unterdessen hat Darius Zeit gehabt, zum Kriege zu rüsten (§ 93 ff.)[1]. Doch das interessirt uns nicht. Die Paragraphen 59—82 nehmen unsere Aufmerksamkeit in Anspruch.

Glücklicherweise versichert uns Herodot, Wunderdinge gäbe es von Skythien keine zu erzählen. Die Nachbarschaft mit Hellas machte jene Gegenden eben ungeeignet, als Fabelland zu dienen. Um so zuverlässiger sind die Nachrichten des Herodot über die Sitten des Volkes, und in der That sind seine Angaben durch spätere Untersuchungen nur bestätigt worden. Geben wir darum dem „Vater der Geschichte" das Wort.

„Sie (die Skythen) verehren nur folgende Götter: vorzüglich die Hestia, dann den Zeus und Gäa; die Gäa halten sie für die Gemahlin des Zeus; demnächst den Apollo und die himmlische Aphrobite, den Herakles und den Ares. An diese glauben alle Skythen. Die Königs-

---

[1] Vgl. Skythien, von F. L. Lindner. Stuttgart 1841. S. 125 ff.

Skythen opfern aber auch dem Poseidon. Die Hestia heißt auf skythisch Tabiti. Den Zeus nennen sie, nach meiner Meinung sehr zutreffend, Vater (Papaios). Die Gäa heißt Apia, Apollo Oitosyrus, die himmlische Aphrodite Argimpasa, Poseidon Thamimasadas. Bilder und Altäre und Tempel pflegen sie keine zu errichten, außer dem Ares; dem aber weihen sie solche. Die Art zu opfern ist überall und bei allen religiösen Feiern die gleiche, und zwar folgende. Dem Opferthiere sind die Vorderfüße mit einem Stricke gebunden. Der Opfernde steht hinter dem Rind und bringt dasselbe durch einen Ruck am Ende des Seiles zum Falle. Jetzt ruft er den Gott an, dem er opfert. Dann wirft er dem Thiere eine Schlinge um den Hals, steckt in diese ein Holz, dreht dasselbe rund und erdrosselt so das Thier. Feuer wird dabei keines angezündet; auch findet keine Weihe oder Besprengung statt. Nach der Erdrosselung geht's an's Abhäuten und Kochen. Weil aber das Skythenland sehr holzarm ist, so haben sie zum Kochen des Fleisches folgende Erfindung gemacht. Nachdem man das Opferthier abgehäutet hat, löst man das Fleisch von den Knochen und wirft es in die dort gebräuchlichen Kessel, so man welche hat; es sind diese aber den lesbischen Krügen ziemlich ähnlich, nur viel kleiner. In diesen also kochen sie, indem sie darunter mit den Knochen des Opfers Feuer machen. Haben sie aber keinen Kessel, so werfen sie alles Fleisch in die Bauchhaut des Opferthieres, gießen Wasser zu und zünden darunter die Knochen an. Diese brennen sehr gut. Die Bauchhaut aber faßt das Fleisch ohne Schwierigkeit, da ja die Knochen abgelöst sind. Ist das Fleisch gekocht, so nimmt der Opfernde etwas von dem Fleisch und den Eingeweiden und wirft es vor sich hin. Sie bringen auch andere Thiere zum Opfer, besonders Pferde. So also opfern sie den übrigen Göttern und bringen ihnen die erwähnten Opferthiere dar. Dem Ares aber opfern sie auf folgende Weise:

„In dem Vororte eines jeden Bezirkes errichten sie dem Ares einen Altar von dieser Gestalt: Reisigbündel werden aufgehäuft bis zu drei Stadien lang und breit, aber weniger hoch. Oben bildet das Ganze eine viereckige Fläche. Drei Seiten sind abschüssig, die vierte aber ersteigbar. Jedes Jahr werden hundertfünfzig Wagen Reisig hinzugefahren; denn durch den Einfluß des Wetters entstehen Senkungen. Auf jedem dieser Hügel ist von Alters her ein eisernes Schwert aufgesteckt. Dieses ist das Sinnbild des Ares. Diesem Schwerte bringen sie jährlich Opfer von Pferden und anderen Thieren, und zwar in größerer Zahl als den übrigen Göttern. Von den Kriegsgefangenen wählen sie je den hundertsten Mann und opfern ihn, nicht auf dieselbe Weise wie die Thiere, sondern anders: Nachdem sie den Leuten Wein über den Kopf gegossen haben, schlachten sie dieselben über einem Gefäße; dieses tragen sie dann auf den Reisighaufen und schütten das Blut über das Schwert. Das also thun sie oben; unten aber behandeln sie das Opfer folgendermaßen: Den geschlachteten Männern schneiden sie allen die rechte Schulter und den Arm ab und schleudern sie in die Luft. Dann vollenden sie die übrigen Opfer. Den Arm aber lassen sie liegen, wohin er fällt, bisweilen weit vom Körper. Das also sind ihre Opfergebräuche. Schweine jedoch opfern sie nicht und wollen auch keine Schweinzucht im Lande haben."[1]

Weiterhin erzählt Herodot von den Weissagern der Skythen, und wie dieselben zuweilen zur Strafe für falsche Weissagungen verbrannt würden. Sie wollten die Wahrsagekunst von der Aphrodite empfangen haben. Dann berichtet er, wie die Skythen so anhänglich seien an ihre alten Sitten, daß der Versuch, fremde Religionsgebräuche einzuführen, selbst Königen das Leben gekostet habe. Der herrschende Stamm waren die Königsskythen, welche sich Abkommen des Himmelsgottes nannten. So schrieb König Jbanthyrsos an den Darius: „Als meine Gebieter erkenne ich nur den Zeus, meinen Ahnherrn, und die Hestia, die Königin der Skythen."[2]

Dieß sind die für unsere Frage bedeutsamsten Nachrichten, welche Herodot uns über die Skythen überliefert hat. Sind dieselben zuverlässig? Lindner sagt: „Herodot bezeichnet mit dem Namen Skythen ein bestimmtes, eigenthümliches Volk, das durch Sprache, Sitten und äußeres Ansehen von seinen Nachbarn sich unterschied. Er ist die erste und fast einzige Quelle, aus welcher glaubwürdige Nachrichten von diesem Volke geschöpft werden können. Von keinem andern Alten ist ein so ausführliches Gemälde des Skythenlandes, als wir ihm verdanken, auf die Nachwelt gekommen. Er kannte die Skythen aus eigener Anschauung in vielfachem Verkehr mit ihnen, wozu ihm sein Aufenthalt in den ihnen nahen griechischen Pflanzstädten am Nordgestade des schwarzen Meeres Gelegenheit gab. Er unternahm selbst Reisen in das Innere des Skythenlandes. Herodot als Augenzeuge ist sonach zuverlässiger als spätere Schriftsteller, in denen sich deutlich verräth, daß ihre Beschreibung nur ein ungeordnetes Gemisch sei von Erinnerungen aus dem Herodot und von neueren

---

[1] Herodot. IV. 59—63. [2] L. c. § 127.

Nachrichten, die sie durch Sagen vielleicht aus dritter oder vierter Hand erhalten hatten."[1]

Wenn also die eingehenden Schilderungen Herodots als zuverlässig gelten können, so wäre es um so interessanter, zu wissen, in welchem heutigen Volke wir die Nachkommen jener alten Skythen zu erblicken haben. Allein in der Beantwortung dieser Frage gehen die Meinungen der Gelehrten meilenweit aus einander. Chaldäer und Türken, Germanen und Finnen haben schon als Söhne der Skythen gelten müssen. Daß die Gallier Skythen gewesen sein sollen, wurde schon früher erwähnt. Indessen haben von all den verschiedenen Ansichten hauptsächlich zwei sich großen Beifalls zu erfreuen gehabt.

B. G. Niebuhr hat in seinen kleineren Schriften[2] die Verwandtschaft der Skythen mit den Mongolen als durchaus sicher hingestellt; und das Ansehen eines so bedeutenden Geschichtschreibers hat dieser Auffassung eine starke Stütze geliehen. Nach ihm haben Neumann, Duncker u. A. seine Gründe vertheidigt und durch neue verstärkt. In Bezug auf physiologische, körperliche und sprachliche Eigenthümlichkeiten fand man die größte Übereinstimmung zwischen Skythen und Mongolen. Jene seien wie diese häßlich gewesen, gelb, unförmlich feist, bartlos, ohne Muskelkraft, krummbeinig, von weibischem Äußern. Jene lebten wie diese in Horden unter einem Stammesfürsten. Die Einrichtung der Gräber, die Art der Todtenbestattung, die Todtenopfer zeigten die größte Übereinstimmung. Skythen wie Mongolen waren Pferdeliebhaber und tranken die Milch der Stuten. Die Kunst, aus Weidenruthen und Streifen von Lindenbast zu weissagen, findet sich bei beiden Völkern; die religiösen Anschauungen und Gebräuche sind wesentlich die gleichen. Dazu kommt, daß die wenigen sprachlichen Überreste des Skythischen alle aus dem Mongolischen erklärt werden können. Somit ist anzunehmen, daß die Skythen Mongolen waren, die sich von der im Hochlande Innerasiens wohnenden Masse dieses Volkes abtrennten und, etwa von anderen Stämmen gedrängt, westwärts zogen.

Andere, wie z. B. Knobel, verwerfen diese Auffassung als unbedingt falsch: „Welches Stammes waren die Skythen? Man hat sie in neuerer Zeit zu Mongolen gemacht. Dieß würde nicht zu einem japhetitischen Volke passen[3] ... Herodot bemerkt nichts an seinen Skythen, was an

---

[1] Lindner, Skythien, S. 2.   [2] Bonn 1828. I. S. 361 ff.
[3] Die Exegeten nehmen nämlich ziemlich einhellig an, daß Magog, der zweite Sohn Japhets, in den Skythen fortlebte.

die mongolische Körperbildung erinnerte, obwohl er dieß bei den Argippäern, einem offenbar mongolischen Stamme, nicht versäumt. Die Alten sagen überhaupt nichts von der Häßlichkeit der Skythen, während sie von den Hunnen entsetzliche Beschreibungen machen. Auch in den Bildwerken, wo Skythen dargestellt werden, erinnert nichts an die Mongolen... Was man sonst noch Mongolisches an den Skythen bemerkt hat, ist entweder nicht mongolisch oder kommt auch bei nichtmongolischen Völkern vor. Die erhaltenen skythischen Wörter endlich lassen sich fast alle aus dem indo=europäischen Sprachstamme erklären." [1]

Diejenigen, welche dieser Ansicht beipflichten, erblicken meistens in den Slaven die Nachkommen der Skythen. So außer Lindner, Knobel u. A. auch Gfrörer: „In welchem Verhältniß stehen die Skythen zu den neuen Nationen? ... Die alten Skythen müssen Slaven, ihre Sprache muß die slavische gewesen sein. Unwidersprechliche Beweise bürgen für die Wahrheit dieses Satzes: einmal die noch heute durchschimmernde Gleichheit vieler Gebräuche... Auch die Zeugnisse der alten Geographen fehlen nicht ... Hierzu kommt, daß fast alle skythischen Worte, die von den alten Schriftstellern erwähnt werden, entweder aus der slavischen selbst oder aus der indo=europäischen Sprache ... sich ungezwungen erklären lassen." [2]

In neuerer Zeit wird diese Meinung von Lenormant bekämpft, der nichts Indogermanisches in den Skythen zu entdecken vermag. Insbesondere hält er die Deutung von Magog als Hochgebirge (sanskritisch mah = hoch, persisch koh = Gebirge) für eine linguistische Ungeheuerlichkeit und glaubt, nur in einem der kaukasischen Sprachstämme sei die Wurzel des Namens zu suchen. Er schließt sich der Meinung Kieperts an, daß Magog ein Landstrich nördlich von Medien und östlich von Armenien sei, der zum größten Theil von Kaukasiern bewohnt war [3]. In Spruners Atlas antiquus findet sich ebenfalls auf dem zweiten Blatte Magog rechts und links vom Araxes eingetragen.

Wenn übrigens diese Vermuthung richtig ist, so ließe sich leicht erklären, daß ein Volk, welches von indogermanischen und nicht=indogermanischen Stämmen rings umgeben war, verschiedenartige Bestandtheile in seine Sitten und seine Sprache aufgenommen hatte und demgemäß Veranlassung geben konnte, daß man es bald für indogermanischer, bald

---

[1] Die Völkertafel der Genesis, von A. Knobel. Gießen 1850. S. 65 ff.
[2] Urgeschichte des menschlichen Geschlechtes, von A. F. Gfrörer. Schaffhausen 1855. I. S. 51 f.   [3] Les origines de l'histoire, II. p. 466 sqq.

für mongolischer Herkunft hielt. Sind also die Skythen in ethnographischer Beziehung bisher noch ein ungelöstes Räthsel, so müssen wir uns damit zufrieden geben, daß auch dieses uns weiter nicht bekannte Volk doch klar und deutlich sein Zeugniß für das allgemeine Gottesbewußtsein abgelegt hat.

* * *

So haben wir also unsern Rundgang bei allen Völkern des Alterthums beendet; wir haben, meistens aus ihrem eigenen Munde, Aufschluß über ihre religiösen Anschauungen erhalten; wir haben in aller Kürze ihre praktische Religionsbethätigung untersucht und können nun selbst urtheilen, mit welchem Rechte Plutarch behauptete: „Man kann wohl Städte finden ohne Mauern, ohne Literatur, ohne Könige, ohne Häuser, ohne Schätze, ohne Münzen, ohne Theater und Ringschulen; aber eine Stadt ohne Heiligthum und ohne Gottheit, ohne Gebete, ohne Eide, ohne Weissagungen, ohne Opfer zur Erlangung von Gütern und Abwendung von Übeln, eine solche Stadt hat Niemand je gesehen und wird Niemand sehen" (Ctr. Colot. 31).

Und schon früher hatte Cicero an der bereits angeführten Stelle gesagt: „Der Hauptgrund für den Glauben an die Götter dürfte der sein, daß kein Volk so wild, kein Mensch so roh ist, um alles Begriffes von den Göttern baar zu sein. Manche haben sich zwar ganz verwerfliche Vorstellungen von den Göttern gebildet, das ist eine Folge verdorbener Sitten; aber alle sind von dem Dasein einer göttlichen Macht und eines göttlichen Wesens überzeugt. Diese Überzeugung ist nicht zu Stande gekommen durch eine willkürliche Übereinkunft der Menschen; sie hat ihren Grund nicht im Unterrichte und in der Gesetzgebung; vielmehr ist dieß allen Völkern gemeinsame Bewußtsein ein Naturgesetz" (Disp. Tusc. I. 13). Daraus zieht dann der römische Philosoph den Schluß: „Was aber die Natur lehrt, das muß wahr sein. Also ..." (De nat. Deor. 1, 17).

Also, sagen auch wir, muß das wahr sein, was alle Völker übereinstimmend geglaubt haben, nicht daß es einen Baal oder Zeus oder Varuna gibt, nicht daß hundert oder tausend Götter existiren; denn in all diesen Dingen sind die Meinungen der Menschen verschieden und einander widersprechend; aber daß überhaupt eine höhere, persönliche Macht über uns waltet, der wir Ehrfurcht, Liebe, Anbetung schulden, auf die wir unsere Hoffnung setzen, zu der wir unsere Zuflucht nehmen können —

in dieser Überzeugung stimmen alle Menschen überein, das lehrt mithin die Stimme der Natur und der Vernunft, und ewig wahr bleibt das Wort des heiligen Geistes: „Nur der Thor sagt in seinem Herzen: es ist kein Gott" (Ps. 52, 1). Doch, wie schon in der Einleitung bemerkt, den Nachweis, daß dieser Schluß wirklich berechtigt ist, gedenken wir später zu erbringen. Vorläufig genügt es uns, die Thatsache der Allgemeinheit des Gottesbewußtseins in der alten heidnischen Welt nachgewiesen zu haben.

Ein Schluß indeß drängt sich uns wie von selbst ohne weiteres Nachdenken auf, der Schluß, wie wahr der hl. Paulus die Heidenwelt geschildert habe als ein Reich der Finsterniß und der Todesschatten, in welchem die Sonne der Geister, die Majestät des wahren Gottes, nahezu unsichtbar geworden war hinter dem schwarzen Gewölke der menschlichen Irrthümer und Leidenschaften. Freilich hörte diese Sonne ihrerseits nie auf, ihre erleuchtenden und belebenden Strahlen in diese Welt zu senden. Ja, sie schien stets so klar in das Dunkel hinein, daß ihr Licht von keinem Menschen ganz unbemerkt bleiben konnte. Alle, auch die elendesten Heiden, haben Gott erkannt, wie der Apostel ausdrücklich lehrt. Aber eben weil sie ihn erkannt haben und doch die Finsterniß dem Lichte vorzogen, darum waren sie unentschuldbar. „Denn da sie Gott erkannt hatten, haben sie ihn nicht als Gott verehrt und ihm nicht gedankt; sondern sie wurden eitel in ihren Gesinnungen, und ihr thöricht Herz wurde verdunkelt" (Röm. 1, 21).

So ist die ganze Heidenwelt in religiöser und sittlicher Beziehung in stetem Niedergang begriffen; auch ihre gebildetsten Vertreter, auch das Griechenthum ist davon nicht ausgenommen. Gerade in Hellas zeigt sich die religiöse Verkommenheit in einer um so häßlicheren Gestalt, je mehr sie im Widerspruche steht mit dem im Übrigen so hoch entwickelten Wissen und Können. An sittlicher Größe und Würde steht die griechische Religion tief unter der mancher anderen Völker. Zwar versuchten edle Geister gegen den Strom des Verderbens anzukämpfen; aber auch ein Plato kam zu dem Schlusse, Besserung sei nicht zu hoffen, wenn nicht Gott vom Himmel stiege und die Menschen selbst belehre.

So ging durch das ganze Heidenthum ein Seufzen der Kreatur nach Erlösung. Und als nun die ewige Wahrheit selbst wirklich zum Heile der Menschen vom Himmel stieg, da jubelten die noch Besserungsfähigen freudig der Morgenröthe des neuen Tages entgegen, während die gänzlich der Macht des Bösen anheimgefallenen Elemente sich zum wüthenden Kampfe gegen die Wahrheit aufrafften. Wohl dauert dieser Kampf noch fort und wird dauern bis zum Ende der Zeiten; aber nie mehr wird die Erkenntniß Gottes so vollständig und so allgemein verdunkelt werden, wie sie es Jahrtausende vor Christus beständig war. In dieser Beziehung ist das Reich des Fürsten der Finsterniß für immer zerstört. Die Wahrheit hat die Menschen frei gemacht; daß nicht Alle sich dieser Wahrheit anschließen, hat seinen Grund darin, daß auch heute noch Viele den Irrthum mehr lieben als die Wahrheit, weil ihre Werke zum Lichte nicht passen; „darum kommen sie nicht zum Lichte, damit ihre Werke nicht offenbar werden" (Joh. 3, 20).